imaginist

想象另一种可能

理
想
国
imaginist

MASSE
UND
MACHT

Elias Canetti

群众与权力

[英] 埃利亚斯·卡内蒂 著

冯文光 译

上海三联书店

Author: Elias Canetti
Title: Masse und Macht
Copyright by Elias Canetti 1960/by the heirs of Elias Canetti 1994
Published by kind permission of Carl Hanser Verlag München
Chinese language edition arranged through HERCULES Business & Culture GmbH, Germany
All rights reserved

著作权合同登记图字：09-2020-262

图书在版编目（CIP）数据

群众与权力 /（英）埃利亚斯·卡内蒂著；冯文光
译 . -- 上海：上海三联书店，2020.6（2025.6 重印）
ISBN 978-7-5426-7020-5

Ⅰ.①群… Ⅱ.①埃… ②冯… Ⅲ.①权力—研究
Ⅳ.① D033

中国版本图书馆 CIP 数据核字 (2020) 第 061768 号

群众与权力

[英]埃利亚斯·卡内蒂 著 冯文光 译

责任编辑 / 徐建新
特约编辑 / 张旖旎 田南山
装帧设计 / 彭振威
制 作 / 李丹华
监 制 / 姚 军
责任校对 / 张大伟
出版发行 / 上海三联书店
 （200041）中国上海市静安区威海路755号30楼
邮 箱 / sdxsanlian@sina.com
联系电话 / 编辑部：021-22895517
 发行部：021-22895559
印 刷 / 山东京沪印刷科技有限公司

版 次 / 2020 年 6 月第 1 版
印 次 / 2025 年 6 月第 6 次印刷
开 本 / 1092mm × 787mm 1/32
字 数 / 485千字
印 张 / 22.5
书 号 / ISBN 978-7-5426-7020-5/D·449
定 价 / 89.00元

如发现印装质量问题，影响阅读，请与印刷厂联系：0539-2925659

目　录

首版译序

论"距离"

卡内蒂的《群众与权力》从人的生物性和社会性的结合上剖析、阐述了人与人之间的关系。本书涉及人类学、生物学、社会学方面的知识，与此相应，作者使用的范畴、概念的范围也很广。我想就本书中的一个概念即距离发表一点看法。

一切生命个体都要同另外的个体保持一定的距离，最直接的原因是为了求生。肉食动物想缩短与捕获对象之间的距离，以便最终抓住它，吃掉它；被捕猎对象则力求扩大与捕猎者之间的距离，以便保持自己的生命。人类在捕猎野兽时仅靠个体的力量是不行的，因此人类在原始时期必须加强个体之间的紧密性，缩小个体与个体之间的距离，这样才能对付力量和速度都要比人大得多的野兽，这是为了满足吃的需要。同样，为了安全的需要，原始人也必须缩短个体之间的距离，提高紧密性和集体性，只有这样才能在自然力量面前保证自身的安全。

造成人与人之间的距离的原因是多方面的。这里主要谈两个原因：一个是生物性的原因。人首先也是一种动物，而动物对外界总是有一种天生的警惕情绪，任何直接的触摸、抓碰都会引起动物的恐惧。人也是如此,在被触碰时也会有一种恐惧感。人的生存的需要、安全的需要、尊严的需要都要求人与人之间保持一定的距离。作者在他的著作《获救之舌》中说:"人类有一种天生的特性,易向恐惧投降。恐惧不可能消失……万事万物大概以恐惧最不容易改变。我回溯早年的生活,最早认识的便是恐惧,其根源是无穷无尽的。"面对不可克服的自然力量和凶猛的野兽,面对死亡,人们充满了恐惧,他们克服这种恐惧的办法就是加强紧密性,缩短距离。书中描写了一个部落的成员临死时,部落中的许多成员扑向这个将死之人,把他压在底下,上面的人越堆越多,越堆越紧,他们这样做的一个目的就是要减少将死之人在死亡前的恐惧,也是为了消除他们自己对死亡的恐惧。可以说,这一类恐惧是人类天性中的一个永恒的因素。

随着人类社会的发展,出现了贫富分化、阶层和阶级,这些社会原因使人与人之间的距离扩大了。由人的社会性原因造成的距离容易发生变化。人出生时属于某一个阶层或阶级,属于富人阶层或贫民阶层,但这种状况是会变化的,或者由于社会变革而发生变化,或者由于个人的努力而发生变化。本书作者对社会原因所造成的因门第不同、地位不同而形成的人的傲气,很为反感。他在《被拯救的舌头》一书中写道:"对于出身高贵而洋洋自得的人,我的反感很深。"门第、财富造成的人与人之间的距离是会变化的。有一种距离却比较持久,这就是统治者与群众的距离。不管统治者是代表奴隶主、封建主还是资本家,统治者与群众的距离总是存在的,不过距离的大小不一样。从资本主义发展以前的人类历史发展过程来看，这种距离总的来说是趋向扩大的。

群众与权力的关系的发展也是一个历史的过程。在原始部落中，人们是怎样选出自己的领袖呢？在有些部落中最初是根据力量，人们在选择部落的领导人时采用的标准是谁的力量大。谁力量大，谁在角逐中取得胜利，谁就成为领导者。人们崇拜力量，崇拜权力，力量与权力是相通的。部落成员选出领导者，领导者代表权力，因而也可以决定群众的一切。本书中讲到的苏萨人就是这样：酋长下令苏萨人毁掉谷物和储备，杀掉牛群，他们就照办，以致他们在一次大饥荒中几乎死尽灭绝。其实他们知道这样做会毁灭自己，但是这是酋长下的命令，他们只好服从。在奴隶社会和封建社会中，权力的代表者不仅靠力量，而且还要靠财富和地位。这时，群众与权力化身之间的距离要比原始部落中群众与权力化身之间的距离大得多。在一定范围内，距离和权力是一起扩大的。权力的代表者懂得，在一定范围内，与群众保持一定的距离，群众就会敬畏权力，就容易被控制。

从群众与权力的关系的内容来看，主要起作用的是群众的特性。本书的作者认为，群众有如下一些特性：一、群众要永远增长（人数增多）；二、群众内部平等占统治地位；三、群众喜欢紧密地聚在一起；四、群众需要导向；五、在群众内部，公共目标会淹没私人目标，只要还没有达到目标，群众就会继续存在。从这些特性来看，群众是天生具有追求平等、抹杀个性的倾向的。本书中提到，有些部落对独食者持鄙视态度，对狩猎和分配中有不规行为的人，往往采取逐出部落的惩罚措施，逐出部落比处死刑还要残酷。从历史上看，凡是权力的代表者能较好地利用群众的上述特性的，都能取得较好的效果。只要迎合群众喜欢聚集在一起、不断增长的特性，提出奋斗目标，实行平等的措施，就可以掌握群众的心理。

在掌握和利用群众的特性方面，宗教做得比较成功。宗教让群众相信遥远的美好的未来，谁对宗教持虔诚态度，谁就能在彼岸获得幸福。群众在他们共同信仰的偶像面前是平等的。另外，宗教提出的幸福只有在彼岸才能实现，因此总是一个有待实现的目标。有些宗教还要求教徒在宗教仪式上要彼此保持一定的距离，不能交头接耳，不能喧哗。如果允许教徒在宗教仪式上交头接耳，互相议论，那么他们就不会对偶像保持敬畏的心情，偶像的威望就会大打折扣。

当然，群众的这些特性也会随着群众的变化而改变。现代文明开始发展之后，等价交换原则贯穿于一切领域，个性的发展有了广阔的基础，彼岸的幸福只是满足一种心理的需要，人们在现实生活中奉行的是利益原则，群众内部的平等也只留下一个形式，实际上不平等的成分越来越大。群众越是发展，群众在宗教仪式上表现出来的信仰、平等就越是一种形式，这时，宗教想激起教徒的狂热就很困难。群众越不发展，就越有可能出现宗教狂热；群众越不发展，就越有可能出现凌驾于群众之上的权力。随着人的个性的发展，人与人之间的距离扩大了，但科技的发展却间接地使人与人之间的距离缩短了。个性、科技和民主意识的发展正在开创一个权力与群众之间的距离缩短的新的历史过程。

冯文光 2001 年 2 月于北京

新版译序

关于距离的克服

自有人类以来，人类就一直在思考，人活着有什么意义，什么是幸福，怎样实现幸福。这个问题一直困扰着人类。这也是每个人心中的一个情结。这是一个总的情结。它包含的内容，我们可以从古代人的各种著作和诗词中看到，它包括情感情结、友情情结、亲情情结、故乡情结、儿童情结、山水情结、自我价值情结，等等。这些情结的郁结，使人情不畅，心不舒，志不伸。为什么会有这些情结呢？因为人为了谋生离开家乡，亲情乡情自然就疏远了；因为血缘关系的松散，利益关系的分离，亲人之间的关系疏远了；因为人们之间的关系随着商品生产的发展和市场经济的发展，利高于情的状况成了人们生活的常态，人不能再幼稚纯真，而是要老练世故，儿童时代的乐趣荡然无存；因为自我价值的实现越来越难，竞争激烈，往往拼了一辈子也还是一事无成。于是人感到渺茫，感到无所适从，久而久之就会失去自我，迷失自己。所有这些情况在原始时代的族群或者部落里不会出现，每一个个人和群体是紧密地结合在一起的，一起生活，一起生产，一起欢乐和痛苦，生死相依。现代人所有的这些情结问题在原始部落里不存在，或者说只是处在萌芽状态。

原始群体里的人在自然面前是孤独的,但在群体里相对而言是不孤独的。现代的人在自然面前有了一些自信和满足,但是在群体里是孤独的。城市森林里虽然没有猛兽,但暗藏的危险却不比原始森林少。人的信息联系和物质联系多了,但内心的孤独感也增加了。难道人注定要孤独地来孤独地走吗?千年情结何时了?这些情结的解决,需要一个长期的历史发展过程。这个过程也是痛苦的,长期的,缓慢的。但是人类必然会向这个方向发展。在这一个漫长的历史发展阶段上,人何以自处,何以在相对的程度上获得幸福和实现自我,除了学习和自我修养之外,还需要了解我们的祖先是怎么生活的,只有这样我们才能认识到人与人之间的距离为什么能够产生和扩大,又如何能够克服这种状况。

人是社会动物,人们之间关系的远近、疏密直接影响到人的安全感和幸福感。人们之间的关系距离主要呈现出两种形式,即紧密和松散。原始社会阶段上的部落和族群的生活状态是紧密型关系的典型,天主教信徒之间的关系是松散型的典型。自从进入了阶级社会以来,人与人的关系就日益疏离,直至互相对立。人与人之间互相施加的惩罚和痛苦要远远大于自然施加的惩罚和痛苦。人都会回忆天真烂漫、无忧无虑、纯真快乐的童年时代。同样,人类的童年时代也有值得留恋的地方。

原始状态下的人群的生活特点可以概括如下:共居、共劳、共乐、共食、共享。他们彼此之间的距离很小,生死与共。澳洲土著部落中有人临死时整个部落的人都会悲恸到极点。人们闻讯而来，先是妇女压到临死的人身上，接着是其他人上来，他们想通过紧密性来留住将死之人。他们哀嚎几近到窒息的地步，他们还以自残的形式来表示悲痛，就像他们要和将死的人一起死去一样。最终这个将死之人是被他的部落的人压死，确切地说是由于人们的施压而加速了死亡的速度。这种缩短距离的愿望是可贵的，但其形式太原始，太残酷。现代人让一个人安安静静地死去的做法虽然是文明的，但也是一种残酷。未来的形式只有在未来社会才会出现。人类在更高的发展阶段上肯定可以重复童年时代的天真与快乐。

原始部落的人不仅彼此之间关系非常紧密，而且他们与自然的关系也非常紧密，他们共猎共享，不破坏自然，始终与自然和谐相处，保持平衡。这并非是由于他们有高度的环保意识，他们这样做主要是因为他们对自然有一种畏惧感、崇拜情绪和依赖感。另一方面，他们这样做也是由于他们的需求很少，所以不会对自然过度掠夺。

现代人彼此之间的距离以及他们与自然的距离是越来越大了。如何克服这种距离，这是人类发展方向上的一个大问题。正如本书的标题那样，这个问题的解决自然也要从群众和统治者这两个方面来考虑。

从群众方面来说，原始的群体共猎共食，他们追求的是平等，公平。后来阶级分化了，社会制度把人分成了各种等级，一旦处于哪一个等级，就很难再改变。转变这一概念最根本的意义就是改变现状。转变首先要受到制度的限制，例如印度的种姓制度，处在低等级上的人是很难改变自己的命运的。其次这种转变要受到命令形成的螯刺的限制。一个人一生中接受到许多的命令，有的一再反复，逐渐就形成螯刺，这种螯刺潜伏在人身上，使人形成惯性，成为一种条件反射。代代相传，成为死人抓住活人的把手。许多不正确的思维习惯、行为习惯就是这么形成的。一个人要想改变自己，必须拔掉这些螯刺。学习好的，去掉坏的，久而久之就可以得到自我解放。但是，真正的解放还是一个长期的历史过程，正像螯刺的形成是一个历史过程一样。

从统治者方面来说，作者以穆罕默德·吐加拉克为例总结了他们的一些特点。德里的苏丹穆罕默德·吐加拉克是当时最有教养的统治者，书法、文笔优雅，擅长诗歌，博学多识，虔诚笃信。他的优点特出，同样，他的缺点也很特出。他好大喜功，他计划攻打包括中国在内的几个国家，但都以失败告终。事情未办成，但浪费了大量财力。为了大量筹措资金，他提高税收，导致农民破产，土地荒废，很多地方的农民家破人亡。他从不认错，而且嗜血成性，他相信用痛苦来回敬民众的不满是最好的解决办法。正如阿拉伯旅行家巴图塔所形容的，这个苏丹的特点是慷慨与血腥。无论是吐加拉克还是非洲的君主，他们都追求"伟大"的效果，宝座升高，宫廷装饰威严，臣民胆战心惊，俯伏在地，于是出现了"伟大"与渺小的对比。对于臣民，君主可以任意处死，这就更增加了君主的威严和伟大。君主掌握着生杀大权，同时他们又总是希望自己能够比其他人活得更久。作者谈到了麻痹症患者，并用两小节谈了曾患精神病的席瑞柏的案例。他发现，麻痹症患者和精神病患者席瑞柏在患病时的一些症状与君主们的一些特点有相同之处。一个麻痹症患者觉得自己写的诗歌比歌德、席勒还好，他认为自己是一个天才，还要献给皇帝一个炮兵团。席瑞柏发病时的症状有如下一些：他觉得所有的人都怀有敌意，总是有人想破坏他的理智；他自己认为对天体有主宰权，可以永存于世，即使灾难降临，他也可以幸存下来；人们在他面前变得非常渺小，大不过尺寸。从这些病症中可以看到的共同点是：伟大、慷慨、群众渺小、幸存即比别人活得更长。

作者认为希特勒就是这样一些统治者的典型。在现代，也总有一些权力想统治全世界，蔑视群众的生存权利和福祉，他们动辄以战争或以经济制裁相威胁，总想扼杀不听自己话的人而自己则可以幸存下来。然而，时代已经发生了很大的变化，科学技术已经不再允许某些权力横行。如果挑起战争，也许谁都不能幸存。以后的世界需要合作、互利、共赢，而不是战争。

冯文光 2016 年 12 月 29 日于北京

第一章

群众

第一节 对接触的恐惧心理的突变

人最畏惧的是接触不熟悉的事物，人想**看清楚**，触及他的是什么东西，他想辨认清楚，或者至少弄明白是哪一类东西。人总是避免接触陌生的东西，在夜晚或在黑暗中，由于出乎意料的接触而受到的惊吓一般都会上升成为一种恐怖的情绪。甚至连衣服也不足以保证人的安全，衣服很容易被撕破，被触及的人很容易暴露在光天化日之下，直至裸露出一无遮盖的、毫不设防的躯体。

人们在自己周围设置的种种距离，是对接触的这种畏惧心理造成的。人们把自己关在无人可以进入的房子里，只有在那里他们才有某种安全感。对闯入者的害怕不仅仅是担心闯入者抢劫的企图，而且也是一种畏惧，畏惧在黑暗中出乎意料地被闯入者突然抓住。人们总是想紧紧抓住什么，这是畏惧心理的象征。"触及"这个词的双重含义在很大程度上反映了这种情况。这个词同时包含两种意思，即不怀恶意的接触和危险的攻击，而且不怀恶意的接触始终也有点危险的攻击的味道。"触及"是一个名词，但只限于在这个词的坏的意义上使用。

当我们置身于许多人中间时，我们仍然厌恶接触。我们在大街上、在许多人中间、在饭店、在火车站、在公共汽车上的行为方式，都受到这种畏惧接触的心理的制约。甚至当我们站在别人身边，能够仔细观察和打量他们时，我们也会尽量避免同他们接触。如果我们不避免接触，那是因为我们对某人有了好感，而这时是我们自己去亲近别人。

当我们无意识地碰到别人时会立即说"对不起"，被触碰的人的表情紧张说明他期待着向他道歉；如果不向他道歉，就会引起激烈的反应，有时会引起行动上的反应，就会引起反感和人们对"坏人"抱有的憎恨，即使人们还完全不能肯定他是坏人。所有这一连串由于受到陌生东西的碰触而引起心灵上极其多变、极其敏感的反应，表明这里涉及的是始终处于清醒状态并且始终怕被触及的某种内心深处的东西，一旦人确定了自己的人格的界限，他就再也不能摆脱它。甚至人们在更加不设防的睡梦中也会仅仅由于这种畏惧心理而轻易地被惊醒。

只有在**群众**中，人才能免于对接触的这种畏惧心理。群众是这种畏惧心理可以在其中向其对立面转化的唯一情境。为此，人需要**密集的**群众，他们身体紧靠着，他们的心情也紧密相连，于是人就不会注意到是谁在推挤他。一旦人把自己交付给群众，他就不会对群众的触碰感到畏惧。在群众的理念中，所有的人都是一样的，没有差别，甚至也没有性别的差别。谁在推挤他，同他自己推挤自己一样，人们感觉到他就像感觉到自己一样，于是一切都突然变得**就像在一个个体身上**发生一样。这也许是群众力图紧密地聚集在一起的原因之一：群众想尽可能完全地摆脱个人对接触的畏惧。人们越是强烈地互相挤压，他们就越感到有把握，于是他们就不再互相害怕。**对接触的畏惧心理的**这种**突变**属于群众。在群众中传播开来的轻松情绪——关于这种轻松情绪我们在另外的地方再谈——在群众密集度最大的地方最为显著。

第二节　开放的群众和封闭的群众

群众突然出现在先前什么也没有的地方，这既是一种不可思议的现象，也是一种普遍的现象。也许是少数几个人站在一起，或5个人或10个人或12个人，不会更多。什么也没有预告，什么也没有预期，突然间出现了黑压压的人群。其他人从各个方向涌向这里，就像所有的大街都只通向这里一样。许多人不知道发生了什么事，有人问起的话，他们也无法回答，但是他们急着要到大多数人在的地方。在群众的行动中有一种决心，这种决心全然不同于普通的好奇心。人们想，一个人的行动会传导到其他人身上，但仅这一点不能说明什么。他们有一个目的，在他们对此作出说明以前，这个目的已经存在，这个目的就是人群最密集的地方，即大多数人在的地方。

关于自发群众的这种极端形式，以后还将有所叙述。群众在它出现的地方，在它的真正的核心中并不完全像表面现象所呈现出来的那样具有自发性。但是，如果把肇始的那5个人或10个人或12个人撇开不说，那么其余的群众就都是真正自发的。群众一旦形成，它就想要由**更多的**人组成。向往增多的冲动是群众首要的和最大的特点，它想把每一个它可以得到的人纳入它的范围，作为一个人，谁都可以加入它。自然天成的群众是**开放的群众**：完全没有为群众的增多设置任何界限。群众不承认那些在他们面前紧闭的、使他们感到怀疑的房子、大门和锁钥。"开放"在这里应全面地理解,群众在任何地方、任何方向上都是开放的。开放的群众只有在它增多的情况下才存在。一旦群众停止增多,它就开始瓦解。

正如群众的出现是那样的突然,群众的瓦解也是突然的。在这种自发的形式上,群众是敏感的。群众的开放性使群众有可能增多,同时这种开放性是它的危险。在群众中始终存在着面临瓦解的隐忧,群众力图通过迅速增加人数来避免瓦解。只要有可能,它会吸纳一切;但正因为它吸纳一切,它必然会瓦解。

开放的群众在人数上可以增加到无限多,这类开放群众比比皆是,因此它要求普遍的利益,与这种开放的群众相对的是**封闭的群众**。

封闭的群众不想增多,它把注意力主要放在现有的东西上。封闭的群众首先注意到的是**界限**。封闭的群众把自己禁闭起来,它为自己创造出一块地方,把自己局限于此,它得到了一个它将充满其间的空间。这个空间可以用一个容器来相比,人们把液体灌进去,可以灌进去多少液体是清楚的。这个空间的人口是有数的,人们不是随便就可以进入这个空间的,界限受到了珍重。这个界限可以用石块、牢固的墙壁来组成。也许它需要一个特别的加入仪式,也许人们在进入时需要支付一定的费用。一旦这个空间里的人达到足够密集的程度,就不能再放进任何人。即使这个空间装不下那么多人,重要的仍然是封闭空间中的密集群众,站在外面的人并不真正属于这个密集的群众。

界限会阻止不规则的增多，但它也会使得这种群众更难于离散并会拖延这种离散；它在增长可能性方面之所失就是它在稳定性方面之所得；它不受外界的影响，这些外界的影响对它来说可能是有敌意的，也是危险的；它特别重视重复。由于预期**重新聚集**，群众每一次都对自己的解体视而不见以欺骗自己。建筑物在等待着他们并且正是为他们而存在，只要建筑物在，群众就会以同样的方式再聚首；空间属于他们，尽管空间正处于退潮期，而空间以其虚空使人想到了涨潮的时刻。

第三节　解放

在群众中最重要的一件事是**解放**。在此之前，群众并未真正存在过，只有解放群众才真正创造出群众。解放是这样一个时刻，在这个时刻，所有属于群众的人都失去了他们的差别并且感到自己是**平等**的人。

这些差别是指特别由外在加之于人的差别，指等级、地位和财产的差别。作为单个的人总是意识到这些差别。这些差别使他们深受其苦，迫使他们在重负之下互相疏远。人站在某个比较安全的位置上，以十分有效的适当的姿势抓住一切靠近他的东西，就如浩瀚广袤的原野上的一架风车，它站在那里，有力地旋转着，在它和下一架风车之间空无一物。正如他所知道的那样，整个生命是以距离为目标的，他把他的财产和自己锁闭在其中的房子里，他所处的地位，他力争达到的等级——这一切都是用来创造、巩固和扩大**距离**的。任何一个人想较为深入地接近另一个人的自由都是不允许的。人们就像处在荒漠中一样，他们的激情慢慢地消退了。没有人能够接近别人，没有人能够达到另一个人的高度。在生命的每一个领域里都有固定的等级，这些等级不允许任何人去接近等级比他高的人，不允许任何人降低自己表面上的身份去屈从于等级比他低的人。在不同的社会里，这些距离是以不同的方式相互之间保持平衡的。有些社会强调出身的差别，有些社会强调职业或财产的差别。

这里的任务不是详细地说明这些等级制度的特征。重要的是，这些等级制度到处都存在着，到处都深入人们的意识中，并且决定着人们相互间的行为。在等级制度中位置比别人高而得到的满足并不能补偿失去行动自由的损失。人在他的各种距离中僵化了、麻木了。他在这些距离的重压之下动弹不得。他忘记了，是他自己把这些距离加在自己身上的，他渴求着从这些距离中解放出来，但是他独自一人如何才能从中解放出来呢？不管他为此做什么，不管他是如何有决心，他四周的人使他的努力化成了泡影。只要他们都坚持自己的距离，他就永远无法更接近他们。

只有所有的人在一起才能把他们从距离重压之下解放出来。这同群众中发生的情况完全一样。在**解放**中，各种距离被抛弃，所有的人都感到是**平等的**。在这种密集中，人与人之间鲜有空隙，身体挤压着身体，每一个人和别人的距离正如同本身一样近。那时获得的**轻松感**是空前的。为了这一幸福的时刻——因为这时任何一个人不比另一个人**拥有更多**，任何一个人不比另一个人更好——人们聚集成群众。

但是，人们如此渴望、如此感到幸福的这一解放的时刻，本身蕴含着它特有的危机，这一时刻由于一种幻觉而受到了损害。这个幻觉是：人们突然感到自己是平等的，但是人们并不是真正地变得平等，而且也不是永远地变得平等。他们回到以前互相分离的屋子里，他们躺在自己的床上睡觉。他们保持着他们的财产，他们并没有放弃他们的名望；他们并没有抛弃他们的家庭成员，并未脱离自己的家庭。只有真正的改变才能使人们摆脱各种旧的关系并建立新的关系。有这样一类团体，这类团体按其本质只能接纳数量有限的成员，并且必须通过严格的规则保证其持久的存在。我把这类团体称为群众核心。这类团体的功能以后还要叙述。

但是，群众本身会瓦解。它感到它将会瓦解，它担心瓦解。如果解放的过程继续下去，它就只有在新的人员加入的情况下才能维持下去。唯有群众数量的增加才能阻止它的成员不知不觉地回到他们的私人重负之下。

第四节 破坏癖

人们常常谈论群众的破坏癖,人们在群众身上首先注意到的也是这一点,无可否认,群众的破坏癖到处都存在着,在极其不同的国度和文明中都存在着。固然,人们注意到了群众的破坏癖并对此持否定态度,但是人们并未对群众的破坏癖作出真正的说明。

群众最爱破坏房子和物品。被破坏的常常是易碎的东西,如窗玻璃、镜子、锅、图画、器皿,因此人们乐于相信,正是物品的这种易碎性刺激了群众去破坏。诚然,破坏时的噪音、器皿的破裂、窗玻璃的碎裂,平添了许多破坏的乐趣——这是新的创造物强有力的生命之声,如同新生儿的啼哭。破坏如此之容易被引起,这种情况增加了人们对破坏的喜好,一切东西都一起发出尖叫声,叮锵的响声就是各种物品的掌声。看来,在事件发生之初特别需要这类噪声,因为聚集起来的人还不是很多,并且很少有行动或者根本没有行动。噪声预示着人们所希望的群众势力的增强,噪声是即将来临的行动的幸运征兆。但是,如果以为易碎性是这里的决定性因素,那就错了。人们破坏坚硬的石雕,直至它残缺不全、面目全非才肯罢休。基督徒破坏了希腊神像的头颅和手臂。改革者和革命家推倒了圣徒们的雕像,有时是从很高的地方把它们推下来,这是有生命危险的;而人们力图破坏的石雕如此之坚硬,以至于他们的破坏目的难以完全如愿。

破坏那些具有某种代表意义的雕刻，就是破坏人们不再承认的等级制度。人们在破坏那些对所有人显而易见并且到处有效的普遍建立起来的距离。人们想，这些形象的坚硬度表示着它们的长久存在，它们很久以来、自古以来就已存在，高高矗立，不可动摇；接近它们是不可能没有敌意的。而现在，它们被推翻了，被打得粉碎。**解放**就以这种方式完成了。

不过，破坏并不总是进行到这种程度。开头提到的通常的破坏，无非是对一切**界限**的攻击。窗户和门是房子的一部分，它们是房子与外界接触的边界地方最脆弱的部位。如果门和窗户被打破，房子就失去了它的个性。这时，任何人都可以随心所欲地进入房子，房子里的任何东西、任何人都不再受到保护。人们相信，住在这些房子里的人通常是一些力图把自己同群众隔绝的人，他们是群众的敌人。但现在呢，把他们分隔开来的东西已被摧毁，不再有什么东西把他们和群众分开。他们可以从房子里出来，加入群众；群众也可以请他们出来。

不仅如此，单个人自己觉得，他在群众中超越了自己人格的界限。他感到轻松，因为所有把他推回到自身并禁锢在自身中的距离都已清除。由于去掉距离的重负，他感到自由了，而他的自由就是对这些界限的超越。他想，他获得了自由，其他人也应该获得自由，他期待着他们获得自由。瓦罐所以激怒他，是因为瓦罐只是界限；房子激怒他的是紧闭的大门。典礼和仪式，保持距离的一切东西，都对他构成威胁，使他无法承受。他担心人们到处都会试图把群众分散开，使他们回到这些准备好的容器中去。群众仇恨他们未来的监狱，这些未来的监狱过去就一直是群众的监狱。对赤裸着的群众来说，这一切都是巴士底狱。

一切破坏手段中令人印象最为深刻的是**火**。大老远就可以看到，它把其他人吸引过来。火造成的破坏是无可挽回的。在火烧过之后，没有任何东西还能保持原来的样子。纵火的群众认为自己是不可抗拒的。在火势蔓延开来时，所有人都会加入群众。一切敌意都被火消解掉了。人们还将看到，对群众来说，火是最有力的象征。在彻底破坏之后，大火会熄灭，群众将消散。

第五节　挣脱束缚

开放的群众是真正的群众，它听任自己天赋的增长冲动。开放的群众对于能达到**何等的**规模，并无明确的感觉或概念。群众不坚持它所熟悉并且本应由它填满其间的任何建筑物。它的规模没有确定，它要向无限增长，它为此需要越来越多的人。在这种赤裸的状态中群众最为引人注目。它确实有某种特殊的东西，而因为它总是在瓦解，所以不能引起人们的充分注意。如果居民人口在各个地方的极大增长以及作为我们当代标志的城市的迅速增长不能越来越经常地为群众的形成提供机遇，那么群众在今后也许还会得不到它应有的认真对待。

过去的**封闭的**群众（关于它我们还要谈到）变成了极其亲密的公共团体。这些团体的成员所处的特殊状态，似乎具有某种自然的性质；人们总是为一定的目的聚集在一起，或者是为宗教的目的，或者是为节日的目的，或者是为战争的目的，而这种目的似乎使这些成员所处的状态神圣化了。参加布道的人肯定会相信，对他来说重要的是布道，而如果有人对他说，在场的听众人数很多这一点带给他的满足多于布道本身，那么他会感到惊讶，也许还会感到愤怒。属于这类公共团体的所有仪式和规则，基本目的在于**俘获**群众：宁愿要充满信徒的安全的教堂，而不要不安全的整个世界。有规律地上教堂，熟练而精确地重复一定的礼仪，群众由此获得的东西类似于对自身的温馨的体验。在固定的时间以前完成这些仪式的过程代替了较为粗鄙和强烈的欲望。

如果人数大致保持不变，那么这类团体也许是足够的。但是，城市里的人口越来越多，在最近几百年间，人口增长的速度越来越快。由此就产生了形成新的和更大的群众的一切诱因，什么也不能阻止群众在这种情况下形成，即使最有经验的和最高明的领导者也不能阻止群众的形成。

宗教史告诉我们，对传统仪式的一切反抗都是针对对群众的限制的，群众总是要再一次体验自己的增长。我们想起了新约里的"登山宝训"。"登山宝训"仪式是在户外进行的。成千上万的人可以聆听，而且毫无疑问，它是针对狭隘拘泥的官方庙堂的仪式的。我们还记得，保罗的基督教精神趋向是从犹太教对人民和种族的种种限制中破土而出并成为所有人的普遍信仰的。我们还记得，佛教是对当时印度的等级制度的一种蔑视。

各个世界性宗教的**内部**发展史上也发生过许多类似的事件。庙堂、种姓、教堂总是显得太狭窄了。十字军导致了大规模群众的形成，这些群众的规模如此之大，以致当时世界上没有任何教堂能容纳得下他们。稍后，各个城市都可以看到自笞派的苦行者，他们当时还只是在各城市之间漂泊。还在18世纪，卫斯理把他的宗教运动建立在开放式布道的基础上。他深知自己拥有大量听众的意义，有时他在自己的日记中统计，这一次大约有多少人听了他的布道。从封闭的布道场所挣脱出来，每一次都意味着群众想重温昔日突然、迅速而无限的增长的乐趣。

我把**封闭**群众向**开放**群众的突然转变称为**挣脱束缚**。这一过程是经常发生的，但不应仅从空间的角度去理解。情况往往是这样，就如群众从一个它受到严密保护的空间溢出，转到一个城市的广场、街道上，在那里，他们在完全开放的情况下吸纳一切，面对一切，自由自在。但是，比这种外在的事情更为重要的是与此相应的内在的事情：对于限制参与者人数的不满，突然要**吸收**新成员的想法，争取到**所有人**的坚定决心。

自法国大革命以来，这些挣脱束缚的行动获得了一种形式，这种形式给我们的感受是现代的。也许因为群众如此全面地摆脱了传统宗教的内容，我们才能从那时以来可以比较容易地赤裸裸地观察群众，可以说是从生物学的角度看清楚群众，不受先前灌输给群众的那些先验的思想框框和目的所束缚。最近150年历史发展的顶峰是这类挣脱束缚事件的迅速增加；这类事件甚至包括了战争，战争变成了群众战争，群众不再满足于虔诚的约定和允诺，他们想亲自最充分地体验自己的动物性力量和激情，并为达到这一目的而反复利用它可利用的社会动因和要求。

重要的是首先要指出这样一点，即群众从来不会感到自己已经达到饱和状态。只要还有一个人没有被纳入群众的范围，它就还有胃口。如果群众真正吸纳了**所有的人**，它是否还会有这种胃口？谁也不能肯定地说，但在很大程度上可以这样认为。群众争取继续**存在下去**的努力有点力不从心。为达到此目的唯一有希望的道路是形成对偶群众，然后两个群众互相较量。它们越是势均力敌，这两个互相较量的群众就越是能经久不衰。

第六节　迫害感

我们可以称被迫害感的东西是群众生活中最明显的特征之一。这是针对那些被看作敌人的人的一种特殊的敏感多变的愤怒。这些敌人想做什么事就可以做什么事，他们可以无情地行事或者充满好意地行事；他们可以是充满同情心或者冷酷无情；他们可以是严厉的或温和的。不论怎样做，他们都被说成似乎这是出于一种不可改变的坏心，出于对群众的恶意，一种企图公开或隐蔽地摧毁群众的预谋。

为了说明这种敌意感和迫害感，我们必须再一次从下述基本事实出发：群众一旦形成就想迅速增长。关于群众扩张自身的力量和决心，我们怎么想象都不会过分。只要群众感到它在增长——例如在革命状态下，开始时群众数量很少，但冲劲十足——它就把一切阻碍它增长的东西看作对它的限制。警察可以驱散群众，但是效果只能是暂时的，就像用手驱赶蚊群一样。但是，人们也可以满足那些导致群众形成的要求，从而从内部破坏群众。这样，不很坚决的人就会离开群众，而另一些原本打算加入群众的人也会中途退出。

对群众进行**外在的**攻击，只能使群众更加强大。那些被驱散的人会更强有力地聚合起来。相反，**内部的攻击**才是真正危险的。一次已经取得某些优势的罢工被明显地瓦解了。从内部的进攻要求利用个人的欲望。这种内部的进攻被群众看作是贿赂，"不道德"，因为它同群众的明确的、正直的基本思想是相抵触的。属于这个群众的每一个人在内心都有一个想吃、喝、爱和休息的小叛逆者。只要他附带地做这些事，不搞出许多麻烦，那么人们还是允许他这样做的。但是，一旦他出人头地，人们就会开始仇视他、畏惧他。这时人们已知道，他受到了敌人的诱惑。

群众总是像一座围城，而且是受双重包围的:城墙外面有敌人;地下室里也有敌人。在战斗期间，群众吸引了越来越多的支持者。在所有的城门面前聚集了它的新朋友，他们猛然地敲门要求允许进入。在顺利的时候，他们可以如愿以偿;但是他们也翻墙进城。城市里聚集了越来越多的斗士;但他们每一个人也都带有看不见的小叛逆者，这个小叛逆者会迅速地潜入地下室。包围城池的意义在于试图截获移居者。城墙对于外面的敌人来说要比对里面的被围者更为重要。包围者总是在建筑城墙，增高城墙。他们力图贿赂移居者，如果他们不能阻挡住这些移居者，那么他们就设法让一起来的小叛逆者在他进城的同时就有了敌意。

群众的被迫害感无非就是这种双重威胁感。外面的城墙越缩越紧，里面的地下室越来越受到破坏。敌人在破坏城墙时的举动是公开的、可以看得见的，而地下室里敌人的破坏活动则是隐秘的、看不见的。

但是，用这些形象来说明只是道出了一部分真理。想进城的人潮不只是新的支持者、生力军、依靠力量，而且也是群众的**养分**。一个人数不增加的群众处在斋戒状态。有一种使群众始终保持这种斋戒状态的手段，在这一方面，各种宗教驾轻就熟。我将要说明，各种世界宗教是如何能够成功地保持它们的群众而又使群众没有得到迅猛发展的。

第七节　各种世界宗教中群众的驯化

已经得到承认的具有世界性要求的各种宗教，很快改变了它们争取信徒的重点。开始时它们是力图争取一切可以争取的人，它们心目中的群众是世界性的；关键是每一个灵魂，每一个灵魂都应属于它们。但是，它们不得不坚持的斗争逐渐地使他们隐隐感到，对手不可小视，因为对手已经有了公共机构。它们看到，自己要想站住脚跟是何等不易。对于它们来说，能使它们团结合作、持久存在的公共机构越来越重要了。它们的对手建立公共机构一事促使它们自己也尽力去建立这类机构。如果它们能取得成功，那么这类机构会随着时间的推移成为主要的事情。公共机构自身的分量（公共机构在这种情况下具有自身的生命）逐渐地使最初争取信徒这件事不那么重要了。教堂的建筑要能够容纳现有的信徒。如果教堂确实需要扩大，人们就会很慎重地扩大教堂。现在出现了一种强烈的趋势，这就是把现有的信徒集中在若干互相分离的教堂内；正是因为互相分隔的教堂很多，出现了很大的瓦解倾向和人们始终必须防范的危险。

历史上的世界宗教可以说在骨子里都感到群众是恶意的。它们自己的具有约束性的传统告诉它们，它们是如何突然地、出乎意料地成长起来的。它们的群众皈依史对它们来说是不可思议的，它们现在的情况也是这样。在教会所担心并迫害的脱离宗教的运动中，同样的不可思议的事情降临到了它们的头上，它们亲身受到的伤害是痛苦的和令人难忘的。它们在早期的迅速增长和后来同样迅速减少这两者始终使它们对群众持有怀疑的态度。与此相反，它们希望的是驯服的**人群**。通常把信徒看作羊而赞扬他们的温柔顺从。它们完全放弃了群众要迅速增长的基本趋势。它们满足于信徒之间暂时的、虚幻的平等，但这种平等从来没有真正实行过；它们满足于适当范围内一定的密度，满足于一种强有力的导向。它们乐于把目标定在很遥远的地方，定在彼岸，人们不可能立即进入这个彼岸，因为人们还活着；而人们要想进入这个彼岸，必须付出千辛万苦的努力并经受百般的屈辱。导向越来越成为最重要的事情。目标越远，目标就越有希望持久存在。那种表面上必不可少的增长原则，被另一种完全不同的东西即重复取而代之了。

信徒们在一定的地方和时间集合起来，通过千篇一律的礼拜行为转入一种温驯的群众情绪，群众深受这种情绪的影响而不致成为危险的人物，并由此养成习惯。信徒们获得的团结感就是**一剂药**。教堂的长久存在就取决于**这种药**是否得当。

一旦人们在他们的教堂或庙堂中习惯于这种精确重复、严格限制的体验，那么他们就不可能再缺少这种体验。他们对这种体验的需要就如同对食物或他们的生存所不可缺少的其他一切东西的需要。突然禁止他们崇拜偶像，由国家颁布禁止教令，不可能不造成后果。破坏他们精心保持的群众内部事务的平衡，必然会在稍后些时候导致**开放**群众的挣脱束缚。开放的群众此时具有人们所知道的一切基本属性。开放群众会迅速扩大，它会实现真正的平等，以代替虚拟的平等；它获得了新的密度，而且现在是更紧得多的密度。现在它放弃了那种遥远的、难以达到的目标（过去它所受到的教育使它确立了这种目标），而**在这里**，在这种具体生活的直接的环境中建立了目标。所有突然受到禁止的宗教，都会通过某种**世界化**来实行报复：在一次未预料到的巨大野性的爆发中，它们的信仰的性质完全改变了，而它们自身并不懂得这种变化的性质。它们认为这是旧的信仰，并一心一意地坚持它们最深刻的信仰。实际上，它们突然变成了完全不同的宗教，具有了它们正在形成的开放群众的独一无二的强烈感情，并且要不惜一切代价保持这种感情。

第八节　恐慌

正如人们常常看到的那样，如果戏院里发生恐慌，那么群众就会**四散奔逃**。观众越是被演出所吸引，表面上把观众集中在里面的戏院的形式越封闭，四散奔逃的场面就越激烈。

但是，单是演出也许不足以产生真正的群众。往往观众并没有感到自己被演出所吸引，他们聚在一起只是因为他们已经在那里。一出戏没有造成的后果，**火灾**立刻就能做到。对人和动物而言，火同样危险。不管观众的群众感情如何，一旦发现火情，这种群众感情就会立即被推向高潮。由于面临共同的、明确无误的危险，所有的人都同样感到了恐惧。这样，在观众中瞬间就形成了真正的群众。如果人们不是在戏院里，那么人们就可以一起逃跑，就像兽群遇到危险时可以集体逃跑一样，而且人们还可以通过同一方向的运动来增强逃跑的势头。这类强烈的群众恐惧是一切群居动物的大规模的集体体验，它们以飞快的奔跑集体自救。

相反，戏院的群众必须以最激烈的方式四散奔逃。剧院的门一次只能通过一个或两个人。逃逸的力量本身就会变成反推的力量。在各排座位之间的空隙都只能通过一个人，每一个人同另一个人是完全隔开的；每一个人或坐或立，都有自己的位置；每一个人离最近的门的距离都是不同的。一般的戏院都有意把观众固定在座位中，只让他们的手和嗓子有自由，尽量束缚他们双脚的活动。

因此，火灾突然向人们发出逃跑命令，但立即遇到了不可能共同逃跑的难题。火灾发生时的情景是：每一个人都必须通过门逃生，他看到了门，他看到自己在门里与所有的其他人完全隔离开来了，这个门是一个很快就会决定他一切的画框。于是，刚才还高高兴兴的群众不得不左冲右夺，四散奔逃。人们为了自己野蛮地互相推挤、互相厮打、互相践踏，这些最为激烈的个人只顾自己的行动清楚地说明群众发生了突变。

每一个人越是"为自己的生存"而奋斗，下述情况就越是清楚：他会同那些在各个方面阻碍自己的其他人进行斗争。那些人站在那里就像椅子、栏杆、关闭的门，不同的是他们攻击每一个人；他们随心所欲地推挤别人或者不如说自己被别人推挤；他们不保护妇女、儿童和老人，把他们看作像壮年男人一样，这属于群众的情绪问题。在群众中，一切人都是平等的。当人们不再感到自己是群众的时候，人们还是被群众包围着。恐慌是在群众中发生的群众性四散奔逃。个人脱离了群众，并想逃离群众，因为群众作为一个整体受到了威胁。但是，他的身体还在群众中，他必须对群众采取对抗行动。因为群众本身已面临毁灭的威胁，如果这时他听从群众安排，则必遭毁灭。这时他不能再充分强调自己的个别性，人们在挥拳推搡，他也挥拳推搡。越是饱人以老拳，挨到的搡越多，**本身**的感受就越深，他自己的人格界限就越清楚，哪怕这个界限对他来说是重新划定的。

我非常惊奇地发现，群众使得在群众中进行斗争的每一个人具有了火一样的性质。由于突然看到火光和听到"着火了"的喊声，群众产生了；群众像火焰一样戏弄着每一个想逃离它的人。想逃离的人推开的其他人对他来说是燃烧着的物体，他们的接触是有敌意的，对他身上的任何一个部位的碰撞都会使他感到恐惧。任何人身临其境，都将感染到大火的敌意。大火蔓延开来，逐渐地把他围困起来，最后完全包围了他，这种情况非常像群众的行为，群众从各个方面威胁着他。群众中的无数的运动，挥舞的手臂和拳头，乱踢的腿脚，就像到处突然冒出来的火苗一样。森林大火或草原大火，是怀有敌意的群众，在每一个人的心中都可以唤起对这种群众的强烈感觉。火作为群众的象征进入了他的心灵深处并且已经成为其中的一个不可改变的组成部分。但是，在恐慌中可以经常看到并且显得毫无意义的对人的严重蹂躏，不过是大火肆虐的结果。

只有把整个群众的最初的恐惧状态延续下去，群众四散奔逃这种恐慌现象才会扭转。在一个面临危险的教堂中就可以做到这一点：人们在共同的恐惧中向共同的上帝祈祷，因为上帝能够让奇迹来熄灭大火。

第九节　环状的群众

在**竞技场**里的群众是双重封闭的群众。由于这种特异性，研究这种双重群众并非没有价值。

竞技场完全与外界隔绝。通常从很远的地方都可看到它，它在城市中的位置，它所占领的空间，是众所周知的事情。即使人们没有想到它，人们也总是感觉到它在那里。从竞技场里发出的喧嚣之声传到很远的地方。如果竞技场是露天的，那么环绕它的城市就会知道正在竞技场里发生的某些实际情况。

但是，无论这些信息如何令人激动，涌入竞技场的人潮不可能是无限制的，竞技场里的座位数有限。竞技场里观众的密度是有意安排好的，位置安排得使人们不会感到太挤，竞技场里的人应该感到舒适。他们应该能够很好地看节目，每个人都有自己的位置，并且不应该让观众互相干扰。

竞技场在外部以**无生命**的高墙面对城市，而在内部建起了人墙。所有观众**背对**城市。他们脱离了整个城市，离开了它的城墙、它的街道。他们停留在竞技场的全部时间内丝毫不关心城市里发生了什么。他们把他们生活中的关系、规则和习惯留在了那里。他们可以在一段时间内和许多人聚在一起，他们可以尽情喧嚣，但有一个十分关键的条件：群众必须在**内心**解放自己。

座位的安排是一层高于一层，这样所有的人都能看到竞技场里的演出。但是由此而造成的结果是群众互相相对而坐，每一个人面前都有成千上万的人。只要他在那里，所有的人也就在那里；凡使他激动的东西也会使他们激动，而且他**看得到**这种情况。他们的座位离他有一段距离，平时使他们互相区别开来并使他们成为个体的个性消失得无影无踪了。他们所有人都非常相像，他们的动作也相类似。他在他们身上看到的只是他现在的自己，他们可以看得见的激动情绪也增加了他的激动情绪。

这样展示自己的群众之间没有一点缝隙。它所形成的圆环是封闭的，没有任何东西会从这个环中逃逸。由层层叠叠一张张兴奋入迷的脸构成的环具有某种特别的同样性质的东西。这个环包容着下面正在发生的一切。所有人中没有一个人会放过这正在发生的事，没有人想离开。这个环上可能存在的每一个空隙都会使人想起这个环的松动，使人想起后来的四散离开。但是，并不存在这样的空隙：这个群众在外部和内部都是封闭的，因而是双重封闭。

第十节　群众的特性

在试图对群众进行**分类**之前，要简短概括一下群众的主要特性。要着重指出的是以下四个特性：

1. **群众要永远增长**。群众的增长从本质上来说是没有界限的。在人为地设置这类界限的地方，在保持封闭群众的一切规章制度中，群众的突变总是可能的，而且有时能取得成功。能永远阻止群众增长并且是绝对有把握的机构是不存在的。

2. **在群众内部平等占统治地位**。这是绝对的、毫无疑义的，群众自己永远不会对它提出问题。它具有如此根本性的重要意义，以至于甚至可以把群众的这种状态称为绝对平等的状态。头就是头，手臂就是手臂，它们之间的区别并不重要，由于这种平等人们才成为群众。任何有可能偏离这种平等的东西，将会被漠视。对正义的一切要求，一切平等理论，其动力最终来自每一个人都以自己的方式从群众的角度来认识这种平等体验。

3. **群众喜好紧密地聚在一起**。群众从来不会感到聚集得太紧密。不应该有任何东西插入他们之间，不应该有任何东西加入他们的队伍，应该尽可能地一切都是群众自己。群众在解放的时刻具有最大的紧密感。也许将来有一天可以更确切地规定和计量这种密度。

4. **群众需要导向**。群众处在运动中并且向着某个目标运动。所有成员的共同导向会增加平等感。处在每一个人之外又为所有人共有的目标淹没了那些可能导致群众毁灭的各种私人目标。为了群众的继续存在，导向不可缺少。群众一直担心会瓦解，这使得有可能把它导向任何目标。只要群众还有没有达到的目标，群众就继续存在着。但是，在群众中还存在着导致更有意义的新生成物的若明若暗的运动趋向。预测这些新生成物的性质往往是不可能的。

上面指出的四种特性中，每一种特性的程度可能大也可能小。根据人们注意到的是这一种特性还是另一种特性，人们可以得出对群众的不同**分类**。

前面谈到过开放群众和封闭群众，我们也已经说明，这种分类同群众的**增长**有关。只要群众的增长不受阻碍，群众就是开放的；一旦人们限制群众的增长，群众就是封闭的。

我们还可以听到另一种分类，那就是韵律的群众和停滞的群众。与这一种划分有关的是后两种主要特性，即**平等**和**紧密度**，而且是同时具有这两种主要特性。

停滞的群众是为了解放而生。但是它感到对这种解放的确有把握，并延缓这种解放。它希望一个相对长的紧密时期，以便为解放的时刻做好准备。我想说的是，停滞的群众以其紧密度作热身准备，并尽可能长地推迟解放。在停滞的群众那里，群众的过程不是以平等开始，而是以紧密性为开端，平等遂成为群众最终追求的主要目标。于是，每一次共同的呼喊，每一次共同的姿势都有效地表达了这种平等。

与此完全相反，在**韵律**的群众中，密度和平等从一开始就同时存在。一切都取决于运动。要达到的全部躯体魅力都是预先规定的，并且是在舞蹈中逐步传递出来的。密度是通过避开和重新接近这些动作有意编排的，而平等则是自己展示出来的。通过密度和平等的展示巧妙地引发了群众的感情。这些韵律的生成物迅速出现，只有生理上的精力消耗殆尽才会使其不再发展。

下一组概念是**缓性的**群众和**激进的**群众。这一组概念只与群众的目标类型有关。日常人们所谈到的引人注目的群众（他们是我们现代生活的主要部分），我们现在每天都可以看到的政治性群众、体育场上的群众、战场上的群众，都是**激进的**群众。与他们大不相同的是**彼岸的**宗教群众或**朝圣者**群众；他们的目标在遥远的地方，道路是漫长的，群众的真正形成被推到了遥远的地方或天国。关于这些缓性的群众，实际上我们看到的只是旁支末节，因为他们追求的最终境界是**看不到的**，对于不信教的人来说是不能达到的。缓性的群众缓慢地聚集在一起，他们把自己看作是在遥远地方的长存者。

我们在此只是提及一下所有这些形式的本质，关于这些形式还要作更详细的考察。

第十一节　韵律

韵律最初就是脚步的节拍。每一个人都要走路，而由于他用两条腿走路，用两只脚轮番地踏在地上，由于他只有反复这样做，他才会继续走下去，因此，不管他是有意还是无意，都出现了有韵律的声音。两只脚走路时从来不会用完全相同的力量。两只脚所用力的差别可大可小，这要取决于个人的体质或情绪。但是，人们也可以走得更快些或更慢些，人们也可以跑、突然停止或跳跃。

人总是在谛听着别人的脚步声，他确实是更多地注意别人而不是自己。动物也有其很熟悉的脚步声。许多动物的脚步声比人的脚步声更有韵律，更清晰可辨。有蹄类动物成群奔驰，就像一队鼓手。人对他四周的动物有所认识，这些动物威胁到他的生存，也是他的狩猎对象，人对这些动物的认识是人的最古老的知识。他在动物运动的韵律中认识了动物。他读懂的最早的著作是**足迹**著作：那是一种始终存在着的韵律的符号；它印在松软的泥土上，而当人阅读它时则把它同它形成时的声音联系起来。

这些足迹中有许多是大量密集地一起出现在地面上的。人类开始时结成很小的群体生活，他们在冷静地观察这些足迹时甚至明白了他们自己的数量之少与兽群的庞大不成比例。他们总是感到饥饿，他们总是在等候猎物；猎获物越多，对他们越有好处。而他们也希望自己这方面数量**多**起来，人要增多自身的感觉始终很强烈。

对此绝不能仅仅理解为繁衍冲动这种有欠缺的表述。现在人们在这个完全确定的地方、在这个时刻想要增多人数。他们狩猎时兽群的庞大数量和他们想增大自己的数量，在他们的感觉中以一种特殊的方式混合在一起了。他们在特定的共同亢奋状态中表示出来了，我把这种状态称为**韵律的群众**或悸动的**群众**。

要达到这种状态的手段首先是他们足下的韵律。在有许多人走的地方，其他人也会走。急速反复的密集的脚步声，给人一种似乎有更多人的印象。人们并没有移动，而是在原地不停地跳舞。他们的脚步声并没有消失，而是重复着，在一个很长的时间里始终是那么响和密集。他们以强度来弥补人数的短缺。如果他们更用力地顿足，那么听起来他们似乎人数更多些。他们对他们附近的所有人产生了吸引力，只要他们不停地跳舞，这种吸引力就不会减弱。听到他们声音的人都会加入他们的行列，在他们那里聚集起来。会有越来越多的新人加入他们的行列，这本来是一件很自然的事。但是，很快就没有更多的人了，他们必须从自身出发、从自己有限的人数出发，造成一种他们人数在增多的印象。他们越来越亢奋以致达到了疯狂的地步。

但是，他们在人数上没有增长，用何种方法来弥补呢？首先重要的一点是他们每个人都做同样的动作。每个人都顿足，而且每个人都以同样的方式顿足。每个人都摇摆手臂，晃动脑袋。参与者的等同化**成了**他们肢体的等同。人身上能活动的每一部分获得了自己的生命，每一条腿、每一只手臂都独自有了自己的生命。所有的各个肢体都动员起来以弥补人数的不足。所有的肢体都紧紧挨着，常常重叠起来。除了等同性之外现在又有了密度，密度和平等成了同一回事。最后人们看到的是一个有 50 个脑袋、100 条腿和 100 只手臂的生物体，它的所有的脑袋、腿和手臂的动作完全相同，目的相同。在人们极度兴奋之时确实感到了自己是合为一体了，只有筋疲力尽之时才会罢休。

所有悸动的群众由于受韵律的支配，都有类似之处。上一世纪初叶有一篇报告，生动地记述了类似的**一次舞蹈**。这就是新西兰**毛利人**的**哈卡舞**，这种舞蹈最初是一种战争舞。

毛利人站成四列横排。这种叫哈卡的舞蹈会使第一次看到它的人感到惊恐不安：所有参加跳舞的人，男人和妇女，自由人和奴隶都混在一起，完全不顾及他们在共同体中处于何种等级；男人们全裸着，身上只挂一条子弹袋；所有的人或持步枪，或持绑有刺刀的长矛和木棒；年轻妇女、甚至族长的妻子们也光着上身跳舞。

歌舞相伴，节拍丝丝入扣。舞者的轻巧灵活令人吃惊。突然，他们笔直地从地上跃起，所有的人完全同时完成这一动作，就像所有的舞者都受**一个人**的意志支配一样。他们同时挥动武器，扭曲脸形，男男女女都披散着长发，就像一支蛇发女妖的战斗部族。在落地时他们同时用双脚重重触地，发出很大响声。他们经常地并且越来越迅速地重复着这种跃起的动作。

变形的脸各式各样，极尽了人脸肌肉之所能，每出现一个新的鬼脸，所有参加者都会准确地做出来。如果有一个人僵硬地扭曲脸孔，就像是拧螺丝一样，所有其他人都会立即跟着他一样做。他们来回转动眼珠，有时只能看到眼白，就像眼珠马上就要从眼眶中掉出来一样，他们把嘴巴咧到耳际。他们所有的人都同时吐出长长的舌头，一个欧洲人永远不可能做到像他们那样。他们是从小经过长期的训练才能做到这一点的。他们的脸构成了一幅令人恐怖的景象，我把视线从他们的脸上移开，才感到轻松了许多。

他们身上的每一部位都各自活动着，手指、脚趾、眼睛、舌头都和手脚一样灵活自如。他们用伸开手指的手掌忽而重重地击打自己的左胸，忽而重重地击打自己的大腿。他们唱歌的声音震耳欲聋，跳舞的人不下350人。可以想象，这种舞蹈在战时会产生什么效果，它会迅速地使人勇气倍增，使战斗双方之间的敌意空前高涨。[1]

转动眼珠和伸出长舌意味着蔑视和挑战。虽然战争通常是男人的事，尤其是自由的男人的事，但**所有的人**都由于哈卡舞而兴奋激动起来。此时此地，群众已不分性别、年龄和等级；所有的人都作为平等的人在跳舞。但是，这种舞蹈与具有类似目的的其他战争舞比起来，它的不同之处在于特别把平等**分成**许许多多细小部分的平等。就像是每一个躯体都分成它的各个部分，不仅分成腿和手臂，因为这是通常的情况，而且还分成脚趾、手指、舌头和眼睛，现在他们长舌齐吐，同时做着相同的动作，分毫不差。时而所有的脚趾，时而所有的眼睛，在同一动作中变得平等。人的每一个最细小的部位都感受到了这种平等，而且这种平等总是在激烈的动作中表现出来。350个人同时跃起，同时伸出舌头，同时转动眼珠，这种景象必然给人们造成一个印象，即他们是不可战胜的一个整体。密集不只是人们的密集，而且也是他们互相分开的各个肢体部分的密集。可以想象，即使这些互相分开的各个肢体部分不属于人，它们也会为自己而聚集并战斗。哈卡舞的韵律显示出了各个肢体部分的平等一致。它们一起达到高潮时是所向无敌的。

所有这一切的前提**使人们看到**：敌人在虎视眈眈。共同受到威胁的强度是哈卡舞的基本要素。这种舞一经形成后，也发展出了多种形式。这种舞要从小练习，它有许多不同的形式并且在所有可能的场合都可以演出。他们以哈卡舞迎送过许多旅行者，前面提到的那篇报道就是由于有那样一次机会而写成的。当两个友好的人群相遇时，双方都会以哈卡舞欢迎对方，他们跳得十分认真，以致天真无邪的观众担心时刻会爆发一场厮杀。在大族长的葬礼仪式上，在经过了按毛利人的习俗进行的表达最强烈悲痛的仪式和自残仪式之后，在庆典的丰盛餐宴之后，所有人突然跳起来，操起他们的步枪，列成哈卡舞的队形。

在所有人都可以参加的这种舞蹈中，部落感到自己就是群众。当他们只要感到有需要成为群众并在其他人面前表现为群众时，他们就跳起这种舞。哈卡舞在其达到的完美的韵律中足以达到这个目的。由于哈卡舞，他们的内部统一从来不会受到严重的损害。

第十二节　停滞

停滞的群众紧密地挤在一起，它完全不可能真正自由地运动。它的状态有某种消极的东西，停滞的群众在**等待**。它在等待出现在它面前的领导者，或者在等待命令，或者在旁观一场战斗。**紧密性**在这里是最为重要的：从四周感受到的压力，对与此有关的人来说，也是组织（他们是这个组织的一部分）的力量的尺度。涌来的人越多，这种压力就越大。脚没有活动余地，手臂不得动弹，只有头是自由的，可以看，可以听；头可以互相直接传递激动的情绪。周围的人同时用身体加入其中。他们知道，那里有许多人，但那里的人如此紧密地联系在一起，以致他们感到那里的人是一个整体。这种紧密性可以维持一段时间，它的影响在一段时间内是不变的：这种紧密性还未成形，还没有熟悉的和熟练的韵律。很长一段时间内什么也没有发生，但是行动的欲望越积越多，越来越强烈，最后终于更为激烈地爆发了。

如果我们完全想起这种紧密感对停滞群众的意义，那么我们对停滞群众的**耐心**也许就不会感到太惊讶了。它越是紧密，它越是会吸引更多的新人；它用它的紧密性作为规模的**尺度**，但紧密性也是进一步增长的真正刺激力。最紧密的群众增长得最迅速。解放之前的停滞是这种紧密性的展示。它停滞得越久，它感受到它的紧密性并显示这种紧密性的时间就越长。

从构成群众的单个人的角度来看，停滞的时间是感到惊异的时间。他们放下了过去用以武装自己互相进行攻击的一切武器，他们互相触碰，但并不感到受约束；触碰不再是触碰，他们不再互相畏惧。在他们突破之前，不管他们朝哪一个方向，他们都想知道他们是否在一起，这是一种他们需要不受干扰的共同增长。停滞的群众对它的整体还没有十分的把握，因此它尽可能长时间地保持停滞状态。

但是这种耐心是有限度的。解放最终是不可避免的，没有解放，就谈不上群众的真正存在。过去在公开刑场上，当刽子手把盗匪头子推出示众时，通常可以听到的叫喊声，或者说，人们今天在体育比赛场合可以听到的叫喊声，是群众的**声音**。这种叫喊的自发性具有巨大的意义。经过排练的、在固定的时间内有规则重复的喊声还不能说明群众已经获得了它的真正的生命。也许人们会说这种喊声能导致这一结果，但这只是外在的，就像军队经过训练的动作一样；相反，自发的群众并未事先规定的叫喊却是确实可靠的，它的作用是巨大的。它会表达各种各样的感情，重要的并不在于何种感情，而在于感情的力度和多样性；在于它的结果是导致自由。这些感情会赋予群众心灵的空间。

当然，这些情绪可能如此激烈和集中，以致立即使群众**分崩离析**了，公开行刑就有这种效果；一个牺牲者只能被砍一次头。如果人们一直认为这个人是无辜的，那么直到最后时刻人们还会怀疑他是否罪有应得。由此产生的怀疑会使群众自然的停滞状态增强。

群众看到脑袋被砍下来时，情绪更为激烈。接着听到的叫喊声令人毛骨悚然，但这是这个完全特定的群众最后的叫喊。可以这样说，群众在这种场合为在停滞中的过多期待并从这种期待中获得的最大享受而付出的代价是它自身的立即死亡。

我们的现代体育场所更为实用：观众可以**坐着**，他们可以看到自己的耐心；他们可以自由地跺着双脚，但只能待在原位上；他们还可以自由地鼓掌，为这种场面预留了一定的时间。通常人们会期望不要太快结束，至少在这段时间里，他们肯定会在一起。然而在这段时间内什么都可能发生。人们不可能预料什么时候会出现射门的局面，除了这些人们所渴望的主要事件外，还有其他一些事件会导致群众高声叫喊。在各种不同场合经常可以听到这种叫喊。群众最后解散了，走开了，但是由于时间是预先规定的，所以也不至于太难过。这一次失败了，以后还有机会扳回，并且这个结果也不是永远不会变。群众在这里确实可以显示一下自己了，先是在入口处互相拥挤，继而在座位上坐着，一有机会便可发出各种叫喊；即使曲终人散，群众还可以抱有希望，将来还会出现类似的场面。

更为消极得多的停滞群众是在**剧院**中形成的。理想的场合是剧院满座。所希望的观众人数一开始就定好了。他们是自己聚集在一起的，除了在售票处前面有一番小小的拥挤以外，观众是分别进入剧场的。他们被带到他们的座位上。一切都是规定好的：上演的剧目、演员、开始演出时间、**坐在座位上的观众本身**。晚来的人会感觉到其他观众轻微的敌意，像一群被安排好的兽类，人们坐在那里，安静且极有耐心。但是每一个人都清楚地意识到他的存在是与别人分开的，他付了钱并注意到邻座坐的是谁。节目开始前，他默默地审视着一排排的脑袋：这些脑袋使他产生了一种适宜的而不是令人喘不过气来的紧密感。观众的平等实际上仅仅在于他们从演出者的角度来看会对同一个东西表示满意。但是他们对此作出的自发反应是很有限的，甚至掌声也有预先规定的时间，通常人们只是在被认为应该鼓掌的时候才鼓掌。仅仅从掌声的大小就可以看出，人们在何种程度上已经变成了群众；掌声是人们是否已经变成群众的唯一尺度，演员本身对掌声也是如此评价的。

剧场里的停滞已经成为一种礼仪，以至于人们从外部感觉到它，感觉到从外部来的一种轻微的压力，这种压力无论如何不会使他们感觉到他们内在地同属一个整体。但是不应忘记，他们坐在那里怀有的共同**期待**有多大，而且这种期待在整个演出期间一直都存在着。散场之前离开剧院的人极其少见，甚至在观众对节目感到失望的情况下，他们仍然坚持到底；而这意味着，他们在整个演出期间一直在一起。

听众屏息静听，而乐器的演奏声震耳欲聋，这二者的对比在**音乐会**上尤为鲜明。在这里至关重要的是完完全全的不受干扰。任何动作都不受欢迎，发出任何响声都会遭人唾弃。当音乐美妙动人之时，不允许听众有任何举动来表示他们受到了悠扬旋律的影响。由变化无穷的音乐所渲染的情绪，是最为多姿多彩的，是最强有力的。大部分听众没有感觉到这种情绪和听众没有**同时**感觉到这种情绪，是例外情况。但是禁止对此作出任何外在的反应。人们安静地坐在那里，好像他们**什么也没有**听见。显然，要在这里保持停滞状态，必须有长时间的人为教育。我们对于教育的这种结果已经习以为常了。如果不抱偏见地说，那么，在我们的文化生活中很少有像音乐会听众那样令人吃惊的现象了。**自然地**被音乐打动的人则完全不同。那些根本没有听过音乐的人在第一次听音乐时会表现出无拘无束的奔放热情。当法国船员为土著塔斯马尼亚人演奏马赛曲时，这些土著人以奇怪的方式扭动身躯，做出绝妙透顶的姿势，表达他们的满足心情，土著人的表演使水手们捧腹大笑。一个兴高采烈的土著年轻人揪住自己的头发，双手在自己的头上乱抓，不断地大喊大叫。

在我们的音乐会上不能表现出任何一点点躯体方面的解放。掌声是对演员表示的谢意，掌声是零乱的、瞬间的，而不是组织得很好的、长时间的掌声。如果完全没有掌声，人们像坐在那里时一样静悄悄地散场，这是因为人们完全沉浸在虔诚的宗教氛围里了。

音乐会上宁静的气氛最初就是来源于这种宗教氛围。**一起站在神像前**，这在一些宗教中是普遍的仪式。这种宗教氛围的特点是同样的停滞状态，从世俗群众那里我们也可以发现这一点，而且这种宗教氛围也能导致突然的、强烈的解放。

给人印象最深刻的例子，或许是著名的"**在阿拉法特的站立**"，这是到麦加朝圣的最高潮。在离麦加数小时路程的阿拉法特平原上，60 万至 70 万朝圣者在宗教典礼规定的日子里聚集在一起。他们在圣慈山周围形成一个大圆圈，圣慈山是这个平原中心的一个光秃秃的小山丘。约午后两点钟，烈日当空，朝圣者各就各位，站在那里直到太阳下山。朝圣者不戴帽子，一律身穿白色法袍，他们满怀激情地倾听着站在小山顶上的布道者向他们作布道演说。布道者的布道就是不断地赞扬神，朝圣者的回应是重复千百次的套语："我们敬候遵旨，神啊，我们敬候遵旨！"有些人激动得哭泣，有些人捶打着胸膛，有些人在难耐的高热中昏厥过去；但重要的是，他们在这炽热的长长的几小时内，在神圣的平原上坚持了下来。只有太阳落山才是他们可以解散的信号。[2]

宗教习俗上众所周知的、最令人不可思议的其他事件，我们将在后面的一个地方加以研究和说明。在这里我们感兴趣的只是这种数小时之久的**停滞**。成千上万的人在不断高涨的激动情绪中坚持站在阿拉法特平原上，不管发生什么事情，他们都不可以在安拉面前放弃自己的立脚地。他们一起就位，一起接受解散的信号。布道演说激发起他们火一样的热情，他们通过对布道演说的回应使自己激发起了火一样的热情，他们使用的套语中包含"敬候"的字眼，并且一再重复。以令人无法察觉的速度缓慢移动的太阳把一切都浸在同样的辉煌里，浸在同样的炽热中，我们可以把太阳称为停滞的**体现**。

在宗教群众中，僵硬和沉寂分成各种等级，但是宗教群众所能达到的被动性的最高程度，是从外面强加给群众的。在**厮杀**中，两方群众互相打起来，每一方都想比另一方强；他们通过厮杀的喊声向**自己**和敌人表明，他们确实是强者。厮杀的目的是使另一方沉默。如果所有敌人被打倒了，那他们汇聚在一起的呐喊，使人们确实感到害怕的一种威胁，就永远无声无息了。最沉寂的群众是由**敌方的死者**构成的。它越是危险，人们就越是想去看看这一堆安静地堆在一起的人。这是一种奇特的欲望，即想体验一下这一堆死人是如何无抵抗能力的。因为他们先前作为一群人向另一群人进攻过，作为一群人向另一群人咆哮过。人们先前绝没有把这种**沉寂的死者群众**看作是无生命的。人们认为，他们会在另一个地方以自己的方式继续生存着，他们会重新聚在一起，基本上过着一种与人们在他们身上所了解到的生活相类似的生活。躺在那里的敌人尸体，对观察者来说是停滞群众的最极端的例子。

但是，这个概念还要经过发展。代替被杀死的敌人的可能是**所有的死者**。他们躺在共同的地下并等待着复活。每一个死去并被埋葬的人都会增加他们的数量，所有作古的人都属于此，他们的人数无法计数。介于他们之间的泥土是他们的紧密性，因此，即使人们都单独躺着，但是他们仍然感到他们是紧挨着的。他们将永远躺着，直到最后的审判来临；他们的生命停滞着，直到复活的时刻，这一时刻就是他们聚集于神面前的时刻，神将审判他们。作为群众他们躺在那里，作为群众他们又得到复活。对于停滞群众的真实性和意义而言，最出色的证据莫过于复活和最后的审判这两个理念的演绎了。

第十三节　目标的缓性或遥遥无期

目标的**遥遥无期**属于**缓性的**群众。人们抱着坚定不移的决心向不变的目标前进并且在任何情况下都相聚在一起。路途遥远，不可知的障碍和危险从四面八方威胁着他们。在他们达到目标之前不可能有解放。

缓性的群众具有队列的形式。它从一开始就由所有属于它的人组成，就像以色列子民迁出埃及时的情况一样。以色列子民的目标是应许之地，只要他们相信这个目标，他们就是一个群众，他们迁徙的历史就是这种信念的历史。往往会遇到如此大的困难，以至于他们开始怀疑。他们忍受饥渴，而一旦他们开始抱怨，他们就受到瓦解的威胁。领导他们的人一再努力恢复他们的信念，他一再取得了成功；而如果他没有取得成功，那就是使他们感到威胁的敌人取得了成功。四十余年的迁徙史上有许多激进群众的形成实例。关于激进群众，以后有机会时还要谈及。但是，他们都属于独一无二的缓性群众这一较为广泛的概念，缓性的群众向他们的目标前进，朝着许诺给他们的土地前进。他们中间的成年人逐渐年老并死亡，小孩子出生了并长大成人，但是，即使所有的个人已不是原来的个人，整个队列却还是原来的队列。没有新的人群加入他们的队列。谁是他们的成员并有权要求应许之地，这是从一开始就已决定的。因为这个群众不会急速增长，所以在它的整个迁徙期间有一个重要的问题：它是怎样做到不发生**瓦解**的？

缓性群众的第二种形式用呈网状分布的河流系统来比喻更为合适：它由小溪流开始，小溪流逐渐汇合成大溪流；四面八方的溪流汇成一条大河；整条大河，只要前面还有土地，就会向前延伸，它的目的地是大海。一年一度的麦加朝圣之旅也许是这类缓性群众最明显的例子。朝圣者旅行团从伊斯兰世界最遥远的地方启程，他们都朝着麦加的方向前进。有些旅行团也许是小的，有些旅行团则由于得到皇亲贵族的资助而气派很大，从一开始就是他们国家的骄傲。但是，所有的旅行团在旅途中都会遇上另一些奔赴同一目的地的旅行团，因此这些旅行团越来越大，在接近目的地时成为滔滔巨流。麦加则是这些巨流要汇入的海洋。

这类朝圣者的情况是：与这种旅行本身的意义毫无关系的日常生活经验，有很大的发挥余地。他们在生活中往往每天都做相同的一些事，努力克服许多危险，他们大多数人都很穷并要为吃喝操心。这些人在不断变动的陌生地方生活，所遭受的危险要比在家时多得多。这些危险与他们这次旅行所要做的事完全无关。这些朝圣者同其他各地的人一样，在很大程度上仍然是各自分开过日子的个人。但是，就他们坚持他们的**目标**而言，他们始终是缓性群众的成员，他们中间的大多数人都是这种情况。这个缓性群众——不管朝圣者与这个缓性群众的关系如何——在达到其目标之前会一直存在。

我们看到的第三种缓性群众形式是所有与看不见的、此生无法达到的目标有关的人。幸福的亡灵在彼岸等待着所有那些在彼岸应有一席之地的人，彼岸是一个明确的目的，只属于信徒。他们清楚地看到这个目标，他们肯定不会满足于代替这个目标的空洞的象征。生命就像通向那里的朝圣者之路一样，在他们和彼岸之间是死亡。这条道路难以捉摸，不能一览无余。许多人误入歧途而迷失了。对彼岸的希望始终使信徒的生命具有一种特殊的色彩，以至于我们有权利说，这是一个缓性的群众，所有的信仰追随者都属于这个缓性的群众。因为他们互相不认识，分散在许多城市和国家生活，所以给人印象最深刻的是这种群众的匿名性。

那么，缓性群众的**内部**如何呢？它与**激进**群众有何主要区别呢？

解放与缓性群众无缘。我们可以说，这是它的最重要的特征，因此也可以用没有解放的群众来代替缓性的群众。但是还是用缓性群众这一称呼好些，因为情况还没有到他们**完全**放弃解放的地步。解放始终包含在最终状况概念中，解放被推迟到很远的远方，目标所在之地也是解放所在之地。今世总是可以清楚地看到解放，而确实的解放则在尽头。

在缓性群众中，人们的目标是**放缓并延长**解放的过程，使之成为遥远的目标。一些大的宗教延缓解放过程的手腕已达到了炉火纯青的地步。它们要做的事是保持住它们已经获得的信徒。为了保持住信徒和获得新的信徒，他们必须时时集会。如果在这些集会上达到激烈的解放，那么这些集会必须重复举行，并且尽可能地在激烈的程度上超过上一次；如果想保住信徒们的团结统一，那么至少必须定期重复这类解放。在韵律群众举行的这类礼拜仪式期间发生的事，无法远距离控制。世界宗教的中心问题是控制其分布在广泛地区的信徒，这种控制只有有意识地放慢群众过程才有可能。遥远的目标必须占有重要地位，而近期的目标则必须越来越丧失其重要意义，并在最后变得毫无价值。尘世的解放从来不会持久，而被置诸彼岸的东西却得以永恒。

目标和解放就这样合而为一了，而目标不易受到伤害。因为此岸的应许之地可能被敌人占领并被蹂躏，得到许诺的民族可能从应许之地被赶出来。麦加曾一度被卡马锡人征服并被掠夺一空，圣石卡巴也被拿走了。许多年之内未有去那里的朝圣者之旅得以成行。

但是，彼岸及其幸福的亡灵不会受到任何这一类的破坏。那里只靠信仰为生，只有这一点是唯一脆弱的地方。当前，基督教的缓性群众开始瓦解，因为对这种彼岸的信仰开始瓦解了。

第十四节　无形的群众

　　在整个地球上，只要是有人的地方，都会有**无形的亡者**这个概念，可以把它称之为人类最古老的概念。任何人群，任何部落，任何民族，都莫不对于其亡者具有丰富的想象。人被亡者所支配，亡者对于人具有巨大的意义，亡者对生者的影响乃是生者的生活本身的基本部分。

　　人们认为亡者是聚在一起的，就像活人一样；而且一般认为亡者的数量很多。"古老的**贝专纳** *以及其他的南非的土著们相信，所有的空间都充满着他们祖先的灵魂。泥土、空气和天空都充满了灵魂，它们可以随心所欲地降祸于生者。"[3]"刚果的**波洛其族**相信他们的四周都是灵魂，灵魂无时无地不在迷惑他们，日日夜夜都在试图加害于他们。大河和小溪都充满了他们先人们的灵魂，树林和灌木丛也是如此。这些灵魂会对那些走陆路或水路摸黑赶夜路的人造成威胁。任何人都没有勇气穿过把村落互相隔开的树林，即使有望得到高额报酬，也无人为之心动。对于这类建议，回答千篇一律：'树林里有太多的灵魂。'"[4]人们通常认为亡者都住在一起，住在一个遥远的地方，在地下，在一个岛上或者在天堂。加蓬的**匹克米族**的一首歌中有如下的歌词：

---

* 原系非洲南部英国一保护地，于 1966 年独立改名为博茨瓦纳。——译注

洞门关闭，

亡灵成群结队，

熙熙攘攘，

奔向那里，

就像成群的苍蝇，

在暮色中飞舞。

日已西沉，暮色渐浓，

群蝇乱飞。

群蝇乱飞，

犹如枯叶在狂风中回荡。[5]

不仅亡者数量越来越多，而且对他们的紧密感也越来越强，他们一起活动并追求共同的事业。一般人看不到他们，可是有特别禀赋的人，即**巫师**，他们善于以咒语召唤亡魂，制服亡魂，并使之成为自己的仆人。在西伯利亚的**楚科齐人**那里，"一个好巫师能获得许多亡魂的襄助，当他召唤他们全体时，他们都来了，数量很多，以致像一道墙一样把进行驱魔仪式的小帐篷围得水泄不通。"[6]

巫师对别人**说**他看到的东西，在雪地的小屋中，巫师用由于激动而颤抖的声音喊道：

天空充满了赤裸裸的幽灵，他们，赤裸的男人和赤裸的女人，他们在空气中熙来攘往，激起狂风暴雪。

你们可听到了他们的聒噪声？他们发出的喧闹声犹如巨鸟飞过高空。那是赤裸的人们在颤栗，那是赤裸的人们在逃亡。大气的幽灵呼出狂风，激起暴风雪，席卷大地。[7]

赤裸的幽灵在逃亡中的这种神奇景象，是**爱斯基摩人**的说法。

有些民族把他们的亡者或一定数量的亡者想象成战斗的团体。苏格兰高地的**凯尔特人**用一个特别的说法来称呼这种亡者的团体，他们称之为尸群（sluagh）。这个词在英语中就是"幽灵群"。幽灵群在密云中上下穿梭，就如白头翁在地表上浮沉一样。他们总是回到尘世的罪孽之所。他们用百发百中的有毒的箭，杀死人间的猫、狗、羊和牛。他们在空中厮杀，就如人们在地上厮杀一样。在严寒的夜里，我们可以听到和看到他们，看到他们的军队是如何互相进攻而又各自后撤，后撤之后又一次互相进攻。一次战斗之后，他们的血染红了岩石。呼唤（gairm）这个词意味着喊叫，呼喊，而尸群呼唤（sluagh-gairm）意指亡者在战斗时发出的喊声。以后这个词演变成"口号"（slogan），我们现代群众战斗号召的这一称呼，来源于苏格兰高地的死者军团。[8]

两个相距甚远的北方民族，欧洲的**拉普人**和阿拉斯加的**特林基特印第安人**，他们都有同样的想法，即把**北极光**看作战斗。"科塔地方的拉普人相信在北极光中看到了阵亡者作为幽灵仍然在空中战斗。俄国地方的拉普人在北极光中看到的是被杀死者的幽灵。他们住在一间屋子里，他们有时聚集在一起，互相刺杀以致死亡，满地都是鲜血。北极光显示出，被杀害者的灵魂开始了他们的战斗。在阿拉斯加的特林基特人那里，所有病死而不是战死的人只能进入地府。只有在战争中阵亡的勇敢的战士才能进入天堂。天堂有时会敞开大门接纳新的灵魂。他们在巫师面前总是全副武装的战士。这些阵亡者的灵魂往往呈现为北极光，特别呈现为北极光焰，人们可以看到的如飞矢般的光焰或成束的光焰，它们来回运动，有时紧挨着闪过，有时在同一地方时而如矢时而如束，非常像特林基特人的战斗情况。他们相信，一道耀眼的北极光宣示着大规模的流血战斗，因为战死的战士希望有个伴。"[9]

日耳曼人相信无数的战士聚集在瓦哈拉*。有史以来所有阵亡的人都到瓦哈拉来，他们的人数越来越多，因为战争绵延不断。他们狂欢宴乐，酒食花样翻新，源源不断。每天早上，他们拿起武器出去打斗。他们互相杀死自娱，但他们又重新站起来，他们并没有真正死亡。他们通过640座门重新回到了瓦哈拉，每800人一队。

但是，在人们的想象里并不只是死者的灵魂有如此之多，并且一般的生者是看不到的。在古**犹太民族**的经文中有这样的记述："人们应该知道并记住，在天和地之间的空间里并不是空无一物，而是到处都充满着生灵，其中一部分生灵是纯洁的，非常善良、温和，但是有一部分是不纯洁的生灵，他们是一些损害别人的生灵，使别人痛苦的生灵。他们在空中来回飞翔：有些生灵想要和平，有些生

---

* 瓦哈拉（Walhall）是北欧神话奥丁神的庙堂，战死者的英灵被奥丁的十二婢女之一引领到这里，受到款宴并在此安顿。——译注

灵寻求战争；有些为善，有些为恶；有些带来生命，有些导致死亡。"在古**波斯人**的宗教里，恶神组成了一个特别的军团，它有自己的最高统帅。这些恶神数不尽，对此古波斯人的"圣经"《**曾特：波斯古经**》中描述："那些恶神成千上万，万亿兆京，无可计数。"[10]

中世纪的**基督徒**曾经认真地思索过**恶神**的数量问题。凯撒瑞斯著《奇迹对话录》[11]中有这样的记载：恶在教堂唱诗班里占了大多数，以至于他们干扰了僧侣的咏唱仪式。这些僧侣开始了第三首圣歌 (Psalm)："主啊，我的敌人怎么如此之多。"恶神从唱诗班的这一边飞到另一边，混合在僧侣中间。僧侣们甚至不知道自己在唱什么，在一片混乱中，每一边都试图以更大的声音压过另一边。在一个地方就有这么多恶神聚集在一起，干扰礼拜的进行，可想在整个世界该有多少恶神。凯撒瑞斯说，仅仅福音书就证明，有一大群恶神进入了一个人的身体。

有一个作恶多端的僧侣在他的临终之床上对坐在身边的一个女亲属说："你看见我们对面的那座谷仓了吗？现在我们四周聚集的恶神就同谷仓里的稻草一样多。"恶神伺机要捉住他的灵魂，要带它去受责罚；恶神也想在虔诚的人临终的床边试试运气。在一位善良的女修道院院长的葬礼上，有更多的恶神围在她身边，就像一个大树林里的树叶那么多；在另一个临终的修道院院长身边，恶神的数量比海岸上的沙子还要多。人们知晓这些情况要感谢一个当时在场的恶魔和一位骑士，恶魔同这个骑士谈了话，详细说明了情况。恶神并不掩饰他对这些无结果的努力感到失望，他承认，他在耶稣死的时候曾坐在十字架的横杠上。

我们看到，这些恶神纠缠不休的次数同他们的数量一样多。有一位西都会修士——修道院院长理查姆一闭上眼就看见身边的恶神像灰尘一样多。关于恶神的数量曾经有两个相距甚远的统计：一个统计数字是 44635569，另一个统计数字是 11 兆。

人们关于天使和圣徒的想法自然与恶神是完全不同的。在这里，一切都宁静祥和，人们已无所多求，人们已经达到了目的。但是，他们也聚集在一起，一个庞大的天国之群体，"无数的天使、大主教、先知、使徒、殉教者、笃信者、修道女和其他正直的人"[12]。

他们围成一个大圆圈，中间是他们主的宝座，就如群臣面向他们的国王一样。他们头挤着头，以挨近主为自己的幸福。主永远地接纳了他们，他们也将永远不离开主，同时他们也互相永不分离。他们全身心地浸在主的光辉之中，赞颂主。这是他们还在做、共同做的唯一的事情。

信徒的心中对于无形的群众充满了这一类的幻想。不管是亡者、恶神还是圣徒，人们把他们想象成大批地聚集在一起的群体。我们可以说，宗教是**以这些无形的群众为起点的**。这些宗教的形成各不相同，每一种信仰对于这些宗教来说都会形成一种特殊的内心的和谐和平静。按照宗教影响无形群众的方式来划分宗教，是可能的，也许是非常合乎人们的愿望的。较高级的宗教，我是指那些已经取得普遍威望的宗教，它们在这种普遍威望中显示出至高无上的确实性和明确性。人们的恐惧和希望同它们通过布道使其活灵活现的无形群众联系在一起。这些无形者是信仰的血液。一旦这些无形者被淡忘,信仰也就枯萎了;而当信仰逐渐衰亡的时候,另一些群体就代替了被淡忘的群体。

有一种群众,也许是最重要的群众,我们还没有谈到。这种群众尽管无形,但它是唯一的,甚至对我们当代人来说也是很自然的,就是**子嗣**,一个人也许能看清两代人,或许是三代人,但这两代或三代完全是未来之事。正是由于子嗣人数无限,谁也看不到了。我们知道,子嗣必然增加,开始是缓慢地增加,后来则迅速增加。各部族和各民族都追本溯源于一位共祖,从它们对这位共祖所说的诺言中可以看到,它们的共祖是多么希望后代人取得辉煌的成就,尤其是希望后代人繁衍**许多**子孙,多到就像天上的繁星和海边的沙粒一样。中国人的诗歌经典《诗经》中有一首诗,以一群螽斯来比喻子孙[13]:

螽斯羽,诜诜兮。宜尔子孙,振振兮。
螽斯羽,薨薨兮。宜尔子孙,绳绳兮。
螽斯羽,揖揖兮。宜尔子孙,蛰蛰兮。

数量庞大,绵延不绝(也就是贯穿时间的紧密性),以及统一性,这就是这里所说的对子嗣的三个希望。用螽斯来表示子嗣的数量之大给人的印象特别深刻,因为这种动物在这里不是被看作害虫,而是由于其繁殖力而被看作楷模。

时至今日，对子嗣的感情仍和过去一样。但是，希望自己的子嗣越多越好的想法消失了，转移到了作为整体的未来的人类身上。对于我们中间的大部分人来说，亡者群体变成了虚幻的迷信。但是，关心未出生的群众，希望他们好，为他们准备更好的、更合理的生活，这是一种高尚的，绝不是无益的努力。就全面关心地球的未来而言，对未出生者的这份感情具有极大的意义。对于未来子孙有可能受到伤害这种情况的厌恶，关于未来子孙在我们今天继续进行新型战争的情况下会是什么样子的想法，要比我们对自己的私人忧虑更能导致消除这些战争，从而导致消除所有战争。

现在如果我们考虑一下这里谈到的无形群众的**命运**，那么可以说，他们有的还在继续发展，有的已经完全消失。属于已经消失的有恶神，尽管他们以前数量很大，今天，人们熟悉其形态的恶神已无处可寻了。但是他们还是留下了一些踪迹。从恶神的繁荣时代，例如凯撒瑞斯时代，可以引用一些明显的例证来说明恶神的**微小**。从那时以来，恶神已尽弃一切可以联想到人的特性，并变得更为微小。恶神的变化很大，数量更多了，他们在 19 世纪作为**细菌**再一次出现。他们的攻击矛头已不再对准人的灵魂，而是对准人的身体；他们对人的身体可能造成极大的威胁。只有很少的人通过显微镜看到了细菌，但他们实际上见到过细菌。所有听说过细菌的人都意识到细菌的存在并努力不与细菌接触，但这番努力是白费心血，因为细菌是看不见摸不着的。细菌的危险性以及在很小的空间可以聚集如此大量的细菌，无疑是从恶神那里继承来的。

有一个无形的群众，这个群众一直就存在着，但只是在发明显微镜以后才被认识，就是**精子群**。每次有两亿精子同时大进击，它们彼此之间是平等的，极其紧密地在一起。所有的精子都向着一个目标，除了唯一的一个精子以外，其余的都在途中死了。也许有人会说，精子不是人，在这里不应该把精子说成是前面所说的意义上的群众。但是这种反对意见完全没有涉及问题的实质。每一个这样的精子都负载着祖先留下的一切。它包含着祖先，**它就是**祖先。令人极度吃惊的是，在这里重新找到了祖先，在人的存在和另一种完全改变了形态的存在之间：所有的祖先都在**一个**微小的生物里，而这个生物的数量无法计数。

第十五节　按照情绪划分群众

我们已经认识的群众充满了各种各样极其不同的情绪。我们还没有谈到这些情绪的种类。进行研究的第一个目的是按照形式原则划分群众。不管是开放的群众、封闭的群众、缓慢的群众或激进的群众，还是无形的群众或有形的群众，都只是在很小的程度上表达了群众的感情、它的内容。

绝不能总是以纯粹的形式来把握这种内容。我们在一些场合已经知道，在这些场合，群众经历一个又一个迅速变换的一系列激情。人们会在剧院里呆上几个小时，他们在那里共同获得的感受是极其多样的；在音乐会上，他们流露的感情比在剧院里更丰富，可以说，他们的感情在音乐会上达到了多变性的极限。但是，这些场合是人为的，它们的财富是高度的、复杂的文化的最终产品；它们的作用是温和的。两极被中和、抵消。这些团体的作用总的说是缓和、减少人们无法控制的激情。

群众的感情类型还可以追溯得更远。它们很早就出现了，它们的历史和人类本身的历史一样久远，而且这些感情类型中有两种的历史比人类本身的历史还要久远。每一种类型的特点是统一的色彩，控制每一种类型的主要激情是唯一的。一旦弄清楚了它们，就不会再把它们搞混了。

下面我将按照感情的内容把群众划分为五种类型。在这五种类型中，攻击性群众和逃亡性群众是最为古老的。我们可以在动物和人类中都可以找到这两种类型。而且很显然，人类的这两种类型各自的形成过程都一再受到动物的榜样的影响。禁止性群众、反叛性群众、宴乐性群众则是人类所特有的。对这五种主要类型作一番描述是必要的，而且在对它们进行解释时会得出很有意义的认识。

第十六节　攻击性群众

攻击性群众的形成，其目的在于能迅速达到目的。它知道这个目的，能精确地说出来，并且这个目的也是很近的。攻击性群众的目的是杀戮，而且它知道它要杀死谁；它以无比的决心向这个目的前进，它不可能受到欺骗。只要宣布这个目的，只要把处死谁的消息传播开，群众就足以形成。把注意力集中于杀戮是一种特殊的群众，在杀戮的强度上任何群众都比不上。每个人都想参与杀戮，每个人都会插上一手。为了能够给予牺牲品以一击，每个人都往前挤，要尽量靠近牺牲品。如果他不能击中，那么他想看到其他人是怎么击中这个牺牲品的。所有的武器好像来自一个人。但是**击中**目标的武器更有意义。目标就是一切。牺牲品就是目标，而且牺牲品所处的地方也是群众密集度最大的地方。所有人的行动都在这里结合。目标与密集度合而为一了。

攻击性群众迅速扩展的一个重要原因是他们做这件事时没有危险。这是没有危险的，因为群众这一方面有绝对的优势。牺牲品不可能对群众造成任何威胁。牺牲品不是逃掉就是被缚着。他不可能反击，他只是一个毫无反抗能力的牺牲品；而且他也是被交给群众处死的。他的命运注定如此，任何人都无须为他的死而担心受到惩罚。交给群众的杀戮代替了普遍的杀戮，人们必然会拒绝普遍的杀戮，因为如果进行普遍的杀戮，人们会担心由此受到重罚。没有危险的、被允许的并且有许多人参与的杀戮，对于绝大多数人来说是不可抗拒的。我们还要说，人人都处于死亡的威胁之下，不管如何掩饰，死亡的威胁始终起着作用，即使有时忘记了，死亡的威胁一样存在，因此，死亡的威胁使得把死亡**转移**到别人头上成为一种需要。攻击性群众就是适应这种需要而形成的。

事情来得如此突然、如此迅速，于是人们匆匆忙忙赶到出事地点。这样一个群众的匆忙、愉快和自信令人感到奇怪。这是彻底的盲人突然以为能看见东西时的激动情绪。群众走向牺牲品和行刑处，想以此突然和永远地使构成群众的所有成员的死亡威胁得以消除。但群众实际上发生的情况完全与此相反。执行别人的死刑之后，群众比以前任何时候都更感到死亡的威胁。群众瓦解了，四散逃逸。牺牲品越高贵，群众的恐惧也就越大。这一类群众只有在类似的事件一个接一个迅速发生的情况下才有可能维系下去。

攻击性群众非常古老，它可以追溯到最原始的活动性群体，大家知道，这就是狩猎团体。关于狩猎人群我们以后再详细谈，这种人群人数少，与群众有许多不同。这里只是要谈一谈促使攻击性群众形成的某些一般情况。

游牧部落或一个民族处死个人的方式主要有两种形式：一种形式就是**放逐**。个人被逐出群体，听凭他毫无防卫地受到野兽的袭击或者饿死。他原来所属的人群已经与他没有任何关系，不再给他提供住处和食物。和他的任何往来，都是对人群的亵渎，也是人群自己犯了禁。在这里，最严酷的孤独是最极端的惩罚。把个人同他的族群分开是一种折磨，被分开的人很少有人能生存下去，在原始情况下尤其如此。这种孤立处罚方式有一种变体，这就是把个人交给敌人。如果是士兵未经战斗就被交给敌人，那么这对他来说是特别残酷和蒙受耻辱的惩罚，对于受罚人无异于判处两次死刑。

另一种处罚形式是**集体杀戮**。受刑人被带到广场挨石头，每一个人都分享他的死亡，受刑人被所有人的石头击中，倒了下去，没有任何人被指定为行刑人，他是被整个群体杀死的。石头代表群体，石头就是群体的决议和行动的纪念品。即使石刑没有成为习俗流传下来，但是集体杀戮的倾向一直存在。**火刑**可以与此相提并论。火代表意欲受刑人死亡的大众行动，火焰从四面八方包围牺牲品，可以说无处不在攻击他、杀死他。此外，在相信有地狱的宗教中有这样一种情况：在用火这个群众的象征集体执行死刑时，人们还有一个想法，就是把受刑人放逐到地狱中去，也就是把他交给地狱中的敌人。地狱之火来到地面上，带走异教徒。以一排弓箭射杀牺牲者以及以一小队士兵射击判处死刑的人，两者的行刑团体都是全体民众推派的代表。从非洲及其他一些地方可以知道，在把人埋进蚂蚁堆时，人们是把蚂蚁当作无数的群众，让蚂蚁去做群众感到很难办的事情。

所有这些公开的行刑方式都与古代的集体杀戮有关。真正的行刑人是聚集在绞架四周的群众。群众认同了这种杀人的场面，他们情绪高昂，从很远的地方涌向这里，想从头到尾看一看这种场面。群众想要这件事情发生，并不想让牺牲品跑掉。审判基督的消息从本质上涉及了这个过程。群众喊道："钉死他！"群众是真正的行动者，而在其他时期，群众自己就会做这一切并用石头处死基督。通常在少数人面前进行的审判，代表着后来参加行刑的许多人。以法律名义宣布的死刑判决，听起来是抽象的，不真实的，但在人群面前执行时却变成真实的了。真正的法律是代表群众说话的，法律的公开性就是指群众。

中世纪时，死刑的执行是非常壮观的；死刑的执行尽可能地拖长时间。有时被执行人会以虔诚的口吻告诫观众，他宣称他关心他们，要他们不要像他那样做；他告诉观众，像他那样生活会导致什么结果。他们感到，他的关心丝毫不是在讨好他们。也许，再一次作为他们之中的**平等的一员**，作为同他们一样好的人，同他们一起清理和谴责他过去的生活，会给他提供最后的满足。在神职人员千方百计的关心下，罪犯和异教徒在临死前进行了忏悔，这种忏悔除了预先规定的拯救灵魂的目的以外，还有这样一层意义：它会改变攻击性群众，使之具有未来的欢乐群众的观念。每一个人都应该感到自己的善良思想是确实无疑的，并相信他为此在天国会得到报偿。

在革命时期，死刑的执行加快了速度。巴黎的刽子手桑森为他的助手能"不超过一分钟了结一条命"而感到自豪。在这类时期，疯狂的群众情绪大都可以追溯到迅速相继执行的无数死刑。对于群众来说，刽子手把被处死者的头向他们展示是重要的，唯有这时才是解放的时刻。不管头颅是谁的，现在都**降级了**，在刹那间，因为这颗头颅凝视着群众，所以同所有其他人的头颅一样了。这颗头颅可能是国王双肩上的头颅：由于在所有人面前进行的闪电般的降级过程，人们把这颗头颅看得同其他头颅一样了。由一颗颗凝视的头颅组成的群众在这一瞬间感受到了平等，因为这颗头颅也凝视着他们。被处死者以前的权力越大，他以前和他们的距离越远，群众解放的激情就越高涨。如果是国王或者和国王一样有权力的人，那么还会有一种逆反的心理满足。长期以来他所拥有的生杀予夺的权力现在反过来用到了他的身上，他以前杀死的人杀死了他。这种逆反的意义是无法估计的。有一类群众正是由逆反形成的。

展示给群众看的这颗头颅的作用绝不仅限于解放。他们把这颗具有巨大权力的头颅看作是他们之间的一颗头颅；这颗头颅陨落到群众中间，同群众一样了；这颗头颅使所有的人彼此之间互相平等，群众中的每一个人都在这颗头颅中看到了自己。断落的头颅也是一种**威胁**。他们如此专注地看着死者的眼睛，以致他们对之无法释怀。因为这颗头颅属于群众，群众通过他的死本身也受到了打击：群众患了神秘的病，受到了惊吓，于是群众开始瓦解。群众现在崩溃四散了，这是逃离这颗头颅的一种方式。

攻击性群众一旦攫取到它的牺牲品，它就会特别迅速地瓦解。统治者在遭到危险时显然知道这一事实。统治者向群众抛出一个牺牲品，以便遏阻群众的扩张。许多政治上的死刑都只是出于这一目的而安排的。另一方面，激进派的发言人往往完全不清楚，在他们达到他们的目的即公开处死危险的敌人时，他们自己所受的伤害要甚于敌对派所受的伤害。他们还可能遇到这样的情况，即在这类行刑之后，追随他们的群众会分散开来，他们在很长时间内或者说永远不能再达到原有的力量了。关于这种突变的其他原因，我们在谈到群体，特别是悲恸群体时还要谈到。

厌恶集体杀戮完全是近代的事，不应给予过高的评价。即使在今天，每个人都可以通过**报纸**参与公开的行刑。只是人们今天能更舒适地做到这一点，就像做到其他一切事情一样。人们安静地坐在家中，在上百条新闻中流连忘返地阅读那些特别令人激动的新闻。人们只是在一切事情过去以后才拍手叫好，没有丝毫罪恶感破坏满足感。人们对任何事情都没有责任，不对判决负责，不对目击者负责，不对事件的报道负责，也不对刊登该报道的报纸负责。但是今天的人们关于这类事情所了解的，要比过去人们了解的更多，因为过去的人们不得不花几个小时走去看行刑并站在那里看，但看到的东西却很少。在读者群中有一种比较温和的攻击性群众，这种群众由于远离事件而变得更不需对此负责。我们也许可以说，读者群中的这类攻击性群众，是它最卑鄙的同时是最稳定的形式。因为这种群众无须集结，所以也没有解散的问题，每天阅读报纸是一种消遣。

第十七节　逃亡性群众

逃亡性群众是由于受到**威胁**而产生的。在逃亡性群众中，人人奔逃，人人被裹挟进去。威胁人们的危险对所有人都是相同的，危险集中在某一个特定的地方，危险消灭了区别。它会威胁一个城市的居民，或者威胁所有具有同一信仰的人，或者威胁所有说同一种语言的人。

人们一起逃亡，因为这样逃亡更好。他们受到的激励是相同的：一个人的能量会增大另一个人的能量，人们都互相拥挤着往同一方向前进。只要人们在一起，他们就感到危险**被分担了**，有一个最古老的看法：危险只发生在**一个**点上。他们相信，当敌人抓住他们中的一个人时，其他所有人都能逃脱。逃亡群众的侧翼没有防护，却拉得很长，他们不相信危险会同时袭击所有的人。那么多的人中间没有一个人认为**自己**就是牺牲品。所有的人都在逃亡，这就等于有获救的希望，每一个人都完全相信自己可以获得解救。

大批群众逃亡的最显著的特点是他们选择方向的力量。群众成了所谓的整个方向，离开这个方向就是危险。重要的只是群众要达到的安全目的地以及达到这一目的地的一段距离，先前在人们之间存在的距离并不重要。从未接近过的完全陌生的和对立的造物，现在突然能在这里相聚在一起。在逃亡中，他们之间的差别固然没有消失，但是他们之间的距离都消失了。在所有类型的群众中，逃亡群众是最具有包容力的。逃亡群众提供的这一幅不匀称的画面，不只是由所有人的参与造成的，而且这幅画面还由于这些人在逃亡中达到的速度极其不同而显得杂乱无章。他们中间有年轻人，也有老年人，有强壮的，有体弱的，有负担重的，也有负担轻的。这幅画面斑驳的色彩也许会使局外的观察者感到迷惑，但与方向的压倒一切的强大力量相比，它是偶然的和没有意义的。

只要每一个人在逃亡中承认其他人，逃亡的能量就会成倍增加：每个人会把其他人推向前进，而不是把他们推到一边。但是，只要他只为自己打算并且只把周围的人看作障碍，群众逃亡的性质就会发生根本的变化，转化为它的对立面，由此产生出**大恐慌**，每一个人都同所有挡着他道的人作斗争。当逃亡的方向一再受到干扰的时候，往往会发生突变。只要阻断群众的道路，就足以使它走上另一个方向；如果总是在阻断它的去路，那么它就不知道往何处去了。它迷失了方向，因而它的一贯性发生了变化。危险在此之前起到了激励作用和团结作用，而现在使**每一个人**作为敌人去反对**别人**，只想使自己获救。

但是，群众逃亡与大恐慌相反，它从牢固的团结中获得它的能量。只要它不被任何东西所分散，只要它坚持不分离，只要强大的群众潮流不四分五裂，那么驱使它的恐惧也就可以忍受。群众逃亡的特点是它一旦上路就感到欢欣鼓舞，即共同行动的欢欣鼓舞的感觉。一个人受到的威胁不比另一个人少，尽管每一个人都尽全力确保自己的安全，但他仍拥有他认可的位置，他在一片激动情绪中保持着这个位置。

在延续数日或数周的逃亡过程中，有些人掉队了，或者是因为他没有力气了，或者是因为他被敌人击中了。倒下的每一个人都是对其他继续前进的人的激励。由于他遭受这种命运，其他人就可以免于这种命运。他是奉献给危险的祭品。不管他作为一起逃亡的人对另一个个人来说有多么重要，他作为牺牲者对所有人来说更为重要了。他的目光给予疲倦不堪的人以新的力量。他比其他人弱，他成了危险的目的。他孤立无援地落在后面，在短时间内人们还可以看到他，他所处的孤独境地更提高了他们对团结的意义的认识。被击倒的人对坚持逃亡具有无法估计的意义。

逃亡的自然终结就是达到目的地。这种群众一旦安全，就会瓦解。危险也可以在源头就被消除。一宣布停战，群众从其中逃亡出来的城市就不再受威胁。人们集体地逃亡，现在分散地各自回去，一切都同从前一样各自分开。但是还有第三种可能性，可以称之为慢慢渗进沙漠的逃亡。目标太遥远，四周都是敌人，人们处于饥饿中，变得精疲力竭。落在队伍后面的人不是几个人，而是成百上千人。这种生理上的崩溃是逐渐出现的，最初的冲动会维持很长很长时间。即使获救的任何希望都已破灭，人们仍匍匐前进。一切群众类型中，最具韧性的是逃亡性群众，直到最后的时刻，他们中间残存的人仍然聚在一起。

群众逃亡确实不乏例证。在我们的时代就可以看到许多群众逃亡的例子。让我们回忆一下拿破仑大军从俄罗斯撤出时的命运，再回忆上一次大战的经历。这是一个最为壮观的事件：这一支军队由各个国家的说不同语言的人构成。可怕的冬天，大多数人要用双脚穿越的遥远距离——这一次必然演变为群众逃亡的撤退，人们知道它的所有细节。当德军于1940年接近巴黎时，人们大概是第一次经历如此大规模的**世界城市**大逃亡。著名的"大逃亡"没有持续多久，因为很快就达成了停战协定。但是，这次逃亡的程度如此激烈，规模如此庞大，以至于这次逃亡成了群众对上一次战争的主要回忆。

在这里就无须再搜集近代的例子了，这些例子所有的人都还记忆犹新。但是这里要强调的是，人们对过去的群众大逃亡始终是了解的，即使那时人们还生活在一个很小的族群里。在人们的人数能够形成大逃亡之前，群众逃亡已经印入了他们的观念。我们还记得爱斯基摩巫师透视到的幻境：

> 天空充满了赤裸裸的幽灵，他们，赤裸的男人和赤裸的女人，他们在空气中熙来攘往，激起狂风暴雪。
>
> 你们可听到了他们的聒噪声？他们发出的喧闹声犹如巨鸟飞过高空。那是赤裸的人们在颤栗，那是赤裸的人们在逃亡。

第十八节　禁止性群众

有一类特殊的群众是通过**禁令**产生的：许多人聚集在一起**不**想再做他们以前分散各地各人一直所做的事情。禁令是突然的，是他们自己加在自己身上的。这可能是一个旧的禁令，已经被人遗忘，或者说，它时不时地又被重新提出。但也可能是一个全新的禁令。无论如何，它会以极其巨大的力量在群众中发生作用。它像命令一样具有绝对性，但是它身上的消极性质具有决定性的作用。即使这个禁令具有相反的假象，它实际上也绝不是来自外部，它总是来源于受它影响的那些人本身的需要。只要禁令一出，这种群众就开始形成。所有的人都拒绝外界期待他们做的事情。他们在没有过多纷扰的情况下迄今为止所做的工作，在他们看来似乎是自然的并且没有丝毫困难，而现在他们突然再也不做这件工作了。从他们拒绝做这种工作的决心可以看到他们属于同一个群体。这个禁令的消极面从这个群众一出现就传导给了这个群众，并且只要这个群众存在，就总是这个群众的最主要的特征。因此我们也可以称之为消极的群众。抵抗形成这个群众：禁令是一个界限和堤坝，没有什么东西能超过它，没有什么东西能够穿过它。人人都在监视别人，看看他还是不是这个堤坝的一部分。谁要让步并超越禁令，就会遭到其他人的唾弃。

在我们的时代，消极的群众或者禁止性群众最好的例子就是

罢工。工人习惯于有规则地在一定的时刻完成他们的工作。这是极其不同种类的工作，一个人做这种工作，另一个人做完全不同的另一种工作；但是，他们是在同一时间上班，又在同一时间下班，就他们在同一时刻上班和下班而言，他们是平等的。大多数人用手完成他们的工作。在另一个方面即就他们的劳动报酬而言，他们彼此是接近的。不过，根据他们完成的工作，他们的工资也是不同的。我们看到，他们的平等性是有限的。仅仅这种平等性也不足以导致群众的形成。一旦开始罢工，工人就更是必然地成为平等的：他们拒绝继续工作。这种拒绝主宰了整个人。禁止工作造成了一种激烈的和富有反抗性的思想。

停止的时刻是一个伟大的时刻，工人们高歌赞颂。有许多东西促成了轻松感，罢工对工人来说就是以这种轻松感开始的。人们对工人所说的平等是虚假的，只要所有的工人都在工作，这种平等事实上就不会存在下去。在罢工中，这种平等突然变成了实际的平等。只要他们工作，他们就要去做各种各样极其不同的工作，而这一切对工人来说又是规定好的。如果他们放下工作，他们就都是在做同一件事。情况就像他们都在同一时刻把手放下，似乎他们现在正全力**不**再使于抬起来，即使他们的家人挨饿也在所不惜。停止工作使工人们平等了。从这一时刻的效果来看，工人们的具体要求无足轻重了。罢工的目标也许是提高工资，而工人们也确实感到在这一目标上是团结一致的，但是仅仅这一点不足以使工人们形成群众。

放下的手对其他的手有传染性作用。他们**不**工作这件事传导给了整个社会。出于"同情"而扩展的罢工也阻止那些原本没有想到要罢工的人继续从事他们习惯的职业。罢工的意义在于：只要工人什么都不做，任何人也应什么都不做。他们在这一目标上越是取得更大的成功，罢工获取胜利的希望就越大。

在真正的罢工期间，重要的是每一个人都应坚持禁止工作的约定。在群众中会自发地形成一个组织，这个组织的职能类似于一个充分意识到自己的短命、只有少数几条律令的国家的职能，但是这些职能却能得到最严格的遵守。岗哨监视着通向罢工开始的地方即工厂区：工厂区本身是一个禁区。把工厂列为禁区，使工厂摆脱了一切日常烦琐的事情，赋予它以特殊的尊严。人们对工厂负有的责任使工厂成为共同的财产。作为共同的财产，工厂受到了保护并具有了更高的意义。工厂的空旷和宁静使它成为神圣不可侵犯的地方。每一个接近它的人都要受到检验，看他有什么企图。任何图谋不轨的人接近它并且想在那里工作，都会被当作敌人或叛逆。

这个组织关心食物和金钱的公平分配，已有的东西必须足以维持尽可能长的时间，重要的是人人都分到相等的少量东西。强壮的人不会想到要分到更多的东西，甚至贪婪的人也很知足。因为可供所有人分配的东西通常很少，而分配办法又是无可挑剔的，即公开进行的，所以，这种分配办法使群众为他们的平等而感到骄傲。这样一个组织是异常重要、值得尊敬的。如果谈到群众的狂暴行为和破坏性，那么我们就不免要想到这类从群众中自发产生的机构的责任意识和威严。这种禁止性群众表现出完全不同的、甚至相反的特征，仅仅由于这一点也必须对它进行考察。只要它忠实于自己的本质，它就会厌恶任何破坏。

但是要把这种群众保持在这种状态中是不容易的，这也是确确实实的。如果事情很糟，物质匮乏到了令人难以承受的地步，特别是当这种群众感觉受到攻击或包围时，消极群众就会转变成积极的、行动的群众。罢工者如此突然地拒绝用他们的双手从事他们熟悉的工作，但不久之后他们就要为有双手而什么都不做付出千辛万苦。当他们感觉到他们的反抗的统一受到威胁时，他们就会倾向于破坏，特别是在他们自己熟悉的工作领域内倾向于破坏。在这里，这个组织最重要的任务开始了；这个组织必须把禁止性群众的性质保持下去并阻止每一个积极的行动。它也必须认清楚，什么时候可以重新取消这个由于群众的存在而产生的禁令。如果它的理解与群众的感情相符合，那么它就会撤消禁令，宣告解散。

第十九节 反叛性群众

"亲爱的朋友,狼总是要吃羊的;难道这一次该羊吃狼了?"[14]这是法国大革命期间尤莉娅夫人写给儿子信中的几句话。短短几句话,却包含了反叛的本质。以前是少数狼抓住许多羊,现在是许多羊来攻击少数狼的时候了。我们知道,羊不是肉食性动物。这几句话表面上看毫无意义,但是却有其深刻的含义。革命就是反叛的特有的时期。那些一向没有自卫能力的人现在突然有了利齿。他们缺乏作恶的体验,这方面必须由他们的数量来弥补。

反叛的前提是一个分成各个层次的社会。在反叛的需要可能出现之前,各阶级相互之间的界限必须存在一段时间,必须长期地在人们的日常生活中能感觉出这种界限,即一个阶级的权利多于另一个阶级。高层次的族群有权向低层次的人群发布命令,这种情况或者是由于他们通过征服来到土著人的地方并高居于他们之上,或者是由于土著人发生内部事件而出现了层次的划分。

每一项命令都会在被迫执行命令的人心中留下伤痛。关于这些永久性伤痛的性质,我们以后还要详细谈到。被经常命令并充满这类创痛的人,会有一种摆脱这些创痛的强力的冲动。他们摆脱这些创痛可以有两种途径:他们可以把接到的上边的命令传递给下面的人,但为此必须有下属而且下属准备从他们那里接受这些命令;他们也可以把上司加给他们的许多痛苦还诸上司身上,单独一个人是软弱无助的，他只是在罕见的情况下才能有幸做到这一点。但是，如果许多人形成一个群众，那么他们也许就能做到他们分散时不能做到的事情。他们聚在一起就能反对那些一向命令他们的人。革命的局面就可以被看作这一类反叛的状态。那种把自己的解放主要看作共同摆脱命令加诸的创痛的群众，可以称之为**反叛性群众**。

进攻巴士底狱被看作是法国大革命的开端。法国大革命早就开始于兔子大猎杀。1789 年 5 月，国民议会于凡尔赛举行，审议了取消包括贵族狩猎权在内的封建特权问题。6 月 10 日，进攻巴士底狱的**前**一个月，作为议员参与审议的加米尔·德士穆兰在给他父亲的一封信中写道："布列塔尼人正在暂行《申诉书》中的若干条款。他们杀死鸽子和猎物。此地约有 50 人正在大举屠杀野兔。巡狩员目击他们在圣日耳曼平原杀死了 4000 到 5000 头猎物。"[15] 羊在敢于攻击狼之前先进攻兔子。在矛头针对上司的反叛之前，人们先用最低级的容易得手的动物来弥补自己的损失。

但是真正的大事是巴士底狱革命日。整个城市都武装起来了。起义直指代表国王法权的机构，攻击和摧毁了代表它的建筑物；犯人被放出来，因而加入群众的行列；负责防护巴士底狱的长官及其助手被处以死刑；人们也把小偷吊死在路灯上；巴士底狱被夷为平地，石头一块一块地被搬走了；司法的两个主要方面即死刑判决和特赦，都转到了人民的手中。这样反叛——就目前而言——就完成了。

这类群众是在极其不同的条件下形成的：或者是奴隶起义反

对奴隶主，或者是士兵哗变反对长官，也有可能是有色人种反叛住在他们中间的白人。总是有一些人要在相当长的时间内处于另一些人的命令之下。反叛者由于自己的创痛总是要采取行动，而在他们行动之前总是要经历很长时间。

人们在革命的表面上看到的许多东西，在**攻击性群众**中也在发生。在这里是追捕那些落单的人，当人们抓住他们时，由集体即由所有人参与处死他们，有的经过公开审判，有的不经审判。但绝不是说革命由此**产生**。绝不能指望急于达到自然终点的攻击性群众去革命。反叛一旦开始，就会越扩越大。**每一个人都试图进入他可**以摆脱自己的螫刺的状态，并且每个人都有许多这样的螫刺。反叛的群众是这样一个支配着整个社会的过程，这个过程也许一开始就会取得某些成功，但却只是缓慢地、沉重地走向终点。攻击性群众迅速行动，这是表面现象，在许多一个接着一个的冲击中缓慢进行的反叛则是根深蒂固。

但是反叛过程可能还要缓慢得多：它的希望在彼岸。"最后就是第一"。此岸和彼岸之间是死亡。人在另一个世界又会复生：谁在这里最穷，不干坏事，他通常在天国也会被看作是这样的人，他在那里将会作为一个新的人，作为一个有较好位置的人继续生存。信徒被许诺会解脱伤痛。但没有说出关于这次解脱的详细情况。即使以后所有的人都在彼岸聚在一起，这也并不能真正说明，群众就是这样一次反叛的**基础**。

在这一类许诺的中心，是复活的思想。福音书中说到了许多关于基督在现世使人复活的情况。在盎格鲁撒克逊国家有以"**复活**"[16]著称的布道者,以各种方式利用了死和再生的效果,他们用最可怕的地狱的惩罚来威胁那些聚在一起的罪犯,使他们陷入几乎无法描述的恐怖状态。他们在眼前看见一片地狱的火海,万能的主的手把他们掷入深渊。[17]据说有一个布道者,他对罪人进行恶毒的谩骂,并用可怕的扭曲了的脸和雷鸣般的声音加强其谩骂的效果。40里、50里、100里以外的人们从四面八方赶来听这位布道者的布道。男人们把他们的家人安置在篷车里,带着铺盖,并准备了几天的食物,一齐赶来。1800年左右,肯塔基州的有些地方由于这类集会而陷入了疯狂的状态。人们就在露天举行集会,当时各州都没有一个建筑物能容纳如此之多的群众。1801年8月,两万名群众在肯瑞杰[18]集会。100年以后,关于这次集会的记忆在肯塔基州仍然没有消失。

听众被布道者们吓得匍匐于地,像死人一样躺着,他们用神的旨意来吓唬群众。在这些神的旨意的恐吓下,群众想要逃跑并且想通过装死来拯救自己。布道者们自觉的有意的目的就是要"击倒"这些群众。布道地方的情况就像战场一样,成排的人东倒西歪地躺在地上。类似战场的情况是布道者们自己造成的。为了达到布道者们想要达到的道德转变,这种达于极致的恐吓对群众来说似乎是必要的。布道是否成功,要以"倒在地上的"人数来衡量。有一个目击者作了准确的统计,他说,在这一次持续几天的集会过程中,有3000个人无助地倒在了地上,几乎占在场人数的六分之一。所有倒在地上的人被带到附近的一个会议室。在那里,任何时候都有一多半的地板被躺着的人占满了。许多人静静地躺在那里几个小时，不能说话，也不能动弹。有时他们醒过来一会，发出深沉的呻吟、撕心裂肺的叫喊或者祈求神明大发慈悲，以此表示他们还活着。有些人用脚后跟敲打地板，另一些痛苦得尖叫，像离开水的活鱼一样来回挣蹦。有些人在地上翻滚好几个钟头。还有一些人突然疯狂地跳过讲台和坐椅，一边喊着"迷失了！迷失了"，一边扑向树林。

当倒在地上的人醒过来之后，他们变成了另外的人。他们站起来，喊道："得救了。"他们是"新生的人"，现在可以开始美好的、纯洁的生活，他们把以前的罪恶生活抛在了后边。但是，只有在此之前发生过某种死亡，这种皈依才是真实的。

有一些现象没有那么激烈，但也能达到同样的效果。整个会场爆发出一片哭声。许多人无法控制地抽搐着。有些人，通常是四五个人聚在一起，开始像狗一样狂叫。若干年之后，当激动情绪采取较为温和的形式时，先是个别的，然后是整个大合唱突然都变成了"圣笑"。[19]

所有发生的一切事情在群众中也发生了。我们几乎不知道还有比这更激动、更紧张的群众类型了。

这里作为目的的叛逆与革命中的叛逆不同。这时涉及的是人与神谕之间的关系。人一直违背神的意志，现在开始惧怕受到神的惩罚。布道者千方百计加深这种恐惧感，人由于恐惧而进入无意识状态，于是人像被追击的动物一样装死。但是他们的恐惧如此之大，以至于他们失去了意识。当他们恢复神智时，他们宣称准备服从神的旨意和禁令。于是害怕受到神直接惩罚的强烈恐惧感平息下去了。这个过程可以说是一个教化的过程：人被布道者教化成为神的忠实仆人。

正如前面指出的那样，这个过程与革命中的过程是完全相反的。革命涉及的是摆脱创痛，人们由于长期服从统治而逐渐积累起来的创痛达到了极点。这里涉及的是对神谕的新的服从，以便准备自愿承担神谕可能在人身上引起的一切创痛。这两个过程的一个共同点就是逆转的事实以及逆转借以发生的心灵的舞台：在这一场合和那一场合都是群众。

第二十节　宴乐性群众

第五类群众我们可以称为宴乐性群众。

在一个有限的空间里有许多许多的人，这些在一定空间活动的人，都能分享。陈列出来的各类物产堆积成山。成百头捆着的猪摆成一排。水果堆积如山。大桶大桶的美酒等待着酒仙们。东西多得所有的人一起吃也吃不了，为了吃掉这些东西，越来越多的人涌向这里。只要有一点东西，他们就拿来吃，就像永远也吃不完一样。这里对男人来说女人太多了，而对女人来说男人也太多了。没有要顾虑的事和人，没有什么东西需要逃避，生活和享受在节日期间有了保障。许多禁令和距离都不再存在，完全不合惯例的亲近不仅被允许，而且受到了鼓励。对个人而言，这种气氛是放松而不是解放。没有所有人共同的、所有人一起达到的目标，**宴乐**就是目标。这里紧密度极大，大部分人都是平等的，这是一种放纵和享受的平等。人们各自不断在人群里来来去去。这些堆积的供人人享用的东西，是紧密度的重要部分，是紧密度的核心。首先是食物聚集齐了，并且只要全部食物齐备了，人们就围着食物聚集在一起。要花费数年的时间才能使这一切准备就绪，也许为了这一短暂的盛宴，人们需要忍受长时间的困苦。但是人们都为这一时刻而活，并且有目的地准备这一时刻的到来。平时很难得见面的人们，成群地受到了热烈的邀请。单个的偶然来访的客人也受到了热烈的欢迎，这使欢乐气氛达到了高潮。

在这种情况下还会出现一种情愫，那就是人们在共同享受了这一次欢宴之后，想到以后还应有许多次这样的欢宴。在惯例的舞蹈和戏剧表演中，人们想到了先前的这类场面。传统包含在当前这一次的欢宴中。不管人们是否怀念这些**宴乐**的始作俑者，所有这些使人们乐在其中的宏伟场面的神秘首创者，祖先们，或者说，只是后来冷冰冰的社会中富有的捐赠者，无论如何，人们确信在未来还会重复类似的庆典。一次宴乐招来另一次宴乐，生活通过食物和人的密集繁衍下去。

第二十一节　对偶群众：男人和女人；活人和死人

群众**保存**自己最可靠的而且往往是唯一的可能性，是与它有关的第二类群众的存在。无论是它们在竞赛中互相对立和衡量自己，还是它们相互发出严重的威胁，第二类群众的实际存在或者关于这类群众的强烈幻想，都会阻止第一类群众的崩溃。当一方人们密集地聚在一起抵足协力时，眼睛都注视着另一方的眼睛；当一方人们按照共同的节拍挥动手臂时，他们的耳朵却倾听着来自另一方的叫喊声。

人们同自己人身体紧挨着身体聚在一起，并同他们在亲密而自然和谐的气氛中一起行动。一切新奇和期待或一切恐惧则转向与他们有明显距离的第二类人群。如果人们看着他们，那么人们就会意乱情迷；如果人们看不到他们，人们仍可以倾听他们。人们自己所做的一切都取决于第二类人群的行动或目的。对立与并立发生了作用。在两个人群中引起特殊的注意力的对视，改变了每一个人群中的集中类型。只要第二类人群没有散开，第一类人群自身就必然聚在一起。两个人群之间的紧张情势对人群自身产生了压力。如果紧张的情势来自典礼仪式的竞赛，压力就会以类似某种羞耻心的形式表现出来：人们努力使自己一方不要在敌方面前出丑。但是，如果敌方步步相逼，确实到了生死攸关，那么压力就转变为坚决一致的防御甲胄。

无论如何，一个群众维持另一个群众的生存，不过有一个前提，即两个群众在数量和力量上差不多相等。为了仍然成为群众，人们不应该有比自己强的敌人，至少不应该把敌人想得比自己强。当感情越来越强烈不能控制时，人们就会通过逃亡自救，而当这种逃亡无望时，群众就会在恐慌中解散，各自逃命。不过这里要研究的不是这种情况。在双方的情绪同样强烈时，就会形成一种组织，这个组织我们也可以称为**双重群众组织**。

为了了解这种组织的起源，我们必须从三组基本对立关系出发。凡是有人的地方都有这三类基本关系。人们所知道的每一个社会都了解这三类基本对立关系；第一类最明显的对立是男人和女人之间的对立；第二类是活人和死人之间的对立；第三类对立，也就是人们今天几乎只是在谈到互相对立的两类群众时才想到的一类对立，是朋友和敌人之间的对立。

如果注意到第一类对立即男人和女人的对立，那么并不能直接看清楚这一类对立和特殊人群的形成有什么关系。男人和女人一起在家庭里生活。尽管他们倾向于各种不同的活动，但是很难想象，他们会作为两个互相分离的、激动的群体互相对立。为了获得关于这种对立形式的另一种概念，我们就必须追溯到一些关于原始生活关系的报道。

让－德·勒里，一个年轻的法国胡格诺派教徒，在1557年亲眼见到了巴西杜比南布族的一场大庆典。

我们被命令待在妇女的房间里。我们完全不知道她们要干什么。突然在离我们和妇女们不到 30 步远的男人们的房间里，发出了非常低沉的声音。这种声音听起来像是喃喃的祈祷声。

当大约 200 名妇女听到这种声音时，她们都跳了起来，紧紧地聚成一堆，竖起耳朵倾听。稍后，男人们提高了声音。我们清楚地听到，他们在一起唱歌，一遍又一遍地大叫着"嘿，嘿，嘿"用来激励自己。当妇女们也大叫着"嘿，嘿，嘿"来回答男人们时，我们着实吃了一惊。她们大叫大喊了一刻多钟，她们的叫喊声如此之大，以致我们被弄得不知所措了。

她们还在大叫时猛烈地跳起来，抖动着胸脯，口吐白沫。有些人失去了知觉，倒在地上，就像癫痫病人一样。这时我觉得，她们就像着了魔似的，魔鬼把她们变成了地地道道的疯子。

在离我们很近的地方，我们听到了孩子们的骚动声，他们在一个单独的房间里。虽然我在土著人那里已有半年以上的时间并且与他们相处得很融洽，但我无法否认，我非常害怕。我问自己："事情会如何结束？我希望重新回到我们的碉堡里。"[20]

这种大混乱的场面终于结束了。女人们和孩子们都安静下来。让-德·勒里听到男人们的合唱如此地不可思议，以致他渴望见到他们。女人们把他拉回来，她们知道这是不允许的；她们知道，不允许她们过去加入男人的行列。他成功地偷偷回到男人那里，没有受到阻挠，而与两个法国人一起参加了仪式。

男人和女人在不同的房间里，是绝对分开的，但离得很近。他们彼此互相看不见，因此他们要更全神贯注地倾听对方的声音。他们发出同样的喊声，并且越来越高，双方共同进入了一种群众性的激动状态。真正的事情是在男人们那里进行的，但是女人们一起煽起了群众的情绪。值得注意的是，当她们一听到男人们的房间里传来的声音时，她们就立即紧紧地聚集在一起，而当她们听到男人们声嘶力竭的叫喊声时，她们也总是以同样的叫喊声回应。她们充满恐惧，因为她们被关在屋子里，无论如何不允许出去，而且她们也不知道男人们那里发生了什么，所以她们的激动具有一种特殊的色彩。她们跳得很高，好像她们要跳出去似的，在场的人看到，她们歇斯底里的症状，是群众性逃亡受到阻止时所特有的。女人们要逃到男人们那里去似乎是一种自然趋势，但因为这是严格禁止的，所以她们就只好原地奔跑。

让一德·勒里本人的感受值得一提。他同女人们一起感受到了激动，但他不能真正加入女人中去，他是一个异乡人，又是一个男人。他在她们之中，又同她们分开，他必然会担心自己成为这一群众的牺牲品。

我们从报道的另一部分中可以看到，女人们以自己的方式参与仪式并非不重要。部族的巫师，让一德·勒里称之为"卡雷泼"，严厉地禁止女人们离开自己的房间，而命令她们要用心听男人们唱歌。

聚集在一起的女人们对她们的男人们群体的影响是很大的，即使他们相距甚远，也是如此。有时女人们也会对远征队伍的胜利作出自己的贡献。下面是来自亚洲、美洲和非洲的三个例子，这三个例子来自不同的民族。这些民族从来没有接触过，因此肯定这些民族没有互相发生过影响。

在兴都库什山脉地区的**卡菲尔族**，当男人们外出征战而不在村子里的时候，女人们跳起战斗舞。她们以这种方式使战士们充满了力量和勇气，极大地提高了他们的警觉，从而使他们不会被狡猾的敌人突然袭击。[21]

在南美洲的**吉瓦罗斯**，当男人们在进行征战的时候，女人们夜夜聚集在某一个房间内，跳起一种特殊的舞蹈。她们腰间缠着咔啦咔啦作响的蜗牛壳，唱着咒语。据说女人们的这种战斗舞有其独特的力量，它会保护她们的父亲、男人和儿子不被敌人的长矛和子弹打中，它会使敌人感到很安全，以至于敌人不会察觉危险，而当察觉时已为时过晚，它还会阻止敌人为失败而进行报复。[22]

在**马达加斯加岛**上有一种古老的女人跳的舞蹈叫米拉瑞，这种舞蹈只有在战斗进行时才跳。[23]当宣布开始战斗时，信使把这消息告诉女人们。于是她们就披散开头发，开始跳舞，并以这种方式同男人们建立起一种联系。1914 年德国人进军巴黎时，塔那那利佛的妇女跳着米拉瑞来保护法国士兵。尽管距离很远，但这种舞蹈似乎起到了作用。

在整个地球上还有这样一些庆典，在这些庆典上，女人和男人分别聚在一起跳舞，他们互相看得见，通常也是互相对着跳舞。无须描述这些庆典，这是众所周知的。我在这里只把注意力放在某些极端的实例上。在这些实例中，特别引人注目的是分隔、距离和激动的程度。在这里完全可以谈到深深植根于这些民族生活里的对偶群众。在这种场合，群众双方互相抱有善意。一方的激动会促进另一方的福利和繁荣。男人们和女人们属于**一个**民族，他们处于互相依赖的关系。

亚马逊族的传说并非古希腊时代所专有，甚至在南美洲土著人那里也有实例。在这些传说中，女人们和男人们总是分开的，并且同男人们进行战争，就像一个民族同另一个民族进行战争一样。

在我们探讨战争（在战争中，对偶群众危险的、表面上不可避免的本质以最激烈的方式表现出来）之前，值得提一下**生者**与**死者**之间的最古老的对立。

在与将死之人和死者有关的一切事物中，重要的是这样一个观念，即在另一边有数量多得多的鬼神在活动，死去的人最终会加入鬼神的行列。生者一方并不乐意交出其成员，成员的损失会削弱生者一方。如果失去的是一个年轻力壮的男人，那么他的族人就会感到特别悲痛；他的族人尽可能不让他死去，但是他们知道，他们的反抗没有多少用处。另一边的群众越来越大，越来越强，他会被拖到那一边去。不管人们做什么，都会出现在那一边占优势的鬼神的意识中。要避免刺激那些鬼神的一切事情。鬼神对生者有影响并且到处会伤害生者。在有些民族中，死者的群众是一个蓄水库，新出生者的灵魂就取自这个蓄水库。因此，女人是否会有孩子要取决于鬼神。有时鬼神会行云布雨，它们会扣留人们借以生活的植物和动物，它们会从生者中间带走新的牺牲品。人们经过艰苦的反抗后交出的死者，已经作为那一边的强大军队的成员受到安抚。

因此垂死是一种战斗，是两个力量不等的敌人之间的战斗。人们发出的叫喊声，人们在悲伤和绝望中自残造成的创伤，也许正是这种战斗的表现。死者不应当认为人们轻易地把他交了出去，而是人们为他进行了战斗。

这是一种独一无二的战斗，无论你战斗如何勇敢，你总是输家。从一开始人们就在逃避敌人，本来人们也只是在表面上假装，似乎希望通过掩护性的战斗脱离敌人。战斗也只是装装样子，是对即将成为敌人队伍一员的垂死之人的恭维。走到那边去的死者应该对那里的每一个人怀有善意，至少不应有太坏的恶意。如果他愤怒地到达死者群众里，那么他就会煽起潜在的敌人去进行一次新的、危险的猎取战利品的征战。

这种死者和生者之间的特殊的战斗，其本质的东西就是它的间歇性。人们永远不会知道，什么时候又会发生什么事情；也许很长时间什么也不会发生。但是人们不能对此有所指望。每一次新的战斗会突然发生，从黑暗中冒了出来，并没有什么宣战。一次死亡之后，一切都可能结束；但是也可能会长时期继续下去，就像瘟疫和传染病一样。人们一直在退却的路上，永远不会有真正的结束。

关于生者与死者的关系，以后还要谈到。这里要把这两者看作对偶群众，这个群众的两个部分不断地互相发生关系。

对偶群众的第三个形式是战争，这是今天与我们关系最密切的一种形式。在有了这个世纪的经验之后，人们也许更会理解这种形式并且更能解决它。

第二十二节 对偶群众：战争

战争关乎杀戮。"敌军的队伍人少了。"这是**大规模的**杀戮。杀死尽可能多的敌人，要把危险的群众即活着的敌人变成一堆死尸。杀死更多敌人的人就是胜利者。战争中的敌手，就是相邻且正在增多的群众。人数增多本身就是令人不安的事情。单单人数增长这一件事情所包含的威胁，就足以瓦解好战的真正的侵略性群众。在战争期间，人们总是想在人数上占优势，也就是说，当场就拥有人数更多的军队，并在敌方增加其人数之前千方百计地利用敌方的弱点。从总体上我们可以看到，人们想成为活着的人数更多的群众，而单个的战争行为恰恰说明了这一点。但是，人们都希望敌方尸积如山。在人数增加的群众的这种竞争中，可以说包含着基本的、最深层次的战争原因。人们也可以不杀死敌人，而是把敌人变成奴隶，特别是妇女和儿童，靠他们可以增加自己部落的人数。但是，如果战争首先不是以敌方尸积如山为目标，那么这种战争就绝不是一次真正的战争。

无论是在古代语言中还是在现代语言中，我们最为熟悉的表述战争过程的一切话语，都确切地反映了这一情况。例如，人们说"屠杀 (schlacht)"和"虐杀"(gemetzel)。人们还说到"失败"。血流成河。把敌人赶尽杀绝一个不留。人们互相打到"最后一个人"。决不"宽恕"。

但是有必要指出，**成堆的尸首被看作是一个整体**并且在有些语言中用特殊的词来表达。表示战场的德语词"walstatt"，包含着一个古代语言的词根"wal"，意思是指"留在战场上的人"。古北欧语中的"valr"意思是指"战场上的尸体"，"valhall"无非就是"阵亡战士的住所"。通过变换词根元音，从古高地德语中的"wal"一词产生出了"woul"一词，意思是指"失败"。但是，在盎格鲁撒克逊语言中有一个相应的词"wol"却表示"鼠疫"、"瘟疫"。所有这些词，不管是指留在战场上的人、失败、鼠疫或瘟疫，都有一个共同的意思，就是尸积如山。

但这种意思绝不仅仅在日耳曼语中才有，而是到处都有。在先知耶利米看来，整个地球是腐尸遍布的荒野。"到那时，从地球这边直到那边，都有耶和华所杀戮的。必无人哀哭，不得收殓，不得埋葬，必在地上成为粪土。"[24]

先知穆罕默德对成堆死去的敌人的感情如此之强烈，以致他在类似凯旋训诫时向他们发表演说。贝尔之战，他取得了对来自麦加的敌人的第一个大胜仗，战后他命令把打死的敌人投入一个地下贮水池。他们中间只有一个人被穆罕默德用土和石块埋了起来。因为他身体肿胀得太厉害，没办法把他的盔甲脱下来，所以只有他一个人留下来躺在那里。当其他人被投入贮水池后，穆罕默德面对他们站着说："喔！贮水池里的人们！你们的主的许诺是否得到了证实？我发现我的主的许诺是真实的。"他的同伴答道："喔，主的使者，他们是一些尸体！"穆罕默德回答说："他们确实知道，主的许诺已经实现。"[25]

于是他把以前不听他话的人聚集在一起，他们被很好地保存在贮水池中，紧密地聚在一起。人们赋予成堆敌人的尸体以最后的生命和群众性质，我不知道还有什么更能给人们留下深刻影响的例子。他们不能再威胁任何人，而人们却可以威胁他们。对他们做的任何卑鄙行为都不会受到惩罚。不管他们对此是否有感觉，我们假设他们有这种感觉，以此来提高他们自己的胜利。他们躺在贮水池里，一个挨着一个，谁也无法动弹。如果有一个人醒来，那么他身边除了死人以外什么也没有，他自己的族人会令他窒息；他苏醒后的世界是一个死人的世界，而这些死人曾经是他最亲密的人。

在古代的各民族中，**埃及人**要算是不好战的民族，他们的古王朝把精力主要用在建造金字塔上，而不是用于征战掠夺。不过，在那个时代，他们有时也进行征战。乌内曾描述过其中的一次，他是一位大法官，国王佩皮任命他为征讨贝都因人的最高统帅，他的报告刻在墓碑上，上面写着：

我军行乐，踏破贝都因人之土。

我军行乐，夷平贝都因人之土。

我军行乐，倾覆敌塔。

我军行乐，毁彼乐土。

我军行乐，焚彼垣里。

我军行乐，歼敌万千。

我军行乐，虏敌无数，凯歌归里。[26]

在"歼敌万千"这一句中，强烈的毁灭的画面达到了极致。随后在新王朝，埃及人有计划的侵略政策开始实施，虽然这种政策没有持续多久。拉美西斯二世发动了反对海地特人的长期战争。在一首赞歌中这样赞美拉美西斯："他践踏海地特人的土地，他使这块土地**尸积如山**，一如塞赫迈特神之怒，**鼠疫**肆虐，死人无数。"[27] 在神话中，狮头女神塞赫迈特曾用恐怖的屠杀手段来对付反叛者。她是战争和杀戮之神。作这首颂歌的诗人，把海地特人尸积如山的意象与鼠疫后死者无数的意象联系起来，这种联系我们并不陌生。

拉美西斯二世在关于他同海地特人进行的卡第叙战役的著名报告中，叙述了他如何与自己的人失去了联络，并且如何以他超人的力量和勇气独自取得了战役的胜利。他的人发现："我四周的人都已被杀死，倒在血泊中，甚至海地特人最好的战士、他们君主的孩子和兄弟也是这样。我让卡第叙原野变成了白色。由于尸体堆积如山，人们寸步难行。"[28] 大量的尸体和他们穿的白衣服，使原野变成了白色。对于一次战役的结果来说，这是最可怕和最生动的描述。

但是这种结果只有战士才看到。战役是在远方打的，故乡的人民也要共享敌人成堆的尸体。人们是富于创造力的，知道如何使故乡人民得到这种满足。梅瑞柏特是拉美西斯的儿子和继承者，他叙述了拉美西斯是如何在同利比亚人进行的一次大战中取得胜利的。[29] 利比亚人的全部军营以及军营中的珍宝，利比亚人各王公的家属，都落入了埃及人的手中；抢劫一空之后又一把火烧掉，战利品中还有 9376 名战俘。但是这还不够，为了向故乡的人民证明杀死了多少敌人，还要割下战死者的命根子，如果战死者已经去过势，就用他们的手代替。所有这些战利品都用驴子载还。后来，拉美西斯三世又不得不同利比亚人作战。这一次战利品达 12535 件。[30] 显然，这些可怕的战利品只不过是众多死去的敌人的缩影，以便可以运回去向全体人民展示。每个阵亡战士都贡献出身体的一部分代表成堆的死人，而重要的是他们作为战利品是平等的。

其他民族更愿意把脑袋作为战利品。在亚述人那里，报酬以敌人的首级数计算；士兵都尽可能摘到更多的敌人首级。[31] 在亚述巴尼拔王时代的浮雕上可以看到，书记们是如何站在大帐棚里统计敌人首级数的。每一位士兵都带回敌人的首级，大家把首级扔在一堆，留下姓名和部队番号，然后离去。亚述诸王非常热衷于这些敌人的首级堆。他们在军队里的时候，亲自主持战利品的登记仪式并亲自给士兵发奖金；当他们不在军队的时候，就让人们把成堆的敌人首级运回去，如果做不到这一点，他们就只好满足于把敌人领袖的首级带回去。

因此，战争直接而具体的目标是明确的，用不着再找其他的例子来证明这一点。历史上这类例子真是不胜其数。人们得到的印象似乎是，历史尽是杀戮之事，如果不作出反复的和巨大的努力，那就不可能把历史的注意力转向人类其他值得记忆的事情。

如果我们把战争双方放在一起来考察，那么战争就会提供一幅关于**两个互相交叉的对偶群众**的图像。一支尽可能庞大的军队的目的是造成尽可能大的敌人的尸山。对方也是这样的目的。这种**交叉**的情况是由于战争的每一个参与者都同时属于**两个群众**，对于他自己的人来说，他属于活着的战士的行列；对于敌人来说，他属于希望的潜在的死人之列。

为了保持好战的情绪，双方都总是反复强调，我们自己有多么强大；也就是说，我们自己的军队有多少战士，而敌人的死亡人数又是如何多。从最早的时代以来，关于战争的报道的特点是双重的统计材料：我们自己这一方有多少人，死掉的敌人有多少。双方往往夸大数字，特别是夸大敌人的死亡数字。

在进行战争时谁也不会承认敌方活着的人数比自己多得多。即使人们知道这一点，也会保持沉默，并通过战斗部队的配置来弥补这一缺憾。正如我们在前面指出的那样，人们竭尽所能想通过部队编制的机动灵活性来达到眼前的优势。只是**在战后**人们才会谈论自己这一方损失了多少人。

战争之所以能长期地进行下去，战争之所以能在失败之后继续进行，根源在于群众的最深层次的动因：在危急状态下保持自己而不致瓦解，继续成为群众。这种感情有时是如此之强烈，以致人们宁愿瞪大眼睛一起死亡，也不愿意承认失败并因而经历自己的群众崩溃。

但是战斗性群众是如何**形成**的呢？从这一时刻到另一时刻，这种不可思议的内聚力是怎样形成的呢？是什么东西突然促使人们去冒风险的呢？这个过程还保持着谜一样的性质，因此我们在研究它时必须谨慎从事。

战争是一件令人害怕的事情。人们断言他们受到了肉体上被消灭的威胁，并且公开地向全世界宣布所受到的这种威胁。他们说："我会被杀死。"并且轻轻加上一句："因为我想杀某个人。"语气实际上应该是强调后一句话，所以应该写成："因为我想杀死某个人，所以我自己会被杀死。"但是就战争的开始、战争的**爆发**以及自己人中间战争情绪的产生而言，人们所认可的是第一种说法。不管人们实际上是否是攻击者，人们都试图造成一种受到了威胁的假象。

威胁在于有人认为自己有权去杀人。自己方面的每一个个人都受到同样的威胁：威胁使所有的人都平等，威胁针对每一个人。从一个特定的时刻即宣战的时刻起，所有人都经历着相同的时刻，可能经历相同的事。生活在自己的群体内是受到保护的，不会在肉体上被消灭，而人们恰恰由于宣战，由于加入战争一方而面临着在肉体上被消灭。属于某个民族的所有人都同样受到最可怕的威胁。成千上万人中的每一个人，都有人在同一时刻对他说："你应该死。"于是成千上万的人为了避免死亡的威胁而结成一体。他们力图迅速吸引所有受到相同威胁的人；他们极其密集地聚集在一起，为了抵抗而服从于共同的行动方针。

双方的人通常很快就会聚在一起，无论是在实在的肉体还是观念和感情上都是如此。战争的爆发首先是**两个群众的爆发**。一旦这两个群众形成，每一个群众至高无上的目的就是**保持**自己的存在，在思想和行动上**保持**自己的存在。放弃群众，就是放弃生命本身。

战斗性群众总是如此行动，似乎一切都在它的**死亡之外**，而经历了许多战争仍然活下来的每一个人，又仍然会毫无悬念地陷入新的相同的幻想。

死亡实际上始终威胁着每一个人，必须宣布死亡为**集体的判决**，这样人们就可以积极地同死亡相对抗。有所谓的**宣布死亡时刻**，在这种时刻他所面对的是某个任意选出的整个群体。"现在所有的法国人都会死"或者"现在所有的德国人都会死"。人们在这样宣布时感到振奋，其根源在于单个的人害怕死亡。没有任何人愿意单独面对死亡。如果两个人在一起，例如两个敌人紧靠着执行判决，那么死亡就容易得多了，而当成千的人一起走向死亡时，这时的死亡就根本不是原来意义上的死亡了。在战争中人们可能经历的最糟糕的事情就是**一起**毁灭，虽然他们由此不必单个人去死，这是他们最为害怕的。

但是，他们不相信这种最坏的事情会发生。他们看到，有可能把对他们作出的集体判决偏离开去，转向别人，**使死亡偏离他们的人**是**敌人**，他们必须做的一切就是先于敌人一着。人们只是必须动作快，杀人之事不能有丝毫的犹豫。敌人就在人们面前，他宣读判决，首先说："你们去死！"但是他对准别人所做的事情却反过来落到了自己身上。敌人在这些事情上总是首先开始。也许不是敌人先说出："你们去死！"但敌人曾计划这样做。如果敌人没有这样计划过，那他也曾如此想过；如果敌人还没有这样想过，那他**也许**很快就会这样想。死亡作为愿望，到处都是一种现实存在，为了使死亡显露出来，并不需要深入研究人。

　　所有的战争进程都有奇特的、明显的亢奋，其原因有两个：**人们希望避免死亡**而**在群众中运动**。没有在群众中运动，人们要想避免死亡是毫无希望的。只要战争继续，人们就必须仍然是群众；而如果人们不再是群众，战争也就结束了。战争使群众有望在一定时期内继续存在下去，而这种情况又大大促进人们喜欢战争。显然，在现代，战争的紧密和绵延是与充满好斗精神的人数更多的对偶群众有关的。

第二十三节 群众结晶

我把人们结成的小型的、严密的、有严格的界限和极大的稳定性的具有促进群众形成作用的群体，称为群众结晶。这些群体可以一览无余，只要一瞥就可以全面掌握。这些群体的**统一性**比其人数更为重要。这些群体的作用应该是人们所熟悉的，人们应该知道这些群体的任务是什么；如果对这些群体的作用产生怀疑，那么这些群体也就没有任何意义了。最好的地方是它们是始终平等的，它们是不能被混淆的，整齐划一的制服和特定的活动区域对它们是十分有利的。

群众结晶是**稳定的**，它决不会改变它的大小。它的成员已经适应了它的行为和思想，它的成员可能像乐队里那样各有其职。但重要的是，他们在表面上是作为一个整体出现的，谁看到或知道它，第一个感觉必然是他们永远不会分开。它的成员在晶体之外生活，即使涉及职业，例如在乐队里的乐手，人们也绝不会想到他们的私人生活，只会想他们是一个乐队。在其他场合，他们穿着整齐划一的制服，只有这样，人们才看到他们在一起；一旦他们脱掉制服，他们就完全是另一些人。我们可以把士兵和僧侣看作是这一类人的最重要的形式。制服在这里表示，晶体的成员们**居住**在一起；即使他们单独出现时，人们想到的也总是他们所属的牢固的统一体，修道院或者军队。

结晶的透明性、孤立性和恒久性同群众本身的激动事件形成极其鲜明的对照。迅速而不可控制的增大过程以及受到瓦解的威胁，使群众具有一种独特的不安定性，但这二者在结晶中都不起作用。即使是在最大的亢奋中，结晶也与群众不同，能够保持冷静。不管这个结晶产生出什么样的群众，也不管结晶在表面上溶化于群众之中，它将永远不会完全失去它特有的感觉，并且在群众瓦解之后会立即重新聚在一起。

封闭群众与群众结晶的区别，不仅在于它人数较多，而且还在于它具有自发的自我感觉，并且不允许有真正的职能分工。它与群众结晶的共同之处几乎也只有局限性和有规则的反复。但是在结晶中一切都是界限，属于它的每一个个人都构成界限；相反，给封闭群众设定的界限完全是外在的，例如它借以聚集的建筑物的形式和大小。在这个界限内，封闭群众的每一个成员同其他成员接触，他们是流动的，因此每时每刻都可能发生意想不到的事情，突然的、出乎意料的改变。即使处于这种受局限的状态，它总还是能达到足以导致它爆发的密度和强度；相反，群众结晶是完全静止的。它的活动是被规定的，它精确地意识到自己的每一个表现和动作。

群众结晶的**历史**持久性是令人吃惊的。虽然，总是会形成新的形式，但是旧的形式仍然顽强地与新形式并列存在。它们可能暂时退居幕后，不再是那么显山露水，显得不可或缺。属于群众结晶的群众也许会自行消亡，或者完全受到压抑，但群众结晶是无害的群体，对外界没有任何影响，因而群众结晶会继续存在下去。在那些整体上改变了信仰的国家，宗教团体的小型群体仍然存在。需要这些小型群体的时刻肯定会再次出现，就像那些小型群体自身肯定会激发和形成新形式的群众一样。所有这些处于冬眠状态的群体会再次苏醒、复活。人们可以使它们重新具有活力，稍稍改变其结构，就可以使它们重新作为群众结晶存在下去。几乎没有一次比较重大的政治变革不会使人想起这些旧的、已经消失的群体，把它们包装起来，镀上一层色彩并如此大力地利用它们，以致它们在表面上看来是某种全新的东西和进行危险活动的东西。

以后我们会看到，群众结晶是如何单独地发生作用的。只有在具体的场合才可以看到，它们是以何种方式在实际上产生出群众。群众结晶是以不同的方式形成的，因而也会导致完全不同的群众。在本书的研究过程中，读者将会——几乎是不知不觉地——认识一系列这样的群众。

第二十四节　群众象征

我把那些不是由人组成而在感觉上仍然是群众的集体单位，称作**群众象征**。谷物、森林、雨、风、沙、海洋以及火就是这类单位。这类现象的每一种自身都包含着群众的一些基本属性。虽然它们不是由人组成，但是使人想起群众，并在神话、梦、语言和歌谣中都象征地代表群众。

把这些象征同**群众结晶**明确无误地区分开是适当的。群众结晶表现为一个由人组成的群体，其明显的特点是一致性和统一性。它们在人们的想象和体验中是统一体，但始终由真正活动的人组成，例如由士兵、僧侣、乐队组成。相反，群众象征本身绝不是人并且只是在人的**感觉**上是群众。

乍一看，详细探讨这类象征，似乎不是本书的合适对象。但是我们将会看到，通过一种新的、富有成果的方式逐渐认识群众本身，这是可能的。这是通过考察群众象征而照亮群众的自然之光，排除这种自然之光，是不明智之举。

火

关于火，首先要说的是，它在到处都一样：不管是大火还是小火；不管是在这里还是在别的地方燃烧；不管它燃烧的时间长短，在我们的想象中它始终一样，与火的这些具体情况无关。火的形象就像是深深地打在我们身上的、不可消除的烙印。

火会逐渐扩大，蔓延开来，火是贪得无厌的。整个森林和草原、整个城市着火时的炽烈情况，是火令人印象最为深刻的特性。在火灾出现之前，一棵树在另一棵树之旁，一座房子在另一座房子之旁，它们各自都互相分开，单独地存在着。但是火在最短的时间内把原来分开的东西结合在一起了，互相孤立的、互相有区别的一切事物都在相同的火焰中化为乌有了。它们变得如此相同，以至于完全消失了：房子、生物，一切都着了火。火会蔓延：人们在火的侵袭面前无能为力，这又是何等地令人惊奇！事物越具有生命，抵抗火的能力就越小；只有最没有生命的东西，如矿物，才可以与火相匹敌。火的残暴凶猛没有止境，它要吞噬一切，而且永不知足。

火可以在任何地方出现：火有突发性。这里或那里爆发火情，谁也不会对此感到惊奇，人们到处都对火有了准备。但是，火的突然爆发总是令人印象深刻，人们会寻找着火的原因。人们往往找不着原因，从而促成了人们对火的敬畏感，这种敬畏感同火的观念结合在一起。火具有神秘的遍在性，它可能在任何时候和任何地方出现。

火是繁多的。我们不仅知道在许多地方和无数地方有火，而且也知道单个的火也是繁多的：我们说火焰和火舌。在吠陀经里对火的描述是"一点火，万重光"[32]。

火是可以毁灭的，可以打败它、驯服它；火会熄灭。火的天然敌人是水，水以河水和倾盆大雨的形式与火相对抗。火的这个敌人始终存在，它因有多方面的特性而同火势均力敌。它们之间的敌意是众所周知的，"水火不相容"是最为极端的和最不可调和的敌意的表述。在古代人关于世界末日的观念中，胜利者或者是火，或者是水。滔滔洪水使一切生命在水中了结，宇宙大火毁灭了世界。有时水与火在同一个神话中一起出现，相互调和。但是，现世的人学会了制服火。人不仅总是能用水来对抗火，人还成功地把火分成小火加以保存。人把火拘禁在炉子里，人喂火就像喂动物一样；人可以让火饥饿，可以让它熄火。这里已经提到了火的最后的一个重要品质：应该像对待活物一样对待火。火的生命是不安定的，它会熄灭。如果火在这里熄灭了，那么它在另一些地方会继续存在。

如果我们把火的这些特性综合起来加以考察，那么我们就会得到一幅令人吃惊的画面：火到处都是一样的，它会迅速扩大；火会蔓延，它贪得无厌，它可以在任何地方发生，并且非常突然；火是繁多的；火具有毁灭性，它有一个敌人；火会熄灭；火就像它具有生命那样活动，火也被看作是具有生命的东西，所有这些特点都是**群众**的特点，很难对群众的特性作出更为精确的概括。群众的这些特性我们列举如下：群众在任何地方都是平等的；在极其不同的时代和文化中，尽管人们的家庭背景、语言和受教育程度不同，群众在根本上是平等的。无论它在哪里出现，它都会极其迅速地扩大，很少有人能不受它的影响，群众总是要扩大自己，群众没有任何内在的限制。群众会在人们聚集在一起的任何地方出现，它的自发性和突发性是不可思议的。群众是杂多的，但有着内在的联系，无数的人构成群众，人们永远不能确切地知道它的人数。群众可以是毁灭性的，可以抑制，可以驯服。它寻觅敌人。群众会像它突然出现时那样突然消灭，往往这也是无法解释的；当然它有它自己的不安定的和动荡的生命。火与群众之间的这些相似之处导致它们紧密地结合在一起，它们互相进入，互相代表。在人类历史上群众象征始终起着作用，在这些象征中，火是最重要的和最变化不定的，有必要研究一下火与群众之间的这些关系。

在人们一再反复指出的群众的危险特征中，最明显的一种是放火的倾向，这种倾向的重要根源是**森林大火**。人们往往放火烧掉本身也是一种古老的群众象征的森林，以便腾出空地，安营扎寨。我们很有理由认为，人们经历了森林大火才学会了同火打交道。在森林和火之间有一种明显的原始的联系。在过去有森林的地方，烧掉森林，使之变为农田，而农田若要扩大，就总是要不断地再烧掉森林。

野兽从着火的森林中**逃走**，巨大的恐惧是动物对大火的自然的、可以说是永恒的反应，也是人一度的反应。但是人掌握了火，把火控制在自己的手中，他应该对火无所畏惧。人的新的力量盖过了旧的恐惧，而且这两者结成了令人吃惊的联盟。

以前群众见到火就逃走，现在群众却深深地为它着迷。我们知道火灾对各种各样的人有魔术般的作用。他们不满足于每一座私人住宅都有的炉灶，他们想要有一种从很远的地方就可以看得见的火，他们围着这堆火，可以在火堆旁聚集在一起。如果火烧得很旺，那么群众就会奇怪地一反过去对火的恐惧，匆忙赶到大火的现场，在那里，他们感受到一种先前使他们团结起来的温暖。在和平时期，他们往往长时间得不到这种体验。一旦群众形成，群众最强烈的本能就是自己造出火来，并为了扩大自己而利用火的吸引力。

今天人们口袋里带着的火柴盒就是这些重要的、古老联系的一个小小的残余。火柴代表一堆整齐划一的树干，每一个树干都有可燃的头。人们可以点燃许多根或全部树干，从而人为地造成森林大火。可以说，人们有一种冲动要去做这种事情，但一般又不会去做，因为这种不足称道的做法会使他们昔日的光辉丧失殆尽。

但是，火的吸引力还远远不止于此。人们不仅向火跑去，围着火，而且在旧的习俗中人们直接与火融为一体。一个最好的例子就是著名的**拿佛**印第安人的火舞。

新墨西哥的拿佛人准备了一个巨大的火堆，他们围着火堆通宵跳舞。在日落和日出之间表演了十一套规定的动作。当一轮红日消失不见之后，舞蹈者就狂热地跳着舞奔向林中空地。他们几乎光着身子，身上涂了色彩，他们任由长发跟着他们的舞蹈旋转飘动。他们手执舞杖，杖端饰着一簇羽毛，猛烈地跳着逼近大火。这种印第安人跳得既拘谨又笨拙，他们半蹲半爬。火确实非常灼热，跳舞的人只好在地上缩成一团，以便尽可能离火近一些。他们要把他们的舞杖头上的羽毛放进火里。一块代表太阳的圆盘高高地举着，他们围着这个圆盘继续猛烈地跳舞；而当圆盘落下并重新升起的时候，就开始一轮新的舞蹈。大约在太阳升起的时候，神圣的仪式就接近尾声了。涂成白色的男人们走到前面，在即将熄灭的余火中点着很轻的树皮，然后又围着火猛烈地跳跃、追逐，把火花、炭灰和火焰掷满全身。他们真的跳进余火，在其中来回跳跃，相信身上的白色泥土会保护他们不受到严重的灼伤。[33]

他们使火跳舞，他们变成火。他们的动作就是火焰的舞动。他们手里有什么就点着什么，就像是他们点燃了自己一样。最后他们从尚未完全熄灭的灰烬中把最后的火花撒向天空，直到代替这些火花的太阳升起为止，一如他们在太阳未出来时用火焰代替太阳一样。

在此，火仍然是活生生的群众。正如其他的印第安人在舞蹈中变成水牛一样，这些拿佛印第安人在舞蹈中表演火。在后来的民族那里，拿佛人转变成的活生生的火，变成了纯粹的群众象征。

每一种可资辨认的群众象征都可以找到它由此产生的具体的群众。在这里不完全是靠一种推测。人们试图成为火，激活这种古老象征的倾向，在后来更为复杂的文化里也是十分明显。被围的城市在无望得到援军时往往会纵火自焚。君主们在绝望之境往往会把自己和他们的宫殿一起烧毁。这种例子在古代地中海文化、印度人及中国人那里都可以找到。相信有地狱之火的中世纪满足于烧死个别的异教徒，而不是烧死所有聚集在一起的群众：仿佛是把全体群众的代表送进地狱并看着他们在那里确实被烧死。对火在各个宗教中所具有的意义的分析应该说具有非常巨大的意义。但是，这种分析只是在这种分析本身很详细的情况下，才有意义，因此必须留待以后再说。

但是，在这里探讨**感情冲动的纵火行为**对于纵火的个人所具有的意义，似乎是正确的：这种个人是真正孤立的个人，不属于有宗教信仰和政治信仰的人群。

克拉培林描述过一位孤独的老妇的事例，她在一生中大约放了20次火，在小孩时就放了第1次火。她由于放火曾6次被起诉，并在重刑监狱中度过24年岁月。她自己这么想："只要烧起来就好了。"这是她的一个固定不变的想法。特别是当她口袋中带着火柴的时候，火柴像是一种无形的力量驱使她去放火。原因在于她喜欢看火，但是她也乐于**承认**，而且非常详细地承认。想必她在很早的时候就有过这样的体验，即火是吸引人群的手段。显然，人群围绕火的聚集，给她留下了第一次关于群众的印象，以后火就很自然地成了群众的代表。所有的人都在注视她，这种感觉迫使她把责任归于别人，也迫使她进行自责。她想要火，由此她变成人们注视着的火。因此，她同放火之间的关系具有两重的性质。一方面，她想成为正在注视火的群众的一部分。火同时出现在所有人的眼中。火在**一种强有力的强制下**把这些眼睛联合在一起。她早年贫穷，于是她很早就是一个孤立无援的人，这使她根本没有机会同群众在一起，更不用说在无穷无尽的监狱时期了。在第一次这种放火行为结束之后，在群众再一次威胁要离她而去时，她突然自己变成了火，从而使群众保存了下来。这种事情的发生是十分简单的：她承认放火行为。她叙述得越详细，她对此要讲的越多，她就越是长久地被人所注视，她自己就越是长久地变成火。[34]

这类事情并不像人们所认为的那样是很少见的，即使这类事情并不总是那么极端。从孤立的个人的角度来看，这类事情为群众和火之间的联系提供了无可辩驳的证据。

海洋

海洋是杂多的，是活动的，它具有紧密的联系。它的杂多性在于它的波浪，波浪构成杂多。波浪是无数的，谁在海上，他的四周就都是波浪。波浪运动的同一性并不排除波浪之间量的差别。波浪从来没有完全安静下来。外面来的风决定波浪的方向。波浪根据风的命令一会儿涌向这里，一会儿涌向那里。波浪之间的紧密联系，表示着某种与人们在群众中的所感相类似的东西：人们之间的关系平和舒畅，似乎人们就是波浪，似乎人们之间没有界限，有着不可避免的依赖性。正是由于这种平和舒畅的、互相依赖的关系，所有的人作为一个整体才使每一个人都感到了力量和振奋。这种特殊的联系在人们身上并不为人所知。海洋也不说明这种联系，它只是把这种联系表现出来。

除了波浪之外，还有一种属于海洋的杂多：**水滴**。当然，水滴是孤立的，它们彼此没有联系，它们只是水滴，它们的细小和分散使它们看起来没有力量。它们几乎什么都不是，在观察者心中会引起同情感。人们把手伸进水里，再把手抽出来，注视着水滴，一颗颗无力地滴落。人们对水滴抱有同情，好像它们就是无助地分离开来的一个一个的人。只有当人们不能再计数它们时，只有当它们再一次汇集在一起时，它们才会重新**算作**水滴。

海洋有**声音**。这种声音是多变的，人们总是听到它。这种声音听起来就像是成千上万的声音在齐鸣。人们对它指望许多东西：耐心、痛苦和愤怒。但是这种声音中令人印象最为深刻的是坚韧性。海洋从不睡觉，人们总是听到它的声音，日以继夜、年复一年，数十年一贯如此；人们知道，人们在千万年以前就已经听到海洋的声音。海洋以其压力和惊涛骇浪，使人想起了同它一样具有这些品质的唯一创造物，群众。海洋还有恒久性，而群众则缺乏这种恒久性。它不会偶尔消失不见，它总是在那里。它把群众的最大的愿望，而且始终是白费力气而没有实现的愿望，即**继续存在**的愿望，表现为已经实现了的愿望。

海洋是无所不包的，而且是填不满的。一切大小河流，地球上的一切流水，都会注入海洋，但是海洋并不因此而真正增长。它保持原样不变，人们总是觉得，它还是那个海洋。因此，海洋之大可以充当群众的典范，因为群众想变得越来越大。群众也想变得像海一样大，而为达此目的，群众吸引越来越多的人。海在"**洋**"这个词上达到了最大的尊严。洋是包括一切的，它无处不到，接触到所有的陆地，古人相信陆地是浮在洋上的。如果海不是填不满，群众就不会有贪得无厌的概念，也就永远不会清楚地意识到它最深的并且是最不明显的欲望即吸引越来越多的人的欲望。但是，在群众面前自然喜欢的洋却赋予群众压抑不住地驱向宇宙精神的神秘权利。

海的感情是善变的，它可以或为柔顺，或为气势逼人；它可以产生出风暴，但是它总是在那里。人们知道海在哪里，它的位置是大家都知道的。它不是突然出现在以前一无所有的地方。海缺乏火的神秘性和突然性；火就像从虚空中跳出的一只猛兽，扑向人们，而这种情况也是到处可以出现的。海却只能在人们确切知道的地方出现。

但是不能因此就说海没有秘密。海的秘密不在于它的突然性，而在于它的内涵。海充满了大量的生命，海又是一个永恒不变的存在。提到海的内涵，海这个伟大的创造物就更加伟大了：它包含了一切植物和动物，而且数量大得惊人。

海内部没有界限，不区分各个民族和地区。它有**一种**语言，到处都是这一种语言。可以说没有任何一个人能够离开海。海太大了，它不能与我们已知的某一群众相适应。而海是内心已经平静的人性的榜样，这种人性汇集着一切生命并包容一切。

雨

世界各地，尤其是在很少下雨的地方，在降雨之前，总觉得**雨**是一个整体。在下雨之前，云彩飘过来，遮住天空，天空变得暗起来，一切都显得灰蒙蒙的。从这一刻起，因为雨肯定是要下了，人们关于下雨的意识也许要比下雨过程本身更完整。人们十分期盼降雨，降雨是一件生命攸关的事情。雨并不总是那么容易求得的，于是人们求助于魔术；有许多各种各样极其不同的求雨方法。

雨是以许多水滴的形式落下来的。人们可以看到它，特别是可以看到它的方向。在所有的语言中人们都说雨是落下来的。人们看到的雨是许多平行的线，无数的雨滴强调了它们在方向上的划一性。没有任何方向比落下的方向更令人印象深刻，一切其他的方向，与落下的方向相比，都是衍生出来的、次要的。从早年开始，人最怕的就是跌落，它是人一生中第一件要对付的事情，人要学习防止跌落；在这里，在一定年龄之后，跌倒就是一件可笑的或危险的事情。与人相反，雨原就是**应**落下的，没有任何东西会像雨一样经常和大量地落下来。

下落的重量和强度，可能会由于大量降落而稍减。我们可以听到雨滴打在地上的声音，这是一种很好听的声音；我们可以感觉到雨滴落在皮肤上，这是一种很好的感觉。至少有三种感官即看、听和感觉参与了对落雨过程的体验，指出这一点也许并不是不重要的。所有这些感官都是把雨当作杂多来接受的。人们很容易避开它。雨很少具有真正的威胁性，它通常以有益的、密集的方式围绕在人的四周。

水滴撞击地面，在人们的感觉中都是一样的。平行的线条、相似的声音，每一个水滴落在皮肤上引起的同样的潮湿感，所有这一切都有助于强调水滴的等同性。

雨可以大一些，也可以小一些，雨滴的密度也会发生变化；

雨滴的数量会发生巨大的波动。因此绝不能指望雨滴会持续不断地增加。相反，人们知道，雨滴渗进土里就会无影无踪。

就雨成为群众象征而言，它并不表示**火**所代表的激烈而不受干扰的增长阶段。它没有海的恒久性，只是有时才具有一点**海**的无穷无尽性质。雨是处在解放时刻的群众，也标志着群众的瓦解。播雨的云在雨中消解了自己，雨滴落下，因为它们不再能聚在一起；它们以后是否还会再聚在一起，怎样聚在一起，这些还不清楚。

河流

河流最值得注意的是它的方向性，它在静止不动的两岸之间运动；河流在两岸之间的行径浩浩荡荡，清晰可见。只要是一条河流，大量的水就会浩浩荡荡，奔腾不息；在总的方向（即使个别的地方方向会发生变化）上具有决定意义的是坚定地奔向大海；接纳其他小的河流，所有这些都具有不可否定的群众性质。因此河流也成了群众的象征，但不是对一般的群众，而是对各种群众表现形式而言是这样。河流的宽度是有限度的，因此它无法不受限制或突然地扩张，这使河流作为群众的象征总是保留着某种暂时的性质。它代表正在行进的列队，街道两边看热闹的人是岸边的树，固定的东西装载着流动的东西。大城市里的游行就具有与河流类似的性质。队伍从各个不同的地区汇聚过来，直到形成主要的游行队伍。特别是在群众正在形成的时刻，在群众还没有达到它想要达到的东西的时刻，河流是群众的象征。河流没有火的蔓延性，也没有海洋的普遍性。但是，向前流动却被提到了最重要的位置，因为后面有越来越多的支流，所以说从一开始就在向前流动，看起来是无穷无尽，而且源头与目的相比，人们更为重视的是源头。

河流是**虚荣**的群众，是自我展现的群众。这个要素即展示自己的意义并不亚于方向。没有河岸就没有河流，河流两边的植物就像排成列队的人一样。河流有——可以说——皮肤，它想让人们看到它的皮肤。一切滚动状态的组织，如队列和游行队伍，都在尽可能多地展示自己的表面：他们会尽可能延伸自己，向尽可能多的观众展示自己。他们希望受到赞美，受人敬畏。他们的直接目标并不是真正重要的，重要的是把他们同目标分开的这段距离，是他们的队伍绵延的街道长度。至于参与者的密度，那么这种密度有点随意性。观众的密度比较大，在观众和参与者之间有一种特殊类型的密度，类似两条蛇类动物之间的爱的游戏，其中一条把另一条包裹起来，让它舒缓地通过自己。增长从源头就已开始，但却是通过支流在预先精确规定的地方的加入而实现的。

不言而喻，河流中的水滴是一样的，但是河流也带有各种各样的极其不同的东西。它所承载的东西对于它的外观来说比海所承载的东西更具有决定意义，更为重要，因为海所承载的东西在巨大的海面上显得微乎其微了。

总括所有这一切，我们只能有限制地把河流称作群众象征。

就它是群众象征而言，它与火、海、森林或谷物完全不同；河流是**在爆发和解放之前**仍在控制之下的一种状态的象征。它是**缓性**群众的象征，问题不在于它的现实性，而在于它的威胁性。

森林

森林**高**出于人。森林也许是密不透风的，其中杂生着各种各样的灌木丛，要想进入森林，那可不是一件容易的事情，要想在森林中继续前进，那就更为困难了。但是，森林真正的密度，真正构成森林的东西，即树叶，是**在上面**。正是每一棵树的树叶互相交织在一起，构成了连成一片的屋顶，正是树叶把许多光线挡在森林之外并且投下了一片巨大的树影。

人笔直地站着，就像一棵树一样，他和其他树并列在一起。但是树比他高得多，他必须仰视才行。在人的环境中没有任何其他的自然现象，如此经常地高出于他而同时又如此之接近和如此之杂多。云块飞掠而过，雨下过后迅即消逝，星星远在天际。所有能够影响他的繁多现象中，没有一种能像森林那样永远与他相近。高高的树是可以企及的，人可以爬上去，可以采摘果实；人也在树上生活过。

森林把人的注意力吸引到这样一个方向，这个方向就是森林自身发生变化的方向：森林在不断地往上增高。树与树之间的平等性是一种大致上的平等性，这种平等本来也是一种方向上的一致性。谁在森林里，谁就会感到自己受到了保护；他不是在森林继续生长的顶部，也不是在森林密度最大的地方。正是这种密度是对他的保护，而保护他的地方是森林的顶部。因此森林成了让人**敬畏**的样板。森林迫使人仰视，感谢森林对他的保护之情。仰视许多树木变成一般的仰视。森林是宗教感觉的预习所，是站在圆柱下、站在上帝前面的感觉的预习所。这种宗教感觉最相称的、因而最完美的表述是拱形的圆顶建筑。所有的树干交织成至高无上、不可分割的统一体。

森林另一个并不是不重要的方面是它的不可动摇性。每一棵树木都牢固地扎根于地下，不受外界的任何威胁。它的反抗是绝对的，寸土必争。它可以倒下，但不会移动。因此森林变成**军队**的象征：一支正在部署中的军队，一支任何情况下不会逃跑的军队，这支军队不战斗到最后一个人是不会丢失一寸土地的。

谷物

谷物在一些方面是缩小的森林。它生长在以前曾是森林的地方，它从来没有长得像森林那么高。它完全处在人的掌握之中，是人的作品。人播种，收割；人在古老的仪式上祈祷谷物生长。它像草一样柔软，随风而起伏。所有谷物都一起随风向波动着，整个田野同时弯下腰来。在风暴中它们被完全吹倒，并且躺在那里很长一段时间。但是它们具有重新站起来的神秘能力，只要不是被破坏得太糟糕，它们会立即站起来，整个田野会立即站起来。饱满的谷穗如沉重的脑袋；它们随着风向或向人们点头，或者转向另一边。

谷物通常没有人高。但即使谷物长得比人高，人还是谷物的主人。它们被一起收割，一如它们一起生长、一起下种。连对人没有用的草也始终与它们共存。但是谷物的命运更具有共同性，下种、收割、打谷和保存都是一起进行。只要谷物在生长，它就会牢牢地扎下根。每一棵谷物都离不开其他谷物。任何事情发生，都会波及**全体**。谷物紧密地生长在一起，高矮的差别不超过人与人的高矮差别；谷物在整体上总是以差不多相同的高度发生作用。它的韵律由风引起，就像是简单舞蹈的韵律一样。

人们乐意用谷物为例子来看人们在死亡面前的平等性。谷物**同时**倒下，由此使人想起一种完全特殊的死亡：在战斗中共同死亡。因为整排整排的谷物被砍倒：田野变成了战场。

谷物的柔软性变成驯服，它们像是一群从来不会有反抗思想的忠心耿耿的臣民；它们战栗顺从地站在那儿，听从每一道命令。当敌人侵临，它们受到无情的摧残蹂躏。

谷物来源于成堆的种子，这同种子最后变成成堆的谷子同样重要，具有同样的意义。无论它生产出 7 倍或 100 倍的谷物，总之，谷物堆要比原来开始时的谷物堆大好几倍。谷物在一起生长，会增加自己，而这种增加乃上天的恩赐。

风

　　风的强度发生变化,随之风的声响也发生变化。风会低吟哀诉,也会怒号,或低沉,或高亢,很少有风不能发出的声音。在其他自然现象对人失去其生命力很久之后,风给人的感觉仍然像是某种有生命的东西。除了声音之外,风最令人注意的是它的方向。为了给予风一个名称,重要的是要知道它来于何处。因为人们的四周完全被空气包围着,所以人们感觉到风的冲击是有形的,人们感觉到自己完全在风中,风似乎具有某种集中的作用,它在风暴中把它所碰到的一切都卷起来。

　　风是看不见的,但是它使云彩、波浪、树叶和青草运动,从而表现出自己,而这表现又是多重的。在**吠陀经**的颂歌中,风暴之神**马路斯**总是以复数出现。风暴之神有 21 个,有的说有 180 个,他们是同龄兄弟,有相同的出生地和住所。他们造成的嘈杂之声就是雷鸣和风吼,他们使得山摇地动、树木倒地,像野象一样吞噬着森林。人们往往也把他们称为歌唱家,吟咏着风之歌。他们像狮子般健壮、凶猛和可怕,但是也像小孩或小牛那样活泼顽皮。[35]

　　古代把呼吸和风视为同一,这证明人们对风有凝聚的感觉。风有呼吸的紧密性。但是正由于风是无形的,所以它适合于代表无形的群众。**幽灵**借着风势,像狂风一样呼啸而来,像是一批狂野的人群;或者他们是正在逃跑的幽灵,就像爱斯基摩人的巫师所看到的情景一样。

旗帜是看得见的风，旗帜是切割成一块块的云彩，近在眼前而又五彩缤纷，但具有固定不变的形式。实际上，旗帜在其运动中引人注目。各民族就像是能分割风似的，利用自己的旗帜，用以标志自己头上的天空是自己的天空。

沙

在具有重要意义的**沙**的性质中，特别要着重指出的是两种性质：第一种是沙的细微和类似性。这是人们因为沙粒细微才感觉到沙粒的唯一一种性质。第二种性质是沙的无限性。它是无边无际的，它越来越多，难以尽收眼底。小沙堆毫不起眼，只有无穷无尽的沙，如海边沙滩和沙漠中的沙，才会真正引人注目。

沙不停的运动导致的结果是，它在流动的群众象征和固定的群众象征之间差不多居于中间地位。它会像海一样形成波浪，它会被卷入云层；**尘埃**则是更小一些的沙。一个有意义的特征是沙具有威胁性，是沙作为具有侵略性的东西和具有敌意的东西与单个的人相对立的方式。沙漠枯燥单调、广袤无垠、没有生命，它在人面前几乎是不可克服的力量；它由无数相似的细小粒子所组成。它会像海一样令人窒息，不过令人窒息的方式更为险恶，时间更长。

人与沙漠的关系为人以后的若干行为做了准备，为他以日益增长的力量反对大群细小敌人的斗争做了准备。蝗虫如同沙子一样使植物干枯。人栽种植物，对蝗虫如同沙一样害怕，蝗虫留下的是一片沙漠。

令人感到惊奇的是，沙曾经被作为子孙的象征。但自有了《圣经》以来人们所熟知的许多事实表明，无尽地增多自身的愿望是何等地强烈。这里所强调的不仅是质。无疑，人们想要有一大群强壮而正直的儿子。但是，为了更长久的将来打算，从所有后代的生命的总计来看，人们希望有一个由子嗣组成的群众，而不是满足于一个一个的群体，这个群众像人们所知道的沙子那样，那么庞大，那么无涯，那么难以计数。从中国人的一个类似的象征中可以看到，对子孙的个人评价是并不重要的。因为子孙被看作是蝈蝈一样，对于子嗣来说，必不可少的品质是数量、团结和不可分离性。

《圣经》中用来作为子嗣的另一个象征是星星。这里重要的也是星星数量的无限性，而并不涉及个别杰出的星星的品质。重要的是它们存在着，它们永不消失，亘古长存。

堆

人们往上添加点东西的所有堆积物，都是收集在一起的。一堆水果或一堆谷子，都是行动的结果。许多双手都在从事着收割或摘取的工作；这些工作都是在一年内完全特定的时间内做的，因而这些工作具有决定性的意义：正是这些工作把古老的划分季节的方法传到今天。

收集成堆的东西是同类性质的东西，如某种水果或某种谷物。

这些东西被尽可能紧密地堆积在一起。堆得越多越密越好。人们手边就有许多东西，无须从远处取东西。堆积物的大小是重要的，人们以此夸耀，唯有大量才够所有的人食用，或者说才够长期食用。一旦人们习惯于把东西收集成堆，这些成堆的东西就会越堆越大。人们最喜爱回忆大丰收的年份。当人们知道写编年史以来，那些大丰收年份在编年史中就被看作是最幸福的年份。年复一年，从此处到彼处，人们互相比赛收成多少。不管是属于团体还是属于个人，成堆的产品具有典范的意义，受到人们的保护。

这些成堆的东西确实在以后会被用尽，有时在特殊的情况下会突然被用尽，有时只是视需要慢慢地被消费掉。它们的持久存在是有限的，它们的减少从一开始就包含在人们关于这些成堆的东西的观念中。它们的再聚集要取决于季节和雨季的节奏。每一次收割都是有节奏的堆积，庆典的举行是由这种节奏决定的。

石堆

还有一种完全不同的堆积物是不能食用的。石头堆之所以建立起来，是因为很难再把这些石堆拆开。人们是为长时期而建立石堆的，是为了某种永恒性。这些石堆永远不应变小，应该保持原样。它们不会进入任何人的肚子里，人们也不总是住在其间。在它们最古老的形式上，每一块石头都代表一个曾经帮助把石头聚成堆的人。后来，每一块石头的体积和重量增加了，因此只有许多人一起行动才能搬动它们。不管这些石头堆代表什么，它们集中体现了无数人艰辛和艰难的历程。它们如何能矗立在那里，往往是不可思议的。人们对这些石头堆如何能矗立在那里越不理解，这些石头的产地越远，运输的路程越长，应该说，建立石头堆的人就越多，这些石头堆给所有后人的影响就越深。它们代表许多人有节奏的努力，从这些努力中，除了不可摧毁的纪念碑以外，什么也没有留下。

财宝

财宝如同一切成堆的东西那样，都是收集起来的。但是，财宝与水果和谷物不同，它是由一些不可食用、不会毁灭的东西组成的。重要的是这些东西具有特殊的价值，只有相信这些价值可以长期保存才会诱使人们去储藏财宝。财宝的囤积应不断进行，越积越多。如果财宝属于一个有权势的人，那么它会诱使其他有权势的人去掠夺财宝。财宝给它的所有者带来了气派，也给他带来了危险。为了争夺财宝而发生了争斗和战争，有些人只要拥有一点点财宝，就可以生活很长时间，所以财宝被藏于秘密之处。因此，财宝的特点在于它的光芒万丈，而为了保护它又要把它藏于秘密之处。

数量迅速增加带来的快意，以最明显的形式表现在财宝上。其他一切可计数的东西，例如牲畜和人，即使以数字越来越大为目标，但却并不能导致这些东西类似的积聚。财宝的所有者秘密地清点自己财宝的情形，给人留下的印象一点不亚于人们想突然发现财宝一样：它被藏得如此严密，以致它不再属于任何人，它由于被埋藏起来而被人遗忘了。训练有素的军队会受到这种对财宝贪欲的侵袭，从而被瓦解掉，许多胜利由于这种贪欲而转化为反面。普卢塔克在庞培传中曾描述过一支军队如何在每一次战斗前转变成一群寻宝者。

一俟庞培的舰队在迦太基附近登陆，七千名敌军就立刻弃甲投降，他自己率领六个整编军团[*]向非洲进发。他在那里遇见了一件滑稽的事情。一些士兵偶然发现了一个宝藏，从而得到了一笔数目相当可观的钱。当事情传开以后，所有的其他士兵也都以为：这块地方到处都是财富，是当时迦太基人在某次灾难中埋下的。因此，有好几天时间，庞培对他的士兵也无可奈何，因为士兵们只是在忙着寻宝。庞培笑着走来走去，看着成千上万的士兵在挖宝，把地都翻了过来。最后士兵们精疲力尽了，要求庞培带他们到他愿意去的任何地方，他们说，他们由于自己的愚蠢已经尝够苦头了。[36]

除了这些由于隐藏起来而具有不可抗拒的吸引力的成堆财宝以外，还有另一些完全公开收集起来的财宝，自愿缴纳的税捐就是这一类财宝，这些财宝会落在一个人或少数几个人的手里。所有的抽彩给奖的形式都属于这一类，通过这种方法可以迅速形成财宝：

---

* 古罗马军团，每一军团由 3000—6000 名步兵和 300—700 名骑兵组成。——译注

人们知道，在抽奖结果公布以后，财宝会立即交给幸运的得奖者。最终得到财宝的人越少，财宝数量越多，它的吸引力就越大。

把人们同这一类事情连接在一起的贪欲，其前提是对财宝的**单位**有绝对的信心，这种信心如此强烈，怎么形容都不会夸大。一个人把自己与他的货币单位等同起来，怀疑这种等同性就是侮辱他，动摇这种等同性就是动摇他的自信心。人们通过贬低一个人的货币单位来接近他，人们就贬低了他。如果这个过程加快了速度，发生**通货膨胀**，那么被贬低的人就会组成与逃亡群众完全相同的组织。人们失去的东西越多，就越是能够团结一致共命运。在那些能够为自己保存一些东西的幸运者身上表现为恐慌的事情，对失去自己的货币财产因而变得等同的其他人来说，就会转化为群众逃亡。关于在本世纪具有无限历史意义的现象的结果，我将在专门一章中加以论述。

第二章

群体

第一节　群体和群体的种类

群众晶体和群众，在术语的现代意义上来说，是从一个比较古老的单位引申出来的，两者在这个古老的单位中还是合而为一的。这个比较古老的单位就是**群体**。在 10 个人或 20 个人为一群来回迁移的人数不多的游牧部落中，群体是体现人们到处可见的人群共同亢奋的形式。

群体的特点是它不能扩大。它的四周空无一人，没有人能加入它的队伍。群体由一个激动的人即族群组成，这些激动的人最为强烈的愿望是**增加自己的人数**。不管他们在一起做什么，无论是狩猎还是战争，对群体来说，最好的事情是群体能扩大。对于由如此之少的成员组成的族群来说，每一个成员都意味着明显的、重要的和不可缺少的增长。他带来的力量可能是全部力量的十分之一或二十分之一。他所占有的地位会受到所有人的真正重视。他在族群的全部事务中确实能起到作用，而我们今天几乎没有人能起到如此的作用。

在通常由族群组成并且最强烈地表现出统一感情的群体中，一个人绝不会像今天的现代人在任何一个群众中那样完全失去自我。在群体不断变动的处境中，在群体成员的舞蹈中，在群体征程途中，他始终处在它的**边缘**。他或许会在中心，但立即又处在边缘；处在边缘而又立即处在中心。当群体成员围着火形成一个圆圈时，每一个人的左右都可以有伙伴，但后面没有人，他赤裸的背部，暴露在浩渺空旷的荒野。群体内部的紧密性始终具有某种虚假性：人们也许可以紧紧地挤在一起，在传统的、有节奏的运动中扮演成多数。但是他们人数并不多，他们是少数几个人，他们用强度来弥补他们所缺乏的实际的紧密性。

正如我们所知道的那样，群众有四种基本属性，其中的两种在群体中是虚构的，尽管这两种是他们所希望的，并且也是他们在**表演**中千方百计强调的；因此，其他两种在实际上就较为明显地存在着。**增多**和**紧密性**是在表演中存在的，而**平等**和**方向性**则是实际存在。在群体中最引人注意的是它坚定不移的方向。而平等则表现在所有的人都盯住一个目标，例如盯住他们想猎杀的一头动物。

群体的限定是多方面的。不仅是它的成员相对较少，也许是10个人或20个人，超过这些人数的情况很少；但这少数几个人之间彼此非常熟悉。他们始终住在一起，天天见面，在许多次共同行动中学会了极其准确地互相配合。群体几乎不可能有出乎意料的人数上的增加，生活在这种情况下的人太少了；而且他们又很分散。可是，由于他们完全由**熟人**组成，群体有一点优于可以无限扩大的群众：群体即使在逆境中失散了，它总是可以再聚集在一起。群体可以指望长久存在下去，只要它的成员活着，它的存在就有保障。它将发展出典礼和仪式，那些要参加的人定会到场，它是可以信赖的。他们知道要到什么地方，他们不会受到诱惑而到任何别的地方去。这类诱惑非常之少，以至于根本不可能出现受到这类诱惑的习性。

但是，如果说群体扩大了，那么这种扩大是指**数量上的**扩大；而且是在成员们相互认可的情况下扩大的。从第二个族群中形成的群体，也许会加入第一个群体，如果它们之间不发生什么争斗，它们也许会为了暂时的目标而结合起来。但是，这两群人分离的意识始终存在着，这种意识也许会在共同行动的鼎盛时期暂时消失，但不会长时期消失。一旦到了论功行赏之际或者在其他仪式上，分离意识又总是会故态复萌。与他作为个人不参与自己群体的共同行动时的感觉相比，他对自己这个群体的感觉更为刻骨铭心。群体的人数感在一定程度上会对人的共同生活起决定作用，什么也不能动摇群体的人数感。

在此我要有意地提到一种与被称为部落、亲族、氏族的东西完全不同的另一类单位，即**群体**单位。所有人所共知的社会学概念，不管这些概念多么重要，都有某种静态的东西。相反，群体是**行动**的单位，群体会**具体地**体现出来。谁想研究群众行为的根源，必须从群体开始，它是群众最古老的、最受限制的形式。在我们当代意义上的群众出现以前，群体就已经存在了。它表现出好几种形态。群体是始终可以清楚地加以把握的。经过成千上万年，它的活动如此生气勃勃，以致它到处都留下了痕迹，甚至在我们这个完全不同的时代依然存在着直接从群体衍生出来的组织。

群体一直表现出**四种**不同的形式或职能。它们都有某种流动的性质，很容易互相转化，但是重要的是首先要确定它们之间的**区别**何在，最自然的、最真实的群体乃**狩猎群体**，这是我们所用的这个术语得以衍生的根源。在面对的是仅靠个人很难捕获的危险动物或者强大的动物的地方，都会有狩猎群体形成；在有大量的捕猎物而人们希望逃脱的猎物尽量少的地方，群体也会形成。如果被杀死的动物很大，如鲸鱼或象，即使是少数几个人杀死的，结果也总是被许多人共同作为战利品带回并进行分配。狩猎群体就进入了**分配**状态。有时表现出来的只是分配，但是狩猎与分配有着紧密的联系，因此必须一起进行研究。这两个阶段的目标都是**战利品**，战利品本身、它的行为、它的性质（活的和死的）精确地规定着群体的行为，因为群体是以战利品为目标而形成的。

第二种形式是**战争群体**，它与狩猎群体有某些共同之处，并且通过许多中介环节与狩猎群体有着联系。它假设有第二个由人组成的群体并把矛头指向这个群体，即使这第二个群体目前还完全没有形成。在战争群体最早期的形式中，它的目标往往是单个人，它要向这单个人实施报复。在确定什么东西应该被杀死这一方面，战争群体与狩猎群体特别相似。

第三种形式是**哀恸群体**。当族群的某个成员由于死亡而离去时，就会形成哀恸群体。族群人数很少，因而感到每一次这样的损失都是不可弥补的，它会利用这种机会结成群体。也许它要做的事情是保住垂死者的生命，或者是在他的生命力完全消失之前，他的生命力被夺走多少，就给他注入多少；或者是为了安慰他的亡魂，使亡魂不至于成为生者的敌人。无论如何，它认为采取一种行动是必要的，在任何地方都不存在完全放弃这类行动的人群。

我从许多极其不同但都有一个共同之处即具有繁衍意图的现象中概括出第四类：**繁衍群体**。**这类群体**之所以形成，是因为族群本身或族群与之保持联系的生物（动物或植物）要变得**更多**。它们经常通过带有某种神秘意义的舞蹈形式来表现自己。凡是在人们共同生活的地方，人们都知道它们。在它们身上总是表现出族群对于自己数量的不满。所以，现代群众的基本属性之一，即增加自己人数的冲动，在本身还完全不能扩展的群体中早就已经表现出来了。一定的典礼和仪式会迫使群体去扩大自己。不论我们对典礼和仪式的效果如何看，我们总是应该考虑到，这些典礼和仪式随着时间的推移，实际上造成的结果是大规模群众的形成。

逐个研究这四种不同的群体形式，会导致令人吃惊的结论。这四种形式都有互相转化的趋势，没有什么东西会比一种群体向另一种群体的转化带来更多的后果了。人数多得多的群众的不稳定性在这些小的、表面上较为稳定的组织里已经显露出来。它们的变化往往引起特异的宗教现象。以后将说明，狩猎群体会变为哀恸群体，并且由于这一过程会形成特有的神话和祭礼。于是哀恸者再也不愿意成为狩猎者，他们把表示哀伤的牺牲品放在那里是为了洗清他们进行狩猎的血腥罪行。

为这个更为古老的和更有限制的群众形式选择"群体"这一用语，其目的是要提醒人们，这种由人组成的群众形式，其起源可以追溯到动物的实例：共同狩猎的动物群。人们所熟知的并且在几千年时间里被驯化成狗的狼，早就对人产生了影响。在许多民族那里，狼是作为一种神秘动物出现的，关于狼人的想象，关于人扮成狼攻击和肢解他人的故事，那些关于孩子由狼抚养长大的古老传说，所有这一切都证明，狼与人之间的关系是多么密切。

今天人们把狩猎群体理解为一群经过训练用来集体狩猎的狗，这是那种古老关系的鲜活的遗留物。人从狼那里学到了东西。在有些舞蹈中，人学会了仿佛像狼一样。当然，其他动物也为培养狩猎民族的类似能力起到了自己的作用。我把"群体"这一用语用于人而不是用于动物，因为这一用语最清楚地表明了集体的迅速运动和当时的具体目标。群体想得到它的猎物，它想得到猎物的血，它想要它死。它必须跟踪猎物，迅速而不放松，还要机智和耐力，才能追到猎物。它以集体的喧嚣来激励自己，这种喧嚣嘈杂的声音夹杂着个别动物的声音，其意义不可低估；这种喧嚣嘈杂声时而低沉，时而又高涨起来；但是它目标明确，它具有进攻性。最后被追上并且被杀死的猎物被**所有参加者**分而食之。习惯上通常要给每一个参加者留下猎物的一部分，甚至分配群体的某种做法在动物那里已经初见端倪了。我也把这一用语用于上述其他三种基本形式，虽然在这三种基本形式中很难说有动物的模式。为了表明这些过程的具体性、方向性的强度，我不知道还有什么更好的用语。

这一术语的**历史**也证明了这一意义的用法。它源于中世纪拉丁文中的"movita"，意思是"运动"。由此产生的古法语中的"meute"，具有双重意义：它表示"起义、反抗"，或者表示"狩猎"。人性的东西在这里是十分明显的，这个古词的意思恰好就是这里所要表述的意思，我们所关心的正是这种双重意义。仅仅在"一群猎狗"这一意义上使用这一用语是晚得多的事情，在德语中只是从18世纪中叶起才为世人所知，而源于古法语的一些词如"meutmacher"（暴乱者）、"aufrührer"（制造暴乱的人）和"meuterei"（暴乱）大约在1500年就已出现了。

第二节　狩猎群体

狩猎群体全力奔向它要杀死的活生生的目标，然后把它吃掉，因此它的直接目标始终是猎杀。**追赶**和**包围**是它的最重要的手段。它追逐一头落单的大动物，或者许多一起逃窜的较小的动物。

猎物永远在活动中，人们在追逐它。群体的迅速运动是关键，为了让猎物累死，它必须能比野兽跑得更快。如果是许多动物，而且它们又被包围了，那么猎物的集体奔逃就转变成了恐慌。这时，每一头被追赶的动物都试图使自己脱离四周的敌人。

狩猎活动所及的范围很大，而且在不断变化。在狩猎落单动物的场合，只要野兽还在自卫，群体就一直**存在**。狩猎时情绪越来越高涨，这表现在猎人们互相呼喊，以增强杀戮的欲念。

猎杀对象总是处在运动中，忽隐忽现，人们往往丢失这一目标，而又必须重新寻找这一目标，人们从不会放弃把它置于死地的想法，使它不断地处于死亡的恐惧之中——对猎杀对象的专注是**所有的猎人共同的**专注。每一个猎人都有同一的目标，每一个猎人都奔向同一个目标。群体和它的目标之间的距离逐渐缩短，对群体的每一个人而言，距离都缩短了。狩猎有一个共同的致猎物于死地的脉动。这种脉动持续很久，跃过不同的地方，越接近猎物，脉动越强烈。当人们够得着猎物，可以发起攻击的时候，每一个人都有猎杀的机会，每一个人都跃跃欲试。所有狩猎者的长矛和弓箭都集中攻击一头野兽。这些长矛和弓箭是狩猎时贪婪目光的延伸。

每一次这类的情况都有其自然的终结。人们追求的目标清楚而明显，一旦达到目标，群体发生的变化也明显且突然。在杀死猎物之际，狂热的情绪骤然冷却下来。所有的人都围着牺牲品，突然安静下来。在场的人围成一个圆圈，其中每一个人都可以分到一部分战利品。他们可以像狼一样用牙撕咬猎获物，狼群在猎获物活着时就开始撕咬，人则要稍为晚一些时候才开始吃猎获物。**分配**是在毫无纷争并按一定规则的情况下进行的。[37]

无论被猎杀的是一头巨兽还是几只小兽，如果是整个群体猎到的，那么就必然要在群体的成员之间分配猎获物。现在开始的过程恰恰与集团形成的过程相反。现在每一个人都在为自己，都想要得到尽可能多的猎获物。如果分配不精确，如果不遵守自古沿用下来的分配规则，又没有熟练的人来进行分配，那么分配就会以一场你死我活的厮杀而告终。**分配**的规则是**最古老的**规则。

基本上有两种分配方法：一种方法是分配只限于狩猎者范围内；另一种方法是与狩猎集团毫无关系的女人和男人也参与分配。分配主持人的任务是负责分配的正常进行，最初他并不由于自己的职务而得到什么好处。甚至还有这样的情况，分配主持人为了自己的名誉而放弃一切，例如爱斯基摩捕鲸者进行分配时就是这种情况。共同拥有猎获物的情愫可以达到这样的程度：在西伯利亚的柯亚克族人那里，模范的狩猎者会邀请所有的人来分享自己的猎获物，并且满足于人们给他留下的东西。

分配规则十分复杂而且可变。猎杀猎获物的荣誉并不总是属于给予致命一击的人。有时是首先发现野兽的人拥有这种权利，而且，只是远远看着猎杀的人也可以要求分得一份猎获物。在这种场合，观众也被看作是共同行动者，他们一起分担责任，一起分享成果。我提及这种极端的而不是经常发生的情况，是为了证明，狩猎群体具有何等深厚的团结精神。不管分配按何种规则进行，两件起决定作用的事情是**发现**和**杀死**猎获物。

第三节　战争群体

战争群体和狩猎群体的基本区别在于战争群体的**双重**性质。只要一个激动的人群追逐的是它要处罚的单个人，那么这里所涉及的就是与狩猎群体相类似的组织。如果这个人属于另一个族群，而这个族群又不愿放弃这个人，那么这时就是一个群体与另一个群体相对抗。敌对的双方大同小异：他们都是人，男人、战士。在进行战争的最初的形式中，双方是如此之相近，以至于人们很难把他们彼此区分开来。他们以相同的方式相互发起攻击，他们的武器也差不多相同。双方都发出狂野的、威胁性的叫喊。双方都有相同的针对对方的**意图**。与此相反，狩猎群体是单方面的：被狩猎的动物并不试图包围并猎杀人。它们在奔逃，而如果说它们有时也自卫的话，那么它们也只是在人们要杀死它们的时候才进行自卫。通常它们完全不能在这种情况下为自卫而攻击人。

战争群体具有决定意义的真正特点是存在着两个群体，两个群体都想对对方做完全相同的事情。分成两个群体是必然的，只要存在战争状态，这两个群体之间的分裂就是绝对的。但是，要知道它们彼此的意图是什么，只要读一读下面这份报道就可以了。这是南美的一个部落**透里宾族**征讨他们的敌人**匹宇扣族**的故事。报道完全出自一个透里赛族男人的口述，内容包括人们关于战争集团必须知道的一切。叙述者精神振奋，讲得很投入，他从内心深处丝毫不

掩饰地描述了这件事情，这个故事又真实又可怕，简直是无与伦
比的。

开始时透里宾族人和匹孛扣族人之间很友好，后来他们由于女
人而发生争吵。最初是匹孛扣族人杀死了几个在树林里攻击他们的
透里赛族人，接着他们在树林里杀死了一个年轻的透里宾族人和一
个妇女，接着又杀死了三个透里宾族人。匹孛扣族人想这样逐渐地
消灭整个透里宾部落。

于是，透里宾族人的军事领袖马尼库扎把他所有的人召集在一
起。透里宾族人有三位领袖：马尼库扎酋长以及两位副酋长，其中
一位矮小健壮，非常勇敢，另一位是他的兄弟。还有老酋长，马尼
库扎的父亲。他的手下也有一位矮小而又非常勇敢的人，他来自邻
族阿瑞库纳。马尼库扎让人准备好一大团发酵的卡席瑞，装满五个
大葫芦，接着他又让人准备了六条独木舟。匹孛扣族人住在山上。
透里宾族人还带了两个女人，她们是要去放火烧房子的。他们不知
是沿着哪条河去的。他们没有吃的，没有胡椒，没有较大的鱼，没
有猎物，只有小鱼，一直要用到战争结束。他们也带了染料和白泥，
准备涂抹身体。

他们来到匹孛扣族人的住处附近。马尼库扎派五个人到匹孛扣
族人住的大屋那里，了解他们是否全都在那里。**所有人都在那里。**
那是一间很大的屋子，住着许多人，四周围着木桩。探子回来，把
这种情况告知酋长。老酋长和三位酋长在发酵的卡瑞席上吹气，他

们也在涂料、白泥和作战用的棍棒上吹了气。老人只有弓和带有铁头的箭，没有火器，其他人则有火枪和霰弹，每个人都有一袋霰弹和六盒火药。所有这些东西也都被吹了气（吹进了魔力）。接着他们在自己身上涂抹红白线条：从前额开始，一道红线在上，一道白线在下，整个脸上都是这样。他们在前胸画三条线，依次最上面是红线条，最下面的是白的，上臂也是如此，这么一来，战士们就会互相识别。女人也如法炮制。然后马尼库扎命令把水注入卡席瑞。

探子说，在各个屋子里有许多人。有一间大屋和三间稍远地方的小屋子。匹字扣族人比透里宾族人多，透里赛族人除了那个阿瑞库纳人外，只有十五个男人；然后他们喝卡席瑞，每个人一大瓢，他们喝了许多卡席瑞，于是勇气大增。接着马尼库扎说："一个人在这里首先射击！在他给自己的火枪装火药时，另一个人射击！一个接一个来！"他把自己的族人分成三组，每组五个人，把房子围在一个圆圈里。他说："不要盲目开火！一个人倒下去就让他躺着，接着射击另一个站着的人！"

然后他们分三组前进，女人跟在后面，带着装满酒的葫芦。他们走到草原的边缘。马尼库扎说："我们怎么办呢？他们人很多，也许我们最好是回去，多带些人来！"阿瑞库纳人说："不，前进！如果我同许多人一起冲进去，我就没有可杀的人！"（他的意思是：这许多人还不够我杀，因为我杀得很快。）马尼库扎回答说："前进！前进！前进！"他催促所有的人前进。他们来到了那座屋子附近。当时是晚上，屋子里有一个巫医正在给一个病人吹气。这个巫医说：

"有人来了！"他这样警告住在屋子里的人。屋子的主人即匹孛扣族人的酋长说："让他们来吧！我知道是谁！这是马尼库扎！但是他别想从这里回去。"巫医继续警告说："他们的人已经在这里了！"酋长说："是马尼库扎！他走不掉！他将在这里丧命！"

马尼库扎割断捆绑栅栏用的树藤。两个女人冲进去放火烧房子，一个在进口，一个在出口。屋子里有许多人。两个女人又退到栅栏外。房子着火了。有一个老人爬上去救火。许多人来到屋外，乱开了一阵枪，但没有目标，因为他们什么人也没有看到；他们开枪只是为了吓唬敌人。透里宾人的老酋长想用箭射杀一个匹孛扣人，却没有射中。这个匹孛扣人躲在他的地洞里。当老酋长要射第二支箭的时候，这个匹孛扣人用火枪打中了他。马尼库扎看到他父亲死了。于是战士们加强射击。他们包围了整个房子，匹孛扣人已无路可逃。

一位名叫伊瓦玛的透里宾战士冲了进去，他后面是副酋长，接着是他的兄弟，再后面是酋长马尼库扎，在马尼库扎之后是阿瑞库纳人。其他人在外面，射杀任何想要逃走的匹孛扣人。还有五个人冲进敌人群，用棍子杀死敌人，匹孛扣人向他们射击，但一个也没有打中。马尼库扎杀死了匹孛扣族人的酋长，他的兄弟和阿瑞库纳人很迅速地杀死了许多人。只逃出去了两个少女，她们现在仍然住在河的上游，嫁给了透里宾人。所有其他的人都被杀掉了。接着他们放火烧房子，小孩子们哭嚎着，他们把所有的孩子扔进火里。死人中有一个匹孛扣人仍然活着，他以血涂遍全身，躺在死人之间，想让敌人相信他已死了。透里宾人把倒在地上的匹孛扣人一个一个用柴刀劈上两刀或是砍成两半，他们发现这个人还活着，把他抓起来并杀掉，接着他们把倒在地上的匹孛扣酋长两臂张开地绑在树上，用剩余的火药向他开火，直到把他打成稀烂为止。接着他们找到一具女尸，马尼库扎用手指拨开她的下部对伊瓦玛说："看这里，这里是你冲进去的好地方！"

在另外三所小房子里的匹孛扣人，四散逃到附近的山里。在那里他们一直生活到现在，成了其他部落的死敌和**秘密杀手**，他们尤其以透里宾人为追杀的目标。

透里宾人把他们战死的老酋长原地安葬，除老酋长外他们中间还有两个人肚子上被霰弹打成轻伤。然后他们回家，高喊着"嗨嗨嗨嗨嗨。"[38] 在家里，他们发现已经为他们准备好了丰盛的食物。

争端始于女人。有几个人被杀，只有谁被**他人**杀死这样的事才引起人们的注意。从这时候起，人们就绝对相信，敌人要消灭整个透里宾部落，这个想法已经根深蒂固。酋长深知他的族人，他把他们召集在一起，不多不少，加上邻族的一个人一共 16 个人，所有的人都知道，他们在战斗中应该怎样互相对待；要严格斋戒，只能吃很少一点小鱼；经过发酵酿出一种烈酒，战斗前人们喝这种酒以"激发勇气"；他们用染料涂在身上就像穿了制服一样，"这样战士们可以互相辨认"；与战争有关的一切东西，特别是武器，都被"吹了气"。这样，所有的东西就都被注入了神奇的力量，他们就会有好运气了。

一旦来到敌人住处的附近，他们就派出探子，了解一下敌人是否都在那里。所有的人都在那里。他们愿意敌人都聚集在一起，因为所有的敌人都应该同时被杀死。这是一座大屋子，有许多人在那里，敌人具有优势，这是很危险的。因此这十六个人完全有理由用喝酒的方法来壮胆。酋长现在就像军官一样发出各种指令。但是，当接近敌人的屋子时，酋长感到了自己的**责任**。"敌人有许多人。"他说，并且他犹豫了。他们是否应该回去增加兵力？但是他的战士中有一个人正嫌从来没有足够的人可杀，他的决心使得酋长也有了决心，于是酋长下令：前进！

　　这是一个晚上，但屋子里的敌人都醒着。一个巫医正在给病人治病，所有的人都围在他们两人周围。这个巫医比其他人都更多疑，他全神贯注，感觉到了危险。他说："有人来了！"过了一会儿之后又说："他们已经到了！"在屋子里的酋长清楚知道他们是谁。他有一个敌人，他清楚地知道这个敌人对他的敌意。但是他也肯定，他的敌人到这里来只为了送命。"他走不掉了，他将在这里丧命！"这个将要毁灭的酋长的盲目轻率就像攻击者的犹豫一样值得注意。他受到威胁，却无所作为，尽管灾难已经降临到他头上。

　　不久，两个女人点燃了屋子，屋子烧了起来，屋子里的人往外冲。他们看不见在黑暗处向他们射击的人，但他们自己却是看得清清楚楚的目标。敌人冲了进来，用棍棒击杀他们。他们毁灭的故事用短短的几句话就结束了。这里的问题不是战斗，而是彻底消灭。哭泣的孩子被扔进火里。死去的人一个接一个地被劈成碎块，有一个还活着的人用血涂满了全身，他躺在死人中间想以此逃命，结果他同这些死人的命运一样。他们把死去的酋长绑在一棵树上，向他射击，直至把他打得稀烂。强奸一个妇女的尸体更是恐怖到了极点。一切都在大火中消灭殆尽。

少数人从临近的几个小屋子里逃出来，跑到山里，他们在那里生活，继续成为"秘密杀手"。

在对战争群体的这种描述中几乎没有什么添枝加叶的东西。在无数类似的报道中，这一篇报道没有隐瞒任何东西，因而是最为真实的。这篇报道的内容没有任何多余的东西，叙述者丝毫没有添油加醋或曲意掩饰。

16 个人出征，他们什么战利品也没有带回来，他们取得了胜利，但他们的财富一点也没有多。他们杀死了所有的妇女和孩子，他们的目的就是要消灭敌对的群体，因而确确实实什么也没有留下来。他们津津有味地叙述他们自己所做的事情。其他人过去是而且现在仍然是谋杀者。

第四节　哀恸群体

就我所知，对哀恸群体最精彩的描述源自澳大利亚中部的**瓦拉穆加族**。

在受难者咽下最后一口气之前，人们就开始哀恸和自残。一旦人们知道死亡将要来临时，所有男人以最快的速度跑到现场。有一些妇女从四面八方聚集到这里，她们俯伏在临死者的身上，这时在附近的其他人围着临死者或站或跪，用掘东西用的棍子的尖端戳自己的脑门，鲜血流得满头满脸。与此同时他们不断地发出恸哭哀嚎。许多急忙赶来的男人乱作一团地扑向临死的人，女人们则起来让出地方，最后人们看到的只是一堆挣扎的肉团。突然一个人尖声叫着跑过，他挥舞着一把石头刀，当他到了之后，他突然用石刀划破自己的双腿，直到很深的肌肉，结果他站都不能站了，跌倒在这一堆肉团上。他的母亲、妻子和姐妹们把他从这一大堆肉团中拖出来，并用嘴贴在他张开的伤口上，这时他筋疲力尽地躺在地上。渐渐地，这一大堆黑乎乎的肉团不再扭在一起，露出了这个不幸的病人，这个被如此善意地表达同情和悲伤的对象或者不如说是牺牲品。如果他先前已经生病，那么现在，当他的朋友们放开他时，他的情况更糟了。很清楚，他活不久了。哭泣和哀号之声还在继续。太阳落山了，夜幕降临帐篷。就在这个晚上，这个人死了，于是哀号之声比原先还要强烈。男人们和女人们由于悲痛而激动万分，到处乱撞并用刀和很尖的棍子自残，这时妇女们用棍子打自己的头，没有人躲避砍杀或打击。

一小时之后，送葬的队伍出发了，他们用火把照着路。他们把尸体抬到大约一英里之遥的小树林里，把尸体放在一棵矮橡胶树上的一个由树枝做成的平台上。第二天天亮时，在这个人死去的帐篷里再也找不到人住过的痕迹了。所有人都把自己令人担忧的小茅屋移开一段距离，那个死去的人的地方完全孤立了。谁也不希望遇到亡灵，这个亡灵确实就在附近游荡，更不愿遇到那个生者的灵魂，因为他以邪法造成了这次死亡并且肯定会以一个动物的形象来到他犯罪的现场，以享受他的胜利。

在新帐篷里，地上到处躺着男人，手脚伸开，大腿上深深的伤口是他们亲手给自己造成的。他们为死者尽了自己的心意，他们直到自己生命结束都将带着大腿上的这些深深的创口，把它们看作是光荣的纪念。他们中间有一个人历次自伤的结果是不少于23处伤口。在此期间，女人们又再度哀号痛哭，这是她们的责任。40个或50个女人，分成五组或六组，彼此手臂互相抱着，近于疯狂地哀号痛哭。她们中间有些有较近亲属关系的人用尖的棍子打自己的头部，寡妇们则更进一步，她们用烧红的木棒烧自己头上的伤口。[39]

从这一描述（这一类描述很多）中立刻可以清楚地看到：问题涉及**激动**本身。有一些事情在这次事件中起了作用，我们要加以分析。但主要的是激动本身，这是一种使所有人都必须在一起为某件事哀恸的状况，撕心裂肺的哀号，持续不断。第二天在新帐篷里又重新开始哀号，哀号程度增强得令人吃惊，甚至在精疲力竭之后又重新开始哀号——所有这一切足以证明，这里涉及的问题首先是共同哀号的激动心情。我们在知道了这个唯一的澳洲土著的典型例子之后，就会明白，为什么把这种激动情绪描述为一个**群体**的激动情绪，为什么要用**哀恸群体**这样一个特殊的术语来描述它。

整个事情起始于死亡**将临**的消息。男人们全速跑到现场，他们发现女人们已经在那里了。他们中间最亲近的亲属，紧紧地伏在临死者的身上，重要的不只是在死亡已经降临之后才开始哀号，而是要在对病人不再有指望时立即开始哀号。一旦人们相信他将死去，人们就可以放声哀号。群体开始行动，它早就在等待它的机会，它不会放过它的牺牲品。群体扑向它的对象的巨大力量，使病人难逃厄运。很难相信，一个重病人经过如此这番折腾之后还能够恢复健康。病人在人们如此激烈的哭号之下几乎会窒息而亡，我们可以相信，他有时确实会因窒息而亡，无论如何，他死得更快了。我们通常都希望能做到让一个人在安静中死去，但是对于沉浸在激动情绪中的这些人来说，这种要求是完全不能理解的。

在临死者身上的这一堆人，显然是为了争抢机会能尽可能接近临死者的躯体，这意味着什么呢？我们已经说过，起先是女人们伏在临死者的身上，后来她们起来把位置让给男人们，似乎这些男人或者至少是他们中间的有些人有权最贴近临死者。不管土著人对这种躯体的交缠有何种解释，实际发生的情况是，这一堆躯体再一次把临死者吸收到自身中去了。

群体成员身体上的接近、他们的**紧密性**不可能再继续维持下去，他们和临死的人在一起是一个团体，他仍属于他们，他们要把他留在自己中间。因为他本人不能起来，不能与他们站在一起，所以**他们就和他躺在一起**。谁认为自己拥有他的权利，谁就要争取成为以他为中心的一堆人的一分子，看起来似乎他们想和他一起去死。他们在自己身体上弄出来的伤口，他们把自己投入这一堆人或者在任何其他地方投入这一堆人，他们一起进行自残——所有这一切都证明，他们对此是如何认真。也许这样说是正确的：他们想与他**平等**。但是他们实际上并不是要把自己弄死，应该保留下来的是他所属的那**一堆人**，并且他们通过自己的行为来接近这个人。在死亡还没有到来的时候，哀恸群体的本质就在于这种与临死者的等同化。

但是，一旦他死去了，哀恸群体的本质也表现在**排斥**死者。从疯狂地挽回和留住临死者向充满恐惧地排斥和孤立死者的转变，构成了哀恸群体真正的紧张。在当天晚上就把死者急急地弄走，他生活的一切痕迹都要被消除，他的用具，他的小茅屋，一切属于他的东西，甚至他和其他人一起生活的帐篷，都要连根拔除并一把火烧掉。突然之间人们转过来激烈地反对他。他现在变成了一个危险人物，因为他已经离他们而去了。他会忌妒生者，并且会因他死了而报复他们。一切同情的表示，以及身体上的紧密性都没有能留住他。死者的遗恨使他成为一个敌人，他会千方百计地潜回到他们中间，他们也同样要千方百计地防备他以保护自己。

在新的帐篷里，哀号在继续。族群并没有马上放弃那种赋予族群以一种强烈的团结感的激动情绪。他们比任何时候都更需要这种团结，因为他们现在处于危险之中。人们继续自残，以此表现出痛苦，这就像是一场战争；但是，敌人能对他们做的事情，他们自己在做着。身上带有 23 处类似伤口的那个人，把这些伤口看作光荣的标志，就像他是从征战中带回这些伤口似的。

我们必然会提出问题：这是否就是人们在这类场合进行危险自残的唯一意义。从表面上来看，女人们在这方面走得比男人们更远，无论如何女人们哀号的时间比男人们更长。这种自我毁伤行为饱含了**愤怒**，这是一种面对死亡无能为力而表现出来的愤怒，这种情况似乎就是人们在为死亡而惩罚自己。我们也可以这样想，即个人想通过伤害自己的身体来伤害整个群体。但是，破坏也会殃及自己可怜的**住所**，在这方面它使我们想起了我们所知道的群众的破坏欲，这种破坏欲我们在前一章中已经说明。群体通过毁坏所有分散的孤立物而变得完整，从而也能**存在**更长的时间，这样群体也就更彻底地同它经受这种具有威胁性的不幸事件的那段时间分开了。一切从头开始，而且是在充满力量的共同激动的状态中开始。

最后确认一下对哀恸群体的发展具有本质意义的两种运动趋势：第一是奔向临死者的激烈运动，并在处于生存和死亡之间的人周围形成莫名其妙的一堆人；第二是充满恐惧地逃离死者，逃离死者和一切可能与死者有关的东西。

第五节 繁衍群体

只要我们考察任何一个原始民族的生活，我们就会到处立即遇到它存在的中心事件：狩猎群体、战争群体或哀恸群体。这三类群体的发展过程是清楚的，它们都有某种基本的东西。在这一组织或那一组织消失的地方，通常仍然可以找到它的残余，这些残余证明着它在过去的存在及其意义。

我们在**繁衍群体**中看到了一个更为复杂的组织。繁衍群体具有巨大的意义，因为它是人的扩展的真正推动力。它为人占有土地，导致越来越丰富的文明。无法充分说明它的作用有多大，因为繁殖概念使得繁衍的真正过程变形了，模糊不清了。一开始就只有在同**转化**过程的共同作用中来理解它。

古时候人的数量很少，活动领域空阔，他们面对的是具有压倒多数的动物。这些动物可能并不都是敌对的，大多数动物对人完全没有危险。但是它们中有的数量十分惊人：不管是羚羊、水牛还是鱼、蝗虫、蜜蜂或蚂蚁——人的数量与其相比实在是微不足道。

人的子嗣非常少，人的子嗣是一个一个地出生，而且他的出生要经过很长时间。对繁衍**更多**后嗣的愿望必然始终是迫切而紧急的，这种愿望越来越强烈。群体形成的每一次机会都会更强地推动人的数量的增长。一个人数更多的狩猎群体能够围猎更多的猎物。人们不可能总是指望有猎物就行了，猎物突然会很多，猎人越多，猎获物也就越多。在战争中，人们希望自己的人数多于敌方的人数；人们总是清楚人数少的危险性。人们必然为之哀恸的每一次死亡，特别是一个有经验的和精力旺盛的人的死亡，都是一次十分惨重的损失。人的弱点就是他的数量少。

也有过这样一些对人具有危险性的动物，它们分散生活或者像人一样以小的群体生活。人同这些动物一样也是肉食动物，但人是一种从来不愿意独居的动物。人在其中生活的群体在数量上也许同狼群一样，但是狼群满足于这一数量，而人却不满足于这一数量。在人以小的族群生活的漫长的年代里，人通过**转化**把他所知道的所有动物在某种程度上并入了自身。正是通过这种转化的完成，人才成为人，这种转化是人特有的禀赋和欲望。在人向其他动物的早期的转化中，人的动作和舞蹈是从某些数量很多的物种那里学来的。他越是完美地体现出这些动物，他就越是强烈地感觉到这些动物数量的庞大。他感到数量应该**多些**，于是再一次意识到他作为人以小的族群生活是多么孤立。

毫无疑问，只要人一旦成为人，他就想成为**更多**。人的所有信仰、传说、典礼和仪式都充满了这种愿望。这一类的例子很多，我们在这一研究中会遇到其中的一些例子。既然人的一切都以繁衍为目的并且这一切又具有如此的自然力，那么，我们在本章开头又强调繁衍群体的复杂性，岂非奇怪？但略为思考一下即可明白，为什么繁衍群体会表现出如此多的不同形式。人们必然会在一切地方寻找它，而它也会在人们肯定预期它会出现的地方出现。但是，它也有秘密的隐匿之所，并且会在人们最想不到它会出现的地方突然出现。

人起初并没有想到他的繁衍与其他生物的繁衍有别，因此人把他繁衍的愿望转移到他四周的一切事物的身上。他想通过多子多孙来扩大自己的群体，同样他也想得到更多的猎物、水果，更多的畜群和谷物以及其他一切可供他食用的东西。为了他的繁衍和变得人数更多，他的生活所需的一切必须存在。

在雨水很少的地方，人把注意力集中在祈求天降甘霖。一切生物都同人一样最需要的是水。所以，在地球上的许多地方，求雨的仪式和繁衍的仪式合二为一了。无论是人们像在普埃布罗印第安人那里那样跳舞求雨，还是人们在巫师为他们求雨时迫不及待地围在他四周，人们在所有这些场合的状态是一种繁衍群体的状态。

为了认识繁衍和转化之间的紧密联系，必须在这里研究一下澳洲土著的有关仪式。这些仪式早在半个多世纪以前就由好几位探险家详细地公之于世了。

澳洲土著传说中的**祖先**是一种不寻常的生物，这是一种双重生物，部分是动物，部分是人，确切地说，既是动物又是人。这些仪式是由这些祖先开创的，而人们举行这些仪式是因为祖先命令他们这样做。引人注意的是，每一位祖先都把人同某种动植物结合在一起。因此，袋鼠的祖先同时就是袋鼠和人，而鸸鹋的祖先是人和鸸鹋。这绝不是两种不同的动物体现在**一个**祖先身上。在这种场合，始终是人占一半，而另一半则是某种动物。但是，我们绝不能满足于认为，两种动物同时存在于彼，存在于**一种**形象中，对我们的感觉而言，这两种动物的特质被最天真地以令人最为吃惊的方式混为一体了。[40]

很清楚，这些祖先所体现的无非是转化的结果。一再能感觉到自己像袋鼠并变得像袋鼠一样的人，变成了袋鼠图腾。这种特定的转化经常练习和使用，获得了一种成就性质，在人们能以戏剧形式表演的神话传说中被一代接一代地传下去。

人们四周的袋鼠的祖先同时变成了那个以袋鼠自称的族群的祖先。处于这种双重子孙源头的转化会在各种公共场合被表演出来。一个或两个人表演袋鼠，其他人则作为观众参与传统的转化。在稍后的一个节目中他们或许自己会跳袋鼠舞，因为袋鼠是他们的祖先。对这种转化的欲望，这种转化随着时间的推移所获得的特殊分量，转化对于新一代人的价值，都在进行这种转化的典礼的神圣性质中表现出来了。成功地进行并且得到确立的转化变成了某种**财宝**：它受到人们的珍爱，就像构成某种语言的词汇宝库受到人们的珍爱一样，或者说就像另一种我们称之为或感觉到是物质的财宝受到人们的珍爱一样，这些物质的财宝是：武器、装饰品和某些神圣的器物。

这种作为倍受保护的传统的转化，表明了某些人同作为图腾的袋鼠的亲缘关系，这种转化也表示两者在**数量**上的结合。袋鼠的数量总是比人的数量多，袋鼠数量的增加是人们所希望的，这种数量的增加和人的数量的增加是结合在一起的。如果袋鼠繁衍，人也就会繁衍；动物图腾的繁衍与人的繁衍是一回事。

因此，对转化和繁衍之间的这种联系的紧密度完全不可能估计过高。它们是齐头并进的。一旦转化定型，并且在其准确形态上被培养成传统，它就会保证**两种**动物的繁衍，这两种动物在转化中不可分开，合二为一了。这两种动物中的一种始终是人。在每一种图腾中，他为自己而保证着**另一种**动物的繁衍。有许多图腾的部落把所有这些图腾的繁衍看作是自己的繁衍。

澳洲土著人的图腾大多数是动物，但是在这些图腾中也有植物，而这里的植物大多数是人所食用的植物，所以对于欲求植物繁衍的仪式不应感到特别奇怪。当然人们喜欢梨和坚果，并且希望得到很多很多的梨和坚果，这似乎是很自然的。有我们认为有害但被澳洲土著人当作佳肴的昆虫，也被当作了图腾，例如某种蛆、白蚁和蚱蜢。但是，如果我们遇到的人把蝎子、虫子、苍蝇或蚊子当作他的图腾，我们该说些什么呢？这里，不能在这些用词的通常意义上来理解它们有没有用处。这些动物对澳洲土著人和我们来说都是瘟疫。吸引土著人的是这些动物惊人的数量。如果他确立了自己同它们的亲缘关系，那么他要做的事情就是保证自己有这样的数量。作为蚊子图腾的后裔，人希望自己的数量同蚊子一样多。

我想在结束这一关于澳洲土著的双重形态的暂时的、概括的揭示之前，再提一下在他们那里可以看到的另一种图腾。人们会对下面列出的一些东西感到惊奇，这些东西是读者已经知道的。在他们的图腾中有云、雨、风、玻璃、凸透镜、火、海、沙子和星星，这一系列东西是自然的**群众象征**，我们已经详细讲过这些群众象征。

没有什么东西能比这些群众象征作为澳洲土著的图腾能更好地证明这些群众象征的古老及其意义了。

　　但是，如果认为繁衍群体到处都同图腾联系在一起，并且总是像澳洲土著那样用许多时间去繁衍那就错了。有一些更简单、更紧密的仪式，其内容是立即并直接把人们所希望的动物吸引过来。这些仪式的一个前提是有大批的水牛群存在，上一世纪前半叶有一个关于著名的**曼登族**（北美的印第安部落）水牛舞[41]的报道：

　　水牛有时大批地聚在一起，它们从东到西或从北到南穿越全国，它们想去哪里就去哪里。于是，曼登族有时突然什么吃的东西都没有。曼登族人的部落很小，由于更强大的敌人威胁到他们的生存，他们不敢离开家到很远的地方去。因此他们可能常常是处在半饥半饱的状态。在这种危机中，每一个人都从帐篷中拿出他平时为这种情况准备好的面具：一个带有双角的水牛头皮。他们跳起水牛舞，以便"水牛驾临"，他们跳水牛舞是为了吸引牛群，改变牛群的方向，转向曼登族的村子。

　　舞场设在村子中央的公共场所。参加跳舞的大约有15到20个曼登族人。他们每一个人都头戴带角的水牛头皮，手持他常用来杀死水牛的弓或矛。

　　舞蹈总是能达到预期的效果，人们不断地跳，日日夜夜从不间断，直到"水牛驾临"。他们敲着鼓，抖动着拨浪鼓，唱着歌，不停地喊叫。观众头戴面具，手持武器站在旁边，随时准备跳进圈内跳舞以代替由于疲劳而跳出圈外的舞者。

在人人都很激奋的这段时间内，探子守在村子周围的山坡上，当他们发现水牛临近时，便发出约定的信号，这个信号在村里立刻就可看到，整个部落也都懂得这是什么意思。这类舞蹈不断地持续两周或三周，直到水牛出现时的欢乐时刻。他们从来没有失败，他们坚信水牛会来的。

在面具上通常还挂着一长条牛皮，像整个牛那么长，它挂在舞者的背上，直拖到地。当一个舞者整个向前弯腰，把身体接近地面时，这说明他已经累了；这时另一个人就用弓箭瞄准他，用钝箭射中他，他就像水牛一样倒下来。四周的人抓住他，拉着脚后跟把他拖出场外，并向他挥舞着刀子。在做了一番剥皮和宰割的动作之后，他们就放走他，他的位置立刻被另一个人占领，这个人头戴面具跳着舞进入圈内。因此，舞蹈很容易日日夜夜进行下去，直到所希望的结果即"水牛驾临"。

舞者同时扮演水牛和猎人。他们在装扮上是水牛，但是弓、箭和矛说明他们是猎人。一个人在他跳舞时必须被看作是水牛，并且要扮成水牛；当他精疲力竭时，他就是一头疲倦的水牛；在他被杀死之前，他不许离开牛群。他被一箭射中，他倒在地上并不是由于疲劳，直到临死前的挣扎，他一直都是一头水牛。他被猎人拖走并被肢解。他先是"牛群"中的一员，现在则作为猎获物而告终。

群体通过持久激烈的舞蹈能够吸引真正的水牛群这种想法，

有几个前提。曼登人从经验得知，群众会增多并把在它附近的一切东西吸引到它的圈子里来。凡是在有许多水牛在一起的地方，就还会有更多的水牛来加入；他们也知道，激烈的舞蹈会提高群体的强度。群体的强度取决于他们的韵律运动的激烈程度，群体人数少这一弱点可以通过激烈程度来弥补。

水牛的外形和运动已为人们所熟知，但它们也同人一样，因为它们喜欢跳舞并且易于被扮成它们的敌人引诱到这个热闹的活动场面里来。舞蹈持续很久，因为它要对很远的地方发生影响。在很远的某个地方，水牛感觉到了在跳舞。只要群体还在继续跳舞，水牛就会屈从于群体的引诱力；如果停止了跳舞，那么就不再有任何真正的群体，也许仍在远处的水牛就会转向任何另一个地方。到处都有水牛群，每一个水牛群都能吸引水牛。舞者必须具有最强的吸引力。作为始终保持亢奋状态的繁衍群体，舞者要比任何一个松散的牛群强大并对这个牛群具有不可抗拒的吸引力。

第六节　共享

共餐是一种特殊的繁衍仪式。在这种特殊的仪式上，每一个参加者都分到一块被杀死的动物的肉；人们一起吃他们共同捕获的猎物。这个动物被分成一块一块，被整个群体吃掉；这个动物的躯体一部分一部分地进入所有群体成员的口中。他们抓住它，撕咬、吞食。所有吃肉的人通过这一只动物而结合在一起了：他们所有的人共同吃掉了这一只动物。

这种共同进餐的仪式就是**共享**。它有了一种特殊的意义：共同进餐应该这样进行，以致被人们吃的动物会感到光荣。它应该回去并带来许多同类。他们并不弄碎它的骨头，而是精心地保存起来。如果他们完全做到了这一切，那么兽骨又会长出新肉，它会站起来，再一次成为狩猎的对象；如果他们做得不对，而动物感到受了侮辱，那么它就会走开。它会同它的所有同类一起逃走，他们就再也看不见它们，他们就会挨饿。

在某些典礼上人们会想，人们所享用的动物本身会参加。例如在某些西伯利亚的民族那里，在吃熊的餐宴上**熊**会被当作客人对待。人们礼遇这位客人，给它供上它身体上最好的部位；人们向它献上诚恳的、庄严的言辞，请求它在它的兄弟们那里帮助说项。如果他们得到它的友谊，它甚至会十分乐意地再次成为他们狩猎的对象。这类分享的结果是狩猎群体的扩大。女人和没有在狩猎现场的其他男人也会参加这种分享。不过，他们参与分享的人数只是很小一部分，与参与狩猎的人数相当。就群体的性质而言，内在的过程总是相同的，**狩猎群体**转化为**繁衍群体**。一次特别的狩猎取得了成功，人们享用猎获物，不过人们在分享的庄严时刻，所想的全是所有以后的狩猎。这些人们所希望的看不见的动物群体在所有参加分享食物的人的头脑中呈现出来，人们一心一意想使这些头脑中呈现出来的动物变成现实。

狩猎者的这种早期的共享甚至在繁衍愿望完全不同的地方也保存着。农民就是这样，农民考虑的是繁衍他们的谷物和每天的面包，但农民也会像他们还只是猎人的古代一样，庄严地共同享用一个动物的躯体。

在更高级的宗教中，在分享时一起起作用的还有某种新的因素，这就是繁衍**信徒**的想法。在分享原封不动地保存下来、正确地进行的情况下，信仰会不断蔓延开来，会有越来越多的信徒加入这种信仰。但是正如我们所知道的那样，复活和再生的许诺具有大得多的意义。动物被猎人有礼貌地享用之后，会得到再生，会爬起来，再一次被猎人们猎杀。在更高级的分享中，促使再生是基本的目标；但是被享用的不再是动物，而是上帝的躯体，信徒会把上帝的再生与自己本身的再生联系起来。

在研究哀恸宗教的时候我们还会再谈到共享的这一个方面，我们在这里感兴趣的是狩猎群体向繁衍群体的转化：一定的进食方式保证着食物的繁衍。在原始的想法里，这种食物是活生生的东西——这里，也就是在人们把食物转化成某种新的东西的时候，显示出一种保存群体的宝贵的精神实体的趋势。不管这个实体是什么——"实体"这一术语在这里，是否恰当，也许还是一个问题——人们总是要千方百计不让这个实体瓦解或消散。

共同进食和食物的繁衍之间的联系可能是**直接的**，即使没有复活和再生的因素也是如此。人们是从新约关于食物的奇迹中得出这种想法的，在新约里，五个面包和两条鱼就可以喂饱成千上万的饥民。

第七节　内在而宁静的群体

群体的四种基本形式可以分成许多类型。我们首先可以把它们区分为**内在的群体**和**外在的群体**。

显著的、因而比较容易描述的**外在的群体**，向着一个外在的目标运动。它的队伍绵延很长距离，它的运动与日常生活的运动相比，更为激烈。无论是狩猎群体还是战争群体，都是外在群体。他们狩猎的猎物必须寻找和追捕，人们想战胜的敌人必须搜寻。不管在此处进行的狩猎舞或战争舞达到多大程度的亢奋状态，外在群体的真正活动会影响到很远的地方。

内在的群体有某种成为中心的东西。它是围绕着一个要安葬的死者形成的。它的倾向是留住某种东西，而不是要达到某种东西。为死者进行的哀恸以各种方式强调，死者本来是属于这里的，死者是属于围着尸体而聚集起来的人们的。他孑然一身走上了通往远方的道路。这是一条危险的道路，可怕的道路，这条道路一直通到其他死者等待他和接纳他的地方。因为死者是不能留住的，所以可以说他被从群体中**排除出去了**。为他哀恸的人们恰恰表明群体类似某个完整的躯体，而他放弃并离开这个躯体并非是一件轻而易举的事。

繁衍群体也是一种内在群体，一群跳舞的人形成一个核心，它把还看不见的东西从外部吸引到自身中来。会有更多的人加入已经存在的人群，更多的动物加入人们狩猎的或者饲养的动物，更多的水果加入人们收获的水果。占支配地位的感情是相信所有人们所十分重视的可见的东西是已然存在的。这些东西总存在于某个地方，人们只要把它们吸引进来就行了。人们倾向于在他们认为有大批的这类看不见的生物存在的地方举行这些仪式。

我们可以在**共享**中看到外在群体向内在群体的重要转化。由于吃掉在狩猎中被杀死的某个动物，由于庄严地意识到这个动物的一部分在被所有的分享者享用之后存在于他们之中了，群体**内在化**了。在这种状态中，群体就可以期待自己的复活，而首先是期待自己的繁衍。

另一种分类法是把群体区分为**宁静的**群体和**嘈杂的**群体。只要回忆一下哀号是多么嘈杂就够了。如果哀恸群体不以最强烈的哀号来突出自己，那么它就没有任何意义。嘈杂的场面一旦完全结束，不再有嘈杂之声或者说嘈杂之声已被压到，那么哀恸群体就会解散，每一个人又处于孤独状态。狩猎和战争按其本质来说是嘈杂的。如果说为了欺骗敌人往往需要暂时的安静，那么接着在事件的高潮时刻，嘈杂之声会由此而更响。狗的狂吠，猎者大声呼叫，以相互提高亢奋情绪和猎杀的欲望，在所有的地方这些叫声都是狩猎起决定作用的环节。在战争中，敌人强烈的挑衅和威胁从来都是不可缺少的。厮杀的叫喊和喧闹在人类历史上绵延不绝，即使在今天，战争仍不能免于震耳欲聋的爆炸声。

宁静的群体是期待的群体。它有忍耐性，在这样聚集起来的人身上这种忍耐性特别明显。宁静的群体会在它的目标不是通过迅速而激动的行动而达到的一切地方表现出来。也许在这里"宁静"一词不是很清楚，而用**期待的群体**来表达要更为清楚一些。因为如歌唱、驱邪、牺牲等所有这些可能的活动可以代表这类群体的特征。这些活动的共同点是它们以某种遥远的东西而不是立即可能存在的东西为目标。

进入彼岸宗教的是这类期待和宁静，因此有一些人一生都在期盼在彼岸有更好的生活。但是，宁静群体最明显的例子仍然是共享。如果进餐的过程要进行得完美，就需要一致的宁静和忍耐。对人们心中具有重要意义的圣物的敬畏之情，会暂时使他保持安静和庄重的举止。

第八节　群体的规定性　群体在历史上的恒久性

　　人们**认识**他们为之哀恸的死者。只有亲近的人或确切知道他是谁的人才有权加入哀恸群体。与死者越熟悉，痛苦就越强烈，了解他最深的人痛苦也最强烈。最为哀痛的是母亲，因为死者是她生的。人们不会为陌生人哀悼。最初的情况并不是哀恸群体围绕着某个人而形成。

　　但是，就群体目的而言的**规定性**，是所有群体的特点。属于一个群体的所有成员并不仅仅互相认识，而且他们也知道他们的目的。如果他们是在狩猎，那么他们知道他们所要狩猎的猎物是什么；如果他们是在进行战争，那么他们非常清楚他们的敌人。在哀悼时他们知道是为他们所熟悉的死者而痛苦，在繁衍的仪式上，他们确切地知道**什么东西**应该得到繁衍。

　　群体的规定性是不可改变的，令人可怕的。但这种规定性也包含着亲密性要素。不得不承认，原始的猎人对他们的猎获物也有一种独特的亲切感。在哀恸和繁衍时，这种亲切感是很自然的。但是，当人们不再十分惧怕敌人的时候，有时对这种敌人也会有某种亲切感。

　　群体的目标始终是同一目标。人类的一切生活过程所特有的无穷无尽的反复性，也是人类群体的特点。规定性和反复性在这里导致的结果是非常恒久的组织。正是这种恒久性，正是人们始终具有并可支配恒久性这一事实，使得这些组织也可能存在于更为复杂的文明中。凡是在要迅速召集群众的地方，这些组织作为**群众结晶**会一再得到利用。

但是，在我们现代文明的生活中，也有许多具有古代特色的东西以群体的形式表现出来。对简朴而自然生活的向往，对摆脱当代日益增多的强制和束缚的向往，都恰好具有这种内容：这是一种想在**孤立的群体**中生活的愿望。英格兰的猎狐活动，用小船并以很少的装备横渡大洋，在一个修道院里共同进行祈祷，到异国他乡去探险，甚至梦想同少数几个人生活在天堂般的自然环境中，在那里可以说一切都在自然繁衍而无须人的任何努力——所有这些具有古代特色的情况的共同点是：它们是少数人的想法，这些少数人彼此非常熟悉，他们参与一件目标十分明确、具有很大的确定性或局限性的事业。

今天我们在任何一个**私刑**行为中还可以看到恬不知耻的群体形式。"私刑"这个用语和事情本身一样无耻，因为它是法的**否定**。私刑不认为它的被告有什么价值。对他无须采取通常适用于人的一切形式，就可以把他像野兽一样处死。他在外貌和行为上不同于他人，刽子手感到在他们和他们的牺牲品之间存在着鸿沟，这些使他们更容易把他当野兽看待。他通过逃跑离他们越远，他们对群体就越是贪婪。一个身强力壮的人、一个善跑者会给他们提供一次他们乐于做的逐猎机会。这种机会在本质上并不是经常有的，但正因为这种逐猎机会的稀罕，它更具有吸引力。也许他们可以这样解释他们在逐猎时表现出来的残暴行为，即他们并不会把他吃掉。也许他们是人类，因为他们并没有用牙齿撕咬他。

这类群体由于性方面的控告而产生，把牺牲者变成一头危险的生物。人们会想象他实际所干的罪恶勾当，或者说被误认为的罪恶勾当。一个男性黑人和一个白种女人的结合，他们在肉体上的接近，在仇视者的眼中更加把他们的不同之处显现出来。女人越来越白，男人则越来越黑。女人是无辜的，因为他作为男人是强者。如果说她同意这样做，那是她受到了他超人的力量的欺骗。人们最不能容忍的、迫使人们联合起来反对他的正是想到他有这种超人之处。他是一头凶猛的野兽——他对一个女人施暴——于是人们一起猎杀他。对他们来说，杀死他似乎是被允许的事情，而且是一件受委托做的事情，他们完成这件事时表现出了毫不掩饰的满足感。

第九节　关于阿兰达族祖先的传说中的群体

在澳洲土著心目中，群体看起来像什么？关于**阿兰达族**祖先的两个传说对此有清楚的描述。第一个传说是关于神秘的大荒时代的一只著名的袋鼠温古特尼卡的故事。下面就是它同**野狗**在一起的经历。

温古特尼卡还是一只小袋鼠，还没有发育长大时就出发游历去了。在它旅行走了约三英里之后，它来到了一块宽阔的平原上，在那里它看到了一群野狗，它们互相紧挨着躺在一只非常大的母狗身边。袋鼠在野狗身边跳来跳去，仔细看着野狗，突然野狗发现了它并开始追赶它。它尽可能快地跳离开它们，但是它们在另一个平原上逮住了它。它们把它撕开先吃掉它的肝脏，然后剥掉它的皮，扔在一边，然后把它骨头上所有的肉啃得精光，做完这一切之后，它们又回去躺着。

温古特尼卡并没有被完全毁灭掉，因为它的皮和它的骨头还在那里。在这群狗的面前，它的皮走过去盖住了它的骨头，它又重新站起来并且跑开了。这群狗追逐它，这一次是在一个名叫乌利马的小山丘上捉到了它。乌利马的意思是肝脏，这样称呼这座小山丘是因为这一次野狗没有吃它的肝脏，而是把肝脏抛到一边，肝脏变成了一座黝黑的山丘，成为这个地方的标志。前面发生的事情，现在又重新发生了一遍。再一次成为完整的袋鼠的温古特尼卡，这一次跑到了普尔庞亚，普尔庞亚是小蝙蝠发出的一种特有的声音，温古特尼卡在这个地方转过身来，发出这种声音来嘲笑野狗。它立即又一次被抓住，并被撕裂，但是使追逐它的野狗大为吃惊的是它又一次成为一只完整的袋鼠。它跑到温第阿拉，野狗追踪而至。当它跑到一个水池边的时候，野狗捉住了它，又把它吃掉，它们把它的尾巴咬下来，埋了起来。今天，这条尾巴变成一块石头仍然在那里，这块石头叫作袋鼠尾巴雀灵格。在繁衍仪式上，这个石头会被挖出来，向人们展示一番并被擦得干干净净。[42]

袋鼠四次被野狗群追逐，它被杀死、撕碎并被吃掉。在前三次中，袋鼠的皮和骨头完整地留了下来。只要皮和骨头保持原状，袋鼠就会再站起来，它的躯体会再长出来；野狗会再一次猎杀它。因而同一只袋鼠四次被吃，被吃掉的肉突然又长出来了；一只袋鼠变成了四只袋鼠，而且还总是同一只动物。

追逐的行动也相同，只有地点发生了变化，而且发生奇迹的地方都有山水作为永久的标志。温古特尼卡被杀了，但并不就此作罢，而是再一次活过来并嘲笑惊讶不已的野狗群。但是野狗群也并不就此罢休：它们必须杀死它们的猎物，即使它们已经把它吞进肚子里去了。野狗群的决心和野狗群行动的可重复性在此表露无遗，再没有其他更明白或更简单的方式足以说明这种决心和可重复性了。

这里的繁衍是经由某种复活而完成的。这只袋鼠没有发育成熟，没有生育后代；但是它以自己化生四次的方式代替了生育。我们看到繁衍和生育后代绝不是同一回事。袋鼠在追杀者的眼前从皮和骨头中再一次复活，并引诱野狗群追逐它。

被埋起来的尾巴留在原地而成为一块石头，它是这一奇迹的标志和证人。四次复活的力量现在就在这块石头中了，如果像在仪式中的情况那样正确对待这块石头，那么它就会一次又一次地引起繁衍。

第二个传说始于一个人追逐一只非常强壮的大袋鼠。他看到了这只袋鼠，他想杀死它并吃掉它。他在它后面追了很长的距离，这是一次枯燥乏味的追逐，双方在许多地方露宿过，但是彼此之间保持着一定的距离。在这只袋鼠停留过的一切地方，它都留下了山水景观。它在一个地方听到了某种声音，它就用后腿站立了起来。至今仍然有一块8米高的石头立在那里，就像它站在那里的样子。后来它用脚在地上掘了一个洞取水，这个水坑现在也还在那里。

但是这只袋鼠最后极其精疲力竭而倒在了地上。猎人遇到了一批人，这些人同他一样都是信奉同一个图腾，但他们属于另一个小的族群。他们问猎人："你带着既长又大的矛吗？"他回答说："不，只带着短小的。你们的矛既长又大吗？"他们回答说："不，只带着短小的。"于是猎人说："把你们的矛放在地上。"他们回答说："好，你也把你的矛放在地上。"矛都放到了地上，所有的人都一起扑向这只袋鼠。原先的那个猎人手里只有盾和雀灵格即他的圣石。

这只袋鼠十分强壮，它摔开了所有的人。于是所有的人都扑了上去，那个被压在最底下的**猎人被践踏致死了**。袋鼠好像也死了。他们埋葬了这个猎人和他的盾以及雀灵格，并把袋鼠的尸体带到温第阿拉，袋鼠当时并没有真正死去，但不久之后就死了并被放在一个洞穴里。这只袋鼠并没有被吃掉。在洞穴里放它尸体的地方长出了一块岩石，在它死后它的灵魂进入了这块岩石。不久之后这些人也死了，他们的灵魂进入了附近的水池里。有传说，稍后一些时候有大批袋鼠来到洞穴处，它们在那里进入了地下，它们的灵魂也进到这块石头里去了。[43]

在这个故事里，一个猎人的狩猎行为变成了整个群体的狩猎行为。他们不用武器攻击动物，他们想把它压在人堆底下，所有猎人的重量加在一起应该能使它窒息而死。但是这只动物很强壮，四足乱蹬，制服它不是件容易事。混战中，原先的这个猎人竟被压在最下面，受践踏致死的不是袋鼠而是他。他们把他和他的盾以及神圣的雀灵格一起埋葬了。

在世界上到处都可以听到这样一个狩猎群体的故事，这个狩猎群体以特殊的动物为目标，而由于差错不是杀死了动物，而是杀死了一个最优秀的猎人。这类故事以哀悼死者结束：**狩猎群体**演变成**哀恸群体**。这种演变构成了许多重要的、广泛流传的宗教的核心。在这个阿兰达族的传说里也读到了牺牲者的葬礼。盾和雀灵格同他一起被埋葬，而在故事中提到被看作圣物的雀灵格，又使故事具有了庄严的色彩。

只是在后来才死去的这只袋鼠被埋在了另一个地方。埋葬它的洞穴成了袋鼠的中心。后期有许多袋鼠来到这块岩石并进入了这块岩石。被称为温第阿拉的这块地方成了神圣的处所，以袋鼠为图腾的成员们在这里举行他们的典礼。这些典礼是为袋鼠这种动物的繁衍而进行的，只要这些典礼不发生差错，附近就会有足够的袋鼠。

值得注意的是在这个传说中有两个完全不同的宗教基本程序：第一个程序如前所说是狩猎群体演变为哀恸群体；第二个程序是在洞穴中进行的，它是指狩猎群体演变为繁衍群体。对澳洲土著来说，第二个程序的意义要大得多：它是他们礼拜的中心。

这两个程序同时存在这一点说明了这一演变的主要之处。凡是有人的地方从一开始就有群体的四种基本形式。所以也总是有可能出现从一个群体向另一个群体的演变。根据重点是放在这一演变过程还是另一演变过程上，就会形成各种不同的宗教基本形式。我把哀恸宗教和繁衍宗教这两种最重要的群体形式区分开来。但是我们以后还会看到，还有狩猎宗教和战争宗教。

甚至在上面的那个传说中也有战争的痕迹。第一个猎人同他遇到的那一群人关于矛的谈话，就与战争的可能性有关。如果他们把手中所有的矛同时都抛到地上，那么他们就是放弃战斗。只是在此之后他们才联合起来对付袋鼠。

在这里我们遇到了我认为这个传说中值得注意的第二点，即扑到袋鼠身上的那**一堆**人，一大堆人的躯体会使袋鼠窒息而亡。澳洲土著人经常谈起这类用人的躯体堆成堆的事情。我们在他们的典礼上可以一再看到他们的这种做法。在年轻人的割礼仪式上，在某个时刻，一个候补者会躺在地上，一批人压在他身上[44]，以致他要承受这些人的全部重量。在某些部落中，一堆人扑到垂死者的身上，从各个方面紧紧地压住他。我们知道的这种情况特别有意义：它代表了以垂死者和死者为中心的一堆人的形成过程。关于这种情况我们在本书中常常谈到。关于澳洲土著紧密的人堆的某些情况，我们要在以后几章中读到。在这里我们可以满足于指出这样一点：紧密的**活人**堆，不管是有意形成的还是强制形成的，其重要性不亚于死人堆。如果说**我们**对死人堆比较熟悉，那么这是因为死人堆在历史上曾达到的规模十分庞大。我们往往以为，似乎数量较多的人们只有作为死者才会紧贴在一起。但是，活人堆一样为人们所熟知：**群众**的核心无非就是活人堆。

第十节　阿兰达族人的队形

我们已经知道上述两个祖先的传说，取自斯宾塞和吉林关于阿兰达部落（他们在书中把阿兰达称为阿兰塔）的著作。[45] 这部著名著作的极大部分致力于描述阿兰达族人的庆典和仪式。这些庆典和仪式的种类十分繁多，用任何概念来表述都不算夸大。在仪式进行过程中由参与者组成的自然队形种类之繁多，特别引人注目。有些队形我们很熟悉，因为其意义至今仍然保存着；有些队形则由于其极端怪异而使我们瞠目结舌。下面我们简要地列出其中较重要者。

在所有悄悄进行的秘密仪式中，**列队行进**是常见的。在列队行进过程中，男人们出发去取他们藏在洞穴中或其他地方的雀灵格。他们也许要行进一个小时，直到他们达到目的。一起参加这次行动的年轻男人不许提出任何问题。当领导他们的年长者要向他们解释祖先传说中提到的某些山水风景的形成时，他用的是手语。

在真正的仪式上，通常只有很少的表演者，他们扮演成图腾的祖先，模拟着这些图腾祖先的动作。大多数情况下是两个人或三个人，但有时候只有一个人。年轻男子围成一个圆圈，围着图腾的祖先跳舞，口中还发出某种叫声。这种**围成**圆圈的队形非常频繁，并且人们一再提到这种队形。

另有一种英格乌拉仪式，这类仪式是部落生活中最重要的和最庄严的事件，在这种场合，年轻男子在一个长条形的丘陵上依次平躺在地上，许多小时一声不吭地躺着。这种**成排躺着**的活动经常反复进行，每一次持续 8 个小时，从晚上 9 点持续到第二天早上 5 点。

另一种更为紧密得多的队形给人的印象非常深刻。男人们紧密地围聚在一堆，年长者在中间，年轻人在外围。在这种**圆盘状的队形**中，所有的参加者紧密地聚集在一起，整整跳了两个小时圆圈舞，其间还不断地唱歌。然后所有的人保持原来的位置坐下，人堆同站着的时候一样密集，男人们接着唱歌，也许又唱了两个小时。

有时候，男人们**排成两排**面对面地唱歌。英格乌拉典礼部分结束时有一个关键的仪式，那就是年轻男人组成**方形队伍**，在年长者的陪伴下越过河床到对岸去，那里女人和孩子们在等着他们。这种仪式的描述非常详细，我们列出的这些情况只与队形有关，在这方面值得提及的是**地上的人堆**，这种人堆由所有的男人组成。有三个长者一起拿着一个特别神圣的物件，这是一件象征着远古时代用来装孩子的东西，他们三个人首先倒在地上，用他们的身体压住这个物件，不让女人和孩子们看见。然后其他的人，主要是年轻人（这些仪式是为他们而举行的）则一窝蜂地往三位长者身上堆上去，然后人家都混乱成堆地躺在地上。根本什么也看不见，只有三位长者的脑袋从人堆里露出来。他们躺在那里几分钟，然后都力图站起来逃开。当然，在平时也可以看到在地上形成人堆的事情，这是观察者提到的最大的、最重要的事件。

在**火灼审判**中，年轻男子躺在灼热的木柴上，当然，这一次不是压在别人身上。火灼审判有各种各样的形式，最常见的一种是这样的：年轻人走到河床的另一边，那里女人们分两拨等着他们；女人们跑过来攻击男人，把燃烧的树枝像火雨一样掷向他们。在另一种仪式中，年轻男子站成一排，对面则是一排女人和孩子。女人们跳着舞，男人们则全力把燃烧的树枝掷过她们的头顶。

在割礼仪式中，躺在地上的6个男人共同组成一个平台。新加入的人躺在他们身上，施行割礼手术。我们在上一章已经提到过，"扑到新的人身上"，这是同一仪式的组成部分。如果要从这类活动找出什么意义，那么也许可以说：

列队行进表示**迁移**。它在部落传统中的意义极其重要。他们往往认为，祖先们在地下游荡。这种列队行进就像是年轻人一个跟着一个，踩着祖先们的脚步前进。他们的行进方式和沉默，包含着对神圣的旅途和目标的敬意。

围着圆圈运动或舞蹈显然是为了让场子中央的仪式得以安稳地进行下去。他们保卫着场子中央和仪式不受从圈外来的一切敌人的干扰。他们对场子中央的表演报以掌声，表示十分的敬意，并且共享这些演出。

成排地躺下可能是扮演死亡。新加入者鸦雀无声地维持这种姿势好几个钟头，一动也不动；然后他们突然一跃而起，并重新复活了。

两排人彼此互相对立并互相采取行动，这表示分裂成两个敌对的集团，在这种时候不同的性别可以代表敌人。**方阵**在这里似乎就是为了不受任何一方敌人的侵扰，它的前提是人们正在敌对的环境中活动。在稍后的历史中，此类队形已是众所周知的事情了。

还有一些最紧密的队形：由密集的人群形成跳舞的**圆盘**以及地上**混乱的人堆**。圆盘，而且正是在运动中的圆盘，是韵律群众的极端的例子：这个圆盘中的人尽可能地紧密靠在一起，除了属于这个圆盘的人以外，什么空位置也没有。

地上的人堆保护着一个珍贵的秘密。它表示，人们竭尽全力地要掩盖什么和留住什么。人们在这类人堆中也接受垂死者，在他将死之时给予他最后的荣耀。从人堆的大小就可以看到他在他的人心中的地位，以他为中心的这种人堆使人想起了死人堆。

第三章

群体与宗教

第一节　群体的转化

　　正如前面所描述的那样，所有群体形式都有一种互相转化的趋势。尽管群体在其重复中固定不变，尽管群体在其再现时几乎与原先一样，但是在每一个个别群体的历程中都有某种流动的东西。

　　群体一旦达到它的目的，它的结构也就必然会随之而发生变化。每一次共同的**狩猎**，只要有所收获，就会导致分配。**胜利**，除了"纯粹"是为了屠杀敌人的情况以外，都会演变为掠夺。**哀恸**以把死者移至远处而告终。一旦死者被人们搬到人们想要的地方，一旦在途中人们感到死人对他们已不再有危险，群体的亢奋情绪就会消退，随即群体也作鸟兽散。但是他们与死者的关系并非就此真正结束。人们以为，他在另一个地方继续生活着；为了取得帮助和忠告，人们可以把他召唤到生者中间来。在召回亡灵的仪式中，重新形成了所谓的哀恸群体，但是它的目的已与原先的目的完全不同。以前被搬到远处的死者在某种形式上又被召回到生者中间来——曼登族的水牛舞以水牛到来而告结束。成功的繁衍群体转化为分配的庆典。

　　正如我们所看到的那样，每一种群体类型都有其向之演变的反面。但是，除了自然发生的向反面演变外，还有完全不同的另一种运动：**不同的**群体相互转化。

　　我们记得阿兰达族的祖先传说就是这样的例子。一只健壮的袋鼠被许多男人践踏致死。在争斗期间先前的那个猎人成了他的伙伴们的牺牲品而死去，并被他的伙伴们隆重地埋葬了。狩猎群体转化为哀恸群体。——关于共享的意义我们已经读到：狩猎群体转化为繁衍群体。——在战争开始时出现了另一种转变：一个人被杀死了，他的部落成员哀悼他；然后他们组成军队出发远征，为他的死向敌人复仇。哀恸群体转化为战争群体。

群体的转化是一个很明显的过程。这种转化无处不有，在极其不同的人类活动领域中都可以发现。如果对这一转化没有精确的认识，那么社会事件，不管何种类型的社会事件，就根本不可能理解。

在这些转化中，有些转化已经离开较为宽广的背景联系，**成为固定的模式**。这些转化取得了特殊的意义，它们变成了仪式。人们一再以完全相同的方式重演这些转化。这些转化是每一种重要信仰的内容、核心。群体的变化及各群体相互转化的特殊方式清楚地说明了世界宗教的兴起。

在这里不可能对各种宗教作出全面的说明，这是另一部著作的内容。下面我们就群体方面来考察若干社会组织或宗教组织，在这些组织中，群体起着主要的作用。我们将会看到有狩猎宗教、战争宗教、繁衍宗教和哀恸宗教。在比属刚果的**里里人**那里，狩猎是社会生活的中心，尽管猎获物甚少。厄瓜多尔的**吉瓦罗斯人**纯粹是为了战争而活着。美国南部的**普埃布罗诸部落**的特点是狩猎和战争的退化以及惊人的压抑哀恸：他们是完全为了和平地**繁衍**而生活。

为了理解在历史上遍布全球并且使全体变为一体的**哀恸宗教**，我们在这里要研究一下基督教和伊斯兰教的一个支派。根据对什叶派的穆哈兰节[*]的描述，可以确定哀恸在这种信仰中占有中心地位。最后一节探讨耶路撒冷圣墓教堂中复活节圣火的来源。这是复活的节庆，而在这种复活中汇聚了基督教的哀恸、它的合法性和它的意义。

---

* 穆哈兰节为伊斯兰历正月中的一个节日。——译注

第二节　卡塞河里里族的森林和狩猎

　　英国人类学家**玛丽·道格拉斯**在最近出版的一部精心研究的专著[46]中，终于发现了一个非洲种族的生活和宗教的统一性。她的这部著作，无论是透彻的观察还是率直的毫无偏见的思想，都使我们感到叹服。不过，我们感谢她的最好方式是在引用她时逐字逐句地引用。

　　里里族大约有两万人口，生活在比属刚果卡塞河附近。他们的村子坐落在草原上，由20到100多幢小屋组成密集的方块状，从不离森林太远。他们的主要食物是在森林中种植的玉米，每年都要在森林中找出新的空地来种植玉米，在一块地上玉米只能收获一次。然后，在同一块空地上就种拉菲亚棕榈，这种树的一切几乎都可利用。他们把嫩叶子作为纺织材料，男人们用它织成拉菲亚布。与他们的邻族不同，所有的里里族男人都会织。他们把方块状的拉菲亚布当作货币来使用。从这种棕榈树还可提取一种非发酵的酒，这种酒很受人珍爱。香蕉和棕榈虽然在森林中长得最好，但是人们也在村子四周种植它们，花生则只是在村子四周种植。所有其他的美好的东西都是来自森林：水、柴火、盐、玉米、葛粉、油、鱼和肉。男人和女人都必须在森林中完成各种各样的工作。不过，每隔三天女人们要离开森林一次，她们必须在前一天储备好食物、柴火和水。森林在里里族人看来是男人们的领域。

森林有无比的威望。里里人提到它时带着几乎是诗人的激情……他们时常强调森林和村子是完全不同的。在灼热难当的白天，在脏乱的村子里厌烦燥热，他们乐意到清凉、幽暗的森林里。他们离不开森林里的工作，在这里工作使他们感到愉快，在其他地方工作既单调又辛苦。他们说："村子里度日如年，森林里光阴似箭。"男人们夸口说，他们能够在森林里整天工作而不觉得饿，在村子里他们总是会不由自主地想到吃的东西。

但是，森林也是危险的地方。悼丧者或者做了噩梦的人是不能进入森林的，这类噩梦的意思是一种不得进入森林的警告。如果有谁第二天进入森林，那么他就会在那里遭到不幸：或许一棵树会倒下来击中他的头部，或许他会用刀子砍伤自己，或许他会从一棵棕榈树上掉下来。对于不听这种警告的一个男人来说，这种危险只会危及他自己一个人。如果一个女人在被禁止的时间内进入森林，那么这就会危及整个村子。

森林有如此之大的威望，似乎有三个理由：它是一切美好的必需品如食物、饮料、房屋、衣服的源泉；它是神圣的药品的源泉；第三，它是狩猎的地方，狩猎在里里人看来是至高无上的重要活动。[47]

里里人非常喜欢肉食，用蔬菜类食品来招待客人，会被他们看作奇耻大辱。在他们谈到社交活动的时候，他们喜欢的话题是招待客人的肉食的数量和种类；然而，他们同南方的邻居不一样，他们既不养山羊，也不养猪。他们厌恶食用在村子里养大的动物，他们说，好的食物应该来自森林，那里的食物既干净又卫生，例如野猪和羚羊。老鼠和狗都是不洁的，名之为**哈马**，哈马同样用来称呼脓和排泄物；山羊和猪也是不洁的，这恰恰是因为它们是在村子里养大的。

尽管他们嗜好吃肉，但是这一点不会使他们去吃那些不是从森林或者不是通过狩猎弄来的肉食。他们很善于养狗，只要他们愿意，养羊对他们来说应该也不是一件难事。

把女人同男人分开，把森林同村子分开，村子对森林的依赖以及把女人赶出森林，所有这一切都是里里人的仪式中最重要的、不断反复出现的节目。

草地干瘪而贫瘠，不被人看重，它是完全留给女人的天地，被看作森林和村子之间的中间地带。

里里人相信神创造了人和动物、河流和一切事物。他们也相信**精灵**，他们对精灵有恐惧感，因此，他们谈到精灵时十分小心谨慎。精灵从来不是人，也从来没有人看见过它。如果有谁看见精灵，那他就会变成瞎子，并且会因溃疡而死去。精灵住在森林深处，特别是住在溪流的源头；它们白天睡觉，晚上出来游荡；它们不会死，也从不生病。男人们狩猎是否成功，女人们是否能生育，都取决于精灵。它们可降病于村子。水猪被看作最具有神力的动物，它们总是在河流源头活动，而那里是精灵们最常出没的地方。水猪就像是精灵的狗，它同精灵住在一起，并且像狗服从猎人一样服从于精灵。如果水猪不听精灵的话，精灵就会让它受到惩罚；它会让水猪在狩猎中被人杀死，同时以这头水猪作为给这个人的报酬。

精灵对人有各种各样的要求，但特别要求村子里大家和平相处。"狩猎的顺利，是村子里万事顺畅的最明显的标志。猎杀到一头野猪后，每一个人，男人、女人或孩子，都能分到少量的肉，但是他们在几星期之后谈到此事时仍然流露出来快乐，并不是由于分到了这一点点肉。狩猎是一种精神晴雨计，全村的人都热切地注意着它的升降。"

很明显，生儿育女和狩猎这两件事总是被一起提到，就像这是女人和男人各自的专职一样。他们说："村子腐败，猎事不兴，妇女不孕，人人危殆。"如果万事顺畅，他们说："我们的村子现在祥和富足，我们杀死了三头野猪，四个妇女怀孕了，大家都健康强壮！"

享有最高威望的活动是**共同**狩猎[48]，具有重要意义的是这种共同狩猎，而不是单个人的私人狩猎。手持弓箭的男人们把一块森林包围起来，赶猎物者和他的狗搜索树林，几乎不能走路的孩子和老人也都极力要参加狩猎。最受重视的是狗的主人，他们艰难地穿越丛林，不时呼喊着鼓励和指挥狗的行动。猎物被他们惊吓得奔窜出来，正好撞在守候着的猎人们的弓箭上。这是在密林中进行狩猎的最有效果的方法。这种狩猎方法就是要使猎物不知逃向何处，人们迅速地并在很近的距离向它们射箭。

令人值得惊奇的是，一个以狩猎为荣的民族竟普遍缺乏个人的技巧，一个进入树林的人总是要带弓和若干支箭，但他只是用它来射鸟和松鼠。他没有想要一个人单独射杀大型的野兽，他们都不懂个人狩猎的特殊技巧；他们不懂得潜行打猎，也不会模仿野兽的叫声；他们不懂得用诱捕物和伪装。他们很少一个人单独深入森林，他们的兴趣集中在共同狩猎上。也许一个人在森林中会遇到一群在泥沼中打滚的野猪，也许他潜近它们身边，以至于能听到野猪的呼吸声；但是他不会冒险发出一箭，却蹑手蹑脚地离开野猪，跑回去叫村里人来。

他们在草原上一年只狩一次猎，那是在放火烧草的旱季。这时许多村子联合起来，把燃烧的草原包围在中间。孩子们在这里指望得到第一次的猎物。屠杀是非常可怕的。这是一个村子里不仅仅有男人参加狩猎的唯一机会，在森林狩猎中始终只有村子里的男人参加。最后，村子成为一个政治单位和举行仪式的单位，因为村子是一个狩猎的单位，里里人把他们的文化首先看作狩猎文化是不足为奇的。

猎物的**分配**具有特殊的意义。分配按严格的规则进行，而且其方式突出了狩猎的宗教意义。里里人有三个教派团体，每一个团体都有权享有特定的食物，外人无权问津。第一个教派团体是父亲团体，由抚育过孩子的男人组成。每一头猎物的胸肉以及所有幼兽的肉都属于他们。父亲中又有一些人抚育过一个男孩和一个女孩，从他们中间选出第二个排他性团体的成员，这些人称为穿山甲人。他们之所以被称为穿山甲人，是因为只有他们才有权吃穿山甲的肉。第三个团体是占卜者团体，他们分享野猪的头和肠。

任何较大的动物没有成为宗教活动的对象，就不会被杀死，它正是在分配中成为宗教活动对象的。在所有的动物中野猪最为重要，野猪是这样分配的：占卜者得到头和肠后，胸肉归父亲所有，肩膀属于把野猪背回村子的人，脖子属于狗的主人，背、后上腿和前腿属于射杀野猪的人，胃属于村中打制箭的铁匠。

里里族社会的结构，可以说每经一次狩猎就得到一次加强，狩猎群体和亢奋情绪扩展成了整个共同体的主要感情。因此，我们可以说，这是真正意义上的狩猎宗教，而我们这样说并没有丝毫违背作者的原意。还从来没有一本书如此令人信服地、确切无疑地描述过狩猎宗教，而且人们也获得了一次难得的机会，可以看到森林是如何发展成为群众象征的。森林包含着一切有价值的东西，而最有价值的东西是人们一起从森林带回家的。作为狩猎群体对象的动物住在森林中，而为人提供动物的可怕的精灵也住在森林中。

第三节 吉瓦罗斯族的战利品

今天，厄瓜多尔的吉瓦罗斯族是整个南美洲最好战的民族。从战争和战利品方面来考察他们的习俗和仪式具有特殊的启示意义。

他们没有人口过剩的问题，他们进行战争并不是为了获得新的疆土。他们的生活空间不是太小，而是太大了；他们大约有两万之众，生活在六万平方公里的土地上；他们不知道还有比较大的聚居地，甚至连村子他们也不喜欢。每一个大家庭都住在单独的房子里，最年长的男人就是首领，邻近的家庭也许离他们有几公里路远，没有任何政治组织把这些家庭联结在一起。在和平时期，每一个家庭的父亲是最高的权威，任何人都不能命令他做什么。如果吉瓦罗斯人不是怀着敌意互相寻找的话，那么在他们辽阔的原始森林里一个族群与另一个族群几乎是不可能相遇的。

把吉瓦罗斯族人团结在一起的粘合剂是**血腥的报仇**或者说是死亡。对他们来说没有自然死亡，如果有一个人死了，那么这是由于敌人在远方对他实施了魔法。亲属的责任就是要找出对这次死亡负责的人，并为此向施魔法者实行报复。因此，每一次死亡都是一次**谋杀**，而每一次谋杀之后的报复行动是谋杀对方。敌人从远方施行致命的魔法时，肉体上的报复或者血腥报复只有在**找到**敌人时才有可能。

吉瓦罗斯族人互相寻找是为了互相报复，就这种情况而言，可以把血腥报复看作他们的社会粘合剂。

一起住在一个房子里的家庭，形成一个非常紧密的单位。一个男人要做什么事都是同他家庭中的其他男人一起来做。为了进行较大规模的危险的征战，许多邻近的大屋的男人们会联合起来。为了进行严肃的报复性征战，他们选出一个有经验的、通常是年长的男人作为首脑，他们在征战期间自愿地听从他的命令。

因此，战争群体就是吉瓦罗斯族人真正的活动性单元，除了家庭这种静止性的单元外，它是唯一有意义的单元。所有他们的庆典都是以战争群体为中心而形成的。他们在出征前聚在一起一个星期，当他们征战胜利归来时，他们又以一连串大型庆典的形式相聚在一起。

远征的唯一目的就是**毁灭**。所有的敌人都要被杀死，最多留下一些年轻妇女和小孩，这些人被他们的家庭所接纳。本来就微乎其微的敌人财产、敌人的家畜、他的植物、房子都要被毁灭。他们真正看中的唯一目标是敌人的首级。当然，这是他们真正热爱的东西，而至少带一颗敌人首级回家，是每一个战士的最高目标。

敌人的首级经过处理缩成橘子般大小，从此这颗头就叫作**塔桑塔萨**。这样一颗首级的主人因此受到了特别的尊重。经过一段时间，也许是一年或两年，会举行一次盛大的庆典活动，活动的中心就是那颗经过精心处理的人头。在这种庆典上，所有的朋友都被邀请来了，他们大吃、豪饮、狂舞；所发生的一切都是按照仪式的规则进行的。这是一次完全具有宗教性质的庆典，对它仔细考察一下就可以看到，**繁衍**的愿望和达到繁衍的手段，是这次庆典的真正本质。这里不可能研究细节。**卡斯滕**在他的论文《吉瓦罗斯印第安人中的血腥报仇、战争和胜利庆典》中有比较详细的描述。[49] 在这里提到他们最重要的舞蹈中的一次就够了。在这种舞蹈中，人们对所有狩猎的动物按次序念上一堆激烈的符咒，之后，男人们为繁衍后代而进行性交活动。

这种舞蹈还只是盛大庆典的序幕。男人们和女人们围着屋子中间的柱子形成一个圆圈，手拉着手，缓慢地绕柱转圈，同时像念咒语一样喊出所有他们喜欢吃的动物的名字。接着喊出一些印第安人家居生活所需要的、自己制造的物件的名称。每叫一次名字，他们都要大声喊"嗨哟"。

嗨哟，嗨哟，嗨哟！

长啼的猿猴，嗨哟！

毛色殷红，嗨哟！

棕色的猿猴，嗨哟！

黑色的猿猴。嗨哟！

卷尾猴。嗨哟！

灰色猴，嗨哟！

野猪，嗨哟！

绿色的鹦鹉，嗨哟！

长长的尾巴，嗨哟！

家养的猪，嗨哟！

肥又肥，嗨哟！

女人的衣服。嗨哟！

腰带，嗨哟！

篮子。嗨哟！

这种咒文大约延续了一个小时，在此期间舞蹈者一会儿向右，一会向左。每当他停顿下来以便变换方向时，他们大声吹口哨并叫喊"嘘、嘘、嘘、嘘"，仿佛他们要用这种喊声来保持咒文的连续性。

另一个咒文有关妇女和她们的多产。

嗨！嗨！嗨！

女人，嗨！女人，嗨！

性交，嗨！

祈蒙塔桑塔萨之允，性交！

交配，嗨！交配。嗨！

女人。嗨！女人。嗨！

祈求成真。嗨！

我们就这么干，嗨！

祈求顺畅。嗨！

心满意足，嗨！

这些咒文以及庆典的所有其他活动的中心是塔桑塔萨，掳获来的、经过处理而缩小的敌人首级。敌人的灵魂总是停留在首级的附近。它是极端危险的。他们千方百计要控制它。一旦能够把它变得有用，它的用处是很大的。它会照料人们所养的猪和鸡的繁衍，树薯也由于它而繁衍。它能带来幸福，这也是人们想以繁衍的形式获得的东西。但是要想完全使它屈服并不容易。起初它充满了复仇的欲望，完全想不到它会对人做出各种各样的坏事。但是，人们用来降服它的仪式和祭典，其数目多得令人吃惊。延续数天的庆典以人们完全控制这颗首级以及属于这颗首级的灵魂而结束。

　　如果我们从我们所熟悉的战争习惯来看塔桑塔萨，那么我们应该说，它是我们称为战利品的代表。吉瓦罗斯人出征是为了赢得敌人的首级，这是**唯一的**战利品。但是，这个战利品最后显得很小——特别是当他们把它缩小成橘子那么大的时候——但是它包含着人们看重的一切。它会给人们带来人们所希望的各种繁衍：人们生活所需的动物和植物的繁衍；人们自己制造的物品的繁衍；最后是人们自己的繁衍。这是令人毛骨悚然的浓缩的战利品，他们并不满足于获得战利品，他们还必须通过长时间的仪式努力把它变成现在这种有用之物。在庆典共同的亢奋情绪中，特别是在庆典丰富多彩的咒文和舞蹈中，这些仪式达到了高潮。塔桑塔萨庆典作为一个整体是由繁衍群体支撑的。战争群体如果幸运的话，最终会变成庆典的繁衍群体，而从战争群体变成繁衍群体，正是吉瓦罗斯宗教的活力之所在。

第四节　普埃布罗印第安人的雨舞

　　繁衍的舞蹈据说会导致降雨。他们似乎是要从地下踩出雨来。舞者的脚的踩踏，就像雨滴落地一样。如果在舞蹈进行过程中开始下雨，他们就在雨中继续跳下去。代表雨的舞蹈最后变成了雨。大约有40个人的族群，在韵律运动中转化成雨。

　　雨是普埃布罗各族最重要的群众象征。雨始终具有重要意义，对他们可能住在另一个地方的祖先也是如此。但是自从他们住到干燥的高原上以来，雨的意义大大提高了，以致雨从根本上决定着他们的信仰的性质。他们借以生活的玉米和雨（没有雨玉米就不能生长）是他们所有仪式的核心。他们用来呼风唤雨的许多魔法，在雨舞中得到了集中的体现和增强。

　　目击者强调指出，这些舞蹈自身一点也不野蛮；这同雨本身的性质是有关系的。雨随云来，云是雨的整体。云在高远的天空，柔软、洁白，它飘过来时，在人们心中唤起了亲切柔和之情。但是，当云层中雷电交加时，云层散开了；雨点点滴滴打在人身上，打在地上，没入土里。祈雨的舞蹈，通过转化为雨，与其说体现了群众的形成，不如说更多地体现了群众的溃散和瓦解。舞蹈者希望云层过来，但是他们希望云层不要停留在天空，而是要变成雨滴倾注下来。云是友好的群众。这一点从他们视云如同**祖先**就可以看出来。亡魂随雨云而来，带来幸福。当雨云在夏日的午后出现在天空时，人们对孩子们说："你们看，你们的祖父回来了。"这里的祖父不是指这一个家庭的亡魂，而是泛指祖先。

祭司们待在仪式上一个与众隔绝的地方，一动不动地坐在他们的祭坛前，他们必须退隐八日，呼风唤雨：

> 随风飞扬的云彩啊，
>
> 不管您在何方，
>
> 请来此一趟，
>
> 您薄如丝带，
>
> 却饱含孕育生命的水分。
>
> 您给我们送来甘霖，
>
> 让它留在我们这里。
>
> 留在这爱梯瓦纳，
>
> 我父我母居住之地。
>
> 在我们之前，
>
> 他们曾在此度过一生。
>
> 云彩啊，请您务必驾临。
>
> 带给我们大雨倾盆。[50]

人们希望的是倾盆大雨。但是这种蓄积在云层里的雨都分散开来，一滴滴地落下来。雨舞强调的是分散开来，它是人们所期望的**温和的**群众，不是人们必须杀死的危险动物，不是人们必须与之战斗的可憎的敌人。云和他们的祖先一样，祥和而仁慈。

祈雨赐福大地，导致另一种他们借以为生的群众，即玉米。如每一次收获一样，它都表示聚集成堆。这恰好是一个相反的过程。雨云分散开来，变成雨滴，而玉米堆则是由一个个玉米棒子和一粒粒玉米聚集而成的。[51]

这种食物使男人强壮，女人多产。在祈祷文中经常出现"孩子"的字眼。祭司把生活在部落里的人都说成是孩子，他也说到所有的男孩和女孩，说到"生命之路刚刚开始的"所有生命。他们是我们所说的部落的未来。更确切些说，他把他们看成刚刚开始生命之路的人。

因此，在普埃布罗人的生活中，祖先、孩子、雨和玉米是基本群众，如果我们按照因果顺序来排列的话，那就是：祖先、雨、玉米和孩子。

在普埃布罗人那里。四种**群体**类型中有两种即狩猎群体和战争群体几乎完全消失了。还有少量的猎兔行动，以及战士组织，但他们的职能只是警察，而且我们所说意义上的警察也几乎没有必要。在那里，哀恸群体被限制到了令人吃惊的程度。他们对死亡并不大惊小怪，并且努力尽快忘掉死者，死亡**四天**之后，酋长提醒悲伤的人说，不要再想死者了，"他已经死了**四年**"，死亡被置之脑后，痛苦由此消失。他们与哀恸群体已不再有任何共同之处：他们**拒绝**哀伤。

他们只有一种积极地、充分地发展起来的群体形式，即繁衍群体的形式。他们把公共生活的全部重点都放在繁衍群体上。我们要说，他们仅仅为了这种繁衍而生，而且完全取其积极意义。他们不知道那个雅努斯两面神，我们从其他许多民族那里都知道有这个守护门户的两面神，它的职能是：自己一方繁衍，敌人一方人口减少。他们对战争不感兴趣。雨和玉米已使他们变得温和优雅，他们的生命完全依赖他们自己的祖先和孩子们。

第五节　战争的动力：第一个死者及凯旋

战争的内在动力或者说群体动力最初是这样形成的：由为死者哀悼的哀恸群体形成为死者复仇的战争群体；由取得胜利的战争群体形成凯旋者的繁衍群体。

第一个死者使所有人都感到死亡的威胁。第一个死者对引发战端的意义无比重要。统治者为发动战争，非常清楚地知道，他们必须或者制造或者捏造出第一位死者。这与第一位死者在自己族群中的重要性不相干，他可以是任何一个没有特殊影响的人物，甚至可以是一个无名之人。他的死亡至关重要，其他一切都无所谓；人们必须相信，敌人要对此负责。可能导致他死亡的一切原因都避而不提，只归结一个原因：他作为人们所属族群的一个成员被杀死了。

迅速形成的哀恸群体是作为群众晶体起作用的，哀恸群体**开始**时的情况是：所有人由于同一原因而感受到了威胁。哀恸群体的信念变成了战争群体的信念。

利用一个人或少数几个人的死而发动的战争导致了许多人的死亡。在人们取得胜利的情况下，他们为这么多死者的哀恸反而不如以前。胜利即使不是被看作敌人的消灭，也被看作敌人决定性的减少。这种胜利使他们为自己的战死者的哀恸变得无足轻重了。他们把这些战死者看作派到亡灵之乡的先头部队，而这支先头部队也把许多敌人引到那里去了。因此他们解除了人们的恐惧，没有他们，人们就不会去打仗。

敌人被打败了，使自己人团结起来的威胁也消失了，于是人人各行其私。战争群体由于**掠夺**而瓦解，这完全就像狩猎群体由于分配而瓦解一样。当普遍不再感到实际的威胁时，唯一的办法就是进行掠夺，用掠夺的办法驱使人们去进行战争。在这种情况下必须允许他们去掠夺。古时候的将领很少敢拒绝士兵进行掠夺的要求。但是，掠夺使部队有完全瓦解的危险。这种危险如此之大，以致人们总是在想方设法重建战斗意志。达此目的最重要的手段就是**胜利庆典**。

胜利庆典的真正意义在于把敌方人数的减少和我方人数的繁衍进行对比。他们把全体民众集合起来，男人、女人和孩子都聚集起来。胜利者以出发征战的阵容开进来，他们在全体民众面前展现自己，使民众感受到胜利的情绪；越来越多的人涌向这里，直到万人空巷为止。

但是，胜利者并不只是展现自己。他们带来了许多东西，他们是作为繁衍者而来。他们的战利品展示在民众面前。这么多人们所需要的和珍爱的东西，每一个人都将从中得到一些。胜利的统帅或君主或许会把大量的财物分给民众，或许他会许诺减轻税赋或其他好处。战利品不仅有黄金和货物，战俘也被带进来，大量的战俘表明了敌人的减损。

在以文明为荣的社群中，今天仍然有展示敌俘的现象。在我们看来比较野蛮的其他社群则更进一步，他们作为刚刚**聚集起来**的人群，不再感到直接的威胁，而是想要**体验一下**敌人是如何减损的。

结果是战俘被公开处死。关于许多战争民族胜利庆典的报道就有这类描述。

这类执行死刑的活动，以**达荷美**王国首府所举行的最为疯狂。[52] 在持续许多天的新年庆典活动中，国王给他的人民展示的是血淋淋的景象，成百的俘虏在众目睽睽下被砍了头。

国王高坐在台上，四周都是皇亲贵族，台下是密集的人群。在国王的示意下，刽子手开始行刑。被杀的战俘的首级堆成一堆，人头堆到处都可以看到。街上举行了游行，街道两边绞架上挂着被处死的敌人赤裸裸的尸体。为了顾惜国王无数妻妾的羞耻感，尸体的某些部分已被割去。庆典的最后一天，大臣们又在台上聚集，把大批礼物赠给民众、他们把被当作货币用的贝壳抛向民众，让民众抢夺。然后把被绑着的敌人抛下来，这些敌人也是被砍了头的。民众争夺敌人的尸体，也就是说，这些尸体被神志不清的人们吃掉了。人人都想得到一块被处死的敌人的肉：我们在这里可以说这是胜利的共享。接着分享动物，但主要的还是敌人。

有 18 世纪的欧洲人亲眼目睹这些庆典后写的报道。那时白人国家的代表在海岸国家拥有贸易机构，他们进行贸易的货物是奴隶，他们来到首都阿波美，向国王买奴隶。国王把他的一部分战俘卖给欧洲人。他进行战争就是为了这一目的，而当时的欧洲人也容忍这些事情。他们对于让他们目睹可怕的大屠杀一事感到不快，而他们所以到场，是出于对朝廷的礼貌。他们试图说服国王，劝他把要执行死刑的牺牲品作为奴隶卖给他们。他们觉得这样很人道，而且对他们的生意也是一件好事。但是令他们感到惊讶的是，国王一反他的贪婪本性，拒绝卖这批牺牲品。那时奴隶奇缺，市场缺货，他们对国王的固执感到不快。他们不懂得，国王重财富，但更重权力。民众已经习惯于这种把牺牲品杀头示众的场面。他们以野蛮的、公开的形式把敌人的大量减少展示出来，他们确保了自己的繁衍，这就是国王权力的直接源泉。这种示众的作用有双重性质，是使民众相信他们在国王的统治之下得到了繁衍并且使民众保持对宗教忠诚的绝对有效的方法；而且这也能使他们对国王的命令常保恐惧的心理。执行死刑的命令就是国王本人下达的。

罗马人最大的公开场合就是**凯旋**。全城倾巢而出，参加凯旋大典。但是，当帝国的力量达到高峰、不需要再不断地征战时，胜利成为一种制度，定期举行庆典。在**竞技场**上，在集合起来的民众面前进行争斗，这种争斗没有政治后果，但也不是没有意义，其意义就在于不断反复地唤醒和保持胜利的感觉。罗马人作为观众，自己不进行争斗，但是他们决定群众中谁是胜利者并像先前一样向他欢呼喝彩。最重要的只是胜利的情绪，而似乎不再那么必要的战争本身失去了意义。

历史上有许多这种类型的民族，在他们那里，战争变成了繁衍的真正手段。或者是人们搞到自己借以生活的战利品，或者是得到为自己劳动的奴隶。任何一种更要有耐性的繁衍形式都会被拒绝，会被看作是可鄙的。由此形成一种国家战争宗教：它的目的是以最快的速度繁衍。

第六节　作为战争宗教的宗教（略）
第七节　哀恸性宗教

从哀恸性宗教可以看到世界的风貌。在基督教中，哀恸性宗教已达到某种普效性。作为其基础的群体只存在很短时间。是什么东西使产生于哀恸的信仰形式能持久存在？是什么使它们能够持续数千年之久？

这些宗教是围绕一个人或一个神蒙受不应有的死亡的传说形成的。这总是一个追捕的故事，或者是狩猎的故事，或者是攻击的故事，与此相联系的也有不公平的审判故事。如果是狩猎，那么被击中的对象搞错了；被击中的是最好的猎人，而不是人们要猎获的动物。事情也可能反过来，被狩猎的动物攻击猎人并使他蒙受致命的创伤，就像**阿多尼斯**和野猪的故事。正由于这种死亡是不该发生的，所以产生了不可言喻的哀痛。

或许有一位女神爱上了这位牺牲者并为之哀恸，正如阿芙洛狄忒之于阿多尼斯。这位女神的巴比伦名字叫**伊西塔**，而**塔慕次**是那位过早死去的美男子。在弗里吉亚人的传说中，大母神**赛比利**为她年轻的情侣**阿提斯**而悲恸。"她咆哮着，把狮子套在车子面前，带着那些被她弄得像她一样咆哮的随侍女神，疯狂似地横越整个伊达山脉，寻找他们的阿提斯；诸女神中的一位砍伤自己的手臂，另一位披头散发地在群山中来回奔跑；一位吹起号角，一位敲起鼓，另一位击打铙钹，整个伊达山处在一片混乱和疯狂之中。"[53]

埃及神话里，**伊西斯**失去了她的丈夫**俄赛里斯**＊。她不知疲倦地找他。她满怀忧伤地走遍整个地区，在找到他之前不让自己休息。她悲泣道："归来吧，归来吧……看不见你，然而我心渴慕，我望眼欲穿。回到爱你的姐妹身边，回到你的女人身边，她爱着你，爱着你，你这个幸福的人啊！回到你的姐妹、你的妻子身边，回到你的妻子身边，回到心脏就要停止跳动的妻子身边。回到你的妻子身边吧！我是你的姐妹，同母所生。不要远离我。众神和人们都面朝着你，一起为你哭泣流泪……我呼唤你，哭声震天，但你听不到我的声音；但我还是你的姐妹，是你世上所爱的人，除我以外，你谁也别爱，我的兄弟！"[54]

但是也可能发生下面的情况——这是稍晚一些时候发生的，并且不再属于神话的情况—— 一群亲属和弟子哀恸死者，就像哀恸**耶稣**和**侯赛因**一样，后者是先知的外孙，什叶派的殉教者。

狩猎和追捕的故事描写得非常详尽，这是一个**详尽的**故事，完全拟人化了，总是在流血，甚至在最人道的受难场合，耶稣也不免要受伤和流血。构成耶稣受难的每一件事，都给人一种毫无道理的感觉，离神话时代越远，延长受难并赋予受难以许多人世间特征的趋势就越强烈。但是狩猎和攻击总是从牺牲者的角度去体验的。

围绕他的死形成了哀恸群体，但是他们的哀恸具有特殊之处：死者是为哀悼他的那些人而死的。他是他们的救星，或者他是他们

＊ 埃及宗教中死者的主宰。——译注

的大猎师，或者他对他们有其他更大的功绩。他们用尽一切办法强调他的价值，他本来是不应死的；哀恸者不承认他的死，他们希望他活着。

在描述古代的哀恸群体时，例如我曾提到的澳洲土著的情况，见证者曾强调指出，哀恸是为一个**垂死的人**开始的。生者企图留住垂死的人并用他们的身体把他盖住，他们把他一起吸收进自己的人堆，他们从四面八方紧紧地挤压他，努力要保住他。往往在死亡到来之后，他们还在召唤他回来，只是在他们完全确信他不能再回来时，才开始第二阶段，即把他打发到亡魂之乡。

这里所说的哀恸群体，是作为关于一个受人尊敬的死者的传说而形成的。在这样的哀恸群体中，死的过程被千方百计延长了。在这里，他的亲属和信徒都一致拒绝放弃他。第一阶段是努力**留住**他的阶段，这是一个具有决定意义的阶段，因此最受重视。

这时人们从四面八方赶到这里聚集，每一个来参加哀悼的人都受到欢迎。在这种宗教仪式中，哀恸群体**开始形成**并发展成为不断扩张的群众。这种情况是在死者的祭典上发生的，在祭典上人们表现了他是如何受难的。全城的人都参加到祭典中来，而且往往有人群的朝圣者从很远的地方赶来参加。但是，哀恸群体的形成过程也经历了很长的时间，同时，信徒的数量**不断增加**。开始时只有少数几个信徒站在十字架下，他们是哀恸群体的核心。第一个圣灵降临周，可能有六百位基督徒，君士坦丁大帝时代，大约有一千万之众。但是，宗教的核心仍然没有变，仍然是哀恸。

为什么会有这么多人参加哀恸？它有什么吸引力？它帮助人们获得了什么？在所有参加哀恸的人中间发生的是相同的事情：狩猎群体或攻击群体以转化为哀恸群体来**赎罪**。人们作为攻击者生活至今，他们作为攻击者还会以自己的方式继续生活下去。他们寻求与自己不同的肉，用刀切割弱小动物，以它们的痛苦呻吟为乐事；牺牲品呆滞的眼神反映在他们的眼中，他们乐于听到弱小动物在死前的哀嚎，这在他们的灵魂里留下了无法消除的印象。他们中间的大多数人也许并不知道，他们喂养自己肉体的同时也喂养了自己心中的邪恶。但是，他们心中的罪责与恐惧感不可遏止地日益增多，因此他们不知不觉地思念赎罪。于是他们与为他们而死的那个人站在一起，并在为他而哀恸时感到自己就是受害者。不管他们做什么，不管他们多么愤怒，在此时他们站在痛苦一边。这是态度方面的一次突然的、有深远意义的变化。这种变化使他们从积累起来的杀戮罪恶感中解脱出来，从死亡要袭击他们的恐惧中解脱出来。他们对别人做的一切恶事，如今由一人承担责任，他们希望，只要他们对这个人忠诚不贰，他们就可以避免受到报复。

　　因此，很显然，只要人们不能放弃群体中的杀戮，哀恸宗教对于人们的心理平衡就是不可缺少的。

　　在列举出来加以详细考察的传统的哀恸宗教中，伊斯兰教什叶派的哀恸宗教是最具有启示意义的。描述坦木兹或阿窦尼、俄赛里斯和阿提斯的祭典，似乎是一种正确的做法。但这些人物都属于过去，我们只是从楔形文字、象形文字或者古典作家的描述中了解他们；虽然古典作家的这些报道很有价值。但是，以今天仍然存在的并且是以鲜明的、不折不扣的形式存在的信仰为依据，似乎要更为合理些。

所有哀恸宗教中最有意义的是基督教。关于它的天主教形式还要说几句。关于基督教的具体的时刻，真正的群众亢奋的时刻，要描述的不是已十分罕见的真正哀恸的时刻，而是另一个时刻：耶路撒冷圣墓教堂中的复活祭典。

哀恸本身，作为将开展成真正群众的狂热的群体，在什叶派的穆哈兰节中显示出了令人难忘的力量。

第八节　什叶派的穆哈兰节

伊斯兰教什叶派是伊朗和也门的国教，在印度和伊拉克势力很大。

什叶派信奉他们教派一位精神上的和世俗的领袖，这个人他们称之为**伊玛目**。他的地位高于罗马教皇。他身上有圣光，他从不犯错误。只有追随伊玛目的信徒才能得救。"生而不知真伊玛目，死乃是不信教者。"

伊玛目直承先知世系。阿里同穆罕默德的女儿法蒂玛结婚而成为穆罕默德的女婿，他被看作第一代伊玛目。先知把特殊的知识传授给阿里而没有传授给其他信徒，因此这些知识在阿里的家族中一代代传下去。先知明确指定阿里是他的学说和统治权的继承人。他是奉先知之命选出来的，"穆斯林的统治者"这一称号只属于他。阿里的两个儿子哈桑和侯赛因接着继承他的位置：他们是先知的孙子，哈桑是第二代伊玛目，侯赛因是第三代伊玛目。任何打算统治穆斯林的人，都是篡夺者。

穆罕默德去世后，伊斯兰的政治史孕育出了关于阿里及其儿子们的传说。阿里没有立即被选为哈里发。在穆罕默德去世后的24年时间内，先后由他的三个伙伴继承，直到第三位继承者死后阿里才掌权，但是他只是统治了很短的时间。在库法的大清真寺内举行礼拜仪式时，阿里被疯狂的敌人用淬毒的利剑刺死。他的长子哈桑以数百万第尔汗*的价格出卖了他的权利，退隐到麦地那，在那里，由于过着纸醉金迷的生活，数年之后便死了。[55]

他的弟弟侯赛因的受难成了什叶派信仰的真正核心。[56]侯赛因的形象正好与哈桑相反，他为人严肃，谨言慎行，在麦地那过着平静的生活。尽管他在他的兄弟死后成了什叶派教众的真正领袖，他很长时间没有从事政治活动。在当权的哈里发死于大马士革，他的儿子想继位时，侯赛因拒绝向他称臣。伊拉克动荡不安的库法城居民写信给侯赛因，要他到库法城来。他们要他当哈里发，只要他到这里，人人都会投入他的麾下。他同全家人，妻子、孩子和一些追随者，乃举家出发。他们穿越沙漠走了很长的路。当他到达城市附近时，他又一次对这个城市失望了。统治者派出一支强大得多的骑兵部队对付他，要求他投降。他拒绝投降，于是他们就切断了他的水源。他和他的部属被围困起来。在克伯拉平原，在穆哈兰月的第十天，即公元680年，侯赛因和他勇敢抵抗的部属终于失败被杀。与他一起被杀的有87人，其中有他的全家人和他兄弟的全家人。他身上一共被长矛戳穿33处，剑伤34处。敌人部队的指挥官还下令士兵骑马践踏他的尸休。这位先知的孙了被马蹄踩到地下。他的首级被割下来并被送到大马士革的哈里发那里。这位哈里发用他的手杖打首级上的嘴巴，当时在场的一个先知的老伙伴抗议说："收起你的手杖吧！我看见先知的嘴吻过这一张嘴。"

---

* 伊拉克货币单位。——译注

"先知家族的灾难"是什叶派文学的真正主题。"这一教派的真正成员，人们很容易辨认，因为他们的身体由于匮乏而变得枯瘦如柴，他们的嘴唇由于没有水喝而干裂，他们的眼睛由于不断的哭泣而红肿。真正的什叶派教派就像他为之维护、为之受难的家族一样受到迫害、痛苦不堪。人们很快就把受迫害和受压迫看作是先知家族的使命了。"[57]

　　从克伯拉这可悲的一天开始，这个家族的历史就是不断地受难和受迫害。在丰富的殉教文学中，他们的故事以诗文留传下来。他们受的苦难和迫害是什叶派教徒在穆哈兰月上旬集合在一起的原因，上旬的第十天——阿术拉日——被看作克拉伯悲剧的纪念日。"我们记忆中的日子，是我们哀伤聚会的日子。"这是什叶派的一位王子为纪念先知家族所受的许多苦难写的一首诗的最后一句。为阿里家族所受的不幸和迫害以及这个家族的殉难而哭泣、哀伤和悲叹，这是真正的信徒心甘情愿做的事情。有句阿拉伯谚语说："比什叶派教徒的眼泪还感动人。"一位近代的印度什叶派信徒说："为侯赛因而哭泣，是我们生命和灵魂的荣耀；不然我们就是最可怜的生物，我们还将在天国为侯赛因哀悼……哀悼侯赛因是伊斯兰教的标志。什叶派教徒是无法不哭泣的。什叶派教徒的心是被砍了脑袋的牺牲者的首级的活生生的坟墓，真正的坟墓。"[58]

　　对侯赛因人格和命运的思考从感情上来说是信仰的中心。侯赛因的人格和命运是宗教经验的主要源泉。他的死被解释为自愿的自我牺牲，由于他的受难，圣人得以进入天堂。最初对伊斯兰教来说，进入天堂还要有一个中介人的想法是根本不能接受的。但是在什叶派中，自侯赛因死后这种想法就成了占支配地位的想法。

克伯拉平原上侯赛因之墓，很早就成了什叶派最重要的朝圣之地。4000 位天使围着侯赛因的坟墓，日夜哭泣。每一位朝圣者，不管来自何处，一进入朝圣地就会受到天使们的迎接。[59] 任何朝拜侯赛因棺木的人都可以得到以下好处：他房子的屋顶永远不会倒塌在他身上；他也永远不会被淹死、烧死，或受到野兽的袭击；凡在此圣地虔诚地祈祷的人，将会延年益寿；他在此地所积的功德相当于 1000 个朝圣麦加的人的功德，相当于 1000 个殉难者的功德，相当于 1000 个斋戒日和释放 1000 个奴隶；来年邪魔恶鬼都伤不了他，如果他死了，天使会埋葬他，而在复活那天，他会随着伊玛目侯赛因的信徒一起复活，伊玛目侯赛因手里拿着旗子，也能辨认出他；伊玛目领着他的朝圣者胜利地径直走向天堂。

根据另一个传说的说法，埋在伊玛目圣地的所有人，不管犯了多大的罪，在复活节那天都不会受到审判，而是会被直接送入天堂，就像坐在仙毯上一样被直接送入天堂，天使们前来和他们握手，并祝贺他们。

因此，年老的什叶派教徒在克伯拉定居下来，直到老死。居住地离圣城很远的人则立下遗嘱，要人们在他们死后把他们埋葬在圣地。几个世纪以来，从波斯和印度出发到克伯拉来送葬的篷车队绵延不绝。克伯拉这座城市变成了一个大坟场。

什叶派教徒不管住在什么地方，侯赛因受难的穆哈兰月的那些日子，都是他们的伟大节日。[60] 在这10天中，整个波斯都在哀悼：国王、大臣和官员都身着黑色或灰色衣服；骡夫和士兵把衬衫挂在身上，敞着胸，这被认为是极度忧伤的标志。穆哈兰月初一，这一天同时是新年的开始，在这一天开始了节日。布道者在木质的讲坛上向听众宣讲侯赛因的蒙难史，整个故事讲得详详细细，毫无遗漏。听众们深深地被打动了。他们一边喊着"噢，侯赛因，噢，侯赛因"，一边声泪俱下。这种活动持续了整整一天，布道者们在不同的讲坛上轮流布道。在穆哈兰月的头9天，一群群男人光着身子，上身涂着红色或黑色，在各条大街上穿行。他们撕扯着自己的头发，以刀剑自伤自残，身后拖着沉重的链条，或狂舞着。他们不时同其他教派的教徒发生流血冲突。

穆哈兰月第10天，庆典在一次大游行中达到高潮。这种游行的本意是代表侯赛因的送葬队伍。侯赛因的棺木是游行队伍的核心，棺木由8个人抬着。大约有60位身上涂着血的男人在棺木后行进，唱着战歌。他们身后是一匹马，这是侯赛因的坐骑。最后通常是一群男人，大约有50人，他们有节奏地击打着两根木棒。哀恸的群众在这些节日中达到的狂热程度，几乎是无法描述的。稍后我们会看到关于德黑兰事件的描述，人们从中可以了解到哀恸群众所达到的狂热程度。

在19世纪初，以戏剧手法表演侯赛因受难的演出活动，转到了在剧院演出。戈比诺在50年代以及后来的很长时间内一直在波斯度过，关于这些演出活动，他给我们留下了精彩绝伦的描述。

220

剧院是有钱人捐款建立的，他们为此花钱被认为是一种功德，捐资者用这笔钱"为自己在天堂里盖了一座宫殿"。较大的剧院可容纳 2000 到 3000 人。在伊斯法罕的演出，观众曾超过 2 万人。剧院不收门票，任何人，无论是乞丐还是富翁，都可以进入。演出活动在早上 5 点开始。在蒙难记开始之前，有许多小时的游行、舞蹈、布道和唱歌。到处都有茶点供应，富人和贵人都以能为衣衫褴褛的观众服务而感到光荣。

根据戈比诺的描述，参加这些活动的有两类团体。[61]男人和孩子们手执火炬，排成长长的行列，在一面大黑旗的引导下进入戏院，唱着歌绕场一周。晚上，人们可以看到这些队伍匆匆忙忙穿过大街，从一个戏院进入另一个戏院。几个孩子跑在他们前面，尖声叫着："唉，侯赛因！哦，侯赛因！"教友们站在布道者的讲坛前，唱着歌，并以奇怪而猛烈的动作相和。他们的右手圈成贝壳的形状，有节奏地重重击打自己的左肩，许多只手同时发出的沉闷的声音在很远的地方都可以听到，并且非常有影响力。有时击打声沉重而缓慢，因而节奏较长。有时击打声又急又快，在场的人也跟着激劲起来。一旦这种团体开始行动，所有听众莫不仿效。在他们首脑的暗示下，所有的教友开始唱歌，击打自己，并且跳跃着，短促地、时断时续地反复喊叫："侯赛因，侯赛因！"

另一类团体是苦行教徒的团体。他们有自己的乐队，由各种大小尺寸的手鼓组成。上身和脚是光的，头上也不戴什么。他们是成年人，也有老年人，还有 12 岁到 16 岁的孩子。他们手中拿着铁链和尖针。有些人手中拿一个木盘。他们鱼贯地进入戏院，相当缓慢地唱出只有三个字的连祷文："侯赛因，侯赛因！"与此相伴的是越来越急促的手鼓声。那些手拿木盘的人有节奏地碰击着，所有人都开始跳起舞来，观众则击打自己的胸脯相和。稍后，他们开始用链条鞭打自己，开始他们打得很轻，一副小心翼翼的样子；后来他们兴奋起来，击打得越来越重。所有手里拿针的人用针扎自己的手臂和脸颊。血流如注，群众如痴如醉，开始啜泣，情绪变得越来越激动。教徒们的头头在队伍里跑来跑去，鼓励软弱的人，抑制过于狂热者。当哀恸之情过于亢奋时，他会让音乐停下来，由此使一切都停顿下来。很难做到不被这种场面所感动：人们的感觉是既同情又害怕。有时人们在舞蹈停止的时刻会看到，鞭笞者高举拿着链条的手臂，高喊"啊，安拉，噢，主啊"，声音十分沉重，其状虔敬，不由人不赞叹，整个场面也就显得十分神圣庄严。

我们可以把这样的团体称为悲恸的乐队，起到群众晶体的作用。他们加诸自身的痛苦是侯赛因的痛苦。当他们把这种痛苦表现出来的时候，这种痛苦就成为在场所有人的痛苦。当所有人击打自己的胸膛时，产生了韵律群众。支撑这种韵律群众的是哀恸之情。侯赛因对他们所有的人来说已被夺去了，侯赛因属于他们所有的人。

但是，不仅仅是宗教团体的晶体使在场群众中产生出哀恸群众。而且布道人以及其他单独出现的人都会造成类似效果。让我们看一看哥毕尼作为这类事情的见证人的经历吧。

　　剧院里挤满了人。[62] 时值六月末，在这大帐篷下人们感到窒息。人们享用着茶点。一位僧侣登上讲台并唱起颂歌，人们击打自己的胸膛相和。他的声音不怎么吸引人，他显得很疲惫；他没有产生任何影响，他的咏唱单调乏味；他似乎也感到了不对劲，停止咏唱，走下了台并消失不见了。又一次寂静下来。突然有一个身高体大的士兵，一个土耳其人，大吼起来并越来越猛烈地捶打自己的胸膛，发出很大的响声；另一个士兵开始响应，他也是土耳其人，他虽然与前一个战士不是同一个部队，但一样穿得破衣烂衫。他们准确而反复地捶打着自己的胸膛。有25分钟时间，气喘吁吁的群众在这两个士兵的带领下把自己打得青一块紫一块。单调的、韵律极强的咏唱使他们陶醉，他们尽全力捶打自己，捶打所形成的声音空洞、深沉、规律而且持续不断。一片喧闹之声，但是所有的人尚嫌不够。有一个年轻的黑人，看起来像一个脚夫，他从蹲着的群众中站起来。他把帽子一丢，放开嗓子唱起歌来，同时他双拳捶打着自己的光头。他离我十步之遥，我可以看到他的所有动作：他的嘴唇呈苍白色，他越激动，他的嘴唇就越白；他嘶叫着，捶打着，仿佛头不是头，而是砧板。他这样做了大约有十分钟时间。两个士兵大汗淋漓，无法再继续下去。群众的捶击声由于没有他们准确而有力的声音的引导和带动，开始显得零落混乱。一部分人安静下来。黑人显得已经精疲力尽，他闭上眼睛，跌倒在挨着他的人身上。似乎人人都同情他，尊敬他；他们在他头上敷冰块，唇上沾些水。但是他已昏过去，过了一会儿他在人们的帮助下才又醒过来。当他清醒过来之后，他温和而有礼貌地向所有帮助他的人致谢。

刚刚平静下来，这时有一个穿着绿袍的人登上讲台。这个人没有什么特别的地方，看起来像是市场上的一个游商。这个人走上讲台就天国进行布道，以雄辩的口才描述了天国的宏伟。为了进入天国仅仅读先知的《古兰经》是不够的，仅仅去做这本圣书命令你去做的事情是不够的，仅仅到戏院来哭泣，哪怕天天如此，也是不够的。你们应该以侯赛因的名义并且怀着对侯赛因的爱去做你们的善事。侯赛因就是天国之门，侯赛因支撑着世界，只有侯赛因才能使你们得救。请你们喊："侯赛因！侯赛因！"

所有的群众都高呼："噢，侯赛因！噢，侯赛因！"

"好。再来一遍！"

"噢，侯赛因！噢，侯赛因！"

"祈求主让你们始终保持对侯赛因的爱吧！请你们向主祈求吧！"

所有的群众都动作一致地举起手臂，用深沉并拖长的声音喊道："呀，安拉！噢，主啊！"

在这一长时间的、激动的序幕之后开始的蒙难记本身，由40到50个结构松散的场景组成。每一个故事在上演之前都由天使迦伯列向先知叙述出来，或以梦景预先告诉观众。总之，观众已经知道将要发生的一切，因此对观众而言谈不上有我们所说的戏剧吸引力，只是观众都充分地参与了演出而已。侯赛因受到的一切苦难，他在被断水后受到干渴的折磨，以及战斗和他在死亡时的一些情景，都得到了鲜明的、逼真的反映。只有伊玛目、圣徒、先知和天使**在唱歌**。受到人们憎恨的人物，下令杀害侯赛因的耶齐德、给予侯赛因致命一击的夏马，他们不许唱歌，而只能念颂词。有时他们对自己的恶行感到沮丧，而当念出他们邪恶的言辞时，他们会痛哭流涕。没有掌声，观众在哭泣着、呻吟着或者捶打自己的脑袋。观众的激动情绪达到了无以复加的地步，他们甚至想对这些坏蛋、杀害侯赛因的刽子手实行私刑。近尾声时，他们看到殉难者的头颅被送到哈里发的宫廷。路上还发生了一连串的奇迹，一只狮子在侯赛因的头颅面前深深地伏倒，队伍在经过一座基督教修道院停驻休息时，院长一见到侯赛因的头颅就宣誓加入伊斯兰教。

侯赛因并没有白白死去，在复活时主把通往天堂的钥匙托付给他，主说："他有绝对的仲裁权。蒙我特许，侯赛因是万事万物的裁判者。"先知穆罕默德把通往天堂的钥匙交给侯赛因并说："去吧！去拯救那些水深火热中的人们。[63] 只要他们终其一生，曾为你流过一滴眼泪，曾以某种方式帮助过你，曾到你的圣地进香，或曾为你悲泣，为你写过悲剧诗文，就带他们所有的人，一起进入天国吧！"

没有任何信仰比什叶派更强调哀恸。哀恸是至高无上的宗教职责，比其他任何善行都更重要。我们完全有理由在这里说，这是一种哀恸宗教。

但是，这类群众在戏院中上演蒙难记时不会达到如此疯狂的状态。德黑兰的"流血日"共有50万人参加，有一位见证人作了如下的描述。很难找到比这更令人恐惧、更令人不舒服的报告了。

50万疯狂的民众，满头满脸的灰土，不时以前额叩地。他们想成为自愿的牺牲者，在团体里自杀并以残暴的方式自残。同业团体的队列一队接着一队。这些队列里的人多少还有一丝理性，也就是还有自我保护的本能，因此这些队列里的人穿着普通的服装。

出现了一片死寂。成百个穿着白色衬衣的男人走过来，他们昂首向天，神情如痴如醉。

这些男人中的许多人在晚上要死去，许多人自残变得残缺不全，染红的白衬衣就是他们的裹尸布。这些人不再属于此世。他们肥大的衬衣只露出他们的脖子和手：殉难者的脸和谋杀者的手。

其他人在他们呼喊的激励和他们疯狂行为的感染下把军刀交给他们。他们的激动情绪变得残暴凶狠，把别人给他们的军刀在头上挥舞；他们的叫喊声盖过了群众的叫喊声。为了忍受痛苦，他们必须进入一种麻木僵直的状态。他们忽而向前，忽而退后，忽而走向一边，全无规则可言。每走一步，他们就有节奏地用锋利的军刀砍自己的脑袋，鲜血直流，白衬衫被染成鲜红色，看到鲜血，他们的神经错乱到了极点。这些自愿的殉道者中有些人崩溃了，他们用军刀砍自己。在疯狂状态下，他们砍断了自己的血管，而在警察把他们抬到设在商店帘幕后面的临时野战医院之前，他们就死在躺下来的地方了。

群众不顾警察的殴打，把这些人隔离起来，把他们围在自己中间，把他们拉到城市中另一个正在继续血浴的地方。没有一个人的意识是清醒的。那些自认没有勇气自残的人则给别人提供可乐，以鼓励别人，他们以这种方法诅咒刺激别人。

殉道者脱下他们的衬衣。这些衬衣被视为神圣之物，他们把这些衬衣交给引领他们来的人。另一些人在开始时并不属于自愿的殉道者，在大家都激动的情况下突然发现自己也有了流血的渴望。他们要求得到武器，撕碎衣服，并胡乱地砍自己。

有时在行进的队伍中出现了一个空隙，因为有一个参加者由于精疲力竭而倒在地上了。但这个空隙立刻又被填满，群众吞没了这个不幸的人，从他身上践踏而过。

能够在阿术拉节死去的人是最幸运不过了，八个天堂的大门为圣徒洞开，人人争先恐后，都抢着要进去。

值勤士兵的责任是照顾伤者和维持秩序，他们也受到了群众激动情绪的感染。他们脱掉自己的制服，加入到流血的行列。

孩子们也受到了疯狂情绪的感染，甚至很小的孩子也受到了感染。有一位母亲站在井边，她紧紧地抱住自己已经自残的孩子，充满了骄傲的情绪。另一个女人边叫边跑过来，喊道："他已经剜出了一只眼睛，再过一会儿，他要剜出另一只眼睛了，他的双亲欣慰地看着他。"[64]

第九节　天主教和群众

如果不带偏见地考察，那么天主教由于传播范围很广而明显地表现出**不活跃和沉静**。它的名字就已经包含着它的主要要求即容纳所有的人。*它期望所有人皈依天主教，每个人在某些条件下（我们不必把这些条件看作是不可通融的）都可以被接纳。在这一点上，从原则上说，而不是从程序上讲，还保存着最后的平等痕迹，而这种平等与天主教严格的等级制形成了鲜明的对照。

除了天主教传播范围很广以外，它的沉静也对许多人具有巨大的吸引力。天主教的沉静是由于它的历史很长久，而且它厌恶一切激烈的群众行为。很长时期以来，也许是从最早的对天主教大不敬的孟他努派异教徒运动以来，天主教就对群众采取不信任的态度。群众突然爆发的危险性，爆发的骚乱很容易传播蔓延开来，骚乱会迅速发生且后果无法估计，但首先是**取消各种距离的束缚**（教会等级制的各种距离尤为明显）——这一切早就使教会把开放的群众看作自己的主要敌人并千方百计地反对群众。

这种不可动摇的认识影响到了天主教的所有信仰内容以及它所有实际的组织形式。到现在为止，地球上还没有一个国家像天主教那样善于以如此多样的方式反对群众。用教会来衡量，所有的统

---

*　天主教（Katholische）有宽容、包容一切之意。——译注

治者似乎就是可悲的低能者。

首先应该考虑的是信仰本身。信仰对聚集起来的信徒起着最直接的作用。信仰具有无法超越的平缓庄重的性质。穿着古板笨重的法衣的神父步伐整齐，言辞凝重——这一切让人觉得哀恸的色彩已经十分淡薄，好几个世纪都平均地吸纳一部分哀恸，结果是突然的死亡、激烈的痛苦已经荡然无存了：短暂的哀恸**已经成为木乃伊了**。

教会用各种方法阻止信徒之间的沟通。他们不能互相布道，一般信徒的话都不具有神圣的性质。他所期待的一切，使他从压在他身上的种种重负下解脱出来的东西，都来自更高的职位；没有向他解释的，他也不会**明白**。神圣的话语反反复复地向他解释，一点一滴地传授给他，神圣的话语在他面前真正地**被当作了**神圣的东西。甚至他的罪恶也属于神父，他必须就自己的罪恶向神父忏悔。对他来说，把自己的罪恶告诉其他的一般信徒，不是一件轻松的事情，他又不应隐瞒自己的罪恶。他只向神职人员公开他的一切内心深处的伦理道德问题。为了使神职人员能给他提供比较满意的生活，他把自己完全托付给了神职人员。

发放圣餐的方式也把一个信徒同其他信徒分开，他们一起领取圣餐，但是他们在现场不会互相有联系。一个领取圣餐的人得到一份珍贵的宝物，这是他所期待的，他应该保护好。谁看到了领圣餐的队伍，谁就会发现，队伍里的每一个人都是只管自己。每一个人都不管前后的人，他前后的人与他无关，而在日常生活中他多少还同其他人有一些联系，虽然这种联系也已经少得可怜。圣餐领取仪式只是把领取圣餐的人同教会联系在一起。教会是看不见的，但却具有巨大的力量，教会把他同在场的其他人分开。领取圣餐的人相互之间的感觉是，他们并不是一个整体，他们之间的关系就像一群发现了宝物并且正在分割宝物的人一样。

教会就是以这种方式——这对信仰具有十分重要的意义——显示出它对一切哪怕是能使人想起群众的东西的警惕。教会削弱和淡化所有在场人们之间共同的东西，而代之以一个在遥远地方的神秘的共同物，这个共同物强大无比，它不是无条件地需要信徒，它在信徒还活着的时候决不会真正消除信徒和它之间的界限。天主教总是要人们向那些得到许诺的群众看齐，这些群众就是天使和圣徒。这种得到许诺的群众被引到了遥远的彼岸，而仅仅由于这一点，由于他们在僻静的地方，他们变得平和了，不再会受到直接的诱惑，不仅如此，他们也成了保持镇定和安静的模范。不要以为圣徒的活动很多，圣徒的镇定使人想到行进队列的镇定。他们缓步而行，边走边唱，赞美主，感到很幸福；他们行动如一，命运也千篇一律；他们从来没有试图掩盖或破坏他们生活态度的广泛一致；他们人数很多，他们很紧密地在一起，他们充满了同样的幸福。但是，他们的全部群众特征也由此显示出来了。他们人数**越来越多**，但是增加速度很慢，甚至人们都察觉不出来：他们从来不谈论他们人数越来越多这件事。他们也没有方向，他们的状态永远不变。由他们组成的天庭是永不变动的。他们不想去任何地方，也不再期待什么。这真是可以想象的最温和、最无害的群众形式了。也许人们可以把它称为群众，实际上它却介于两可之间：它是一个唱着美丽的、不是很激动的歌的合唱团；**在经历了**一切考验**之后**被选出来并成为永恒的持续存在。如果人们渴求的永恒存在不是最难达到的话，那么人们就很难理解，吸引作为群众的圣徒的究竟是什么东西呢？

尘世的情况与圣徒不完全一样，但教会总是要显示出来的东西，是**缓慢地**显示出来的。祈祷的行列是最明显的例子。他们要让尽可能多的人看到，他们的动作都是以此为目的，他们缓缓而行。他们把信徒集中起来，从他们身边走过，很慢很慢，因此不会太惊动他们（除非是屈膝膜拜或落在队伍末尾的人赶上队伍），不会引起这个队列中的人的想法和愿望。

队列总会显示出宗教的等级制。每一个走过来的人都穿着能充分体现出他的尊严的礼服，人人都认识他扮演的角色，并这样称呼他。人们期待着从有权赐福的人那里得到幸福。队列的这种等级森严的状况，使得观众不可能进入类似群众的状态。观众在看等级森严的队列时同时也被固定在这些等级上了。完全不可能消除他们的等级差别，完全不可能把他们合成一个整体。成年的观众永远也不会把自己看作神父或主教。他同神父、主教总是分开的，他总是把他们看得比自己高。一个人越是虔诚，他就越是会向那些比他地位高得多、神圣得多的人表示自己的敬意。这正是做礼拜的队伍要达到的目的，它的目的就是要引起信徒们共同的**尊敬之意**。教会不希望有更多的共同性出现，因为更多的共同性会导致无法控制的感情爆发和活动。人们所表达的敬意也是等级分明的，沿着队列，尊敬的程度一级比一级高，这些等级是人们所熟知的，也是人们所期待的，这些等级恒久不变，因此人们表达的敬意不会受到任何突然的事情的影响。这种敬意像潮水一样缓慢而稳定地升起，达到最高潮，又慢慢消退。

如果弄清楚了教会的所有组织形式，那么就不会对教会具有许多群众结晶而感到奇怪。也许在任何地方都不能像在这里这样更好地研究这些群众晶体的作用。不过，在进行这种研究时不应忘记，群众晶体也是为教会一般目的服务的，这个目的就是防止或更确切说延缓群众的形成。

属于这些群众晶体的有修道院和宗教团体。它们中间有真正的基督徒，这些基督徒献身于顺从、清贫和贞洁。他们的作用是向那些虽然是基督徒但又不能过基督徒生活的人展示出真正的基督徒的样子。他们的服饰是达到这一目的最重要的手段之一，这种服饰意味着禁欲和摆脱家庭的习惯性束缚。

在有危险的时期，教会的作用就完全改变了。教会不总是能保持它高贵的矜持态度、对开放性群众的厌恶以及它对群众形成所发布的禁令。也有这样的时期，这时，敌人从外部威胁到教会，或者说，叛教行为迅速发生并蔓延开来，这时人们只得用对付瘟疫的手段来对付这种叛教行为。这时，教会感到有必要用自己的群众来对抗敌方的群众。在这种情况下，僧侣成为鼓动家，到处巡回鼓吹，煽动人们从事教会平时惟恐避之不及的活动。教会有意组织群众最壮观的例子是十字军东征。

第十节　耶路撒冷的圣火

　　在耶路撒冷举行的复活节希腊庆典期间，发生了一件非同寻常的事件，庆典由此达到了高潮。在复活节前夕，圣墓礼拜堂内圣火自天而降。来自世界各地成千上万的朝圣者聚集在一起，当圣火从救世主的坟墓中喷出时，他们引燃了自己的蜡烛。他们认为火本身并无危险，信徒们相信，火不会伤害他们。但当他们争先恐后地向火挤去时，有一些朝圣者丧了命。

　　史坦利，稍后他是西敏斯特区的副主教，他于1853年复活节庆典期间，在旅途中曾暂住在圣墓礼拜堂，他曾对庆典作过详细的描述：

　　圣墓有一个小礼拜堂，这个小礼拜堂处在教堂的中央。信徒们一个挨着一个紧紧地围着圣墓，形成两个大圆圈，两队士兵把他们同外面的人隔开。两圈人中间有一条通道，由土耳其士兵守护。上边看台上坐着观众。这是复活节前夕的早上，暂叫还是一片寂静。没有任何事情预示着未来会发生什么。两至三个朝圣者死死地守住圣墓小礼拜堂的入口处。

　　中午时分，一群阿拉伯基督徒闯进了土耳其士兵守护的自由通道，他们在人圈里左冲右突，直到被士兵抓住为止。这些阿拉伯人似乎相信，如果不是事先围着坟墓跑几圈，那么火是不会出现的。

围着坟墓转圈转了整整两个小时。突然有20、30或50个人跑了起来，他们互相抓住，举起其中一个人，放在肩上或举过头顶，他们这么抬着这个人往前冲，直到这个人跳下来，接着又举起另一个人。有些人穿着羊皮衣服，有些人几乎是光着身子。通常有一个人作为他们的代言人走在前面，他鼓起掌来，他们也跟着鼓掌，并且拼命地叫起来："这是耶稣的坟墓。主抚养了苏丹。耶稣拯救了我们。"起初是一小群人在活动，很快人越来越多，最后，士兵之间的整个圆圈都充满了这些狂野的人，他们跑着、围着坟墓转圈，像潮水一样左冲右突。逐渐地，疯狂的情绪冷却下来，或者说受到了抑止。通道不再有人守护，从希腊教堂里走出一个很长的行列，他们手里拿着镶边的旗帜，绕着坟墓转圈。

从这一时刻起，之前只限于跑着、舞着的人们的亢奋情绪变成了所有人的情绪，由士兵分隔开的两大群朝圣者仍然停留在他们的位置上，但是他们一起狂暴地叫起来。在他们的叫喊声中时而还可以听到——这特别好听——行进队伍的唱歌声。行进的队伍围着坟墓转了三圈。在转第三圈的时候，两队土耳其士兵合并成了一队，并跟在行进队伍的后面。群众中出现**一次**严重的骚动。这一天的危机时刻终于要到来了。人们相信，不信教的土耳其人的存在会妨碍圣火降临，现在是把他们赶出教堂的时候了。人们相信，可以把这些土耳其人赶出去，于是教堂里乱作一团，有的人搏斗，有的人取得了胜利。狂暴的群众四处都与军队发生了冲突，军队从教堂的东南角退了出去。行进的队伍被冲乱了，旗帜摇摇晃晃。

一小群人紧紧地拥着主教佩特拉，这一次他是"圣火主教"，他代表该教派的鼻祖，他很快地进入圣墓的小礼拜堂，门在他进去后立即关上了。现在整个教堂人山人海，喧嚣之声响彻全场。只有一个地方是空的，从小礼拜堂北边的一个出口到教堂的墙边有一条很窄的通道。出口处站着一位引火的神父。通道的两边，就目力所及之处，成百上千的人伸着手臂，像树林的枝条伸展在暴风中一样。

　　在早先人们更为大胆的时代，此时会有一只鸽子出现在小礼拜堂圆顶的上空，这是为了使圣灵的降临能被人们看见。现在人们已不再采用这种办法，但是人们仍然相信圣灵的降临。而人们只有知道这一点，才会完全理解稍后出现的激动情绪。洞内出现了明晃晃的火焰，就像燃烧着的木柴一样。每一个受过教育的希腊人都知道并承认，这把火是大主教在里面点燃的。但是每一个朝圣者都相信，这是圣灵降临圣墓之光。教堂里一片欢声雷动，激动的情绪淹没了一切，不管有什么声音，不管发生什么事情，这时都觉察不到了。火焰慢慢地从一个人手里传到另一个人手里，从一支蜡烛到另一支蜡烛，直至传遍所有的人，最后，整个建筑物，从一个看台到另一个看台，放眼望去，到处处在几千支蜡烛的火光之中。

　　这时，大主教或该教派的鼻祖在一片欢呼声中被人们放在肩上从小礼拜堂抬出来，他几近昏迷，给人一种印象，他被万能的主的荣耀征服了，他现在正从万能的主那里回来。

　　现在大批人蜂拥着逃离浓烟和令人窒息的热浪，把点燃的蜡烛带到耶路撒冷的各条大街和家家户户。人们拥挤着从教堂唯一的一扇门中出来，有时人们拥挤到以致出现了伤亡事故，1834年就有数百人为此付出了生命。又有一段很短的时间，朝圣者跑来跑去，用火擦过自己的脸和胸部，他们想证明火是不会伤人的，对此他们深信不疑。但是，随着火传播开来，狂野的热情消失了。如此强烈的狂热却如此迅速彻底地消失，或许也算是一个奇特的景观吧！早上的狂热和晚上的宁静形成了鲜明的对照，晚上教堂里全是朝圣者，但这时他们都已入梦乡。他们在等待半夜的祈祷仪式。[65]

英国人**罗伯特·柯隆**是1834年大灾难的见证人。他所写的关于这次大灾难的报告充满了恐怖的景象。下面是这个报告的主要内容。

耶稣受难日的午夜，柯隆陪同他的朋友到圣墓教堂去看希腊人朝圣者的游行队伍。每一扇窗户，每一个角落，每一个能立足的小地方，都挤满了人。只有看台是空的，那是给耶路撒冷的土耳其总督易卜拉欣帕夏和他的英国客人预留的。据说当时耶路撒冷有一万七千名朝圣者，他们几乎都是到这里来看圣火的。

第二天早上，士兵们从人群中为易卜拉欣帕夏开出了一条通道，他在一队疯狂的游行队伍的簇拥下到看台上就座。

这时人们逐渐变得狂乱起来。他们就这样挤着站了一夜，已经精疲力尽了。当点燃圣火的时刻来临之时，他们由于高兴而不能自制。他们的激动情绪越来越高涨。将近一点钟的时候，一队壮观的游行队伍从希腊人的小礼拜堂里走出来。他们引导着大主教围着坟墓走了三圈。这时大主教脱下银丝织物做的上衣，走进坟墓，门在后面关上了。朝圣者的激动情绪达到了最高潮，他们尖声喊叫。挤得很紧的人群摇来摆去，就像田野上的谷物随风摇摆一样。

圣火从圣墓小礼拜堂的一个圆洞里传递出来。一队士兵把一个男人引导到这个地方，他为了得到这份荣誉付出了最高的代价。安静了一会儿坟墓里出现了火光，那个幸运的朝圣者从在里面的大主教手中接过圣火。圣火是一束点着的蜡烛，外面罩着一个铁框子，以免这一束蜡烛被弄散或弄灭。这时立刻出现了疯狂厮打的局面。人人都急于弄到圣火，有些人为了引燃自己的蜡烛而把别人的蜡烛弄灭了。

整个仪式就是这样：没有布道，也没有祈祷，只是游行时稍稍唱了几首赞美诗。很快人们看到四面八方都亮了起来，每个人都从圣火那里引燃了自己的蜡烛：小礼拜堂、看台和每一个角落，凡是有蜡烛的地方都亮了起来——一切都沐浴在光的海洋里。人们在疯狂的情绪中用一束束点燃的蜡烛烧自己的脸、手和胸部，以洗净自己的罪恶。

过了不久，蜡烛的浓烟盖住了整个地方，我看到浓烟从大教堂尖顶上的孔穴中冒出去，变成了一大片云彩。大教堂里面的味道令人作呕。有三个可怜的人由于高热和污浊的空气而从较高的看台上跌下来，掉在下面人群的头上，摔得粉碎。有一个可怜的17岁的亚美尼亚少女，由于高热、干渴和疲劳而死在座位上了。

最后，在我们看到了所有这一切之后，易卜拉欣帕夏起身离开，他众多的侍卫们，从塞满教堂的密密的人群中，用暴力为他开辟出一条道路。由于人太多，我们稍等了一会儿，然后我们一起回我们的修道院。我走在前面，我的朋友在我身后跟着，士兵们为我们开出一条走出教堂的路。我来到了一个地方，这是圣母在耶稣被钉在十字架上期间站过的地方。我看到一堆人躺在地上，就我所能看到的而言，从教堂的这一处直到门口，到处都躺着人。我尽可能地从他们中间走过去，但因为他们躺得太密，实际上我是踩着一大堆躯体走过去的。忽然我想，这些人都是死的。起初我并没有发现这一点，我以为他们只是由于仪式活动太紧张而精疲力尽了，所以他们躺在地上休息一下。但是，当我走到更大的一堆人旁边时，我往下朝这一堆人看了一下，我发现，他们的脸部表情冷漠、呆板，从表情看准错不了。有一些人因为窒息而皮肤变黑，另一些人浑身都是血，他们身上还溅有那些被群众踩得稀烂的人的脑浆和内脏。

教堂的这一块地方已经没有活着的群众。但是，在不远的地方，在拐向主要出口的转角处，人们在惊恐的情绪中仍然往前挤着，每个人都在尽一切可能逃离此地。外面的守卫看到里面的人往外冲时大惊失色，他们想，这些基督徒要攻击他们。混乱很快变成一场厮杀，士兵们用刺刀杀死了许多精疲力竭的可怜虫；有许多人像公牛一样被士兵们用枪托打死，他们的血和脑浆溅满了墙壁。人人都想自保，都想逃离此地。所有在厮打中倒在地上的人立即被其他人踩死。战斗变得如此之野蛮而且令人绝望，以致那些惊恐万分的朝圣者最终想到，只有毁灭别人才能拯救自己。

当我发现危险的时候，我想叫我的朋友们往回走；他们也这么做了。而我本人则被人群拥挤着往前，一直到大门附近，在那里所有人都在为保自己的命而斗争。我看到自己必死无疑了，于是拼尽全力往回跑。一位总督的军官，从肩章上的星看是一个上校，他也发现了危险，并且也试图往回跑。他抓住我的衣服，把我推倒在一个奄奄一息的老人身上。这个军官把我推倒之后，我们就在将死的人和已死的人中间，由于绝望而勇气倍增地互相拼搏着。我和这个奄奄一息的老人厮打起来，直到我彻底把他打倒。我终于又站了起来。后来我了解到，这个老人再也没有站起来。

有一会儿，在厮杀中我是很不愉快地站在尸体堆上的，当时教堂这一块狭窄的地方密密地挤满了人，我在他们中间被挤住，因而直直地站着。我们大家就这样静静地站了一会儿。突然群众开始骚动起来。一声大叫之后，群众分开了，我发现我站在一队男人中间，另外一队人站在对面，所有人都脸色苍白，撕破的衣服沾满血迹，我们就这样站着，怒目相向。我们突然感到有一种冲动，随着一声在圣墓教堂长廊里回响的尖叫，这两排对立的群众立即开始厮打起来，我同一个腿上都是血迹的半裸的男人扭打在一起。群众再一次后退，我在令人绝望的残酷的厮杀中往教堂里头后退，在那里我找到了我的朋友们。我终于成功地到了天主教的圣器收藏室，僧侣们指定我们暂时待在这里。就在圣器收藏室的门口，我们还同一群试图同我们一起进入圣器收藏室的朝圣者进行了猛烈的厮打。我要感谢上帝救了我，我终于死里逃生了。

到处都是死人堆，我看到有四百个死的和活的不幸的人，他们堆在一起，有些地方的人堆有一米半高。总督易卜拉欣帕夏只比我们早几分钟离开了教堂，他勉强活着离开了此地。他被四面八方的群众推挤着，有些人还攻击他。由于他的随从拼命努力，有几个随从还为此送了命，总督才来到了外面的庭院。在厮杀的过程中，总督不止一次昏厥过去；他的随从们不得不拔出军刀，从密密的朝圣者人群中为他杀开一条血路。到了外面后，他下令搬开尸体，让随从们把那些看来还活着的人从死人堆里拖出来。

在圣墓教堂发生了这样可怕的灾难之后，耶路撒冷的朝圣大军惊恐万分，人人都想尽可能快地逃离这个城市。到处都传闻发生了瘟疫，于是我们和其他人一起准备离开此地。[66]

为了理解这里所发生的事，我们必须把复活节庆典的正常程序同柯隆亲眼所见的1834年大恐慌做个区分。

这是庆祝耶稣复活的庆典。围绕着基督的死和他的坟墓形成的哀恸群体，转化成了胜利的群体。复活是一种胜利，是作为一种胜利被庆祝的。在这里，火是胜利的群众象征，这一点应该让每一个人都知道，以便他的灵魂能够分享这一复活。可以说，人人都必须变成来自圣灵的火，因此人人都要从圣火引燃自己的蜡烛，然后把这珍贵的火带回自己家。

关于火如何产生的欺骗并不重要，重要的是哀恸群体转变成了胜利群体。人们围绕着救世主的墓地集合起来，以此分享了救世主的死亡。但是，当人们从救世主的墓中喷出的圣火引燃自己的蜡烛时，他们也就分享了救世主的复活。

火光由**一缕火光**而瞬间变成万千缕火光，这种迅速传播非常美丽壮观。这些火光代表着那些因有信仰而将复活的人。这些人形成的群众产生得非常迅速，只有火的扩张才有这种速度。对于群众形成的这种突然性和速度而言，火是最好的象征。

但是，在事情达到这一步之前，在火真正出现之前，人们进行了真正的斗争。教堂里的那些不信教的土耳其士兵必须被赶出去，只要他们在那里，火就不会出现。他们的撤退是仪式的一个组成部分，在希腊的那些高官要人的游行结束之后，希腊士兵开始撤退。土耳其人走向出口，教徒们在后面拥挤他们，就像是他们把土耳其人赶走似的，于是在教堂突然又有一些人在厮杀，一些人在庆祝胜利。

仪式开始的时候有两个停滞的群众，士兵们把他们分开。由阿拉伯基督徒组成的小型韵律群体在他们中间活动并刺激他们。这些野蛮的、狂热的群体具有**群众晶体**的作用，他们把自己亢奋的情绪传染给那些等待圣火的人们。接着那些高官要人们开始游行，这是一个缓性的群众。不过，在这种场合，他们的速度比平时为达到目的的速度要快。后来在点燃圣火之后被人们抬着围绕坟墓转圈的处于半恍惚状态的大主教，就是上述情况活的见证。

1834年的大恐慌及其可怕后果，其诱因包含在仪式本身的冲突因子之中。在一个封闭的空间，由火引起惊恐的危险始终是很大的。仍是在这里，这种危险由于两派的对立更严重了：一派是一开始就在教堂里的不信教的人；另一派是想把这些不信教的人赶出去的教徒。柯隆用许多笔墨谈到了大恐慌的这一个方面：在这场大恐慌的许多表面上完全不相连贯的、毫无意义的时刻中，他在瞬间突然感到自己处在一个与另一队人对立的队伍中。两队人开始互相进攻，他们甚至在分不清谁在哪个队伍中的情况下互相进行殊死的厮杀。他谈到了成堆的尸体，人们践踏尸体，试图爬出尸堆逃生。圣墓教堂变成了战场。死去的人和还活着的人堆成许多人堆。复活变成了它的反面，变成了普遍的失败。朝圣者都想到了瘟疫，想到了更大堆的死人，因此他们都逃离了圣墓所在的这个城市。

第四章

群众与历史 [67]

第一节　各个国家的群众象征

　　大部分想深入研究国家的人都有一个根本性的错误：想给国家下一个一般性的定义。人们说，国家是这样或那样。人们显然认为，重要的是找到国家的正确定义。一旦找到一个正确的定义，就可以平均地应用于所有国家。人们从语言或领土、文艺、历史、政府以及所谓的民族感情来给国家下定义，而且在这样做的时候总是把例外的情况看得比通常的情况更重要。事情的结果总是这样：人们抓住某个活人的随便哪一件衣服已经脱开的部分，结果什么也没有抓住；人们轻而易举地偷窃了自己，但仍然两手空空。

　　除了这种看起来客观的方法以外，还有另一种朴素的、只以一个国家为研究对象的方法，也就是说，这个方法只以这样一个独特的国家为研究对象，对这个国家来说，一切其他国家都是无关紧要的。这个国家毫不动摇地要求霸主地位，预言家式地幻想自己的强国地位，是伦理要求和动物式要求的真正混合物。但是我们不要认为，所有这些国家的意识形态也是相同的。各个国家彼此相同的东西只是它们咄咄逼人的胃口和欲求。它们也许都**要**同一个东西，但它们本身**不是**同一个东西。它们要扩大，并且用繁衍来为这种扩大打基础。整个地球似乎必然由它们之间的某一个国家来役使，整个地球当然属于它们中间的某一个国家。所有听到这个消息的其他国家都会感到受到了威胁，它们除了感到的威胁外，别无其他担忧。

因此，人们并没有注意到，这些国家的欲求形式的具体内容、真正的意识形态彼此是极其不同的。人们必须下大力气——不要受这些国家的贪欲的影响——去确定每一个国家特殊的东西。人们必须中立，不隶属于任何一种意识形态，但却衷心地、深深地对所有的意识形态都感兴趣。因此，人们必须在思想上把这些意识形态与自己融为一体，就像人们注定在自己一生的大部分时间里真正属于这种意识形态一样。但是，人们不应该这样属于这些意识形态中的一种，以致听任一种意识形态的摆布而牺牲其他一切意识形态。

如果不是在各个国家的区别中给国家以规定，那么谈论国家是没有内容的。所有的国家彼此进行长期的战争。每一个国家很大一部分成员都参加过这些战争。它们为什么要打仗呢，这个话题谈得够多的了。但是谁也不知道，它们**作为什么**打仗。它们对此有以名之，它们说，它们作为法国人，作为德国人，作为英国人，作为日本人打仗。但是，这个语词在使用这个语词的人身上有什么意义呢？如果他们作为法国人、德国人、英国人、日本人被拖入战争，他**相信**自己与别人有什么不同？他实际上与别人有什么不同，在这里并不重要。对他的风俗习惯、他的政府、他的文学的研究可以显得很彻底，但是这与这种特定的民族性**丝毫没有关系**，在他进行战争时，这种民族性是作为信仰存在的。

因此，各个国家在这里应该被看成似乎它们是各种**宗教**一样。它们在实际上时而陷入这种状态，这是它们的趋势。表现出宗教倾向的内在因素始终存在着，各个国家的宗教在战争中会变成现实。

从一开始就可以认为，一个国家的成员**不会感到自己是孤独的**。当别人称呼他或他自称的时候，某种更为广泛的东西会进入他的思想，一个更大的整体（他感到自己与这个整体联系在一起）会进入他的思想。这种整体的性质并不是无关紧要的，他同整体的关系也不是无关紧要的。这不简单地是他的国家在地理上的整体，不简单地是人们在地图上找到的那种地理上的整体，一般人对地理上的这种整体是漠不关心的。也许国界对他有其压力，但不是一个国家自己的全部领土对他有压力。他也不会想到他的语言，尽管他的语言与别人的语言分明是不同的。他所熟悉的那些语词在亢奋的时刻确实会对他产生巨大的影响，但是支撑他的、他为此准备去战斗的并非是词语。对于一般人来说，国家的历史也没有什么意义。他既不知道这一历史连续的实际过程，也不知道这一历史传承的全部内容；他不知道以前的生活是什么样子，只知道以前曾生活过的少数人的名字；进入他意识的那些人物和时刻都在一般历史学家纳入历史的东西的范围之外。

他感到与自己有联系的更大的整体，始终是**群众**或**群众象征**。这个更大的整体始终有若干对于群众或群众象征来说具有典型意义的特征：紧密性，扩大，无限的开放性，惊人的或者明显的联系，共同的韵律，突然的解放。许多这样的象征我们已经研究过了。我们曾谈到海洋、森林、谷物。在这里重述它们的性质和功能，重述这些性质和功能是如何把它们的命运确定为群众象征的，似乎有些多余。我们在这里要在各国自身具有的观念和情愫中重新找到这些性质和功能。但是这些象征从来不是赤裸裸地、**单独地**表现出来。一个国家的成员总是会以**他的**方式看到自己同国家某种最重要的群众象征有着固定的关系。这种群众象征会随着时机的需要而有规则地反复出现，其深层次的原因是国家情感的连续性。随着这种国家情感，只是随着这种国家情感，一个国家的自我意识也会发生改变。这种自我意识比人们所想象的更能改变，由此我们还可以对人类的继续存在抱有某些希望。

以下试图对少数几个国家就其象征进行考察。为了考察不先入为主，让我们回到 20 年以前。当然，我们这里的叙述不能有感情色彩，完全是简单的、一般的描述，几乎不涉及个人。

英国人

在当今世界上，不大肆张扬然而却无疑总是表现出最稳定的国家情感的国家，是英国，因此我们的考察从英国开始是合适的。人人都知道，**海洋**对英国人来说意味着什么。不过人们并不知道，英国人众所周知的个人主义与他同海洋的关系有着何种确确实实的相互联系。一个英国人把自己看作**船长**，船上有一小群人，在他的**四周和脚下是海洋**。他几乎是孤独的，甚至作为船长在许多方面同船员是隔绝的。

但是，海洋要**被控制**，这个观念具有决定性意义的。在广阔无垠的海洋上，船是孤独的，就像人格化为船长的分散的个人一样。

船长掌握的航线，就是他对海洋下达的命令，只是由于这一命令通过船员的中介而得到执行，人们忘记了必须服从命令的本来是海洋。他确定目标，海洋则像有生命之物那样把他带到他的目的地；当然途中会遇到风暴和其他顶风逆浪的时刻。海洋如此之大，因此重要的是它惯常听命于谁，当目标是英国的领地时，海洋就更听话了。此时海洋就像是一匹识途的老马，其他国家的船只更像是偶然借用这匹马的骑士，这匹马很不听话，它只是后来又回到主人手里时才又变得很听话。海洋如此之大，因此人们控制的船只**数量**也具有重要的意义。

至于海洋的性质，我们应该考虑到，海洋经历的变化是何等繁复，又是何等波澜壮阔。它与人们平时接触的所有动物群相比，更是变化多端；与海洋相比，猎人的森林和农夫的田野又是何等和谐安定。英国人常常想到在海底的死者。因此，海洋给英国人带来的是各种变化和危险。

英国人的家居生活是海上生活的补充。英国人家居生活的基本特点是安全而单调。每个人都有他的住所，除了出海以外，任何变化都不会使他放弃住所；每一个人都对他的习惯和他所拥有的东西确信无疑。

荷兰人

把英国人与荷兰人作一番比较，可以特别清楚地看到国家的群众象征的意义。这两个民族源出于同一祖先，他们的语言相近，宗教发展几乎相同。这两个民族都是航海民族，都建立了世界性的海上王国。一个出发寻求贸易机遇的荷兰船长的命运与一个英国船长的命运没有什么不同。他们彼此间进行的战争是血缘相近的两个竞争者之间的战争。他们之间的差别固然微不足道，但这种微不足道的差别却十分重要。这涉及他们的国家的群众象征。

英国人夺得了海岛，但不是费力从海洋那里争夺来的。英国人靠船制服海洋，船长是海洋的统帅。荷兰人居住的陆地**只是从海洋那里争夺来的**。由于陆地太低，他们必须筑堤来保护陆地。堤坝是他们的国家命脉。**由男人组成的群众把自己看成堤坝一样**，群众与堤坝联合起来抵抗海洋。如果堤坝被破坏，那么陆地就受到了威胁。在战争时期，堤坝会遭到破坏，人们就以人工岛来抵御敌人。以人墙来抵御海洋的情愫，任何地方都没有这里发展得充分。在和平时期，人们依靠堤坝，但是当面临敌人必须破坏堤坝时，堤坝的力量转到了人的身上，人们会在战后重建堤坝。在他们的信念中堤坝一直存在着，直到堤坝重新建立起来。荷兰人在受到严重威胁的时期，仍然令人吃惊地、毫不动摇地**在心中**保持着抵御海洋的堤坝。

当英国人在他们的岛上受到攻击的时候，他们把希望寄托在海洋上：暴风雨会帮助他们抵御敌人。他们信赖自己的岛屿，每个人在船上也感到同样安全。荷兰人总是感到背后有危险。对荷兰人来说，海洋从来没有被完全制服。固然他在海上航行到了天涯海角，但是他在家里时，海洋可能攻击他，因此在迫不得已的场合，为了阻止敌人的进攻，他自己必须做一切事情来挡住敌人的进攻。

德国人

德国人的群众象征是**军队**。但是军队不只是一大群人：军队是**行进着的森林**。在近代国家中，没有一个国家像德国一样，对森林仍保持着如此鲜活的感受。一排排笔挺而整齐的树木，它们的密度和数量，使德国人的心中充满了深切而神秘的欢乐。时至今日，德国人仍在寻找他们祖先曾居住过的森林，他们感到同树木是一体的。

这里的树木干净整齐、互相分立，特别是长得笔直，这是德国森林与枝杈横生的热带森林完全不同的地方。在热带森林里，视线完全被遮蔽了，杂乱地长着许多树，这种混乱排除了一切规则感和均匀感。温带地区的森林则有明显的韵律。放眼望去，行行树木，历历分明，可以一直望到尽头。每一棵树都比人高，而且不断地长高，直到长成像古代传说中的勇士一样；它那稳如泰山的坚定，就像是战士的美德；一棵树的树皮只是像一个战士身上的盔甲，而在生长着许多同类树木的森林里，则更像一支部队的制服。对德国人来说，军队和森林无论如何是融合在一起了，尽管他自己不认识这一点。尽管在其他人看来，军队是枯燥、单调无味的，但是在德国人看来，这种枯燥和单调却是森林的生命和光辉。他在森林中并不害怕，他感到自己受到了所有这些树木的保护。他以树木的刚毅和正直作为自己的准则。

一个男孩，为了他所相信的那样去梦想和成为独立的人，摆脱家庭的束缚而逃进了森林，他在那里预先体验了加入军队的感受。他的伙伴已经在森林里等着，它们像他所要的那样忠诚、坚贞和正直，它们彼此相似，因为它们都在**笔直地**生长，但是它们又不一般高、一般粗。我们不应低估这种早期的森林罗曼蒂克对德国人的影响。在上百首诗歌中。德国人接受了森林罗曼蒂克，这些诗歌中的森林通常被称作"多伊奇"。

英国人喜欢想象自己**在海上**，德国人喜欢想象自己**在森林中**；很难把他们在国家情愫方面的区别表达得比这更简洁。

法国人

法国人的群众象征始源于不久之前：这就是法国人的**革命**，每年举行一次自由日庆祝活动。这是一个真正的全国同庆的节日。7 月 14 日这一天，每个人都可以同任何一个人在街上跳舞。那些在平时如同其他国家的人一样缺乏自由、平等、博爱的人，这一次可以表现出他们有自由、平等、博爱的样子。巴士底狱被攻克，街上再一次像当年那样人山人海。数世纪以来，群众是君主司法机构的牺牲品，现在由群众自己来司法了。对当时执行死刑的情况的回忆，对一系列令人激动的群众亢奋行为的回忆，都已成为这种节日情愫的组成部分，这是人们没有想到的。谁反对群众。谁就得交出项上人头。他欠群众一颗头，他以自己的方式帮助群众保持和增进其欢腾喜悦之情。

《马赛曲》源于那个时代，没有哪一个国家的国歌比这首法国国歌更生动有力了。自由的爆发是周期的事件，每年重复，每年期待，它作为一个国家的群众象征会带来很大的好处。自由的爆发后来像当年一样，还产生了防御的力量。征服欧洲的法国军队源自革命。法国军队得到拿破仑，也达到了最大的军事辉煌。胜利属于革命和革命的统帅，最终的失败属于皇帝。

有几种意见反对把革命看作法国人的国家群众象征。这个词有点含糊，它没有有限而坚固的船上的英国船长那么具体，也没有行进中的德国军队像树木一般整齐划一。但是我们不应该忘记，属于英国人船只的是活动的海洋，属于德国人军队的是起伏不平的森林。活动的海洋和起伏不平的森林使他们的感情得到营养，从而保持生动活泼。革命的群众感情也表现在具体的运动和具体的对象上：攻陷巴士底狱。

在我们之前的一代或两代，每一个人都会在"革命"这个语词前加上"法国"。他们最大众化的纪念品，在世界面前标明了法国人的特点，这是法国人最具特色的东西。因此，俄国人以其革命在法国人对国家的自信度上打开了一个令他们不愉快的缺口。

瑞士人

瑞士这个国家的国民团结是无可争议的。瑞士人的爱国情操大于说**同一种语言**的其他民族。瑞士有多种语言，有许多州，它们的社会结构也不同，瑞士分成两大教派，它们在历史上相互进行的战争仍记忆犹新。所有这些都不会给瑞士人的国家自我意识造成严重的损害。当然，他们有一个共同的群众象征，这就是山。山始终都在他们所有的人面前，其屹立挺拔和坚定不移的程度，非其他国家的象征可以与之相比的。

瑞士人从全国各地都可以看到他们山的顶峰。但是从几个地方可以把整个山脉看得更清楚。在这些地方，所有的山脉尽收眼底，这种感觉赋予这些景点某种神圣的成分。有些时候，在傍晚时，山脉在晚霞的映照下开始变得通红，这是它们最神圣庄严的时刻；但是，这样的夜晚，不能预先确定，也非人力所能影响。瑞士的山难以接近且坚硬无比，这使瑞士人有了安全感。上面的山峰是分开的，下面都是连在一起的一个巨大的身躯。群山只有一个躯体，这个躯体就是国家本身。

瑞士人在两次世界大战期间的防御计划，以奇妙的方式表现出了瑞士人的国家与阿尔卑斯山脉的这种等同。按照这一计划，所有沃土，所有城市，所有生产中心都要撤离，军队都要撤退到阿尔卑斯山脉的深山里，在群山中作战。按照这一计划，人民和国家要作出牺牲。但是，在这种情况下，军队在深山仍然会代表瑞士；山这一国家的群众象征变成了国家本身。

瑞士人有特有的堤坝。他们不必像荷兰人那样自己建造堤坝。他们没有建造它，没有破坏它，也没有海洋冲击它；群山屹立着，瑞士人要做的就是很好地认识它。瑞士人攀登过、旅游过阿尔卑斯山脉的每一个角落，它像磁铁一样吸引着世界各地的人们，他们模仿瑞士人，像瑞士人那样赞美它并进行探险。来自远方各国的登山者像瑞士人一样虔诚，散布在世界各地的这些登山者在山中经过短期的、定期的膜拜之后终生都记住了瑞士的样子。阿尔卑斯山对于保持瑞士的独立究竟有多少贡献，这个问题很值得研究。

西班牙人

正如英国人把自己看作船长一样，西班牙人把自己看作**斗牛士**。但是，斗牛士拥有的是崇拜他的群众，而不是服从船长的海洋。他要按照他的艺术的高尚规则杀死的动物，是传说中邪恶的怪兽。他不应该表现出任何恐惧，他的控制力就是一切。他每一个最微小的动作都有成千上万人注意和评判。这是在这里保留下来的罗马竞技场，但斗牛士已经变成了高贵的骑士。现在只有他一个人上场，中世纪改变了他的思想、服装，特别是改变了他的外表。驯服的动物即人的奴隶又一次与他对抗。现在在场上的是远古时出征野兽的英雄。在全人类的注目下，他站到了自己的位置上；他对于自己的职业十分有把握，他可以把杀死怪兽的每一个细节展示给观众看。

他完全了解他应该怎么做，他的步伐都计算过；他的动作像跳舞一样有节拍。他**真的杀死了**野兽。成千上万的人看到了死亡，他的激动情绪使这种死亡的气氛增加了许多。

被杀死的野兽事实上已不再有野性，人们激起了它的野性。然后正是借口它的野性而把它杀死。这种杀戮，鲜血和纯洁的骑士，以双重的方式呈现在崇拜者的眼中。人们本身是杀死野兽的骑士，但人们同时也是向骑士欢呼的群众。在竞技场的另一边，人们通过似乎是人们本身化身的骑士，再一次看到了自己是群众。人们围成一个圆圈，一个封闭的东西，到处都可以碰到人们的眼神；到处都可以听到唯一的声音，即自己。

对斗牛士怀有热切期望的西班牙人，早就习惯于面对特殊的群众。他很熟悉他们。这种群众的生命力如此之强，以致在操其他语言的国家里不可避免的许多新的发展和组织在此地被排除了。竞技场中的斗牛士对西班牙人来说十分重要，他也成为西班牙的群众象征。无论何时他想到许多西班牙人聚集在一起，他就会想到他们经常聚集在一起的地方。与这种激烈的群众的愉悦之情相比，教会群众的愉悦之情是温和的、无害的。不过情况不总是这样，在教会敢于在尘世为异教徒点燃地狱之火的时代，西班牙人的群众状况是不同的。

意大利人

一个现代国家的自信程度，它在战争中的行为，很大程度上取决于他们国家的群众象征为人们**所承认的程度**。有些民族，在它取得统一之后很久，历史会事后以恶毒的伎俩戏弄它。**意大利**就是一个例子，它说明，当一个国家的城市为许多较大的纪念性建筑所困扰，并且又有意识地用这些纪念性建筑来模糊它当前的形象时，这个国家是很难认识自己的。

当意大利还没有统一时，一切事情在人们心中要清楚得多：一旦敌人这个害虫从肌体中被清除出去，被分散的躯体就会连接在一起，并且感到自己是一个完整的有机体，作为这样的有机体活动。在这样的场合，即在敌人已在国土上居住很长时间因而使被压迫感变得十分明显的场合，各民族对于他们的状况都会形成相类似的想法。敌人是庞大的、丑恶的、可憎的，敌人来时像一群靠祖国肥沃的土地为生的蝗虫。如果敌人真打算**留下来**，它就会倾向于分割这块土地，削弱当地人，千方百计地削弱当地人相互之间的联系。对此的反应是进行秘密联系，并利用一系列有利时机把敌人驱逐出去。最后情况也是这样，意大利统一了，这是许多人而且往往是优秀的思想家早就期待的事情，但是他们的期待一直没有得到实现。

但是从这一时刻起可以看到，人们让罗马这样一座城市继续存在是会有危险的。古代的群众性建筑物仍然在那里，**空空荡荡**。圆形露天剧场是一座太刻意去保存的废墟。在那里人们会感到已无所要求，感到被遗弃了。相反，第二个罗马，即圣彼得的罗马，仍然保持着它原有的吸引力。圣彼得教堂里来自世界各地的朝圣者人满为患。但是，恰恰这第二个罗马不适合作为民族歧视的中心。它对所有的人总是一视同仁，它的各种机构起源于那样一个时代，在这个时代里，还没有出现现代意义上的各个民族。

在这两个罗马之间，现代意大利的国家意识麻痹了。这是不可避免的，因为罗马还在那里，而罗马人变成了意大利人。法西斯主义试图以似乎最简单的方式来解决，披上了纯正的古代装束。但是这套装束对法西斯主义不很合适，这套装束太肥大了，它在这套装束里的动作如此之激烈，以致它把自己的四肢折断了。洞穴又一次掘好了，一个接着一个，但是装满这些洞穴的不是罗马人。鞭子只会激起那些挨鞭子的人的仇恨。意大利人很幸运，把虚假的国家群众象征**强加**给意大利的尝试失败了。

犹太人

没有一个民族比犹太人更难了解。犹太人失去了故乡，他们分散在世界上所有人居住的地方。他们的适应能力既有名气，又声名狼藉，但是他们的适应程度却是千差万别。他们中间有西班牙人、印度人和中国人。他们把各种不同的语言和文化从一个国家带到另一个国家，他们对这些语言和文化的保护胜过对自己财产的保护。愚人才会说他们到处都一样，熟知他们的人则认为，犹太人的不同类型比任何一个民族都要多得多。犹太人在秉性和外表上的差别是最令人吃惊的事。俗话说，最好的人和最坏的人都可以在犹太人中间找到，在这句话里，实际的情况得到了质朴的反映。犹太人不同于其他民族，但是在实际上，如果可以这样说的话，犹太人彼此之间的不同是最大的。

犹太人叫人感到惊叹的是他们绵延不绝的存在。犹太人不是唯一遍存于世界各地的民族，亚美尼亚人肯定也同样广泛地分布在世界各地。他们也不是最古老的民族，中国人的历史可以追溯得比他们更远。但是在古老的民族里，唯有他们**漂泊流浪了那么久**。大部分时间里，他们消失得无影无踪，但是今天他们的人数却比以前任何时候都多。

直到若干年前，犹太人还没有统一的领土和统一的语言。大部分人已不懂希伯来语，他们说的语言有一百多种。对数百万犹太人来说，他们古老的宗教只是一副空皮囊。犹太人基督徒的人数逐渐多起来，特别是知识分子，而不信教的人的人数增加得更快。从表面上考察，从自我保存的通俗意义来看，他们是在尽一切可能让人忘记他们是犹太人，并且自己也忘记自己是犹太人。但是他们并不能忘记，大部分人也不想忘记他们是犹太人。人们会问，这些人在哪些方面还是犹太人呢？是什么使他们成为犹太人的？最后，当他们说"我是犹太人"时，最终是什么使他们同其他人结合在一起的呢？

这种结合同犹太人的历史一样久远，并且在这一历史上以令人惊异的单调性一再重复：这就是**出埃及记**。让我们形象地想象一下这个传说的内容：整整一个民族，虽然人数可数，但人数很多，他们用 40 年时间穿越沙漠。他们传说中的祖先有许多子孙，像海中的沙一样多。如今他们的子孙在沙漠中，并在沙漠中流浪，他们在穿越另一个沙漠。海洋让他们通过，而不让敌人通过。他们的目的地是应许之地，他们将用剑征服此地。

大批的群众年复一年地穿越沙漠，这些人的形象成了犹太人的群众象征，这一象征同以前一样清楚和易于理解。这个民族在定居和分散以前，是在相聚在一起的情况下了解自己的，它也是在迁移中认识自己的，在这种**紧密**的状态下，他们接受了他们的法律。就像从前的群众有目标一样，他们也有自己的目标，他们有许多奇遇，这始终是他们共同的命运。这是一个**赤裸的**群众。平常人们在分散生活时难以避免的许多事情，在这种环境之下几乎不可能存在。他们周围只有沙，他们是一切群众中最赤裸的群众。沙的形象比任何东西都更能使这一迁移队伍的孤独感达到前所未有的程度。群众往往会忘记目标，并面临瓦解的威胁：只有采取各种各样严厉的惩罚办法才能激励他们、控制他们，使他们聚集在一起，队伍中的人有 60 万到 70 万，这个数字不只是对古代比较保守的标准来说是惊人巨大的。这支队伍的持续时间具有特殊的意义。这个群众迁移时间延续了 40 年，以后可以延长到任何时间。这么长时间的迁移就是对他们的惩罚，以后的一切迁移之苦也是一种惩罚。

第二节 德国和凡尔赛

为了尽可能弄清楚这里提出的这些概念的界限，我还要就**德国的**群众结构说几句话。德国在 20 世纪的最初 30 年里，以其前所未有的组织和倾向震惊全世界，谁也不了解这些组织和倾向的严重性，只是到现在人们才开始慢慢地猜到其中的奥秘。

1870—1871 年进行的普法战争之后，统一的德意志共和国的群众象征形成了，这就是**军队**。过去是这样，现在还是这样。每一个德国人都以军队为骄傲。只有少数个别的人才能摆脱这一象征的强大影响。世界性思想家尼采就是在那次战争中获得了写作他的主要著作《权力意志》的启示，就是他不曾忘怀的骑兵队的雄姿。提到尼采，是因为他表明了军队对于德国人具有何等普遍的意义，表明这一群众象征本身对那些傲视一切与群众有关的东西并与之水火不相容的人产生了何种影响。市民、农民、工人、学者、天主教徒、基督徒、巴伐利亚人、普鲁士人，都把军队看作国家的精神象征。这种象征史为深刻的根源在于森林，也就是说，源自**森林**，关于这一点我们在另一个地方已经提到过了。对德国人来说，**森林和军队**之间有着最紧密的联系，两者中的任何一种都可以被看作国家的群众象征。就作为国家象征而言，森林和军队是完全一样的。

军队除了象征性的影响力以外，还有具体的作用，这一点具有十分重要的意义。象征活在人们的思想和感情中，象征本身是奇妙的实体，即森林－军队。真正的军队则相反，每一个年轻德国人在其中服役的军队具有**封闭的群众**的职能。对普遍兵役制的信念，相信这种兵役制具有很深的意义并对这一制度表示十分崇敬，这种信念远远超出了传统的宗教范围，不仅为天主教徒所接受，而且同样也为基督徒所接受。谁把自己置身于普遍兵役制的范围之外，他就不是德国人。我已经说过，我们可以在很有限的范围内把军队称为群众，但是德国人就不一样了，在他的经验中，军队是最为重要的封闭的群众。军队是封闭的，因为年轻人只是在一定的年龄和一定的时间内在军队中服役。对其他人来说这是一种职业，因而，这种职业不是普遍的。但是，每一个在军队待过的人都会在其一生中与军队保持着内在的联系。

普鲁士贵族阶级是这种军队的**群众晶体**，他们是持久不变的军官集团中最优秀的部分。普鲁士贵族阶级好像是一个有严格的、虽然是不成文规则的宗教团体，或者像是一个世袭管弦乐队，它熟悉乐章并演奏这些乐章，以此影响它的听众。

第一次世界大战爆发时，全体德国民众变成了一种**开放的群众**。对那些日子里欢腾热烈的情形，常常有人加以描述。在国外的许多德国人对社会民主党人的国际主义精神寄以厚望，他们对社会民主党人完全不守信用的行为大为吃惊。他们没有想到，社会民主党人本身在内心深处也把"森林－军队"当作他们的国家象征；他们没有想到，社会民主党人本身就属于军队的封闭群众；他们没有想到，社会民主党人在这支军队里置身于准确而又十分有效的群众晶体即贵族阶级和军官阶级的统治和影响之下。社会民主党人是社会民主党成员这件事并无重要意义。

但是，1914年8月初的日子也是国家社会主义**诞生的日子**，希特勒的讲话十分明确地说明了这一点。希特勒说，他曾跪下来乞求战争的爆发并感谢上帝。这是他一生中具有决定意义的体验，这是他自己理所当然地成为群众的唯一时刻。他没有忘记这一时刻，他后来为重现这一时刻而贡献了自己的一生，不过是**从外部**来重现这一时刻。德国应当再一次像那时一样，意识到自己推动战争的力量，对这种力量达成共识，在这种力量中团结一致。

如果不是凡尔赛和约解除德国的军队，那么希特勒永远不会达到他的目的。禁止普遍兵役制使德国人失去了他们最重要的封闭性群众。现在他们不再被允许进行演练，不再被允许接受命令、传达命令，所以他们竭尽全力要恢复做这些事情的权利。禁止普遍兵役制的结果是**诞生了**国家社会主义。每一个被强力解散的封闭群众，会转化为体现出它的全部特征的开放性群众。党代替了军队，而且在国家内部没有给党设立界限。每一个德国人——男人、女人、孩子、士兵或平民——都可以成为国家社会主义党党员，这对以前本身不是士兵的德国人尤为重要，因为他通过这种方式可以参与平时不允许他加入的活动。

希特勒不遗余力地利用"凡尔赛禁令"的口号。这一口号所发挥的作用是令人吃惊的，这一口号的反复使用丝毫没有减损它的作用；相反，它的作用一年比一年大。这一口号的内容究竟是什么呢？希特勒通过这一口号给他的听众传达什么呢？对一个德国人来说，"凡尔赛"这个词的意思与其说是他从来没有真正承认过的失败，不如说是禁止军队。禁止军队，就是禁止某种神圣的活动，而不从事这种活动，德国人就难以想象生命是什么样子；禁止军队，就是禁止宗教。他的先人的信仰横遭剥夺，恢复这种信仰就是每一个德国人的神圣义务。每一次使用"凡尔赛"这个词，都触动了德国人的旧伤口，伤口又破了，血流不止，因此伤口永难愈合。一旦在群众会议上以发聋振聩的声音说出"凡尔赛"这个词，德国人的伤口就不能愈合。

还有一点值得注意的是：希特勒的口号不说"凡尔赛和约"，而是说"凡尔赛**禁令**"。"禁令"使人想起是一种**命令**。这是单方面的敌人的命令，正因为如此才叫作"禁令"，这种命令禁止了德国人向德国人下达命令这种威严的军事活动。任何人听到或读到"凡尔赛禁令"这个词，都会最深切地感受到他已被剥夺的东西：德国军队。重建军队似乎是唯一真正重要的目的，重建了军队，一切就都恢复到了原来的样子。军队作为国家群众象征的意义从来没有受到过动摇，军队最深的根底，它最古老的部分丝毫没有触动，它还在那里，就是**森林**。

从希特勒的观点来看，选择凡尔赛作为**主要的**口号会带来特殊的好运。"凡尔赛"不仅使人想起德国人国家生活中最近令人痛苦的事件，即禁止普遍兵役制，而禁止普遍兵役制就是取消德国人进入军队的权利，原来每个德国人都可以在军队中服役若干年。而且,"凡尔赛"这个词还包括了德国历史上其他众所周知的重要时刻。

俾斯麦就是在凡尔赛建立了德意志第二帝国。德国的统一是直接在一次大胜利之后,在武力达到不可一世的地步,因而得意洋洋的时刻宣布的。这次胜利是对拿破仑三世取得的胜利,拿破仑三世把自己看作拿破仑的继承人;由于对拿破仑神话般的尊敬,拿破仑三世被捧为拿破仑精神的继承者。凡尔赛也是路易十四的皇都,凡尔赛宫就是他建起来的。在拿破仑以前的所有法国统治者中,路易十四使德国人受到了最大的耻辱。他把斯特拉斯堡及其大教堂并入了法国,他的部队把海德堡的城堡夷为平地。

因此,在凡尔赛宣布德意志帝国成立,这是对路易十四和**几代**拿破仑取得的一次迟来的总的胜利。而且这次胜利是德国在没有任何联盟的情况下单独取得的。"凡尔赛"这个词语对当时的德国人一定产生了这种影响,有足够的证据可以证明这一点。这个城堡的名字同德国近代史上最伟大的胜利是密不可分的。

每一次当希特勒谈到臭名昭著的"凡尔赛禁令"时,词语中洋溢着对那次胜利的回忆,而且这种回忆在听众身上产生了宛如一次许诺的效果。如果昔日的敌人能亲耳听到希特勒的话,那么他们就会感受到战争的威胁和自己的失败。我们可以毫不夸张地说,国家社会主义者所有重要的口号,除了那些针对犹太人的以外,都可以追根溯源于"凡尔赛禁令"这个语词,这些口号有"第三帝国,胜利万岁"等等。运动的内容集中体现在下述词语中:**失败必须转变为胜利**,被禁止的军队必须为此目的重新建立起来。

在这里也许有人会想到运动的象征即纳粹万字符。万字符的作用是双重的：**符号**的作用和**词语**的作用。无论是符号还是词语，都含有某种残忍的东西。符号本身有点像两个弯曲的绞刑架。它恶毒地威胁观众，仿佛在说："你等着，你会为将要挂在这里的东西而感到吃惊。"万字符包含着一种旋转的运动，就此而言，它也具有威胁的性质，它使人想起那些被车裂的人破碎的肢体。

这个词语还吸收了宗教十字架残忍血腥的成分，仿佛**很适合钉在十字架上**似的。"Haken"这个德文词使人想起小孩以脚勾人把人绊倒的意思并预示着人们想绊倒的许多人还有后继者。对有些人来说，这个词语还可能预示着有机会进入军队并重温军事操练。无论如何，这个词语把两种意思结合在一起了：一种意思是用残酷的惩罚进行威胁，另一种意思是险恶的麻烦和暗示军事训练。

第三节 通货膨胀和群众

通货膨胀是最严格意义上的群众事件。通货膨胀对整个地区的人口所造成的混乱影响绝不限于通货膨胀本身期间。我们可以说，在我们的现代文明中，除了战争与革命以外，没有什么事情的影响范围可以与通货膨胀相比。通货膨胀所引起的震动具有如此深刻的性质，以致人们宁愿对它采取秘而不宣的态度或者把它忘掉。也许人们不敢把形成群众的作用归因于货币——因为货币的价值是由人定的——这种形成群众的作用远远超出了货币本来的功能，并且在自身中包含着某种违反理性的和令人羞耻到无地自容的东西。

有必要对此进行研究并且略为谈一谈货币的心理特性。货币可以成为一种群众象征，但是这个群众象征与我们在这里研究过的其他群众象征不同，它是这样一种象征，在这种象征中，最为强调的是**单位**，这些单位的积累有可能形成群众。每一块铸币都是棱角分明的，都有自己特定的重量；一眼就可以看出它是铸币；它自由地从 个人手里流到另一个人手里，不断地变换着它的位置。通常铸币上印有统治者的头像，有时铸币也以统治者的头像来称呼，特别是当铸币的面值很大时。有路易斯金币和玛丽－泰莉莎塔勒。人们乐意把铸币当作**可以把握的**人。握着铸币的手可以感觉到整块铸币的平面和它的各个棱角。人可以用铸币买到东西，因此人人都热爱铸币，而对铸币的这种热爱增添了铸币的人的"性质"。在某一方面,铸币优于活的实体:它的金属的密度、它的硬度保证它具有"永恒的"存在,铸币几乎是——除了用火以外——不能毁灭的。铸币不会增大,它从铸币厂出来以后就一直保持原样;铸币不会发生变化。

铸币的可靠性也许是它最重要的特性。主人要做的事情只是把铸币保存好,铸币不会像动物一样自己跑开,只需在其他人面前把它看好。人们不必对它不信任,可以在任何时候使用它,它没有脾气,人们对此不必顾及。每一块铸币都由于它同其他具有不等价值的铸币的关系而使自己的地位更加固定化。铸币之间严格保持的等级,使铸币更加像人。人们可以说,铸币有一个社会系统,这是一个分成各种等级的系统,在这里这些等级是价值等级:用高价值的铸币可以换到低价值的铸币,而用低价值的铸币却换不到高价值的铸币。

自古以来,在大多数民族那里,**成堆的铸币**是作为**宝藏**为人所熟知的。在宝藏被人们当作一个整体,被人们刚发现时,人们并不知道这堆宝藏有多少,这时宝藏具有某些群众的特性。人们可能翻遍整个宝藏,把各种不同的铸币区分开来。人们期待铸币的数目总是多于它实际的数目。它经常是被隐藏着,并且能够突然显露出来。人们不只是终生想找到宝藏,而且也把宝藏放在那里,想让它变得越来越大,并且竭尽全力想达到这一结果。毫无疑问,有些人只是为他们的货币活着,在他们那里,宝藏代替了人类的群众。在这一方面,有许多关于孤独的守财奴的故事,这些故事是童话中怪兽的虚构故事的延续；这些守财奴的唯一生活内容是看管、照料宝藏。

或许有人会说，对铸币和宝藏的这样一种态度，对现代人来说已经过时了；人们到处在使用纸币：富人把他们的财宝以看不见的、抽象的形式存放在银行里。但是，**金储藏**对于坚挺的货币的意义以及仍然坚持金本位制度的事实证明，宝藏绝没有失去它原有的意义。绝大多数的人，甚至是在技术最发达的国家里，他们的工资也都以小时计算的，而这种工资的量的变动几乎到处仍然以铸币作为尺度来计量。人们仍在用纸币兑换铸币，对于铸币的那份古老的感情，古老的态度，是人人都熟悉的；兑换货币这种事情每天都在进行，这是我们生活中最经常的和最简单的机制，每一个孩子都在尽可能早地领会此事。

确实，在对货币的这些比较古老的关系之旁，发展起来另一种现代的关系。铸币单位在每一个国家都获得了更为抽象的价值。铸币单位并不因此在感觉上就不是单位。如果说铸币早期具有封闭社会的严格的等级组织，那么纸币就更像大都会的居民。

今天，财富宝藏变成了**百万**。这个语词风行全世界，它的意义影响到了整个现代世界，它可以适用于任何货币。百万之所以令人感兴趣，是因为可以通过投机取巧迅速达到百万：它在所有追求货币的人们面前晃来晃去。百万富翁在某些方面取得了古代神话中的帝王最为光辉的身份。百万作为数字符号既可以指货币，也可以指人。这个语词的双重性质可以在政治演讲中进行很好的研究。例如，希特勒的讲话就**热衷于数目的递增**。在希特勒的讲话中，这个语词通常指生活在国外并有待拯救的数百万德国人。在取得第一次不流血的胜利之后，希特勒在他的战争爆发前特别渴望他的帝国人口数迅速增加。他把国内居民人数的增加同全球所有德意志民族的居民数做了比较。把所有这些人掌握在自己的影响范围之内，这是希特勒自己承认的目的。但是他一直在使用这个语词即**百万**来进行威胁，以此表示自己的满足和提出自己的要求。另一些政治家更多地把这个语词用在货币上。但是，毫无疑问，使用这个语词具有某种自相矛盾的味道。从到处都以百万为单位来计算的各地区、特别是各世界大都会的居民数中抽象出来的这个数字，充满了群众内容，而今天任何另一个数字都不包含这种群众内容。因为货币必须用同一个"百万"来计算，所以群众和货币之间今天比以前任何时候都更紧密了。

但是在**通货膨胀**中发生了什么呢？货币单位突然完全失去了它的个性，它变成了数量越来越多的单位；这个量越多，这些单位就越没有价值。人们手中突然握有了总是想握有的百万，但是这百万现在只**徒有其名**而无其实。这就好像是某种东西迅速增加而失去价值一样。一旦货币进入具有逃亡性质的这种运动，后果就不堪设想。正像人可以把**数目**提高到任何高度一样，货币的贬值也可以没有底线。

在这一过程中，重现了我看作特别重要的和显著的心理群众的素质：渴望迅速而又无限制的增长。但是这种增长转向了反面：

270

增长着的东西越来越弱了。以前是一马克,现在叫作一万马克,然后又叫作十万马克,再后来又叫作百万马克。个人与马克之间的同一性由此破灭了。马克失去了它的固定性和界限,它每时每刻都在变;它**不再像人一样**,不具有持续性。它的价值越来越少。以前信任马克的人现在不得不把马克的贬值看作是自己的贬值。人同马克的同一已为时太久,因此对马克的信任就像是对自己的信任一样。由于通货膨胀,一切都明显地发生了动摇,不仅如此,现在没有什么东西是可靠的,没有什么东西在一小时之内不发生变化;由于通货膨胀,人本身**越来越贬低了**。现在的他或过去的他什么都不是了,他一直想得到的百万什么也不是了。**人人都有百万**,但人人什么也没有。储藏货币的形成过程转向了它的反面,货币的可靠性像泡沫一样破灭了。它什么也没有增加,而是越来越少了,每一个储藏货币正在消失;我们可以把通货膨胀称之为贬值的恶魔宴。人和货币单位在通货膨胀中互相融合成一个极其特殊的东西。一方可以代表另一方,人们感到自己同货币一样坏,而货币则越来越坏;所有的人都受到坏的货币的影响,**所有的人**也都感到同样无价值。

因此,在通货膨胀中发生了某种肯定没有预料到的十分危险的事情,即每一个负有某种公共责任并能预见此事的人都会在**双重贬值**面前感到畏惧,这种双重贬值是从双重的等同化产生的。**个人**感到自己贬值了,因为他视为与自己等同的并信任的货币单位急速地贬值了。**群众**感到自己贬值了,因为**百万**贬值了。我们已经看到:百万这个词的使用具有双重意义,它既代表高额的货币,也代表人的大量的积聚；特别是现代大都市里人的大量积聚。一个意思转变为另一个意思，一方同另一方完全接近。在通货膨胀时期形成的所有群众——恰恰是在通货膨胀时期会经常形成群众——都处在贬值的百万的压力之下。人聚在一起时与人单独相处时一样价值降低了。随着百万的腾升，由数百万构成的整个民族就会变得毫无价值。

这一过程使那些本来在物质利益上大相径庭的人聚到一起了。领工薪的人和领退休金的人都同样受到了打击：一夜之间，银行里原本是安全可靠的存款大部分或全部泡汤了。通货膨胀消除了人与人之间似乎是永恒不变的差别，并把那些平时几乎互相不打招呼的人们聚集成同一个通货膨胀群众。

没有一个人会忘记这种突然遭到的贬值，这真是太痛苦了。除非人们把这种痛苦转移到别人头上，否则将终生摆脱不了这种痛苦。群众本身也不会忘记他们的贬值。在这种情况下，自然的趋势是找到一种比自己更没有价值的东西，并且蔑视它，一如自己所遭受的蔑视。仅仅把这种蔑视保持在人们受到蔑视时的水平上，仅仅把这种蔑视保持在人们着手改变它以前已有的水平上，是不够的。人们需要的是**贬低**的动态过程：某种东西应该像通货膨胀期间的货币单位一样越来越没有价值，并且这个过程应该继续进行下去，直到这个东西完全没有价值为止。在这种情况下，人们才会把它弃之如敝屣。

在德国的通货膨胀期间，希特勒把犹太人作为这种趋势的对象。犹太人是天生的这类对象：犹太人与货币有悠久的联系，他们对货币的运动和价值变动有某种传统的理解；他们在投机活动方面颇有才能，犹太人都聚集到交易所去，在那里，他们的行为与德国人心目中的军人行为，形成强烈的对比——这一切使犹太人在货币被怀疑、货币地位不稳定并为人们所敌视的时期，成为特别被怀疑并受到敌意的对象。单个犹太人是"坏的"：在别人不知道如何处理货币并且宁愿不与货币有任何关系时，他都与货币保持着良好的关系。如果说在通货膨胀中作为**个人**的德国人受到了贬低，那么这就足以引起他对某些犹太人的仇恨。但是情况并非如此，德国人也是作为**群众**在百万马克的贬值中感到自己被贬低了。希特勒看准了这一点，所以他反对的是全体犹太人。

在对待犹太人方面，国家社会主义极为准确地重复了通货膨胀的过程。起初，犹太人被当作坏人、危险的人和敌人被攻击；后来人们越来越贬低犹太人，因为本土的犹太人还不够，人们又在被征服的国家把犹太人聚集起来；最后，犹太人被看作可以随便地成百万地被消灭的**害虫**。对于德国人竟然共同参与，默认这种大规模的犯罪或者对此视而不见，世界上的人至今还感到恐怖和震惊。要不是德国人在前几年经历了通货膨胀，而在这次通货膨胀中，马克的币值跌到只有原来的十亿分之一，那就很难想象德国人会做出这种事情。从德国人身上转到犹太人身上的就是这种作为群众现象的通货膨胀。

第四节 国会系统的本质

现代**国会的两党制**利用了两军对峙的心理结构。在内战中，两个党派即使不是出于自愿，但仍然确确实实地存在着。人们不愿意杀戮自己的同胞，血缘上的感情总是要反对流血的内战，通常会在几年内或者在更短的时间内结束内战。但是，两个党派仍然存在，必然会继续较量；它们进行着斗争，但不是你死我活的残杀。在流血的冲突中，通常认为人数较多的一方会取得胜利。所有军队主要关心的是在实际交战中处于强势地位，拥有比对手更多的人。一支军队即使在总体上处于劣势，但只要它在尽可能多的重要地方处于优势，它就能取得成功。

在国会的表决中，人们要做的无非是在当时当地取得两派中的优势地位。事先知道这种优势地位是不够的。一派也许有 360 个议员，而另一派只有 240 个议员，但**表决**在两派真正**较量**的时刻具有决定性的意义。人们互相威胁，谩骂，推搡，甚至互相打斗，在进行了身体上的这些冲突之后才进行表决。票数计算出来之后厮杀也就结束。一般认为 360 个人会胜过 240 个人，完全不应出现群众性的死亡。在国会内部绝不允许死人，议员不可侵犯性最为清楚地表明了这一点。他的不可侵犯性有两个方向：在外部不受政府及其机构的侵犯；在内部不受议员同僚的侵犯。但人们对后一方面的重视太不够了。

谁也不会真正相信，表决中多数人的意见由于是多数就是更为聪明的意见，这就像在战争中一样是意志对意志的关系。每一种意志都是对自己更有道理和自己有理性的信念，这种信念很容易得到，这种信念是自然而然产生的。一个政党的精神就是要清醒地保持这种意志和这种信念。在表决中失败的一方，绝不是因为他不再相信自己有道理而服从另一方；他服从对方只是承认自己失败了。一方承认失败很容易做到，因为这对他并没有什么不利；他无论如何也不会由于以前的敌对态度而受到惩罚。如果他担心生命会由此受到危险，那么他也就会作出完全不同的反应。他没有这种担心，他在想着未来的厮杀，这类厮杀有许多许多，他在任何一次厮杀中都不会死掉。

议员之间的**平等**使他们成为群众，这种平等是由他们的不可侵犯性构成的。在这一方面，政党之间没有区别。只要这种不受侵犯性得到保持，国会系统就会运行；国会一旦允许自己的成员图谋另一个成员的死亡，国会就会崩溃。最大的危险莫过于眼见生者要死亡。战争之所以是战争，是因为战争的决胜包含着死亡；国会只是由于它排除死亡才是国会。

例如，英国议会本能地保持自己同成员的死亡无关，甚至同那些在议会之外自然死亡的人也要保持无关的状态，这种情况可以从补选制看到。死者的继任人并不是预定的，任何人都不能自动继任他的位置，为此要选出新的候选人，重新以正常的形式进行竞选。死者在议会中已没有位置，他无权指定自己的继任人；任何一个将死的议员都不知道谁是他的继任人。英国议会真正地把死亡和死亡的危险后果排除在自己的门外了。

也许有人会反对关于国会系统的这种理解，说大陆各国的国会都是由多党组成的，这些党的人数极其不同，这些党只是有时会形成对峙的两派。这一事实丝毫不能改变表决的意义。无论在什么地方，表决始终是重要的时刻；表决决定着所发生的一切；而在表决中重要的总是**两个数字**，其中较大的数字制约着所有参与表决的人。国会的兴亡都系于议员的不受侵犯性。

议员的**选举**原则上与国会中的选举相似：谁表明自己是最强者，谁就是最好的候选人，谁就是胜利者；拥有最高票数的就是最强的。如果投最强者票的 17562 个人作为一支团结的军队与投他的对立面的 13204 个人相对抗，那么 17562 个人必然取得胜利。在这里也不应该导致有人死亡。不过，**选民**的不可侵犯性与他所投的写着他选出的人的名字的**选票**的不可侵犯性相比，后者无论如何更为重要。选民在最终确定他所选的人并把他的名字写在选票上或在票上作好记号之前，他几乎可以用一切手段来发挥自己的影响。对于敌对的候选人，人们施以各种嘲笑和憎恨。选举人可以在各种选举论战中活动，如果他醉心于政治，那么，选举论战中变化多端的命运对他来说就具有极其巨大的引诱力。但是，他真正进行选举的那一刻几乎是神圣的；装有选票的密封选票箱是神圣的；计票的过程是神圣的。

所有这些活动的庄严性源于不再把死亡作为决定胜负的手段。

死亡似乎随着每一张选票而远离人们。但是，放弃死亡可能会造成的结果是反对派占优势，这会在票数上可靠地表现出来。谁也不能擅改票数，谁也不能涂改或造假，否则他又会引进死亡，而且，是不知不觉地引进的。黩武者以选票取乐，由此显露出了他们嗜杀的本性。对他们来说，选票就像条约一样，纯粹是废纸。选票没有在血中浸泡过，对这样的选票，他们不屑一顾。对他们来说，只有通过血得出的解决才是有效的。

议员是一个更为集中的选举人，选举人出现的时间分得很散，而议员来选举就等于把这些时间缩紧了。议员出现在那里**往往**是为了投票表决，但是议员投票也是在更少的人的范围内进行的。他的紧张和熟练必然会取代选民们由于人数多而产生的亢奋之情。

第五节 分配和繁衍——社会主义和生产

公平问题同**分配**问题一样古老。凡在人们共同进行狩猎的地方，继之而来的就是分配。在群体里人们是团结一致的，而在分配中人们就必须分开了。人们从来没有发展出一个公共的胃。如果他们有一个公共的胃，那么他们许多人就可以像一个生物那样进食了。在分享食物时他们形成了一种仪式，这种仪式最接近于有一个公共的胃的想法。这是一个不能完全达到的想法，但无论如何总是在接近人们满足需要的理想状态。吃**独食**是权力惊人扩张的根源之一。谁想单独自己秘密地吃，谁就必须单独自己去猎杀野兽。谁同别人一起去猎杀，谁就必须同别人一起分享猎物。

公平始于对这种分享的认同，分享的规则就是第一部法律。公平直到今天仍然是最重要的法则，并且作为这样的法则，仍然是对以人类活动和人类生存的共同性为目的的一切运动的真正要求。

公平要求人人有饭吃，但公平也要求人人致力于获取这种食物；绝大多数人都在从事各种各样物品的生产，然而在分配这些物品时则有些不恰当的做法。这就是社会主义内容的最概括的表述。

但是，不管人们对当今世界的分配方式有何种想法，社会主义的拥护者和反对者都对这一问题的前提具有相同的看法。这个前提就是**生产**。意识形态冲突把世界分成两个今天几乎已经势均力敌的集团，冲突双方都以各种方式促进和刺激着生产。不管生产是为了出售，还是为了分配，这种生产的过程本身并没有受到意识形态冲突双方的影响，双方都**尊崇**生产过程，如果说生产过程在今天大多数人的眼里具有某种神圣的性质，那么这话说得并不过分。

也许有人会问，对生产过程的这种尊崇源于何处？也许在人类历史的某一时刻会开始对生产进行制裁。但是稍稍想一想就可以明白，不会出现这样的时刻。对生产进行惩罚已经是距离我们非常遥远的事情，要想确定历史上什么时候出现过这种事情，几乎是不可能的。

把生产看作亵渎神灵的事情，这可以回溯到**繁衍群体**。人们也可以不注意这种联系，因为没有一个群体还在致力于繁衍。这些群体都已经变成了无比巨大的群众，这样的群众在所有的文明中心每天还在扩大着。但是，如果人们想到，这种扩大永无止境，越来越多的人会生产出越来越多的产品，这些产品包括动物和植物，生产有生命的产品和无生命的产品的方法已几乎没有区别，那么人们就不得不承认，繁衍群体是人类所创造的最有益、最成功的作品。以繁衍为目标的仪式变成了机械和技术过程。每一个工厂都是进行同样祭礼的单位，新的东西无非是过程加速了。以前的生产和繁衍是·种**祈求**，人们祈求下雨、谷物丰收、狩猎的动物群走过来，祈求驯养的动物快长大；而在今天，这一切都已变成了直接的生产本身。人们只需按几个按钮，推拉操纵杆，人们所需的一切东西就会在数小时内或更快的时间内被生产出来。

值得一提的是无产阶级和生产之间严密的、独一无二的联系。

这种联系大约自 100 年前就获得了人们如此的关注，以至于作为繁衍群体基础的古老观念又以特别纯粹的形式再现出来了。无产者繁衍得比较快，他们人数的增多有两种途径。一种途径是他们比别人有更多的孩子，仅仅由于他们的子孙，无产者就成为群众性的了。无产者人数的增多还有另一个途径：越来越多的人从农村汇集到生产中心。人们还记得，正是增长的这种双重含义，是原始繁衍群体的特征。人们汇集在一起举行庆典和仪式，当人数很多的时候，他们就上演预示他们会有多子多孙的节目。

当被剥夺权利的无产阶级概念被提出并发生影响之后，人们对它的繁衍仍抱有充分的乐观主义。人们从未考虑到，无产阶级的人数应该少一些，因为他们的情况很糟。人们信赖生产，人们相信，由于生产增加，应该可以有更多的无产者。无产者进行的生产会为他们自己提供服务。人们认为无产阶级和生产应该一起增长，但是，这完全就是原始繁衍群体的活动中表现出来的那种不可分割的联系。人们希望自身人数增加，而且人们赖以生活的一切东西也应该增加。不能把两者分开，这两者之间的联系是如此之紧密，以致往往弄不清楚**什么**应该增多。

前面已经说过，人通过转化即向那些总是大量聚在一起的动物转化，获得了更为强烈的繁衍感。可以说，人正是从这类动物身上**学到**繁衍本领的。他看到大群的鱼、昆虫和有蹄类动物，当他在舞蹈动作中模仿这些动物达到惟妙惟肖的地步，以致他变成了这些动物时，他感到自己与动物完全一样了；当人们把这些转化中的某些转化固定为图腾并作为神圣的传统传给自己的子孙时，他也就决心要继续繁衍，让这种繁衍远远超过人的自然繁衍。

今天，现代人与生产的关系正是如此。机器的产量超出了以前任何人所能想象的程度，机器使所有东西的增长达到了令人吃惊的程度。但是，因为这里的增长完全是物品的增长，而不是生物的增长，所以当人的需要提高时，他越来越热衷于物品数量的增长，他能够使用的东西越来越多；而当他使用这些东西时，又出现了新的需要。正是生产的这一个方面，即在各个方向上的无限制的增长本身，是"资本主义"各国最明显的特点。在特别重视"无产阶级"的国家里——在那里不允许大量资本聚集在个人手里——一般分配的问题在理论上与繁衍问题具有同等重要的意义。

第六节　苏萨人的自我毁灭

　　1856年5月的一个早晨，有一位苏萨姑娘到离她家不远的一条小河去汲水，汲水回来后说，她在河边看到了一些很奇特的人，与她平时看到的人完全不同。她的叔叔温拉卡扎想到河边去看这些陌生人，他在姑娘所说的地方看到了这些人。这些陌生人告诉温拉卡扎，要他回到家里并做一些仪式，然后他应该为亡灵献出一头公牛并在第四天再回到他们那里。在他们的仪式中有某种要求人顺从的东西，他按照他们的命令做了。第四天，他又来到了河边。这批奇怪的人又在那里了；令他吃惊的是，他在他们中间认出了四年前死去的兄弟。于是他幡然大悟，明白眼前的这批人是什么人、要做什么事了。他们解释说，他们是白人永恒的敌人，是从海那一边的战场来的，到这里来是为了帮助苏萨人，以他们无敌的力量把英国人从此地赶出去。温拉卡扎应该成为他们和族长们之间的中介，传递他们的指示。如果接受他们提供的帮助，就会有令人吃惊的事情发生，其令人吃惊的程度将是前所未有的。首先，他必须告诉人们，他们应该停止以巫术互相残杀，还要宰杀最肥的牛吃掉。

　　同幽灵世界取得联系的消息很快在苏萨人中间传播开来，大酋长克瑞里欣然接受这一消息。人们甚至说，他是整个计划的真正策划者，虽然这一点并未得到证实。有人传出话来，说必须服从幽灵的命令；最好的牲畜必须被杀掉并吃掉。有一部分苏萨人住在英国人统治的领地内,送信人也把消息带给了这一部分苏萨人的首领,告诉他们发生了什么事情并请求他们的帮助。整个苏萨族即刻陷入动荡骚乱的状态,大部分族长们开始宰杀牲畜;只有一个叫桑戴尔的族长迟疑不决,他是个谨慎的人。英国的高级行政长官通知克瑞里,他尽可以在自己的领土内为所欲为;但是,如果他不停止挑动英国臣民破坏他们的财产,那么他必然会得到惩罚。克瑞里不为这一威胁所动,他相信,由他来惩罚敌人的时刻现在很快就会到来。

预言者传达的启示迅速地传播开来。这个少女站在河中间,在许多相信的人中间,她听到脚下有一阵奇怪的声音。她的叔叔,一位预言者宣称,这些声音是商讨人间事情的幽灵们的声音。幽灵已经下了第一道命令,要求人们宰杀牲畜;但是这些幽灵没有满足的时候。被宰杀的牲畜越来越多,但幽灵们决没有满足。这种无稽之谈一个月比一个月传得厉害,并且有了新的牺牲品。过了不久,谨慎的族长桑戴尔也屈服了。他的兄弟给他施加了强大的压力,他亲眼见到了他父亲的两个死去的顾问的幽灵,他亲自同这两位顾问谈了话,要他传话给桑戴尔,命令他屠杀牲畜,除非他想和白人一起完蛋。

预言者的最后一道命令现在也已经发布了。执行这一道命令就是苏萨人采取行动前的最后准备。他们这样做了以后就能得到幽灵部队的帮助。他们所有畜群中不应有一头活的牲畜留下来,谷仓里的谷物都应被毁掉。如果他们服从命令的话,他们就会有辉煌的前景。在命定的那一天,会有成千上万头牲畜,比他们所宰杀的还要漂亮的牲畜从地下冒出来，覆盖广阔的牧场。顷刻间会从地下长出成片的小米，已经成熟可供食用的小米。到了那一天，古时候部落里的英雄豪杰，过去的伟人和智者都会复活，分享信徒们的欢乐。不再有忧愁和病痛，不再有衰老。复活的死者和活着的弱者都会恢复青春和美丽，而那些冒犯幽灵的意志、不执行幽灵命令的人，将会有悲惨的命运。那一天会给信徒带来许多欢乐，而给那些违抗命令的人带来毁灭和死亡。天将崩塌，把他们和混血儿、白人一起压得粉碎。

传教士和政府官员努力制止这类疯狂的行动，但无济于事。苏萨人处于疯狂状态，不听劝，也不能忍受反对意见。干涉他们的白人受到了威胁，他们的生命也不再有保障。苏萨人都受到疯狂信念的支配，当然，苏萨人的有些领袖看到这是一次发动战争的好机会。他们一直有一个明确的计划：把整个苏萨族全副武装起来，在饥饿的状态下让他们向殖民当局进攻。他们自己太激动了，以致他们看不到做这种明摆着要失败的事情所包含的莫大的危险。

有一些人既不相信预言者的预言，也不相信这样的战争会取得成功，但尽管如此，他们仍然毁掉了全部食物储备。克瑞里族长的叔叔就是这样的人。他说："这是族长的命令。"后来，什么吃的东西都没有了，老人和他心爱的妻子坐在空牛棚里并死在那里。克瑞里的首席顾问也是反对这项计划的人，但他发现说什么都没有用了。接着，他声明他所有的一切都属于族长，同时命令宰杀一切牲畜并毁坏一切东西，而后像一个疯子一样逃离了此地。成千上万的人就这样在不相信的情况下行动起来。族长下令，他们服从。

1875 年的头几个月，整个地区到处都在进行着一项不寻常的活动。人们建起了巨大的牛棚，以便容纳预期大量出现的牛。人们制成了特大的皮袋子，以便盛牛奶，根据预言，牛奶将很快会像水一样涌现出来。有些人已经是饿着肚子做这些工作的。凯河以东地区，不折不扣地执行了预言者的命令，但是复活日仍然迟迟不来。在族长桑戴尔的领域内，由于他开始得晚，所以还没有屠杀干净。族里一部分人已经挨饿了，而另一部分人仍在毁掉自己的生活资料。

政府为保卫边界尽了一切力量。每一个岗哨都加强了，每一个可以调动的士兵都调来了。移民也在准备应付这一次打击。人们在准备好防御措施以后，便开始储备食物，以便拯救饥民。

最后，盼望已久的日子终于到了。苏萨人极度激动地整夜守着。他们等待着两轮血红的太阳从东方的山岗后面升起，这时天空就会崩塌，把他们的敌人压碎。他们虽然饿得半死，仍在疯狂的欢乐中度过了一夜。可最后升起来的仍然和平时一样，是一个太阳，他们的心直往下沉。他们并没有立刻失去希望，也许预定的时间是正午，也是太阳升到最高的时候，但正午什么也没有发生；他们仍然希望在日落时分，但太阳下山了，一切都结束了。

战士们原本可以一起向殖民区进攻的，但由于不可理解的错误，没有集合起来。现在一切都晚了。推迟复活日的试图没有任何效果，苏萨人欢乐亢奋的情绪变成了彻底的失望，他们现在只好像乞丐一样，而不是像战士，在十分饥饿的情况下向殖民区进发。为了抢夺人们在那些充满希望的日子里精心制作的大牛奶袋的一小块残片，兄弟之间、父子之间大打出手。年轻人不管老年人、体弱的人和病人，让他们听天由命。人们寻找各种植物来吃，甚至挖树根吃。距海不远的人寻找贝壳类生物维持生命，但他们不习惯吃这一类食物，有些人得了赤痢，很快死去了。有一些地方，整个整个的家庭坐以待毙。后来往往可以在一棵树下发现15到20具骨架，一具挨着一具，父母同他们的孩子死在一起。如潮水般的饥民涌入殖民区，大部分是年轻人和女人，也有背着半死的孩子的父母。他们蹲在农舍前，可怜地乞讨食物。

1875年，英属苏萨区的人口由105000降至37000人，死亡68000人，其中成千上万人是政府的储备粮食救活的。在那些没有储备的土著区，相对来说死去的人更多，苏萨族人的力量完全被摧毁了。

关于这一事件的报道也许有些夸大其词。人们可能会怀疑，这是某个人为了清楚地呈现群众事件的顺序、规律性和细节而杜撰出来的。但是，这一切都是19世纪50年代真正发生过的事情，也就是说，距现在并不很远。关于这一切，证人的报道还在，任何人都可以查阅。

现在我们从报道中抓住几个要点进行分析。[68]

第一件引人注意的事情是苏萨人的死者**具有生命**。他们确实分享着生者的命运。他们找到了与生者沟通的方法和途径；他们许诺给生者一支援军，他们作为一支军队，作为已经**死去的战士群**，加入生者的军队中去。生者的军队得到加强这一过程完全就像同另一个部族结成联盟一样。不过，这一次是同死去的自己人的部族结成的联盟。

当许诺的日子到来时，所有的人都会突然成为**平等的人**。老年人恢复青春，病人恢复健康，多虑者快乐起来；死去的人混杂在活着的人中间。随着第一道命令，人们在普遍平等这一方向上迈出了第一步。人们不能再使用巫术互相伤害，各种敌对意见的混杂最能破坏部族的统一和平等。部族的群众势力太弱，不能对抗敌人，但在那个伟大的日子里，会由于全部死去群众的加入而激增。

这些群众要涌向何处，也是事先指明的：他们要进攻白人殖民区，他们已经有一部分人处在白人的统治之下了。他们的实力由于有幽灵的加入而变得不可战胜。

此外，幽灵们有着同活人一样的愿望：他们喜欢吃肉，因此要求人们把牲畜献给他们。想必他们也吃活人毁掉的谷物。开始时献礼是个别的，可以理解为表示一下虔诚和忠诚；但后来献礼越来越多，死去的人想要一切东西。人们平时要繁衍自己的牲畜和谷物的倾向，现在变成了要繁衍死人的倾向。现在要越来越多地**屠杀**牲畜和**毁坏**谷物，因为它们这样会变成死去的人的牲畜和谷物，什么都要越多越好这一群众的有力倾向，具有突发性、草率性和盲目性，人们会为这种倾向而奉献出一切，这种倾向在群众由活人组成的地方都会存在——这种倾向是**能够转移的**。**猎人**把这种倾向转移到**猎物**上，他们不能满足于已有猎物的数量，他们举行许多种仪式促进猎物的大量繁殖。**牲畜饲养人**把这种倾向转移到他们饲养的牲畜上，他们尽一切力量要使他们的畜群扩大；而通过他们实际的饲养技巧，畜群也逐渐地扩大而且越来越大。**农民**则把这种倾向转移到农产品上，他们的**谷物**有三十倍或百倍的收成，而他们堆积谷物的谷仓人人看得见，人人赞美，这是这种成功的、迅速繁衍的明显标志。他们为此做了如此之多的工作，以至于从这种对畜群和谷物的可转移的群众感情中产生了某种新的自我意识，他们也往往会觉得，似乎这一切是靠他们自己的力量完成的。

在苏萨人的这种"自我毁灭"期间，在他们对人、牲畜和谷物的繁衍倾向中所发生的一切，都与他们关于**亡灵**的想象联系起来了。为了对越来越多地掠夺他们土地的白人进行报复，为了在他们所经历的一切失败战争之后进行一次胜利反对白人的战争，有一件事情是他们不可缺少的，这就是亡灵的复活。一旦他们能确保这些亡灵的复活，一旦这些无数的亡灵真正能够复活，他们就可以开始战争了。死者回来时也会归还奉献给这些死者的牲畜和谷物，而且数量比人们奉献的多得多，在死者那里积累起来的所有牲畜和谷物都会还给生者。

人们屠杀的牲畜和毁坏的谷物具有群众晶体的作用，这种晶体在那边对一切牲畜和谷物都有吸引力，在另一些时代，人们可能为了同一目的也把人当作祭品。于是，在那个伟大的日子里，牧场上就会到处都是很大的新畜群，田野上则谷物金黄，等待人们享用。

为了死者的再现，这整个事情耗去了生活所需的一切。为了这一伟大的目标，人们献出了一切。人们**所认识的**彼岸世界的人使他们更坚定地这样做。预言者的兄弟，已经去世的老族长的两个顾问，是人们同死去的人所达成的协议的保证人。谁反对或犹豫不决，谁就是夺走属于群众的东西，就是在破坏群众的团结。于是他就被看作同敌人一样的人，让他同这些敌人一起完蛋。

如果人们考察事件的灾难性结果，即这样的实际情况：在许诺之日什么也没有发生，没有谷田，没有畜群，也没有亡灵的军队；那么，从苏萨人的信仰观出发完全可以说，苏萨人被他们的亡灵欺骗了。亡灵并没有认真对待同活人达成的协议，他们完全不关心对白人的胜利，只是关心如何壮大自己。亡灵们首先通过欺骗的手段从生者那里把畜群和谷物弄到自己手里，接着也把饥饿的群众本身弄到自己手里。于是亡灵们取得了胜利，即使他们是用另一种方式、在另一次战争中取得了胜利。最后，亡灵成了**最大的群众**。

但是，**命令**对于苏萨人的行为也具有重要的意义。命令完全是单方面的事情，它还完全没有成为真正的行为。发布命令的亡灵们需要一个传达命令的中介人。亡灵们很重视尘世间的等级制。先知应该去找族长们，让他们接受亡灵的命令。一旦大酋长克瑞里宣布同意亡灵的计划，那么命令就会正常地一级一级地传达下去。消息传遍了所有的苏萨部族，包括那些生活在"伪"政权即英国人统治下的苏萨部族。甚至那些不相信预言的人，也就是长期反对实施这一计划的人，在这些人中间包括克瑞里的叔叔和他的首席顾问，最后都服从了族长的命令并明确表示，他们服从的唯一理由是，这是族长的命令。

如果我们考虑到命令的**内容**，那么一切就更奇怪了。基本内容就是**屠杀**牲畜，也就是**杀戮**。越是反复强调这一命令，人们在执行这一命令时越是扩大范围和扩大规模，这一命令就越是预期着战争。如果可以这样说的话，从命令的角度来看，牲畜就代表**敌人**。牲畜代表敌人，也代表敌人的牲畜，就像被毁掉的谷物代表敌人的谷物一样。战争在自己的土地上开始，就像人们已经在敌人的土地上一样；但是命令又接近于它最初的含义，即它是一个物种对另一个物种宣布的**死刑判决**，出于本能的死刑判决。

人所豢养的一切动物都处在他死刑判决的利剑之下。固然往往很长时间**不执行死刑**，但任何动物都不会幸免。这样，人就把他非常清楚知道的自己的死亡不受惩罚地加诸他的动物身上。他允许这些动物活的时间有点像他自己活的时间中的一部分，**他**只是在动物身上才注意到这段时间什么时候结束了。当他拥有许多动物并从动物群中挑选出几头来宰杀时，他感觉到动物的死是很容易的。他很容易把他的两个目标即繁衍他的畜群和杀他需要的个别动物结合起来。这样，他作为牧人就比作为猎人更有权力。牧人的动物都在一起，而且不会逃避他。这些动物能活多久都由他决定。他不需要等动物给他机会，他不必在现场杀死动物。猎人的**力量**转化成为牧人的**权力**。

对苏萨人发布命令的本质内容是：在屠杀他们的敌人之前应该对他们的牲畜执行死刑判决。

要考虑到，这个杀戮命令是亡灵发出的，这些亡灵似乎有发布命令的最高权力。最终亡灵们迫使所有人和一切事物都到他们这一边来，其中有以前发布命令的所有人物，历代的族长们。他们结合在一起的权威是很大的，如果他们不是作为亡灵，而是全体突然出现在人们中间，那么他们的权威肯定也是很大的。但是人们不能摆脱这样的印象，即死亡更增加了亡灵的权力。他们通过预言者呈现在人们面前，他们会显现并对预言者说话，这些使他们除了原来的权威之外又增加了超自然的权威；这样他们避免了死亡并且仍然令人印象深刻地**活动着**。避免死亡，**避开**死亡的愿望，是所有统治者古老的、最强烈的欲望。在这里指出下面的情况是有意义的，这就是族长克瑞里在他的族人饿死以后又活了许多年。

第五章

权力的内在结构

第一节　捕获和吞并

捕获和吞并的心理学，完全就像吃的心理学一样，还根本没有研究过；一切对我们来说都是极其自然的事情。对许多具有谜一般性质的过程，我们从未深思过。对我们来说，没有任何事物比捕获和吞并更具有原始意味了；我们在这些过程中与动物具有如此之多的共同之处，这一点使我们到现在为止还看不到这些过程有什么令人吃惊之处。

一头动物含有敌意地接近另一头动物的过程可以分为好几个不同的行为，其中每一个行为都有其特殊的传统意义。首先是**潜伏**着，静候猎物出现：在猎物警觉到我们对它有所企图之前，它已被我们跟踪许久了。看着猎物，审视它、监视它，心情很愉快；在它活着的时候看起来就已是一块肥美的肉；把它看成一块肥美的肉的愿望如此之强烈，如此之不可动摇，以至于任何东西都不可能使任何人放弃抓住它的想法。在整个这一段时间内，人们在猎物的四周潜行着，此时人们已经想到每个人可以分到多少猎物；从人们把它确定为猎物的那一刻起，这头猎物在人们的想象中已经被吞并了。

潜伏是一种如此奇特的紧张状态，以至于后来不在潜伏时也获得了一种意义。人们延长这种状态，后来人们在没有猎物引诱的情况下也会自身引起这种状态。人们进行潜伏和跟踪不可能不受惩罚。人们在这一方面积极地所做的一切事情，都会让人们在自己身上感受到同样多的消极的东西；而且这种感受更为强烈，因为人更为聪明的头脑会察觉到更多的危险，跟踪会使他受到更多的折磨。

人并非总是强大到足以直接猎获他的猎物。他在跟踪猎物的过程中有了丰富的经验，由此产生出一种最为复杂的陷阱。人往往把自己装扮成他要跟踪的动物，这是人特有的天赋，并且像他要狩猎的动物一样活动；惟妙惟肖的模仿使动物对他产生了信任。这种潜伏方式可以称之为谄媚术。人们对动物说："我同你一样，我就是你。让我靠近你吧！"

在蹑手蹑脚地接近和跳跃——在另一个地方再谈——之后，接着是第一次**触摸**。触摸也许是人们在大多数情况下都害怕的事情。手指接触到即将完全属于自己躯体的东西。通过其他感官例如通过视觉、听觉、嗅觉来把握对象远远没有触摸那么危险。人们在看、听、嗅的时候，在人们和牺牲品之间还留了一个空间；只要还有这个空间，就有逃脱的机会，一切都还未最终确定。触觉是味觉的先驱。神话故事里的巫婆伸出一根手指，摸摸牺牲品是否足够胖，可以吃了。

从触摸这一时刻起，一个躯体对另一个躯体的意图就是具体的了。即使触摸到最低等的生命体，那一时刻也具有某种决定性的意义。它包含了最古老的恐惧感，我们梦见它，幻想它；而我们的文明生活无非是要千方百计避开它。从这一时刻起是继续反抗还是完全放弃反抗，取决于触摸者和被触摸者之间的力量对比；但更多取决于被触摸者想象中的实际力量对比关系。通常被触摸者会奋起反抗，只是在对他具有压倒优势的力量面前，他才会放弃反抗。人们之所以感到这种触摸是无法改变的，是因为任何反抗，特别是在未来，这种反抗显然是毫无希望的；这种无法改变的触摸在我们的社会生活中变成了**逮捕**。当人们感到肩上有一只代表法律实行拘捕的手时，通常会在真正被抓之前就放弃反抗。他畏缩着，乖乖地跟着走，他表现沉着；但是他绝不能到处都冷静、自信地面对未来的事情。

接近的下一步是**捕捉**。手指形成一个凹陷的空间，抓住动物躯体的一部分；手爪全然不分轻重，抓破猎物的躯体。猎物在这一阶段是否会受伤，已无关紧要；但是，猎物躯体的一部分必然在掌心之中，抓住这一部分就是抓住了整头猎物。手指弯曲形成的掌心凹陷部分，是嘴和胃前面的空间，猎物通过这个空间最终被并入人们的身体。在许多动物那里，不是爪和手，而是武装起来的嘴执行捕捉任务。而在人那里，再也没有松开过的手变成了权力的象征。"他被交付于他的手中"、"在他的掌握之中"、"在上帝的掌握之中"类似的说法在所有的语言中都经常可以听到，为人们所熟悉。

对于捕捉本身的过程来说，真正重要的是手施展出来的**压力**。手紧紧抓住，掌中的凹陷处收紧，整个掌面贴在猎物身上，人们这样做感到抓得更有力量。先是轻轻的、柔和的触摸扩大接触面积，然后加重并集中力量，最后尽可能紧紧抓住猎物的一部分。这一类的压力胜于用手爪撕裂猎获物。在一些具有古代风格的祭典仪式中，人们仍然学用撕裂牺牲品的做法，不过人们都扮成动物；这是动物之间的游戏。在危急时刻，人们早就依赖牙齿了。

压力可以加大到把对方压死。压力要加大到何种程度，是否真要把对方压死，还要看猎物的危险性。如果人们要同猎物经过苦战，如果人们受到猎物严重的威胁，如果猎物会激怒人们或伤害人们，那么人们就会施展这招杀手锏，并且施加的力量超过必要的程度，直到猎物被压扁方才罢休。

但是，除了危险性和愤怒之外，蔑视更能促使人去压死猎物。一只渺小得微不足道的**昆虫**，它之所以被压死，是因为人们不知道对付它还有什么其他办法。人的手所形成的空间不可能小到挤死一只小昆虫的地步。人们想摆脱这种讨厌的东西，并且也确实摆脱了它。我们撇开这一点不说，对苍蝇或跳蚤的这种态度说明了人们对毫无价值的东西的鄙视，这类东西的规模等级和力量等级与我们完全不同；我们与之毫无共同之处，我们永远不会变成这类东西，我们永远不会害怕这类东西，除非它们突然大量地出现。毁灭这类微不足道的小生灵，这是唯一的甚至**在**我们这里也完全不受惩罚的暴力行为。它们的血不会溅到我们头上，它们的血不会使我们想起我们的血，我们从不看它们失神的眼睛，我们不吃它们。至少在我们西方人看来，它们是不断增长的东西，即使是增长很快的人类也从来没有达到过如此的增长速度。总之，它们是完全自由的。跳蚤和苍蝇的自由能更好地说明这方面的情况。如果我对某人说"我一只手就可以捻死你"，那么我是在表达最大的蔑视，这就等于说："你是一只昆虫，你不是什么东西，我可以对你为所欲为；而且此时你在我心中也不是什么东西，你对任何人都无足轻重。杀死你是不会受到惩罚的，谁也不会注意此事，谁也不会在意此事，我也是如此。"

通过压力来毁灭的最高程度是**碾碎**。这是手不可能做到的，手太软了。碾碎的前提是巨大的机械力量，上下要有坚硬的东西，这样才能碾碎。在这里，牙齿能完成手不能做的事情。在说碾碎时，一般人们所指的已不再是某种有生命的东西；碾碎的过程本身已经降到了无生物的层次。人们最早是在同自然灾难联系起来时才使用这个词的，例如，塌落的巨大岩石能碾死许多较小的生灵。这个语词是在转义上被使用的，并不是它本来的含义。它所表达的是一种破坏性的力量，这种力量是人的工具的力量，而不真正是人本身的力量。在碾碎中有某种实质性的东西，仅仅肉体是不能碾碎的。能碾碎的最强有力的东西是"铁爪"。

值得注意的是，**抓**这个词赢得了人们无比崇高的敬意。手的功能如此之多，以至于人们对于与手有关的众多成语倒并不感到惊奇。但是手真正的荣耀来自抓，这是最基本的、最受尊崇的权力行为。被抓住了心，也就是被感动了，"感动"这一至高无上的词也许是这种情况下给人最深刻印象的证明。它表示一种人们无法对其施加任何影响的力量的完美无缺。"受感动的人"被一只巨手抓住，完全被这只手控制住，无法反抗它，他不能反抗这只巨手的意图。

显然，权力的决定性行为要从自古以来的动物和人的最引人注意的行为中寻找，这种行为就是"**抓住**"。人们对猫科动物如虎、狮的敬畏就是建立在这一基础上的。它们是伟大的抓捕者，而且它们都是单独进行抓捕。潜伏、跳跃、扑杀、撕碎，它们一气呵成地完成所有这些动作。这一过程势如山倒、不可逆转、不折不扣，动作者的优势是从来不可怀疑的。事实是：只要它想要，什么东西都可以成为它的猎获物。这一切都助长了它的力量的威望。无论我们从何种角度来看这件事，这里是最高度集中的权力，这种权力以这种形式对人产生了不可磨灭的影响。一切帝王都无不把自己想象成狮子，人们崇敬和赞赏的抓捕行动是他的功绩。人们到处都在称颂勇气和伟人，但勇气和伟人的基础都是卓越得多的力量。

狮子为了获取猎物**不需要伪装自己**，它从头到尾保持着**本来面目**。它在出猎之前发出咆哮，告诉所有野兽自己的存在，只有它才能宣示自己的意图，让每一只动物都能听到它的意图。其中包含着不可改变的自大固执，这种自大固执永远不会变成别的什么东西，而通过它扩散开来的只是更大的恐惧感。权力的核心和极致是对伪装的蔑视。权力我行我素，只顾及自己，权力在这种形式上令人们侧目；权力是绝对自由的，它不为任何东西、任何人而存在。不管何时这种权力以这种形式出现，权力对人来说都是荣耀的最高峰；时至今日，还没有什么东西能阻止权力以这种形式一再出现。

但是，权力还有第二种行动，这种行动虽然并不是那么辉煌，但肯定并不是不重要的。抓捕行为的雄壮威武的影响有时被忘记了，与此同时进行的还有一个同样重要的东西，这就是**不让被抓住**。

掌权者在自己四周创造的一切自由空间都是为这第二个倾向服务的。每一个人，甚至是最卑贱的人，都会力图阻止别人接近自己。

人与人之间不管建立起何种共同生活的形式，都会反映在各种距离中，这种距离使他们避免摆脱了这种不间断的被抓住的恐惧。在某些古代文明中十分明显的对称现象也是源于人们要在自己的四周创造出匀称的距离。在这些文明中，安全是距离的安全，这种情况在绘画中也得到了反映。统治者的存在决定着万民的存在，统治者乐于建立起最大的、最明显的距离。统治者是太阳，甚至更远，如像在中国人那里他是天，这不仅是由于他的显赫地位，而且还是由于上述距离。他是遥不可及的，在他四周建起了空间越来越多的宫殿。每一扇门都受到重重保护，违背他的意愿闯入这些门是不可能的。他为了保持距离上的安全，可以下令抓捕任何人，不管他是谁；而人们在相隔千万重的情况下如何能抓到他呢？

猎物的真正**吞并**始于嘴。一切可吃的东西最初都走过这一条路，从手到嘴。有许多动物没有手可以去抓，于是就由嘴来抓，由它的牙齿或上天给的喙来抓。

人及许多动物自身具有的最明显的权力工具是**牙齿**。牙齿排列整齐，表面的珐琅质闪闪发光，它们是身体上任何一个在行动中可见的部位都无法相比的。我们可以把牙齿称为首要的**规则**，这种规则正式呼喊着普遍的承认；这种规则对外起着威胁的作用；这种规则并不总是可以看到的，但在嘴张开时又总是可以看到，而嘴是经常张着的。牙齿的质料不同于露在外面的身体其他部分，如果人也只有两颗牙齿，那么，这会给人深刻的印象。牙齿光滑、坚硬，从不屈服；人们在咬合时牙齿不会变形；牙齿像是镶嵌进去的一块磨得很平的石头。

很早以前人就用各种各样的石头当作武器和工具,只是过了很久以后,人们才懂得把石头磨得如此漂亮,其光滑程度与牙齿一般。很可能人在改良工具的过程中把他的牙齿当作了模型。大野兽的许多牙齿向来为人所利用,他或许是冒着生命危险才得到它们的牙齿;野兽威胁人的力量,对人来说似乎还有某些东西保留在这些牙齿中;人把这些牙齿作为战利品和装饰品挂在身上;这些牙齿会令其他人也感到他在牙齿面前感到的恐惧。他以兽牙留在他身上的伤疤为骄傲,这些伤疤被看作光荣的标记,人们对此非常羡慕,于是后来人们在自己身上故意制造出伤疤并以此炫耀。

牙齿对人产生的作用影响很广泛,是多方面的;这些牙齿包括大型野兽的牙齿,还有他自己的牙齿。按照牙齿的性质,它们介于身体的不可分割的组成部分和工具之间。牙齿会掉落或可以拔出来,这一点使牙齿更像工具了。

牙齿有两种明显的属性,就是**光滑**和**规则**,这两种属性已经进入权力的本质。这两种属性与权力不可分割,任何一种权力形式都首先要建立这两种属性;权力与这两种属性的联系始于原始的工具。但是,随着权力的扩展,工具的这些早期的属性也越是得到发展。光滑的程度越来越大,在这一方向的发展中最大的飞跃也许就是从石头飞跃成为金属。不管石头可以磨得多么光滑,但是先是由青铜、后来又由铁做成的剑要比石头更光滑;金属真正诱人之处在于它比任何东西都光滑。现代世界的机器和汽车提高了这种光滑性,这种光滑性已经成为机器运转的润滑性。这种情况在语言中表述得最为简单，人们说：某事进展顺利，或者说某事运转顺利，意思是说有把握使进程，不管是哪一类进程，顺利地、不受阻碍地进行下去。在以前人们试图避免光滑性的那些领域中，现代生活对光滑性的偏好极大地发展起来了；房子和各种设施大多数像人的四肢和躯体一样被装饰起来。装饰的样式发生了变化，但装饰依然存在。尽管装饰的象征意义已经消失了，但是人们仍然固执地坚持装饰。今天，光滑性已经占领了房子、围墙、墙壁以及房子中的器物，装饰和装潢已被人蔑视，并且被视为低俗。人们在谈论功能，简洁和实用。但是，实际上取得胜利的是光滑性和隐含在**光滑性**中的权力的威望。

从现代建筑的这个实例中可以看到，在这里要把光滑和规则分开来是很困难的。它们共同的历史像牙齿一样古老。整排的牙齿，排列整齐，牙齿与牙齿之间的距离完全一样，各种有规律有秩序的排列都以它们为典范。一切有秩序的群体，在我们今天看来是自然而然的事情，也许最初都源于牙齿。军队的排列，尽管是人们自己人为地制造的，但在神话传说中都与牙齿有关。卡德摩斯[*]的士兵从土里跳出来，就像是播种了龙的牙齿所长出来的。

在自然界里确实还有其他的排列，人们已经发现的例如有草的秩序、较为坚硬的树的排列。但是，人在自己身上只找到牙齿，而没有草和树；草和树与人进食没有如此直接、连续的关系，而且

---

[*]　希腊神话中腓尼基的王子，曾杀死龙。——译注

草和树使用起来也不那么得心应手。牙齿作为咀嚼器官的活动使人对牙齿的排列产生了深刻的印象。许多牙齿的掉落及其痛苦的后果使人意识到了这种排列的意义。

牙齿是**嘴**的武装保护人。这个空间很窄，嘴是一切**牢笼**的原始模型。无论什么东西，一进入嘴中便会消失；许多东西还活着的时候就便送进了嘴中。许多动物只靠嘴来杀死猎获物，有些动物连嘴都不用。动物在潜伏猎获物时通常闭着的嘴突然张开时的情景和动物的大嘴闭上的情景，使人想起了监狱可怕的主要特征。如果设想监狱确实受到了嘴巴这个模型的潜在影响，那是不会错的。确实，对先民们来说，不仅鲸鱼的嘴巴里有足以让他们容身的地方，在这个可怕的地方即使一时能住下来，那也什么东西都不可能繁衍。这是一个不毛之地，种子发不了芽。当人们把龙的血盆大口清除掉之后，人们发现象征性的代替物是监狱。以前，当监狱用作刑讯室的时候，同充满敌意的嘴巴像极了；今天我们对地狱仍然有这样的印象。而真正的监狱则是清教徒式的：牙齿的光滑性占领了世界，各监室中的墙壁一片光滑，取光的窗口很小很小。对于监犯来说，自由的空间只存在于紧闭的牙齿之外，而现在代替牙齿的是监室冷冰冰的墙。

一切猎获物都必须通过这一窄窄的**通道**。对于一些还活着的生灵来说，这是最为恐怖的事情。人类的想象总是充满了这些吞并的阶段。巨兽张开的血盆大口对人造成威胁，甚至在人的梦中和神话中也不放过他。落入这些血盆大口的历险记，对人来说同漂洋过海的历险一样重要，一样危险。有些已经绝望的生灵从这些巨兽的血盆大口中活着逃了出来，身上终生带着这些巨兽留下的伤疤。

猎获物被吞下以后，经历了一段漫长的旅途。猎获物在这一条旅途上被慢慢地吸收，一切有用的东西都被吸收掉；留下的是废物和臭气。

这是一切动物进行征服的最后的过程，这一过程对于说明权力的本质具有启示性。谁要想统治人们就要贬低他们，剥夺他们的反抗和权利，直至他们在他面前像动物一样无能为力，他把他们当动物一样役使；即使他不说出来，但有一点他**心中**始终是明白无误的，那就是他们对他而言是微不足道的；他当着自己亲信的面把这些人称为羊或牲口。他最终目的始终是"吞并"他们，吸尽他们的精髓，吸尽之后还能留下什么，这对他来说是无所谓的。他越是恶待他们，他也就越是看不起他们。当他们完全没有用的时候，他就把他们悄悄处理掉，就像处理自己的粪便一样，他关心的是不要让他们污染了他房子里的空气。

他也许未必有胆量去印证这一过程的所有细节。如果他喜欢说真话，那么他也许会在亲朋好友面前承认，是他把这些人贬低为禽兽。但是，他并没有让这些臣民在屠宰场被杀掉，实际上也没有把他们的躯体当食物吃掉，因此他会反驳说，他没有吸掉这些人的精髓，也没有把他们**消化掉**。相反，是他供养了他们。自从人豢养动物以来，人不立即杀死或者根本不杀死这些动物，因为这些动物对他有另外的利用价值，从那以来，人们就很容易忽视上述这些过程的本质。

但是，除了善于把如此之多的东西集中在自己手中的统治者以外，每一个人同他自己的排泄物的关系也属于权力领域。属于一个人的东西只是后来变成粪便的东西，成为食物的猎获物在穿过身体的整个漫长过程中受到持续不断的压力，猎获物被分解，与消化它的生物体合而为一；起先是猎获物的一切职能完全彻底地消失，而后是构成猎获物自身存在的一切形式完全彻底地消失；进食者的身体同化原已存在的物体——这一切可以看作是权力最重要的过程，虽然它也是最隐蔽的过程。这个过程如此理所当然，如此自动，远非人所能意识得到，以致人们低估了它的意义。人们往往只是看到表面上进行的成千上万的权力伎俩，但这是权力最小的一部分。在这些表面现象下面日日夜夜在进行着消化和继续消化。捕获到他物之后，把它弄成一小块一小块，吞并它，把它消化掉。人们只有依赖这个过程才能生存。如果这一过程中断了，那他就会丧命；他深知个中滋味。显然，这一过程的**所有**阶段，不只是表面上的，还有半意识到的，都必须在精神方面显示出来。在这里，要在精神方面找出相应的阶段，不是那么容易；在这一研究过程中会有一些重要的痕迹显露出来以供我们继续追踪。以下我们将会看到，在这里特别富有启示意义的是**抑郁症**的症状。

所有人留下的排泄物装载着我们整个的血腥罪恶。看到排泄物，我们知道我们杀生了。它是指控我们犯罪的全部物证的浓缩。作为我们在日常生活中从不间断地犯下的罪愆，排泄物臭气熏天。

值得注意的是我们与排泄物单独相处，我们在自己的专用房间里排出粪便；隔离开来的时刻是最私密的时刻，实际上我们只是与粪便单独在一起。很显然，粪便使我们感到羞耻。它是消化的权力过程留下的古老印记，这个权力过程是隐蔽进行的；如果没有这个印记，那么它**仍将是**隐蔽的。

第二节　手

　　手起源于在树上的生活。手的主要特点是大拇指单独分开。大拇指的有力发展以及与其他手指之间的空隙，使得过去曾是爪子的手能够抓住整个树枝，这样就可以在树上来去自如地活动。我们从**猴子**身上就可看到，手有多么重要。这是手最古老的功能，已是众所周知，任何人都不可能对此有所怀疑。

　　但是，我们对于手的作用的认识还不充分，那就是手在攀援时有不同的功能。两只手绝不是在同一时间做同样的动作：当一只手抓住新的树枝时，另一只手仍牢牢地抓住原来的树枝。死死抓住老枝具有极重要的意义，在迅速的运动中只有死死抓住老枝才不会掉下来。在任何情况下，担负着全身重量的手**不能松开**它原来抓住的东西。手在这一动作中获得了高度的坚持性，而这一点与原来死死抓住猎获物的做法似乎是有区别的。当一只手臂够着一个新的树枝时，另一只手臂就必须**松开**抓住原来树枝的手。如果两只手不迅速倒换，那么生物就无法移动自己。因此，迅速松开是手的一个新的能力。以前从来没有松开猎获物的情况，只有在极大的压力下、在违背整个习惯和欲望的情况下才会松开。

　　因此，对每一只手来说，攀援的动作由两个相继交替的阶段构成：抓住和松开。另一只手做着同样的动作，但错后一个阶段。猴子同其他动物的区别就是这两种动作的迅速交替。抓住和松开互相紧随，使猴子具有了人们十分羡慕的灵活性。

即使是较高等的猿猴，它们已从树上下到地上生活，但仍然保持着手的这种基本能力，可以说是互相交替活动的能力。人的一项十分普遍的实践活动，就其整个表现来说，很像手的这一基本功能，这项实践活动就是**交易**。

交易的本质就是人们为了得到的东西而付出某种东西。一只手紧紧握住他想以此引诱对方的东西，另一只手张开伸向他想要换得的第二件东西。一旦触及第二件东西，另一只手就会松开自己的东西；他不会先松手，否则他就会失去自己的东西。一方得到另一方的东西而又没有交出等值的东西，这就是非常明显的欺骗形式，换成攀援过程来说，这就同从树上掉下来一样。为了防止这种欺骗活动，人们在整个交易过程中十分警觉，注视着对方的每一个动作。人从交易中获得的普遍而深切的愉悦部分地可以从以下事实中得到说明，这就是他在心灵上继续着他的一种最古老的活动模式。今天，人类与猿类相近的地方莫过于交易。

上面说得太远了一些，让我们回到手本身和它的起源。由于在树枝上生活，手学会了一种不再为吃东西的握法。由此从手到嘴这段短而没有什么改变的路被截断了。手折断一根树枝，就产生了**木棍**，人们可以用木棍挡住敌人对身体的进攻，木棍在也许最像人的原始生物四周创造了一个空间。从树上的生活来看，木棍是手边最近的武器，人类始终信任木棍，从来没有放弃它。人用木棍来作战，把它削尖变成一根矛，把它弯曲后两头一绑成为一面弓，把它削成箭。但是，尽管有这些变化，它仍然是开始时所是的那个东西：人们用来创造距离的工具，利用这个工具人们可以远离接触和所担心的抓触。正如直立从来没有使人失去激情一样，木棍尽管经历了所有这些形式变化也从未完全使人对它失去热情：作为魔杖和君主的节杖，它仍然是权力的两种重要形式的标志。

手的耐性

在人们的感受中，手的一切激烈活动都是古老的活动。使人们感到突然性和残酷性的活动不仅仅是怀有敌意的抓握。此外，还有许多后来产生出来的动作，如打击、刺戳、冲刺、投掷和射击，而这些动作还可以分化成更细小的种类和技术上可以更为复杂化。尽管这些动作的速度和精确度提高了，但其意义和意图始终如一。对于猎人和士兵来说，这些动作变得重要了，但是对于手的特殊**荣耀**而言，这些动作并未增添什么。

手的完善是通过其他途径，也就是在手放弃暴力和猎取的一切地方实现的。手的真正**伟大之处**是它的**耐性**。手宁静的、缓慢的活动过程创造了我们在其中生活的世界。用双手把陶土塑成形象的陶工，在《圣经》的创世纪里被看作是创造者。

但是双手如何变得有耐性的呢？双手如何获得它们手指的敏感性的呢？我们知道，手指最早做的一件事是在伙伴的**皮毛**上检索翻寻，猴子就是这样，并乐此不疲。人们以为，它们在寻找什么东西，而且因为它们确实有时找到了什么，所以人们就认为这种活动无非是为了一种实用的目的，这样一个目的实在是太窄了。实际上，它们主要是为了手指在皮毛上获得的一种快感。我们知道，手指的这些运动是最原始的运动；正是这些运动才使手指成为我们今天赞美的精巧工具。

猴子的指部运动

每一个观察过猴子的人都会对猴子们互相细心地检视毛发的情景感到奇怪。它们仔细地拨开并观察每一根毛发，给人的印象是它们在找小害虫；它们的姿态令人想起是人在找跳蚤；它们细心地把手指放进嘴里，也就是说它们找到了什么东西。这样的动作很频繁并且收获很多，似乎表明这种寻找是必要的。这始终是最普遍的解释，只是到最近，动物学家才对这一行为作出了更精确的解释。

祖克曼的著作《**猿类及猴类的社会生活**》对猴子的这种习惯做了系统的叙述和研究。这部著作极富启示意义，所以我在这里译出有关段落。

不管社会学家说些什么，捉跳蚤是恒河猴社交最基本的和最有特点的形式。猴子以及较少量的类人猿，它们在一天的大部分时间里都是在互相照料。一只猴子会小心地用手指检查它同伴的皮毛，并把找到的许多碎屑吃掉。这些碎屑或者以手送进口中，或者在舐一小簇毛发后，直接咬着。这个动作要求手指的动作非常协调，还要求准确地调节眼睛与物体的距离。通常都把这种行为解释为试图清除寄生虫，这是一种误解。实际上，无论是豢养的猴子还是野生的猴子，身上都极少有寄生虫。通常它们找到的是头皮屑、皮肤的一小部分和分泌物、针刺之类。如果它们没有什么事情可做，它们就会立即"梳理"毛发。猴子一生下来就对毛发的刺激有了反应，并在成长的各个阶段中一直深受这种刺激的影响。在没有伙伴的时候，一只健康的猴子会检视自己的毛发；两只猴子，有时甚至是三只猴子可以在一起检视它们同伴的毛发。通常被梳理的那只猴子很顺从，只是有一些招惹其他猴子的动作。但是，有时也会同时为另一只猴子梳理毛发。猴子梳理毛发的行为不只限于自己的同类，任何有毛的东西，不论是生物还是非生物，都可能引起它们检视毛发的兴趣。它们会欣然地检视人类朋友的头发。这种行为似乎具有性的意义，这不仅由于许多皮肤神经末梢的轻轻刺激，而且还由于这一行为有时伴有直接的性行动。基于这一原因，而且由于这一行为经常发生，也许可以认为，梳理毛发的行为和皮肤的刺激是维持低等灵长目动物的社会群体的因素。[69]

在我们读了祖克曼本人的叙述之后，这一行为的性意义就更令人吃惊了。他谈到，许多只猴子同时为另一只猴子检视毛发。他强调了所有各种毛发对它们的意义。他在这本书稍后的几个地方把梳理毛发的行为和性行为进行了**对照**。他指出，猴子即使在没有性

312

活动的期间，它们仍然会钻到笼子的栅栏边，让人搔痒。他还就毛发对幼猴的早期意义作了许多探讨。

他说，猴子最初的感官经验正是来自毛发。小猴一生下来就被母猴揽在怀里，而小猴的手指紧紧抓住母猴的皮毛。小猴用很长时间找到乳头，直到找到为止，母猴不给小猴任何帮助。

小猴出生后的第一个月里，小猴以母乳为生，母猴带着它四处迁移。母猴坐着的时候，它会把小猴紧紧抱在怀里，小猴的脚爪抓着母猴腹部的毛发，小猴的手则埋在母猴胸部的毛发里。当母猴走动时，小猴就以这种姿势挂在母猴身上，就是说盘绕在母猴的腹下。通常幼猴自己抓得很紧，无须帮助，但有时候母猴也用一只手臂拢住幼猴，而以三只"脚"蹦跳着走路。母猴坐着的时候有时用双臂抱着幼猴。幼猴对母猴的毛发表现出了强烈的兴趣。幼猴在母猴的皮毛里搔挠，一周以后它会搔挠自己的身体。我曾见过一只出生一周的幼猴，它在一只正坐在母猴身边的公猴的皮毛里胡乱地翻寻着，有时母猴被幼猴抓它皮毛的方式所激怒，于是把幼猴的手和脚拉开。

即使幼猴死了，喂奶的母猴的行为也不会改变，它继续把幼猴拥在胸前，抱着幼猴到处走来走去。

开始时母猴不放下幼猴，继续检视它的毛发，就像它还活着一样；母猴检查幼猴的嘴、眼睛、鼻子和耳朵。几天之后，人们注意到母猴的行为发生了变化。幼猴的尸体已开始轻微腐烂，在母猴的手臂上软软地垂了下来。现在，母猴只是在走动的时候还把幼猴紧紧抱在胸前。虽然它仍然检查幼猴的皮毛并咬住幼猴的皮肤，但是它把幼猴放在地上的次数更为频繁了。幼猴的尸体更加腐烂了，而且开始干枯硬化，但是母猴还继续检查幼猴的皮肤和毛发。干枯的躯体现在开始断裂，有人注意到一条腿或一条手臂掉下来了，很快整个躯体只剩下一副干瘪的空皮囊，母猴更经常地咬嚼肢体碎片，就是不知道母猴是否把这些碎片吞下去。这时母猴就会自动放弃干枯的躯体留下的空皮囊。[70]

猴子喜欢保留许多皮毛和羽毛之类的东西。祖克曼观察过一只一岁大的母狒狒，它抓住一只小猫，把它杀死后，一整天把死猫紧紧地抱在怀里，抚摸它的皮毛，晚上人们从狒狒怀里取走小猫时，狒狒进行了强烈的反抗。在伦敦的动物园里，人们可以看到猴子们抚弄着被它们杀死的麻雀的羽毛。书中还讲到了一只死老鼠的故事，一只猴子精心地照料着这只死老鼠，就像照料前面提到的那只死去的幼猴一样。

祖克曼从上面所举的例子中得出了如下结论：在有意义的母性行为中应该区分三种因素。他说，前面两种因素基本上具有社会意义，第一个因素是有毛的小东西的吸引力；第二个因素是母性的皮毛对幼兽的强大吸引力；第三个因素是幼兽的吮吸反射，减轻母兽乳房的紧张状态。

他说，因此，对毛发的反应是社会行为中的一个基本因素。这种反应的意义可以从这一事实中看到，就是幼猴在母猴死后仍然紧紧地抓住母猴的毛发。但是并不在于这个特定的躯体，任何另一只死猴的躯体，只要让幼猴抓住它，照样能使幼猴得到安慰。

也许应该从对毛发反应的性质的不明确性和产生毛发反应的状况的多样性中，得出对毛发反应的根本性质。羽毛、老鼠、小猫都可以同样引起刺激。很显然，"照料"、"互相梳理毛发"这些社会行为应该是从对皮毛的天生的反应中得出的，这种对皮毛的天生的反应始终是促使猴子们聚在一起的基本纽带之一。

根据祖克曼书中这些丰富的例证，似乎不应该再怀疑，作者本人十分重视猴子们之间互相抓挠毛发这一行为特别的性的意义。他很清楚，毛发本身对猴子来说在任何生活环境下都具有特殊的吸引力。猴子们从触摸毛发中得到的满足应该是一种很特殊的满足，它们到处都能得到这种满足，从活的、死的、同类的、非同类的身上都可以得到这种满足。被触摸毛发的动物的大小无关紧要。在获得这种满足方面，幼兽对于母兽的意义与母兽对于幼兽的意义一样。配偶和朋友都同样地沉醉于这份满足之中。还有许多头动物同时触摸一头动物的毛发的现象。

这种满足是**手指**的满足，猴子们从毛发得到的满足永远没有够的时候；它们能够长时间地用手指抓挠毛发。这些动物的活泼好动是有口皆碑的。有一个古老的中国传说，猴子没有胃，它们叫叫跳跳的，就把食物消化了。与这种情况相比，猴子们在这类抓挠行为中表现出来的无限耐性就显得更为突出了。手指在这种活动中变得越来越敏感，与此同时，由于体验许多新的毛发，它们培养起了一种特殊的触感，这种触感与攫抓或捉握的粗鄙感觉有着根本的区别。人们不得不想起人类以后的一切活动，在这些活动中，重要的是人的手指的**灵巧**和**耐性**。仍然未知的人类祖先像所有的猴子一样，都在长时期里进行了这类手指的锻炼。如果没有手指的锻炼，我们的手不可能发展到今天的样子。猴子们的这一类抓挠活动的起源可以有各种解释，或者是真正地搜寻寄生虫，或者是幼猴在母猴的毛茸茸的胸脯得到的早期体验。但是这种行为本身，正如今天在所有猴子身上可以观察到的发展成熟的行为一样，已经具有完整的意义。如果没有这种行为，我们就永远学不会**塑造**、缝纫和**抚摩**。手真正的生命是由这一行为开始的。如果不观察手指在做这些动作时形成的状态，而且，如果这些状态不是逐渐地给尝试这样做的人造成深刻的印象，那么，我们显然就绝不能获得表达事物的符号，因而也不可能获得语言。

手与物件的诞生

掬水的手是最初的容器。双手的手指交织在一起就形成最初的篮子。在我看来，各种编织直至织布的丰富发展，皆源于此。我们都会觉得，手经历了自己的变化历程。即使在周围的环境中已经存在这样或那样的东西，但是这还不够。在先人自己试图创造出某种东西之前，他的双手和手指必须首先**比划出**这种东西的形状。水果的空壳子，如椰子，早已有了，但是人们却毫不经意地把它扔掉了。只是在手指交织起来形成一个凹陷的空间用以掬水时，才真正有了杯子。我们可以想象，我们观念里的物品是有价值的，因为物品是我们自己做出来的，只是作为**手的符号**才存在。似乎有一个极其重要的中心点，也就是说，在人们试图真正做出某个物品之前，物品的符号语言的产生包含着做出这些物品本身的意愿。人们靠手的帮助比划出来的东西，只是在以后（只要人们经常这样的比划）才被真正做出来。因此，**语词**和**物体**是唯一的统一体验的产物，正是**手的表现**的产物。人所能做的一切，形成他有代表性的文化的一切，都要靠各种转化才能并入自身。手和脸就是这些转化的工具，它们的意义与身体的其他部位相比越来越大。在这种最原始的意义上，手自己的生命仍然以最纯粹的形式保存在手势之中。

猴子和人的破坏欲

我们完全可以把猴子和人的破坏欲看作是手和手指的硬化训练，利用树枝使攀援的猴子和它的手经常同比它自己更硬的东西接触。为了掌握树枝，它必须握住树枝，但还必须会折断树枝。检验树枝就是检验它的"基础"，容易折断的树枝是它继续运动的不牢靠的基础；对这个树枝世界的探索就是不断地比较其硬度，即使它在这方面已经有了很多经验，但检验树枝的硬度仍然是必要的。木棍对它来说就像对人来说一样是最早的武器。木棍是一系列**坚硬工**具的源头。它们用木棍来衡量自己的手，正如后来用石头来衡量一样。果实和动物的肉是软的，而毛发是最软和的。在毛发中抓挠和捉虱子的动作训练了手指的敏感性，在折断一切到手的东西的动作中训练了手的坚硬性。

因此，手还有一种不是直接以猎获物和杀戮为目的的**破坏欲**，这种破坏欲具有纯粹机械性质，并且是在机械发明中继续发展的。但是，这种破坏欲正是由于它的无辜而变得特别危险；它知道自己与杀戮无关，所以它可以为所欲为。这种破坏欲所造成的结果看起来只与手有关，只与手的灵活性、能力和无害有益的效用有关。凡是手的机械破坏欲（现在已经发展成为复杂的技术体系）与真正的杀戮意图结合在一起的地方，它会产生一部分自动的、无思想的行为。产生一片虚无，因而使我们感到特别担忧；没有人本意要这样做，一切都自动地这样发生了。

每一个人都能在手指折断火柴或揉坏纸这类无意识的游戏中在自己身上体会到同一个过程。人身上的这种机械破坏欲的多种分支，同人使用工具的技术的发展有着密切的联系。固然，人学会了用硬的东西来掌握硬的东西，但是最终管用的仍然是手。手自己的生命历程已经有了最惊人的结果。手在许多方面决定着我们的命运。

杀戮者总是权威者

不仅整只手起到了模范和刺激的作用，而且每根手指，特别是食指有重要性。手指末梢变得尖细并以指甲为武装，现实生活中**戳刺**的感觉首先是手指给予的，从手指发展出来的短剑是更硬、更尖的手指。鸟和手指形成的交叉点是箭。箭要长一些，才能射得远，要削得细一些，才能飞得好。喙和刺进入了箭的结构，喙本来是禽类所特有的。而削尖的棍子变成矛：手臂变成了一根单独的手指。

所有这一类武器的共同点是集中在一点上。人被又硬又大的刺刺着，人用自己的手指拔掉刺。手指离开作为本体的手，像刺一样刺向别人，这就是这一类武器的心理根源。被刺的人也以手指反刺，并且用他逐渐学会制作的人工手指反刺。

手所做的事情并非都能赋予同等的权力，它们的威望千差万别。手所做的有些事情对人群的实际生活有特别重要的意义，可能会受到很高的评价。但是，具有最高威望的始终是与**杀戮**有关的东西，会导致杀戮的事情是人们所害怕的，不能直接导致杀戮的东西只不过是有用的东西。手的一切有耐性的工作给局限于此的人带来的只不过是臣服于他人，而那些献身于杀戮的人却有了权力。

第三节　吃的心理学

被吃的一切东西都是权力的对象。饥饿的人感到肚子空空，他用填饱肚子的办法来克服空空如也的肚子引起的痛苦。他吃得越饱，他就感到越舒服。他心满意足地躺在那里，谁吃得最多谁就是饕餮冠军。有一些人群就把这类饕餮冠军看作自己的首领。他始终填饱的肚子在他们看来就是他们自己永远不会长期挨饿的保证。他们相信他填饱的肚子，似乎他吃饱了肚子也就是他们所有的人也吃饱了肚子一样。消化和权力的关系在这里清楚地显示出来了。

在另一些统治形式中，对饕餮冠军肉体的尊敬退居到了次要地位。他的腰围不一定再要比别人宽，但是，他同从他周围的人中选出来的人一起吃喝，他让摆在他们面前的东西，都**属于他**。如果说他本人不再是最能吃的人，但是他的储备必须是最多的，他拥有最多的牲畜和最多的粮食。只要他愿意，他可以永远是饕餮冠军。但是他把饱餐的愉快让给了他的朝臣，让给了所有与他同桌吃饭的人，他只是保留了首尝每一道菜的权利。饕餮冠军式的国王形象从来没有完全消失过。国王一再让他欢天喜地的臣民扮演这种形象。整个统治群体也乐意于大吃大喝，关于罗马人在这一方面的故事是众所周知的。牢固建立起来的家族权力往往以这种形式炫耀自己，后来新贵们都模仿这种做法并有过之而无不及。

在有些社会里，**挥霍**的可能性和能力发展成为正式的、以仪式形式固定下来的、具有破坏性的狂吃狂喝。最著名的是美国西北部的**波特拉契**印第安人。整个部落的人聚在一起举行盛大的庆典。庆典在酋长们互相进行的破坏比赛中达到了高潮。每个酋长都夸口说他从自己的财产中准备拿出多少来破坏，谁让破坏的东西最多，谁就是胜利者，并且享有最高的荣誉。比赛谁吃得最多就要以毁灭某个动物的生命为前提。我们的印象是，在波特拉契族人中，这种毁灭还转移到了财产中不能吃的部分。因此酋长还可以夸下更大的口，说他吃掉了一切而没有使自己的肚子有什么不适。

不管吃的人的社会地位高还是低，让我们来谈谈这些**吃的人**本身，也许是有用的。在一起吃的人彼此互相尊重，这是十分显然的。这一点已经表现在他们进行**共享**这一事实中了。摆在他们面前的食物，放在一个公共的盘子里，属于他们所有的人。每个人吃掉其中的一些，每个人也看到，其他人也吃掉其中的一些。每个人都努力做到公平，不比任何人多吃。当进食者共享**一只**动物，共享一块肉或共享唯一的一块面包时，进食者之间产生的联系是最为强烈的。但是，仅仅这一点并不能解释他们喜气洋洋的举止。他们之间的相互尊重意味着他们**相互**不吃对方。固然，生活在一个群体里的人们相互之间做到这一点是有保证的。但是这只有在吃的时候才令人信服地表现出来。人们坐在一起进食，裸露着牙齿，人们吃着，但纵然在这种危急的时刻，任何人也不会对其他人有吃的欲望。为此人们尊重自己，并且也对那些与自己社会地位相同的人表示尊重，因为他们表现出了节制的态度。

丈夫把他的一份食物献给**家庭**，妻子为他烹调。丈夫吃惯了妻子为他做的食物，这在他们之间建立起了最牢固的联系。家庭成员最经常地坐在一起吃饭时家庭生活表现得最为亲密。一想到此，眼前浮现的就是双亲和孩子们围坐一桌的情景。一切似乎都是为了这一时刻所作的准备。同桌共餐的次数越频繁越规则，一起进食的人就越觉得自己是一家人。能坐在这张桌边吃饭实际上就相当于被接纳为家庭成员了。

也许现在是谈一谈这个家庭组织的重点和核心即**母亲**的最好时机了。母亲是一位能以自己的身体供食的人。她先是在自己的身体里供养孩子，而后又给他吃奶。这种行为缓慢地经过许多年；正因为她是母亲，她的脑子里所想的都是她的孩子成长发育所需的食物。并不一定是她自己的孩子，她才这么做；也可能是让她领养的孩子；她可以接受一个这样的孩子。她热衷于供应食物，热切地注视着孩子进食并因她的食物而发育长大。孩子的成长和体重的增加是她不可改变的目标。她的行为是无私的，似乎她是单独的一类，单独的一类人。但实际上是她的胃变成了两个胃，并监督着两个胃。一开始她更多关心的是新的胃和新的未发展的躯体，而不是自己的胃，不过，这只不过是怀孕期间发生的事情的外在化罢了。正如母亲在这里的表现那样，我们应该认为，把消化看作权力的重要过程这一概念也适用于母亲。但是，母亲把这一过程分配给两个躯体。她供养食物的新躯体与她自己的躯体是分开的这一事实使整个过程更清楚、更容易察觉了。母亲对孩子的权力在孩子的早期阶段是绝对的，不仅是因为孩子的生命取决于母亲，还因为母亲自己感到有一种极其强烈的冲动，要不停顿地行使这种权力。把统治欲集中在这样的一个小生命身上，给予母亲一种压倒一切的感情，其他平常的人际关系是很难超过这种感情的。

母亲日日夜夜对孩子的这种支配的连续性，由以构成的无数日常琐事，使母亲的这种支配达到了圆满无缺的程度，任何其他支配形式都不可能达到如斯之境。这种支配不是局限于发布那些在开始时有可能完全不被理解的命令，这种支配意味着，母亲会剥夺孩子的自由，即使母亲实际上是为孩子的利益着想；意味着母亲会在不自觉的情况下把她自己在几十年期间被加诸身上的并且作为原封不动的螫刺保留下来的东西，施加到孩子身上；意味着母亲会促进**生长**，而统治者只能通过加官进爵来促进生长。对母亲来说，孩子结合了动物和植物的两种性质，这使母亲可以享受到两种至高无上的权力，而人们在平常情况下是分别行使这种权力的：对植物，促使植物生长，长成人们想要的样子；对动物，人们把它关起来，监督动物的活动。孩子像谷物一样在母亲的手底下被抚养长大，孩子像家畜一样只能在母亲允许的范围内活动，孩子使母亲身上旧的命令重担——每一个文明人都背负着这样的重担——逐渐减少。此外，孩子长成一个人，一个新的、完美的人，他生活在其中的群体总是感谢母亲培养了他，没有更强烈的权力形式了。通常人们并没有这样来看母亲的作用，这有两方面的原因：每一个人记忆中的东西首先都是这种权力处于**下降**时期的东西；再者，对每一个人来说，父亲明显的但却远不是那么重要的权力却显得比母亲的权力更大。

不许别人与之共食的家庭，变得严格而冷酷：要供养家里人，这是排除别人共食的自然的借口。在没有孩子的家庭中，这种借口显然站不住脚了，但是这些家庭丝毫无意要采取措施与其他人共享食物：两人家庭是人类最可鄙的产物。但是，在有孩子的地方，我们也往往觉得，孩子不过是赤裸裸的自私自利的遮羞布。人们"为了自己的孩子"而节省，并让其他人挨饿。实际上，只要人们生活着，人们就会这样把一切留给自己。

现代人喜欢到餐馆吃饭，请少数几个人一起围着一张桌子共餐。因为在这种地方人人都这样做，所以人们在吃饭时会喜欢幻想所有的人都有饭吃；地位更高的人则根本不需要这种幻想，饱食终日的人是会满不在乎地在饥民身上磕磕绊绊地走过去的。

进食者的体重增加了，他感到自己更重了。这是有值得他夸耀的地方：他不能长高了，但是他能在众目睽睽之下立刻使体重增加。正因为如此，他很乐意与他们一起共同进餐，这就像是一次饕餮大赛一样。吃到再也吃不下一点东西的饱胀的快乐感觉，是每个人都想达到的。原来没有人为此感到羞耻：一头大的猎获物必须很快被吃掉，人们要尽可能放开肚子吃，在自己的身体里储备起来。

吃独食的人得不到其他人在一起进食时所得到的尊敬。在没有其他人在场的情况下，他一个人吃饭露出牙齿，谁也不会对他产生任何印象。但是，在一起吃饭时，就可以看到每一个人是如何张开嘴，而自己在用牙齿吃饭时也可以看到别人的牙齿。没有牙齿的人是可鄙的，而有牙齿又不显露的人则有禁欲主义的味道。与人共餐是展露牙齿最自然的机会。现代礼节要求人们在进食时闭上嘴。张开大嘴时所包含的些许威胁正由此而降到了最低限度。但是我们这种进食方式也并不是全然没有伤害性。我们用刀叉进食，这两种餐具也很容易被用作攻击的工具。每个人面前都有这两种餐具，有时候还会随身带着它们。用刀叉切下一小块食物并尽可能有节制地放进口中，这在我们的语言中也叫作"**一小口食物**"。

笑之所以被指责为粗鄙无教养，是因为笑的时候嘴巴大张开，牙齿显露了出来。笑最初无疑包含着人们在肯定能得到猎获物或食物时的快乐。跌倒在地的一个人会使人们想起一头被狩猎的并且人们自己射倒的动物。每一次跌倒所引起的笑，会使人们想起跌倒者的无助情景；如果人们愿意，也可以把跌倒的人当作一头猎获物。如果我们真的把他当作猎获物并把他吃掉，那么人们就**不会笑了**；我们以笑来**代替**吃他的行动。成为食物的东西逃脱了，这引起我们的笑；正如霍布斯所说的，笑是一种突如其来的优越感。但是他没有补充说，这种感觉只有优越感没有后果的情况下才会发展成为笑。所以霍布斯关于笑的看法只包含了一半的真理。他没有深入到笑的真正的"动物的"原因，也许是因为动物不会笑吧。但是，如果动物对食物有兴趣，它们是不会放过可以到手的任何食物的。只有人才学会了用象征性的动作来代替吞并的全过程；作为笑的特征的横膈膜的运动似乎概括地代替了身体内部的吞咽运动。

动物中只有鬣狗能发出像人一般的笑声。在笼中的鬣狗面前放一点吃的东西，在它抓到之前又迅速撤走，这时就可以听到鬣狗发出类似人笑声的声音。有必要记住一点，荒野里的鬣狗的食物是腐尸烂肉，可以想象一下鬣狗经常眼睁睁地看着令它垂涎欲滴的许多食物被其他动物攫走时的情景。

第六章

幸存者

第一节　幸存者

幸存之际就是权力在握之际。目睹死亡所引起的恐惧转变为一种欣慰，因为死去的不是自己；死者躺在地上，幸存者仍然站着。这就像是刚刚发生过一场战斗一样，就像是人们亲自把死者打倒一样。在争取幸存时人人为敌，以这种重要的胜利来衡量，一切痛苦都微不足道了。但是，重要的是，幸存者无论**单独**面对一个死者还是面对几个死者，他都是举世无双的。他把自己看作是举世无双的，他感到自己是举世无双的，如果谈到这一时刻赋予他的权力感，那么不应忘记，这种权力正是来自他的这种**举世无双**的感觉。

人冀求永生的一切意图都包含着要继续活下去的强烈欲望。人们不只是想总是活着，人们是想在其他人已经死去的情况下继续活着。每一个人都想成为年龄最大的人并且想知道，当他不再在世时，人们是否还知道他的名字。

求生最卑劣的形式是**杀戮**。人们杀死一头动物，吃它，这头动物毫无反抗地躺在那里，人们把它的肉一块块切下来，作为猎获物与自己的亲人分而食之；同样，人们也想杀死那个挡着道、与人们相对立并且是人们真正敌人的人。人们想把他打倒在地，以便感到自己还活着，而他已经死了。但是，他不应该完全消失，他肉体的存在即他的尸体对于这种胜利的感觉是不可或缺的。现在人们可以任意处置他，而他完全不可能再伤害人们。他躺在那里，他将永远躺着；他永远也不会再站起来。人们可以拿走他的武器，割下他躯体的一部分当作战利品永远保存。面对死者的这一刻使幸存者充满了一股奇特的力量，任何其他力量是无法与这股力量相比拟的。没有任何时刻比这一时刻更值得回味的了。

　　幸存者知道许多死去的人。如果他经历了战争，那么他就看到了他周围的人是如何死去的。他参加战争是因为他完全意识到要反对敌人、保卫自己，尽可能多地杀死敌人是他明确的目标，他只有做到这一点才能取得胜利。**胜利**和**继续生存**对他来说是一回事。但是胜利者也付出了代价。死者中有许多他的同胞，朋友和敌人交织成这一片战场，尸体堆中既有朋友，也有敌人。有时在战争中会出现这样的情况，即双方的死者再也分不清楚，这时掘**一个**合墓就可以把他们都埋在一起。

　　幸存者站在这一堆死人中间，他是一个幸运者和优胜者。他仍然活着。而刚才还和他在一起的许多人已经死了，这是一件惊天动地的事。死者无助地躺着，他挺立在死者中间，似乎进行战争就是为了他能活下来。他把死亡转到了其他人的身上，并不是他当时没有经历危险；他曾和他的朋友一起站在阴阳路上。他们死了，而他还活着，踌躇满志。

　　每一个经历过战争的人都熟知这种面对死者的优越感，这种优越感也许会被对袍泽的哀悼所掩盖；但是这种哀悼的情况很少，而死者总是有许多。活着的人面对这些死者所有的强烈优越感总是比那种哀悼更强烈，这是一种从许多具有相同命运的人中间脱颖而出的感觉。人们仅仅由于自己还活着，所以总是会感到自己优于别人；人们由于自己活着而证实了自己。人们在许多人中间证实了自己的存在，因为所有躺着的人都死了。谁能够经常地幸存下来，谁就是**英雄**。他更强了，他更具生命力；他是诸神的宠儿。

第二节　幸存和不受伤害

人的身体是赤裸裸的，易受攻击的；人的身体软弱，易受到任何攻击。他有意努力保持在身边的东西，也能容易地从远处伤害他。剑、矛和箭都会刺穿他，他发明了盾和盔甲，在自己四周建起围墙和城堡。他在所有这些防卫设施中最想要得到的是什么呢？这就是一种**不受伤害**的感觉。

他试图通过两种不同的方法来达到不受伤害。这是两种完全对立的方法，因此它们的结果也是完全不同的。一方面，他力图使自己远离危险，在他和危险之间设立一个可以一览无余的广阔的防范空间。他可以说是在危险面前得到了掩蔽，阻挡住了危险。

另一个方法是他始终感到更为自傲的方法。所有以前的故事都充满了对这种方法的夸耀和赞扬：他去寻找危险，面对危险。他尽可能地让危险接近自己并在紧要关头孤注一掷。在所有可能的情况中，他选择了富于危险性的一种，并使这种危险性达到最高的程度。他假想某人是敌人并向他挑战，也许此人原本是他们的敌人，也许是他第一次选定此人为他的敌人。不管个别的情况如何，他的意图总是趋向达到最大的危险，达到刻不容缓的紧急关头。

这是**英雄**所采用的方法。英雄想要的是什么呢？他的真正目的是什么呢？是荣誉，是所有的民族给予他们英雄应得的荣誉。只要英雄的行为富于多变性或者说很迅速地连续变换，那么这种荣誉就是牢固的、持久的。这种牢固的、持久的荣誉会掩盖英雄这些行为的深层次的动机。我们假定英雄只是为了荣誉，但是我相信，英雄最初是为了另外的某种目的，即为了不受伤害的感觉，这种感觉可以通过这种方式迅速地达到。

英雄在经历了危险之后所处的境遇是幸存者的境遇。敌人要他的命，正如他要敌人的命一样。人们怀着这种明确的、不可动摇的目的互相进攻。敌人被杀掉了，但是在战斗中英雄毫无损伤。他由于自己幸存下来这一惊人的事实而受到鼓舞，他继续投入下一个战斗。他过去没有受到伤害，将来也不会受到伤害。取得一次又一次的胜利，杀死一个又一个的敌人，都使他感到更安全：他不受伤害性的程度越来越高，这是一种越来越好的武装。

这种感觉是无法用其他方法获取的。谁拦挡住危险，他就只是在危险面前躲藏起来，就只是拖延作出决断的时间。谁面对危险，谁真正幸存下来，谁重新站起来，谁积累幸存的时刻，谁就能达到不受伤害的感觉。一个人只有有了这种感觉，他才真正地是一个英雄。现在他敢于做一切，他已无所畏惧。也许是在他还有惧怕的理由时，我们会倾向于更多地赞美他。但这是一个旁观者的看法而已。一个民族所想要的是它的英雄不受伤害。

但是，英雄的业绩绝不限于一对一的打斗。他可能要应付一大群敌人，尽管如此，他仍然向敌人进攻，他不仅从敌人手下逃生，而且还杀死了所有的敌人，他一下子就建立起了不受伤害的感觉。

有一次，一位最年长、最忠心的部下问成吉思汗：“你是君主，大家称你为英雄。你有什么标志作为你征战和取得胜利的佐证？"
成吉思汗回答说：

在我登基之前，有一次我骑马经过一条路，我遇到了六个躲在桥旁要取我性命的人。当我走近他们时，我拔出我的剑攻击他们。他们向我射来一阵箭雨，但是所有的箭都没有命中目标，没有任何一支箭射中我。我用剑杀死了他们，毫无损伤地继续骑马前行。在回程中我又经过了我杀死六个人的地方，他们的六匹马由于没有了主人而到处乱跑，于是我就把它们全部赶回家。[71]

成吉思汗认为，同时迎战六个敌人而毫发无损，这是征服和胜利的确实标志。

第三节　幸存癖

活得更久的满足是某种喜悦之情，可能变成危险而贪得无厌的激情。满足的机会越多，那么满足的程度越大。生者站立其中的死人堆越大，他越是经常经历死人堆的场面，他对尸积如山的局面的需要就越强烈、越不可缺少。英雄和军人的生涯说明，他们会沉溺其中，变得无可救药。通常关于这一点的解释是：这些人只能在危险中呼吸；一切没有危险的生活，对他们来说都是暗淡无光、枯燥无味的；他们从安定的生活中已经得不到任何乐趣。危险的吸引力不可低估。但是人们忘记了，这些人不是单独从事冒险的，还有其他人与他们一起冒险，以致死亡。他们真正需要的东西，他们不能再缺少的东西，是一次又一次地重新体会到活得更久的快乐。

但是也并不是说，他们为了满足这种快乐必须总是亲自去冒危险。一个人单独行动杀不了多少人。在战场上，无数的人从事同样的杀戮，而如果有一个人是他们的指挥官，控制着他们的行动；如果战争就是他个人的决策，那么，他就可以把全部尸体悉数据为自己的成果，因为这一结果归他负责。统帅这个令人骄傲的称号不是虚有其名的。他发号施令，他派他的人去对抗敌人，打发他们去死。如果他取得了胜利，战场上的所有尸首就都属于他，一些人是为他而死的，一些人是因反对他而死的。由于一次又一次地取得胜利，他比所有这些人都活得更久。他所赞美的胜利准确地表明了他出征的目的。他的意义是用死人的数量来衡量的。如果敌人没有经过真正的战斗就投降了，伤亡寥寥无几，那么这就是一次十分可笑的胜利。如果遭遇到敌人的英勇抵抗，如果胜利是经过艰苦卓绝的战斗并付出了巨大的代价之后才取得的，那么这就是一次光荣的胜利。

> 恺撒之所以能战胜所有的将领统帅，在于他进行的战争最多，杀死的敌人最多。虽然在高卢进行的战争不足十年，但他却破城八百余座，降国三百，先后与三百万敌人作战，其中一百万人在战斗中被他杀死，还有一百万人被他俘虏。[72]

这个判断是普鲁塔克作出的，他是人类历史上产生的最具人道精神的人，我们不能说他好战或嗜杀成性。这个判断之所以有价值，是因为它引证了令人十分注目的统计数字。恺撒同三百万敌人作战过，杀死一百万，俘虏一百万。以后的统帅，不管是蒙古人或非蒙古人，在这些数字方面都超过了恺撒。但是，这个古代的论断把战争中发生的一切都天真地归于统帅一个人。攻城掠地、征服各国、杀死和俘虏数百万敌人，所有这一切都是恺撒之功。这并非普鲁塔克的天真，这是历史的天真。自埃及法老们的战争报道以来，人们已惯于这种天真的思想；直到今天，这种天真的思想几乎没有什么变化。

恺撒是幸运的，他活得比许多敌人还久。在这种情况下估量胜利者的损失是不明智之举。人们知道这些损失，但人们并不责备这个伟人造成了损失。与被杀死的敌人的人数相比，在恺撒进行的战争中损失并不是很多。但无论如何他比数千名同盟者和罗马人活得更久，他在这方面也完全是成功的人。

这些值得骄傲的统计数字一代一代传下去，在每一个战争统计数字中都可以发现潜在的战争英雄。他们要比大批群众活得更久的激情在这些数字的煽动下发展成为一种疯狂的情绪。历史的判断似乎在历史的意图尚未实现之前就证实了这些历史的意图。那些精于通过这一途径活得更久的人，在历史上占有最高的、最牢固的位置。对于这种声名来说，最终重要的是庞大的牺牲者数字，而不是胜利或失败。当拿破仑向俄国进军时，谁也不知道他的真实心情如何。

第四节 作为幸存者的统治者

千方百计使自己的身体避免危险的统治者可以称为具有偏执狂的统治者。他不是挑战危险、面对危险，不是在同危险的斗争中通过决策来解决问题，尽管这种决策也可能是不利的，而是小心谨慎地不让危险发生。他会在自己的四周建立起他可以观察到的自由空间，注意并估量每一次危险接近时的信号。他将对自己的四周都这么做，因为他知道有许多人可能同时向他进攻，而这种想法使他对四周都深怀戒惧。到处都有危险，危险不只是在他**面前**。他背后的危险甚至更大，而他又不可能很快地发现背后的危险。因此他到处布下眼线，最微细的声音都逃不过他的耳目，因为这一点点声音里可能已藏着祸心。

危险的本质自然是死亡。重要的是确切地知道统治者对死亡的态度。统治者第一个决定性的特征是他生杀予夺的权利。谁也不许靠近他，谁要告诉他消息，谁必须走到他跟前，就必须被搜走武器。经过有条理的安排，死亡被隔在远离他的地方，而他自己却可以和应该决定别人的生死。他可以任凭己意宣判别人死刑，他的死刑判决总是必须执行。这是他的权力的标志，只有在他宣判死刑的权利不容置疑的情况下，他的权力才是绝对的。

只有让他任意宰割的人才是他的真正臣民。这始终是证明是否顺从（这是关键）的最后一种方法。他的士兵经训练后要作好两种准备：他们将被派出去杀敌，而他们自己则要准备好为君主受死。但是，他的其他并不是士兵的臣民也都知道统治者随时可以要他们的命。他可以散布恐怖，这是他的权利；他由于这种权利而受到最大程度的尊敬。他受到人们的极度崇拜。上帝自己对所有的人和所有仍然活下去的人作出了死刑判决。至于什么时候执行，这取决于上帝的情绪。谁也不会想到要反抗上帝的判决，因为这是一个毫无希望的开端。

但是，尘世间的统治者没有上帝幸运。他们不是永生的，他们的臣民知道，统治者的生命有结束的时候。这一天甚至还可以加速其到来。正如暴力会引起任何另一个人的终结一样。谁拒绝服从，谁就是在挑战。任何一个统治者都无法永远让他的臣民服从。只要他们让他任意宰割，他就可以高枕无忧。但是一旦有一个人避开了他的判决，统治者就有了危险。

在统治者的心中始终活跃着这种危险的感觉。以后，当我们涉及命令的本质时，我们将会看到，他的命令执行得越多，他的恐惧**必然**越大。他的杀鸡儆猴的做法只会抚平他的怀疑，他只是由于怀疑而命令执行死刑，至于被杀的人有多大过错并不重要。他需要不断地判处死刑，他的怀疑越是迅速增长，他就越是需要更多地判处死刑。他最可靠的臣民，或者可以说他最好的臣民，是那些为他死去的人。

每一次由他负责的死刑都给他以一些力量，这是他从每一次死刑中获得的**继续生存**的力量。他的牺牲者肯定不会真正反对他，但是他们有可能反对他。他的恐惧把他们——也许只是在后来——变成了反对他的敌人。他判处他们死刑，他们被杀死了，他比他们活得更久。宣告死刑判决的权利在他手中成了一种武器，同任何另一种武器一样，不过他手中的这个武器更具有威力。野蛮的统治者和东方的统治者往往很重视把这些牺牲者收集起来放在自己身边，以便总是可以看到这些牺牲者。即使风俗习惯反对这样把牺牲者收集在一起，统治者的想法也不会改变。罗马皇帝**图密善**安排了这类令人可怖的游戏。他想出来的、再也不可能以同样的方式重演的宴会，最清楚地暴露了具有偏执狂的统治者的内在本质。**卡西乌斯·狄奥**的著作中关于这类宴会的报道如下：

在另一个场合，图密善以下列方式款待最杰出的议员和骑士。他布置了一个房间，里面一切都是黑漆漆的，天花板、墙壁和地板都是黑色，房间里还准备了一张同样颜色的空床，放在光秃秃的地板上。他邀请客人晚上单独赴约，不带任何随从进来。首先他让人在每一个人身边放一块墓碑状的石板，上面有客人的名字，还有一盏小灯，就像坟墓上挂的一样。接着几个身材很好的赤裸的男孩像幽灵般地进了房间，他们全身都涂着漆黑的颜色，围着客人跳起了舞，看得令人毛骨悚然，然后就站在客人的脚边。舞蹈结束之后，在客人们面前摆上了一些平时供奉死人灵魂的食品，一切都是黑色的，盘子也是黑色的。每一个客人都开始颤栗和害怕，认为下一刻自己就要被割断喉咙了。除了图密善之外，所有的人都噤若寒蝉。

一片死一样的寂静，似乎人们都已经在死亡的国度里了；皇帝本人则大谈死亡和杀戮。最后他让他们离开。但是，他命令把他们的那些在玄关外集结的奴隶们杀掉，然后把他们不认识的奴隶分配给他们，叫他们坐马车或轿子回去。这样他就使他们更加恐惧了。当每一位客人刚到家并开始喘过气来时，皇帝的信使到了。当他们中的每一个人都认为自己的死期已到之时，有人送来一块银制的平板。其他的人手里拿着各种各样的物品，包括晚餐时摆在他们面前的餐盘，这些餐盘都是以十分昂贵的材料做成的。最后，出现在每一位客人面前的是曾作为精灵侍候过他的男孩，不过这些男孩现在已经梳洗干净，穿戴整齐。在度过了一个恐怖的死亡之夜后，客人们终于得到了礼品。

这就是民间所说的"图密善的送葬宴"。[73]

图密善使他的客人一直处于恐惧之中，从而使客人们噤若寒蝉。只有他一个人高谈阔论，说的尽是关于死亡和杀戮之事；仿佛他们都是死人，只有他一个人活着。他在这次宴请中把所有的客人都当作了祭品，而且客人们也不得不作为这样的祭品出席。他的穿戴是宴会主人的穿戴，但实际上他是作为比别人活得更长的人在对他装扮成客人的祭品说话。但是，活得比别人更久的人的状况不仅是日积月累起来的，而且也是以一种经过精心策划的方式得到增强的。客人们固然已经像**死人**一样了，但是他仍然对他们始终拥有生杀大权。他就是这样掌握了比别人活得更久的真正**过程**。如果说他放了他们，那是他给予他们的恩惠。当他把他们不认识的奴隶分配给他们时，他又一次使他们感到了恐惧；当他们刚到家时，皇帝又一次给他们派来了死亡使者。这些使者给他们带来了礼品，这些礼品中最大的礼品是他们的生命。他仿佛能够从生到死，然后反过来又从死到生。他多次从这种游戏中得到乐趣，这种游戏使他得到了空前绝后的最大的权力感。

第五节　约瑟夫·弗拉维逃生记

在图密善年轻时发生的罗马人和犹太人之间的战争故事中，有一个故事十分全面地说明了幸存者的本性。罗马军的统帅是韦斯帕西安，他是图密善的父亲，在这次战争期间，弗拉维登上了皇位。

犹太人对罗马人统治的不满，已有一些日子。当犹太人真正起来反抗罗马人时，全国各地的犹太人都纷纷推举出他们的领袖。这些领袖的责任是集结人员为战争做准备，巩固各城市的城防，以便在抗击必然来犯的罗马军团时能胜利地捍卫这些城市。约瑟夫当时还年轻，刚刚30岁，就被加里利地区的人选为领袖。他极其热诚地完成了自己的工作。他在他的著作《犹太战争史》中描述了他所克服的障碍：市民之间的纷争；他的竞争者阴谋反对他并且都拥兵自重；各城市拒绝承认他的领袖地位，或者过了一段时间后又背弃了他。但是，他还是神通广大地建立起了一支军队，尽管是一支装备简陋的军队，并构筑了迎敌罗马人的工事。

罗马人在韦斯帕西安的指挥下终于来了，韦斯帕西安身边还带着他的小儿子梯特，约瑟夫的同龄人。当时的罗马皇帝仍是尼禄。韦斯帕西安有沙场老将之誉，他在许多次战役中表现出色。他进军加里利，于约特帕特堡垒兵围约瑟夫及其犹太军。犹太人极其勇敢地捍卫此堡垒，约瑟夫雄才大略，击退了敌人的每一次进攻。罗马人损失惨重。保卫战延续了47天。当罗马人终于以诡计摸黑闯入城堡时，守城的犹太人都在睡梦中，直到天亮时，才发现罗马人混进城里来了，于是他们陷入恐怖绝望之中，许多人互相残杀。

约瑟夫逃走了。我想用他自己的话来叙述他在该城陷落后的命运。因为就我所知，在论及幸存者的世界文献中还没有一篇可与之相媲美。约瑟夫以清醒的意识和对幸存者本性的洞察描述了他为了自救所做的一切。他做到真实地描写并无困难，因为他是**后来**在罗马人那里取得高位之后才写这一著作的。[74]

约特帕特城失陷后，罗马人搜遍了尸堆和该城的各个角落，以便找到这个仇人，因为一方面罗马人对约瑟夫恨之入骨；另一方面罗马统帅很想抓住他，仿佛抓住他对于战争的结局具有决定意义一样。但是，他在城市陷落时仿佛得天之助躲过了敌人，跳进了一个深深的地下水槽，水槽的一侧通向一处大洞穴，从上面看不见这个大洞穴，在这个隐蔽处他遇见了四十位重要人物，他们备了好几天的粮食。白天他隐蔽在此处，因为四周到处都是敌人。晚上他潜出洞外，寻找逃生之路，窥探敌军布置的岗哨，但是四周都有人严密地监视，根本没有偷偷逃走的机会，于是他又回到了洞穴里。他就这样躲了两天，但是到了第三天，他就被一个起初和他们在一起、后来被敌人抓住的妇女出卖了。韦斯帕西安立刻派两个护民官，要他们向约瑟夫保证安全，劝他放弃洞穴。

两位护民官来到洞穴里，跟他谈了话，并保证他的生命安全，但是他们没有取得任何效果，因为他说他知道，他对罗马人造成的伤害太多，他们不会白白地放过他。虽然对他说话的人的态度很温和，但这改变不了他对自己眼前命运的看法。他不得不担心人们是为了处死他而引诱他出洞。韦斯帕西安派出了第三位使者，护民官尼卡诺，他是约瑟夫的老相识，甚至从很早以来他们就是朋友。他来到这里并说明罗马人对被战胜的敌人是宽大为怀的，他还说明，罗马将领出于对约瑟夫的勇敢精神而崇敬他，对他的崇敬超过了对他的仇恨，韦斯帕西安并无意要处死他；尼卡诺说，即使约瑟夫不出来，韦斯帕西安也可以处死他；相反，韦斯帕西安决定饶这位勇士一命。他还说，韦斯帕西安不可能派约瑟夫的朋友，背弃友谊来蒙骗他，而他尼卡诺自己也不是卖友求荣的人。

然而，连尼卡诺也不能说服约瑟夫作出决定，愤怒的士兵决定放火烧洞；但他们的长官阻止他们这样做，因为他的责任是要活捉约瑟夫。一方面由于尼卡诺的劝降，另一方面由于敌军不断地发出威胁，约瑟夫突然记起了一个可怕的梦，在梦中上帝向他透露了犹太人面临的灾难和罗马皇帝未来的命运。约瑟夫善于解梦。他自己是教士，又是教士的儿子，因此非常熟悉《圣经》中的各项预言，而且他也能够对上帝留下的那些意思不清的预言作出解释。这时候，他充满了灵感，他刚才想到的那些梦中的可怕景象出现在他的灵魂面前，他默默地向神祈祷："由于你决定要让你创造的犹太民族屈服，由于一切幸运都转到了罗马人手里，由于你选择我的灵魂来印证未来，所以我这就要向罗马人投降以保全生命。但是我请你作证，我投降不是卖国，而是为了做你的仆人。"

祷告完后，他答应了尼卡诺的要求。当和他躲在一起的犹太人发现他决定投降时，他们紧紧地包围住他并气势汹汹地指责他。他们提醒他，有多少犹太人听了他的话为自由而牺牲了。他们说，他的勇敢获得了崇高的荣誉，而现在却贪生怕死，甘愿当奴隶，如此聪明的人竟会指望他如此顽强地与之作战的人的仁慈。难道他忘记了自己的身份？他的苟且偷生，对于先人们的法律，对于上帝都是莫大的侮辱。**他**可能受到了罗马人高官厚禄的迷惑，而**他们**仍然在意他们民族的荣誉。如果他像犹太人的领袖一样视死如归，那么他们仍然听他的号令，如果他要背弃他们，那么他就要像叛徒一样死于非命。他们拔出剑来指向他并威胁说，如果他向罗马人投降，那就要杀死他。

约瑟夫感到了恐惧，但是，如果他在他们面前死去，那么对他来说似乎是有负于上帝的委托。情急之下，他想出了说服他们的理由。他说，死在战争中固然很好，但按照战争惯例，死也要死在胜利者的手中，但自杀是最懦弱的行为。自杀违背了一切有生命的东西的最内在的本质，同时也是对上帝这位造物主的亵渎。上帝赋予人以生命，而人亦应为上帝而死。亲手扼杀自己生命的人会遭到上帝的怨怒，上帝会惩罚他们，而且还要惩罚他们的子孙。他们已经经历了人间的不幸，不应该再去亵渎造物主。如果人们有获救的可能，那就不应该阻挡。保全自己的生命对他们来说并不是一件可耻的事情，因为他们已经以行动充分地证实了他们的勇敢。如果他们一定要死，那也要死在胜利者的手中。他无意投降敌人并成为卖国贼，他更希望罗马人不守信用。如果罗马人违背他们对他的许诺而杀死他，那么他将视死如归；而如果他们背信弃义，那么上帝必会惩罚他们，这比胜利更能慰藉他。

约瑟夫想尽了一切办法阻止他的同伴自杀，但绝望使他们对一切劝说听而不闻。他们早就决定一死，他的话只是使他们更加愤怒。他们指责他是懦夫，他们拔出剑从四面八方向他逼近，仿佛每一个人都已决心要置他于死地。他身陷绝境，百感交集，于是他呼唤这一位，以统帅的眼光瞪视另一位，抓住一个人的手，又向第四个人哀求。这样他终于幸免死于剑下。他像一只被围的野兽，总是盯着想要抓住它的人。但是在这困种境中他们仍然尊他为领袖，他们的手臂仿佛麻痹了，匕首从他们的手中滑落下来，许多把剑对准他的人又还剑入鞘。

虽然处于绝境，约瑟夫不忘保持沉着。他信赖上帝，他以生命作赌注，对他的同伴说："既然我们决意要死，不作其他考虑，不如大家抽签决定，依次杀死对方。抽中第二号的杀第一号，第三号的杀第二号，这样所有的人都会死，谁也不需要自杀。但是，如果在所有的人都死了之后，最后一个人突然反悔不死，那是极不公平的。"

约瑟夫的这一建议赢得了他们的信赖，在大家表示同意这样做之后，他和他们一起抽签。就像每一个按签号被杀死的人一样，他也甘愿被下一个签号的人杀死。他们知道，他们的领袖也必然会死，对于他们来说，和约瑟夫一起死胜于活着。但最后，也许是由于命运，也许是神意，只剩下约瑟夫和另一个伙伴。[75] 他不愿意被抽中最后一号的人杀死，也不愿意抽中最后一号，从而亲手杀死伙伴，于是他说服这一位伙伴一起向罗马人投降，从而保住了他的命。

约瑟夫平安地通过了两次战争，一次是与罗马人之战，另一次是与自己的同胞之战，然后尼卡诺陪他去见韦斯帕西安。罗马人都争着去看这位犹太人的领袖，拥在他周围的一群人高声尖叫着。有些人因他的被捕而兴高采烈，有些人威胁他，有些人挤开别人以便能在近处更好地看看这位犹太人的领袖。后面的一些人叫嚷着要处死他，近处的一些人想着他的业绩，对他命运的改变惊叹不已。但是，尽管罗马军官以前都憎恨约瑟夫，现在见到他时都无不动容。尤其是与约瑟夫同龄的梯特，约瑟夫在受难时的刚毅沉着，而且他同他一样年轻，这使梯特受到了强烈的震撼。他想救他一命，于是苦苦为他向父亲求情。但是韦斯帕西安派人严密监视约瑟夫，打算把他立刻交给尼禄王。

当约瑟夫听到这一消息后，他要求同韦斯帕西安私下谈一谈。韦斯帕西安下令屏退了所有在场的人，只留下他的儿子梯特和两个忠实的朋友。于是约瑟夫对他说：

"韦斯帕西安，你以为我只是落到你手里的一个战俘。你这么想就错了，其实站在你面前的我是要告诉你重要事情的信使。我，约瑟夫，是要告诉你上帝给你的委托。如果不是这样，我本来早就清楚地知道犹太人的法律所要求的是什么，也早就清楚地知道作为一个领袖应该怎样去死。你要把我交给尼禄王？他的那些应在你之前登上王位的继承人不会维护他很久了。你，韦斯帕西安，自己将成为恺撒，皇帝，而在你之后是你的儿子。为了以后，为了你，尽量把我看牢绑紧。你将成为恺撒，成为统治者，不仅是统治我，而且还统治陆地和海洋，统治整个人类。看紧我吧，如果我以上帝的名义欺骗你，那么到那时就以我应得的惩罚处死我！"

韦斯帕西安开始不完全相信约瑟夫的话，以为是约瑟夫为了活命而说谎。但渐渐地他相信了约瑟夫的话，上帝自己唤醒了他当帝王的想法，而且还有其他征兆预示了他就要当皇帝。他也知道约瑟夫的其他预言是灵验的。那天参与密谈的一位韦斯帕西安的朋友感到很奇怪，为什么约瑟夫没有预言到约特帕特城的陷落和他本人的被捕，因而认为约瑟夫所说的无非是取得敌人欢心的一些空话。约瑟夫对此答称，他早已向城里的人作过预言，说城会在47天后陷落，而他自己则会被活捉。韦斯帕西安暗地里向其他俘房打听清楚了情况，当约瑟夫的话得到证实后，他就开始相信约瑟夫关于他自己的预言。他虽然仍把约瑟夫关在监狱里，用锁链锁着，但送给他华丽的衣服和其他贵重物品，后来他又受到了朋友一般的对待，所有这一切他都应该感谢梯特。

约瑟夫的自我保护分三个不同的阶段。第一个阶段，他逃脱了约特帕特城被占之后的大屠杀。该城的人不是被自己人杀死，就是被罗马人杀死；有一些人被俘了。约瑟夫躲在水槽边的一个大洞穴里才得救。他在那里遇见了40个人，他强调地称他们为"重要人物"。他们和他一样都是幸存者，他们储备了食物并希望在这里能躲过罗马人，直到找到一条逃生之路。

但是，一个妇女向罗马人供出了约瑟夫的藏身之处，而约瑟夫正是他们要找的人。于是情况就发生了急剧的转变，开始了第二个阶段，这是整个报道中最有趣的部分：主角描述自己的坦率程度使这一部分显得格外精彩。

罗马人答应免他一死。一旦他相信罗马人，罗马人就不再是他的敌人。在意识的深处，这是与信仰有关的事情。正是在这个时刻，他忽然想起了梦中见到的先知。先知警告他说，犹太人会被征服。他们被征服了，虽然暂时还只是在他所领导的约特帕特城。幸运在罗马人一边，在梦中告诉他这一消息的人来自上帝那里，他也将依靠上帝找到通向罗马人的道路。他以上帝自居，面对那些和他一起在洞穴里的新的敌人，即犹太人。他们想自杀，以免落入罗马人之手。他是他们的领袖，他曾鼓舞他们英勇作战，他应该是第一位赞同自杀的人，但是他却决定活下去。他劝说他们，用各种各样的理由要他们打消自杀的念头。但他失败了。他反对死亡的每一个理由都增强了他们自杀的盲目激情，并且把他们的愤怒转向这个想逃避死亡的人。他看到，只有让他们互相杀死，而他作为最后一个留下来，他才有可能逃脱一死。于是他在表面上同意了他们的想法并想出了用**抽签的方式**。

读者对于这种抽签的方式当会有自己的想法，很难不怀疑其中是否有诈。这是约瑟夫在自己的著作中唯一没有说清楚的地方。他把这次抽签的惊人结果归因于神意或命运，但实际上仿佛是他让聪明的读者自己去猜测这一事件的真相。因为接下来发生的事情十分奇怪：他的同伴在他面前一个一个互相杀死。但他们并非一下子互相杀死，而是按照顺序进行的。每一次杀死一个人的时候有另一个人在抽签。每一个人都必须亲手杀死一个同伴，然后自己又被抽到下一签号的人杀死。约瑟夫提出，自杀犯了宗教大忌，但是这一点显然不适用于谋杀。每死一个人，他自己获救的希望就增加一分。他希望他们中的每一个人，他们全部都死去；他对自己只希望生存下去。他们含笑而死，以为他，他们的领袖会同他们一起去死。他们没有想到，他会是他们中间剩下的最后一个人。显然，他们想都没有想到这种可能性。但是总是会有一个人最后留下来，对此他也预先做了准备：他对他们说，如果最后一个人在他的同伴都死了以后反悔不去死，那是非常不公平的。然而他想的正是要达到这种不公平。在所有的同伴死了之后，一般人在剩下自己一人时会怎么做，约瑟夫自己也就会这么做。他假装自己在这最后一刻会和他们所有的人在一起，并在这种伪装下把他的同伴都送上了黄泉之路，而这样他也就拯救了自己的性命。他们没有想到，当他看到他们死的时候他是什么感觉。他们都受共同的命运支配，他们相信他也在这个共同的命运之中；但是，他却处在这种命运之外，他只想这种命运属于他们。他们死了了，而他得救了。

他的骗人手法天衣无缝，此乃所有领导者的骗人手法。他们表面上装作要身先士卒。实际上却是把自己的人先送入鬼门关，以便自己能活得更久。阴谋诡计永远是一样的。领导者想活得更久，每一次阴谋诡计都使领导者更有力量。如果他杀死敌人以便自己活得更久，那当然很好，但是，如果没有敌人，那就杀死自己人。在任何事件里他都使用这两手，或者交替地使用，或者同时使用。如果有敌人，他就公开地利用敌人达到幸存的目的；如果没有敌人，他就利用自己人达到这一目的。

约瑟夫在洞里显然使用了这种阴谋诡计。洞外有敌人，敌人是胜利者，他们以前威胁他，而现在答应留他一命；洞里面的人是朋友，他们仍然保持着他们的领袖给他们灌输的旧的思想，拒绝接受新的许诺。因此，约瑟夫藏身逃命的洞穴对他来说变成了巨大的危险，他对那些想杀害他和他们自己的朋友们使用了诡计，预先把他们打发到他们共同的黄泉路上。他一开始就想逃离这条共同的黄泉路，最后他实际上也做到了这一点。最后剩下的是他和另一个同伴。因为正如他所说他不愿让自己的手沾上同伴的血，他就劝说这个同伴向罗马人投降。仅仅劝说一个人保命，他可以做到，要劝说40个人实在是太多了。这两个人由于向罗马人投降而保住了生命。

他就这样同自己人进行斗争而安全脱身。他带给罗马人的正是：从自己人的死亡中他增强了对自己生命的意识。把这种新获得的权力传递给韦斯帕西安，是约瑟夫获救的第三个阶段。这反映在一个先知的预言中。罗马人深知犹太人对上帝的信仰无比执着，深知犹太人最爱用上帝的名义说话。约瑟夫有理由希望韦斯帕西安取代尼禄成为皇帝。罗马人要把约瑟夫送到尼禄王那里，而尼禄王没有答应要饶他的命。无论如何，韦斯帕西安答应过要饶他一命。他也知道，尼禄看不起韦斯帕西安，因为韦斯帕西安比他大得多，而且在尼禄唱歌时总是在睡觉。尼禄对韦斯帕西安极为粗暴，只是在犹太人起义的规模达到危险的地步时，才又召回这位有经验的老将军。韦斯帕西安有理由对尼禄不忠，预言他将来会成为统治者，这当然会受到他的欢迎。

约瑟夫有理由相信他从上帝那里带给韦斯帕西安的信息，他就是预言的化身。他认为自己是很好的预言家，他以预言带给罗马人的东西是罗马人自己所没有的。他并不把罗马人的神当回事，罗马人的神的预言，在他看来都是迷信。但是他也知道，他必须让韦斯帕西安相信他的信息的真实性和有效性。他一个人独处在他曾经给予重创、不久前还在咒骂他的敌人中，能够表现出如此信心十足、如此有力量，在他身上对自己的信念强于任何其他信念，这都要归因于他在自己人中间能够幸存下来。他把他在洞穴里获得的东西转给了韦斯帕西安，使得韦斯帕西安活得比小他 30 岁的尼禄及其继承者（至少有三个）更长。他们中间的每一个人都被另一个人的手杀死，韦斯帕西安就成了罗马的皇帝。

第六节　独裁者对幸存者的反感　统治者与继任人

穆罕默德·吐加拉克是德里的苏丹，其雄才大略超过了亚历山大和拿破仑。他的宏伟计划之一是越过喜马拉雅山征服中国，并为此召集了 10 万人马的骑兵队。这支队伍于公元 1337 年出征，覆没于高山峻岭之中，仅 **10 人**得以幸存。这 10 人回到德里报告全军覆没的消息，却被苏丹下令全部**处决**。

独裁者对幸存者普遍怀有反感，因为他们视幸存为自己的特权，那是他们固有的财富和最有价值的财产。如果谁胆敢在危险的，尤其是有众多遇难者的境况中引人注目地幸存下来，他就侵犯了他们的权利，从而遭到他们的仇视。

在绝对奉行专制统治的地方，比如伊斯兰教的东方国家，独裁者可以公然表露对幸存者的怒气。或许他们还得为自己残杀幸存者的行为找到托词，但那也只是给自己的满腔怨恨蒙上一层轻薄的面纱。

脱离德里后，另一个伊斯兰教帝国在德干高原建立。新王朝的一个叫穆罕默德·沙的苏丹在其整个统治期间与邻国的印度教国王激烈抗衡。有一天，印度教徒攻占了重镇穆达卡[76]，全城的男女老幼惨遭杀戮，只有一人死里逃生，并将消息带到皇都。编年史上这样记载："苏丹[77]听到这一消息后，悲愤欲绝，下令将这位不幸的送消息的人立刻处死。他说他无法忍受一个目睹那么多勇敢的同伴惨遭屠杀而幸存下来的无耻之徒出现在自己面前。"

这里毕竟还可以说到借口，况且这位苏丹也许并不真知道他为什么无法忍受看到唯一的幸存者。而**哈基姆**[78]，这位于公元1000年左右统治埃及的哈里发，则对这种权力把戏看得清楚得多，并以一种令人想起图密善大帝的方式去品味。哈基姆喜欢在夜间乔装出游。有天夜里他外出游荡时，在开罗附近的一座山上碰到10个全副武装的男子，而他们也认出他是谁并向他要钱。他对他们说："你们分成两组，彼此厮杀，谁赢了，我就给他钱。"他们听了他的话，奋力拼杀起来，10个人有9个丧生。于是哈基姆从袖子里掏出一大堆钱币扔给幸存者。而就在他弯腰拾钱时，哈基姆让手下将他砍成了肉酱。——由此看来，哈基姆对幸存的**过程**有清楚的认识，他将它当作由自己招致的一种表演来欣赏，最后还以消灭幸存者为乐。

最奇特的莫过于统治者同他的**继任人**之间的关系。如果事关一个王朝的归属，而继任人又是统治者的儿子，那么这种关系就会加倍困难。就统治者而言，他与任何人都一样，自然活不过自己的儿子。就儿子来说，他自己势必会成为统治者，自然早就心生幸存之情。于是，父子双方都有充分理由憎恨对方。他们之间的对抗源于不平等的先决条件，而正是这种不平等又使对抗发展到特别尖锐的程度。一个是权力在握，却知道自己会死在另一人之前；另一个尚未掌权，但确信自己会比当权者活得更久。一方面，年幼者热切地渴望年长者死去，而年长者又是所有人当中最不想死的，否则他就不是统治者。另一方面，年长者想尽一切办法推迟年幼者即位的时间。这是一个无法真正解决的冲突。历史上充满子叛其父的起义，有些成功了，父亲被迫下台，有些则是父亲赦免或杀死战败的儿子。

任何一个王朝，如果专制君主活得很长，那么儿子起义反叛父亲就会不出意料地成为一种惯例。这里只要看一眼印度的莫卧儿王朝帝王史就会颇受启发。[79] 王子**萨利姆**是皇帝**阿克巴尔**的长子，"他渴望自己掌管政权，但父亲的长寿却使他无法享受高位，使他心烦。于是他决定篡权，自封为王，并自以为拥有王权。"这是当时一些耶稣会会士的记载[80]，他们了解父子双方，并向双方邀宠。王子萨利姆建立了自己的宫廷，还雇佣刺客趁父亲最亲密的朋友和顾问外出旅行之际，伏击并杀害了他。这场反叛持续了三年，其间也曾有过一次虚假的和解。最后，阿克巴尔以另立新太子来威胁萨利姆，萨利姆迫于压力，接受邀请到皇宫参见父亲。起初他受到热情接待，然后父亲带他进入内室，抽他几个耳光，将他关进一间浴室里。阿克巴尔将儿子交给一名医生和两名仆人，当他是疯子似的看管起来。儿子非常喜欢喝酒，如今也被禁止了。王子那时候 36 岁。几天后阿克巴尔将儿子释放，并恢复其王位继承人的身份。次年，阿克巴尔死于痢疾，有人说他是被儿子毒死的，但这种猜测如今已无法肯定。"他曾如此盼望父亲死去，而这一刻到来后"，王子萨利姆终于成为皇帝，自称贾汉吉尔。

阿克巴尔在位 45 年，**贾汉吉尔**在位 22 年，只有其父的一半时间，却有着完全相同的经历。他指定自己最宠爱的儿子**沙阿·贾汉**为王位继承人，儿子却反叛作乱，为祸 3 年。最后，沙阿·贾汉战败，向父亲求和。父亲虽然赦免了他，却提出了苛刻的条件：他必须将两个亲生儿子送到皇宫当人质。他本人则谨防再让父亲看到自己，等候着父亲的死亡。缔结和约后两年，贾汉吉尔去世，沙阿·贾汉即位称帝。

沙阿·贾汉在位30年，他对父亲所做的一切如今也降临到他的身上，只是他的儿子更幸运一些。**奥朗则布**是曾在祖父的皇宫里当人质的两个儿子中较小的一个，后来起兵反叛父亲和兄长。著名的"王位继承战争"开始了，欧洲人有亲见此事者，并将它记录下来。这场战争以奥朗则布的胜利而告终。他处死兄长，将父亲囚禁达8年之久。沙阿·贾汉最后死在狱中。

奥朗则布胜利后不久便自行称帝，统治了半个世纪之久。他自己最宠爱的儿子早就耐不住了，起而反叛。但是，父亲要比儿子狡猾得多，他巧妙地离间儿子跟其同盟者的关系，迫使儿子逃奔波斯，在流亡中竟先其父而死。

审视莫卧儿帝国的整个王朝史，眼前就会展现一幅惊人统一的画面。辉煌的时代持续了150年，总共不过4个皇帝，每一个都身为人子，每一个都顽强长寿，酷爱权力。他们的统治期也长得惊人——阿克巴尔在位45年，他的儿子22年，孙子30年，曾孙50年。从阿克巴尔开始，没有一位帝王的儿子能经得住等待，每一位帝王在做王子时都反叛过父亲，而反叛的结果则不尽相同。贾汉吉尔和沙阿·贾汉都失败了，被父亲赦免。奥朗则布则将父亲捕获并废黜，而他自己的儿子后来却功败客死。随着奥朗则布的去世，莫卧儿帝国的权势成为明日黄花。

在这个长寿的王朝，子与父争，父与子战，历代如此。

最极端的权欲表现莫过于统治者根本不**要**儿子，而最好的例证便是**恰卡**。[81] 他是 19 世纪前期南非**祖鲁族**王国的创立者，一个伟大的统帅，有人将他与拿破仑相比，而其赤裸裸的权欲则几乎无人可及。他拒不结婚，因为他不要有合法的继承人。即使他一向称颂的母亲恳求他，也无法使他改变主意。母亲一心想要一个孙子，儿子却固执不从。他的后宫有上千名女子，最后的统计是 1200 名，其正式封号为"姊妹"。她们不准怀孕或生孩子。她们受到严密的监督。任何一位"姊妹"如果被发觉怀孕，就会被处死。恰卡亲手杀死她们偷偷生下的孩子。他为自己做爱富于技巧而非常得意，并且总是能克制自己，因而相信自己不会使女人怀孕。这样一来，他就不必担心儿子长大后会不利于他。41 岁时，恰卡被他的两位兄弟所杀。

如果从人的统治者转向神的统治者，那么这里便使人想起穆罕默德神。他从一开始就至高无上，而不必像旧约中的上帝那样先同严肃认真的对手较量。《古兰经》里一再竭力声明他们的神非他物所生，也**不生养他物**，这其中所表达的对基督教的论战姿态，源于对神权的统一与不可分割的感受。

与此相反，东方国家的君主会有数以百计的子嗣，他们不得不为了继承人问题而相互斗争不休。可以认为，意识到儿子之间相互敌视的关系，多少会使父亲减少一些因考虑他们当中有谁来继承王位问题所产生的痛苦。

至于继承的更深刻的含义，它的目的和益处，则是另外一个话题。这里只须说明的是，统治者与继任人之间有一种特殊的敌意，这种敌意必然随着他们最固有的权力欲与幸存欲的增强而越发增强。

第七节　幸存的形式

幸存的形式有许多种，对它们无一疏漏地进行研究是重要的，而并非多余。

每个人生命中最早的一件大事是**生殖**，它发生在出生之前，并且无疑比出生更重要，但还没有人从幸存这一重要角度看待它。从精子进入卵细胞的那一刻起所发生的事情，我们知道很多，也许差不多什么都知道，可是我们几乎想不到在生殖过程中有一大批精子没有到达目的地，尽管它们用全副精力参与了整个事情。朝卵子进发的精子不只**一个**，而是两亿，它们在**一次**射精中产生，然后密集地朝着**一个**目标奔去。

它们的数量惊人；由于所有精子都是细胞分裂产生的，因而它们彼此平等；它们聚集的密度几乎不能再高；而且它们有着同样一个目标。这四个特征正是前面所说的群众的四个根本特点。

这里不必强调精子群与人群不尽相同，但是两种现象之间无疑至少有一点，或许还不止一点相似之处。

所有的精子都**毁灭**了，或在奔向目标的途中，或在紧靠近目标的地方，只有唯一的一个精子进入卵细胞，很可以称之为幸存者。它可以说是精子群中的领袖，成功地实现了每一位领袖都怀有的公开或隐秘的希望：它成功地在它所领导的群体中幸存下来。而每个人都产生于这两亿精子中唯一的幸存者。

尽管这一形式从未被人考虑到，它却是基本的幸存形式，我们由此转入一些更为熟悉的幸存形式。前面一些章节对**杀戮**谈得特别多。一个人所面对的敌人可能只有一位，他可以进行谋杀、偷袭或决斗；他也可能被一帮歹徒包围，或与一整个群体为敌。在后一种情况下他不会孤身作战，而是同自己人一起投入战斗，只是他的地位越高，便越觉得幸存是他的特权。胜利属于"统帅"。但是由于还有很多自己人阵亡，朋友和敌人的尸体便混杂、堆积在一起；战争转入中立状态，就像双方都得了流行病一样。

在这里杀戮近乎**死亡**，并且是近乎最可怕的情形，即流行病和天灾。而幸存者比所有人，无论是朋友或是敌人，都活得更长。一切关系都土崩瓦解，死亡的降临会如此普遍，以致不再有人知道被埋葬的是谁。有关在死人堆中活过来的人的故事反复出现，甚为典型。这些人在死人堆中醒来，他们爱把自己视为不可侵犯的，可以说是大难不死的英雄。

因**个别的**死亡而来的满足感则较为适度和含蓄。死者或是亲属，或是朋友。这里没有主动的杀戮，也没有遭受攻击之感。没有外在的行为促成死亡，却有人等待着别人的死亡。年轻的比年长的活得更久，儿子比父亲活得更久。

儿子认为父亲比他先死是天经地义的事。孝道要求他赶到父亲的灵床前，阖上父亲的双眼并将父亲埋葬。这些过程要持续好几天时间，在这期间亲身父亲的尸体就躺在他面前，这个曾经几乎是最能对他发号施令的人，如今却沉默不言，只能无助地忍受着施加在他身上的一切，而这一切又是由他的儿子，那个多年来一度最受他支配的人，在安排着。

甚至在这里也存在着对幸存的满足感，它来自两位当事人之间的关系，其中一位多年来自身软弱无助，完全受制于另一位，而另一位曾经全权在握的人，如今倒下了，消亡了，他那毫无生命的遗体由前者支配。

父亲留下的一切使儿子振作。遗产就是儿子的战利品，他能以此对父亲所做的一切反其道而行。如果父亲是节俭的，那么儿子就可能是挥霍的，如果父亲是精明的，儿子则可能毫无头脑。这种情况就像刚宣布生效的一道新法一样。新旧法之间的巨大裂痕不可修复。幸存带来裂痕，裂痕是私下最隐秘的幸存形式。

同龄人之间的幸存则完全是另一番情形。由于是在自己的团体里，幸存的倾向被较为温和的竞争形式所掩盖。一组同龄人联合成了一个年龄阶层，年轻人在某些严峻、通常是残酷的考验程序中从一个阶层晋升到高一级阶层，也会在这种考验中遭受毁灭——不过这是例外情形。

经过若干年后仍然活着的**老年**男子，早在原始民族就享有很高威望。这些民族的人一般都死得早，他们面临着更大的危险，也比我们更容易患病。对他们来说，能活到某个年龄是一种成就，这种成就本身就是报偿。这些老年人不仅见识更多，也不仅对更多的情况富有经验，就因为他们还活着，也就证明了他们自己。他们经历了多次狩猎、战争和事故而幸免于难，必定是幸运的，在经历这种种危险的过程中，他们的威望不断提高。他们能靠战利品证明自己对敌人的征服。由于他们所在的部落一向人数不多，他们的持续存在便格外引人注目。他们经历了许多令人悲痛的事情，但他们仍然活着，而同龄人的死亡有助于提高他们的威望。这一事实或许并未被团体成员清楚地意识到，他们更清楚对克敌制胜的评价。然而有一点是无可争辩的：最基本最显而易见的成功便是仍然活着。老年人不仅是活着的人，他们是**仍然**活着的人。老年人可以随便娶年轻女子为妻，而小伙子有时候却不得不甘于娶老妻。部落迁往何处，跟谁作战，以及与谁结盟，都是由老年男子决定。在这种生活境况下，只要能谈得上政府，那么政府就是由老年人共同掌管的。

长寿的愿望在大多数文化中起着重要作用，也就是说，大多数人都想比同龄人活得更长。他们知道许多人都死得早，希望自己会有不同的命运。他们向神祈求长寿，从而将自己与同伴们区分开来。虽然他们在祷告中没有提及同伴，但他们内心所设想的就是要比同伴们活得更长。长寿的正常现象是**族长**，他能看见子嗣绵延数代。人们想不到除他以外还有其他族长，仿佛从他开始繁衍出新种族。只要他的孙子和曾孙还活着，即使某个儿子先他而死也无妨。他的生命力比儿子们的更顽强，这恰恰提高了他的威望。

最老的一辈人中最终会剩下一个最老的活着，**伊特鲁里亚世纪**便是依照他寿命长度所确定，关于这一点值得说几句。

伊特鲁里亚人的"世纪"[82]长度不定，时短时长，每次都得先重新确定其跨度。每一代都有一个人成为最长寿的，当这个比别人都活得更长的人死去，神就会向人发出某种信号，于是世纪的长度便视这个人死去的时刻而定：如果他活到 110 岁，那么这一世纪就有 110 年；如果他活到 105 岁时就死了，那么世纪也跟着缩短到 105 年。幸存者**就是**世纪，他的岁数积成了世纪。

每座城市、每个民族都有一个命中注定的寿命。从建城之初算起，伊特鲁里亚民族该有 10 个那样的世纪。如果每一代的幸存者都活得特别长，那么整个民族也就随之古老得多，这种联系很明显，它是独一无二的宗教制度。

具有**时间间隔**的幸存是唯一无辜的形式。一个人杀不了在他之前很早就存在、甚至素昧平生的人，他无法期望他们死亡，也无法等待他们死去。唯有当他们已经不在人世，他才知道他们曾经存在过。通过意识到他们的存在，他甚至使他们获得一种固然异常温和，却也往往不免空虚的幸存形式。他在这方面对他们的贡献也许甚于对他们的利用，不过可以看出，他们也为自己的幸存意识作出了贡献。

我们活得比我们不认识的**祖先**更长久，我们比**前人**活得更长久，而后一种情况是在墓地所经历的，它类似于流行病中的幸存：这种流行病不是瘟疫，而是一般的死亡，它从各个时期搜集堆放到一个地方。

可以提出的异议是，这种对幸存者的探讨所涉及的无非就是广为人知的**自我保存**本能这一古老的概念。

但是这两个概念确实相同吗？它们是同一个概念吗？如何想

象自我保存本能的活动？在我看来，这一概念将个人置于**孤立**，单就这一点来说用它说明幸存就不确切。它强调一个**自我**，而更重要的还是构词的第二部分，即"保存"。这原本有两层意思：第一，生物必须以**吃**来维持生命；第二，生物总会以某种方式抵御攻击，**保护自己**。我们可以将生物视为伫立在面前的一座雕像，它一只手取食，另一只手防备敌人。这其实是一个和平的生物！假如我们不去打扰它，它就会吃一把杂草，不给任何人造成丝毫伤害。

还有什么概念比这对人更不适当，比这更可笑？人的确要吃，但同牛吃的不一样，他也不会被赶到草地上去。他获取猎物的方式是奸诈、血腥和强硬的，并且绝不被动。他不是温和地和敌人保持一定距离，而是远远地察觉到他们就进行攻击。他的攻击性武器要比防御性武器精良。人固然要保存自己，但同样也要得到其他一些紧密相关的东西。为了比别人活得更长久，他要杀戮；为了不让别人比自己活得更久，他不要死去。如果可以将这两层欲望归结为自我保存，那么这一措辞就有了意义。但是如果另有更为确切的表达，那就看不出有什么理由要紧抓住这个近似概念不放了。

所有列举的幸存形式都是很古老的，如下文所证实的那样，它们在原始民族中就存在着。

第八节　原始民族信仰中的幸存者

在南太平洋地区，**玛那**是指一种可以从一个人身上转移到另一个人身上的超自然和非个人的力量。它是非常值得去追求的，并且可以在一个人身上积聚。一名勇敢的士兵可以获得高度的玛那，但是他并不将这归功于他的作战经验或他的体力，而认为玛那是从被他击毙的敌人身上转移过来的。

在**马克萨斯群岛**上，部落成员会凭着自己的勇敢而成为战争首领。他们认为，战士的身上包含着所有被他杀死的敌人的玛那，他愈勇敢，玛那愈增。不过照土著的想法，勇敢是玛那的结果而非起因。每杀死一个敌人，长矛上的玛那也随之增加。在面对面的拼杀中，胜利者袭用被他击败的敌人的名字，表示敌人的力量已属于自己。为了直接获取对方的玛那，他会吃些他的肉；为了抓住在战争中所增添的力量，并确保自己与抢夺来的玛那亲密相连，他把战败敌人的残骸当作战斗装备的一部分随身携带——或是一块骨头，或是一只干枯的手，有时甚至是整块头盖骨。[83]

胜利对幸存者的影响表现得再清楚不过了。杀死对手使他变得更强悍，而玛那的增加又使他能够赢得新的胜利。这是一种从敌人身上夺来的赐福，但唯有敌人死了，他才能得到它。敌人的身体——无论死活，是绝对必要的；必须进行战斗和杀戮，一切取决于自身的杀戮行为。胜利者取得尸体轻便的部分据为己有挂在身上，使他不断通过回忆增添自己的力量。这些残肢碎骸使他觉得自己更加强悍，并借此引起恐惧：他所挑战的每一个新敌人都在他面前不寒而栗，尸体残骸使他们看到了自己的可怕命运。

在澳洲**安恒**地区的**蒙金族**的信仰中，杀人者与被杀者之间的关系更加个人化，但也同样有利可图。被杀者的灵魂进入杀人者的身体里，赋予他双份力量，而杀人者的身体实际上**变大了**。可以想象，这种收益颇能吸引青年男子奔赴战场。每个人都在寻找自己的敌人，以夺取对方身上的力量，但这种意图只有在夜间杀戮时才能实现，因为在白天，牺牲者看见谋杀者就会过于愤怒，无法进入他的体内。[84]

有人详细描述过这种"进入"的过程，很值得注意，其中一段如下：

当一个人在战争期间杀死另一个人，他回到家后要等到死者的灵魂挨近自己才会进食。他能**听见**灵魂到来的声音，因为插入死者体内的石镞上还附有长矛杆，灵魂走动时矛杆拖在地上，敲打树干和灌木发出响声。一旦灵魂完全走近，杀人者便听见从死者伤口传来的声响。

他抓起长矛，拔掉矛头，并将矛杆插矛头的这一端置于大脚趾和第二脚趾之间，另一端则抵在肩上。这时灵魂便进入原本用来插矛头的凹处，顺势爬到杀人者的腿上，然后进入身体里，就像一只蚂蚁。最后它进入胃里，把胃关上。于是人开始感觉不舒服，腹部发烧。他揉着胃，大声呼唤被杀者的名字，这才治愈病痛，他感觉自己又恢复了健康：因为灵魂离开胃进入了心脏，而一旦它进入心脏，其效果就如同死者的血液流入了杀人者体内，仿佛一个人在死前把生命里的血给了要杀他的人。

杀人者如今比过去高大，而且特别强壮，他获得了死者生前所有的生命力。如果进入睡梦，死者灵魂就会告诉他，已为他准备了食物，并指给他寻找食物的方向。"沿着河走下去"，它说，"你会找到许多袋鼠"，或者说"对面那棵老树上有一大窝蜜蜂"，或者说"就在那边沙滩旁你会用长矛猎到一只大乌龟，并且在沙滩上找到许多蛋。"

杀人者仔细听着这些话，过了一会儿便偷偷溜出营地，来到丛林，在那儿撞见死者的灵魂。灵魂朝他走近并躺下，杀人者惊慌地喊道："谁？有人吗？"他转身走到死者灵魂刚才所在的地方，发现一只袋鼠。这是一只非常小的动物，就待在他听见死者灵魂移动的地方，他端详着它，明白了其中含义。他将腋窝里的汗擦到手臂上，举起长矛，大声喊着死者的名字，刺中这只动物。动物当场死亡，死的时候却长大了许多。他试图将它抬起，却发现这是不可能的事，因为它变得这么大了。于是他放下猎物，回到营地把这件事告诉朋友们。"我刚杀死了死者的灵魂，"他说，"不要让人知道，因为死者还会生气。"几位亲密的朋友和亲属跟他一起折回去，帮着他剥掉动物的皮，准备吃掉它。在切割时他们发现到处都是肥肉，而这是最可口的美味之一。起初只是一些小块的肉被架到火上，大家小心品尝着，肉的味道却始终不好。

于是整只动物都被架到火上，大家一起享用了那些他们认为更有价值的部分，剩余的则被抬回大本营。营地的老人们看出这是一只极大的动物，他们围到一起，有人问道：

"你在什么地方猎到的？"

"沿河往上的一个地方。"

老人们知道这不是一般的猎物，因为它全身都是肥肉。过了一会儿，又有一个老人问道：

"你是否在外面丛林里看到谁的灵魂？"

"没有。"年轻人撒了谎。

老人们品尝着袋鼠的肉，觉得它味道不一样，不像平常的袋鼠。

于是老人们肯定地摇摇头，咂着舌头说："你一定看到死人的灵魂了！"

在这里，幸存者从敌人身上获得力量和血液，于是不仅他自己的身体膨胀了，他所猎杀的动物也变肥变大。因为从敌人身上赢得的力量是个人的，并且非常直接，所以年轻人很早就心向战场。但是鉴于整个事情只能在夜晚偷偷地进行，它与我们传统上对英雄的概念便很少吻合。

我们所知道的那种勇敢无畏地只身冲进敌群的英雄在**斐济群**

岛上可以碰到。[85] 有一个传说讲述一个男孩在母亲身边长大，不知道自己的父亲是谁。由于多次受到威胁，他逼迫母亲说出父亲的名字。当他得知父亲就是天王时，便立即上路前去投奔。他找到了父亲，父亲却对他感到失望，因为他是那样小。父亲说，他需要的是男人，而不是小男孩，因为他正在打仗。围在天王身边的男人都在嘲笑男孩，于是男孩抄起一根木棒将其中一个人的脑袋劈开。天王见状大喜，要求他留下。

第二天一大早，敌人来到城下叫战，高喊着："出来啊，天王，我们都饿了。出来让我们吃吧。"

这时男孩站起来说："谁也别跟着我，你们都待在城里！"他拿起自己制好的木棒冲了出去，在敌群中愤怒地左挥右击，每一棒都杀死一个，直到敌人终于逃走。然后他坐到一堆尸体上，向城里的人喊道："出来吧，把死人拖走。"这时城里鼓声咚咚，大家走出城来，唱着挽歌，将被打死的42个敌人的尸体全部拖走。

接下来男孩又有四次将父亲的敌人击败，使得他们灵魂变小，最后主动来向天王求和："怜悯我们吧，天王，让我们活下去！"就这样，天王没有了敌人，他的统治延伸到整个天界。

在这里，小男孩孤身同所有敌人较量，棒棒击中。最后，只见他坐在尸堆上，尸堆里的每一个人都是他亲手所杀。但不要以为只有在传说中才会这样。斐济有四个完全不同的名字用来称谓英雄，杀死**一个**人的叫科罗伊，10 个叫克利，20 个叫维萨，30 个叫旺卡。有一位著名的首领，功绩过人，名叫克利–维萨–旺卡，表示他杀死过 10+20+30，即 60 个人。

这些大英雄的功绩恐怕比我们想象的还要可观，因为他们杀死敌人后还要将人吃掉。首领如果对某个人深恶痛绝，就把他完全自己一人吃掉，不让任何人分享。

但是会有人反驳说，英雄不仅仅是同敌对的人类搏斗。传说中英雄的主要任务是使族人摆脱危险的怪兽。他的族人逐渐被怪兽吞噬，没有人抵挡得了它，最好的解决办法也就是调节一下恐惧：每年不知有多少人被当作牺牲品献给怪兽。英雄怜悯他的族人，孤身出发，冒着巨大危险亲手杀死了怪兽。因此族人感激他，忠实地纪念他。他以自己的不可侵犯拯救了别人，他那不可侵犯的形象光芒四射。

不过在一些神话中，这种光芒四射的形象明摆着同死尸堆联系在一起，并且不只有敌人的死尸堆。这类神话中最精美的一则来自南美种族的**幽托托族**，它收在**普罗伊塞**的一本重要却鲜为人知的集子里，这里将其中与我们的话题有关的部分缩写如下：

两个女孩跟父亲住在河边。有一天，她们看到水里有一条非常漂亮、细小的蛇，试图抓住它，却总是让它溜掉，直到她们请求父亲做了一只网眼细密的筛子，才抓住这只小动物。她们把小蛇带回家，放进一个盛着水的小盆里，并摆上各种各样的食物，但它什么也不吃。后来父亲做了一个梦，想到用一种特别的淀粉来喂养小蛇，它才真正开始进食。它慢慢长大，先是像线一般细，然后有指尖般粗，女孩们便将它放进大一些的盆里。这只动物继续吃着淀粉，长得跟手臂一般粗，于是她们又将它放进一个小湖。它越来越贪婪地吃着淀粉，竟饿得将一个女孩喂食的手和手臂连同食物一起吞了下去。不久它就大得像一棵落进水里的树一样了，并开始到岸上去吃鹿和其他一些动物，不过每次听到女孩招呼的声音，它还会过来吃姐妹俩为它准备的大量淀粉。它在村庄和部落的地底下为自己掘了一个洞穴，开始吃这些人类的始祖，世上的第一批人。"亲爱的，来吃东西"，听到两个女孩的召唤，蛇从洞里出来，咬住其中一个女孩抱在怀里的食物，一直咬到她的头部，将她吞下去带走了。

另一个女孩哭着回去告诉了父亲，他决定报仇雪恨。他舔着烟草——这些人在决定杀生时总是这么做——昏昏沉沉地睡了，在梦里想到一个报仇雪恨的办法。他准备好喂蛇的淀粉，唤着那条吞噬他女儿的蛇，对它说："把我吞了吧！"他准备忍受一切，为了杀死蛇，他从挂在脖子上的烟罐里啜饮烟汁。蛇应声而出，咬住高举的盛淀粉的碗，于是父亲跳进蛇的嘴里坐下。"我把他杀了。"蛇这么想着，带着这位父亲离去。

接着蛇吃掉了一整个部落，人们的尸体在父亲身上腐烂。然后它又去吞噬另一个部落，这些人的尸体同样也在父亲身上腐烂。他坐在那里，身上是腐烂的尸体，他不得不忍受住恶臭。蛇将河边所有的部落吞噬干净，无一幸免。父亲从家里带了一只贝壳用来切开蛇腹，他只割破了一点蛇就感到疼痛。于是蛇又去吃另一条河边的部落。人们万分恐惧，不敢出来种植，终日待在家里。事实上也根本不可能到处走动，因为蛇洞就在路中央，只要有人从田里回来，蛇就会将他逮住拖走。人们哭泣着，惟恐被蛇吃掉，一步也不敢出门。他们甚至一下吊床就开始担心有蛇洞，蛇会将他们逮住拖走。

被蛇吞食的人在父亲身上发臭、腐烂。父亲一面喝着烟罐里的烟汁，一面割着蛇腹，使蛇感到剧烈疼痛。"我这是怎么了？我吞了戴荷马，他在割我，我觉得疼。"蛇喃喃自语，疼得喊叫起来。

蛇又到了另一部落，从地里钻出来，将那里的人们逮住。他们哪儿都不能去，甚至也不去河边，因为如果他们去河港打水，蛇便将他们逮住拖走。甚至当他们早晨刚一下地，就被蛇抓住带走。戴荷马还在用贝壳切割蛇腹，蛇叫喊道："我怎么会疼？我吞下了戴荷马，他在割我，所以疼。"

戴荷马的保护神警告他说："戴荷马，这里还不是你住的河港，要小心地割。你住的河港离这里还很远。"听了这话，戴荷马停下手来。蛇又去它从前吃过人的地方逮人吃。"它还不罢休！我们待在哪儿？它将我们的人都吃光了。"村民们说。他们日益消瘦——本来嘛，他们又有什么可吃的呢？

人们在戴荷马身上死去、腐烂，而他则一边喝着烟罐里的烟汁，一边切割蛇的身体。戴荷马就这样一直坐在蛇的体内，日子漫无边际，这个不幸的人除了喝烟汁，什么也没吃——他能吃什么呢？喝烟汁能使他在腐臭中保持镇静。

部落不复存在，天底下，河畔的居民都已被蛇吃尽，不见人烟。保护神对戴荷马说："戴荷马，这里是你住的河港，现在用力割吧，再转两个弯你就到家了。"于是他动手了。"割吧，戴荷马，用力割！"保护神说。戴荷马在河港将蛇的腹膜割裂开，然后从开口跳了出来。

他一出来便躺到地上。他的头皮已经完全脱落，毫发无存。蛇在地上翻腾着。戴荷马在蛇的体内经历了漫长的痛苦后，终于回来了。他在河港彻底清洗一番，然后朝自家的小屋走去，和女儿们重逢。父亲的归来使她们欣喜若狂。[86]

这里的故事是经过缩简的，原来整篇神话中至少有15处描写在蛇的体内人们如何在英雄身边腐烂。这样惊心动魄的画面具有某种震撼力；除了蛇吞噬人以外，它是神话中反复出现最多的画面。戴荷马靠饮烟汁来维持生命，他在腐尸败肉中还能沉着冷静，此乃英雄本色。即使全世界的人都在他身边腐烂，他也会一直在那里，孤身置于全面的腐败之中，岿然不动，专心致力于自己的目标。可以说他是一位无辜的英雄，因为他对每一具腐烂的尸体都不负有责任，却身处死尸堆中，忍受着腐烂。腐败的死尸没有将他击垮，相反地，可以说给了他勇气和力量。在这篇神话中，蛇体内所发生的每一件事情的确都很重要，因此它是绝对精练的，它就是真理本身。

英雄就是在危险时刻靠杀戮一再幸存的人。然而幸存者并非都是英雄，如果众多的自己人都死了，在他们身上会发生同样的经历。

在战场上，当自己人都被杀尽时，怎样才能得以自救？而唯一活下来的人感受又如何？**科赫-格林贝格**记录了一则印第安神话，关于南美洲的**陶利庞人**，其中有一处回答了这个问题：

　　敌人夜间来袭击。他们来到一座有五幢房子的村落，将两处点燃，使村民在火光中无法趁黑逃走。许多人想要逃出屋子，都被他们用木棍击毙。

　　有一位叫麦特查莱的人并未受伤，他躺在一堆死人当中，往自己的脸上、身上抹血来蒙骗敌人。敌人以为所有的人都死了，便撤兵离去，留下他一个人。于是他起身离开，洗去身上的血迹，朝另一幢距离不远的房子走去。他以为屋里有人，却一个也没找着——人都跑光了。他只找到一些木薯煎饼和冷烤肉吃，然后思索着走出房屋，走了很远，又坐下来想心思。他想起自己的父母，他们都被敌人杀了，如今他没有一个亲人。他对自己说："我要回到死去的同伴身边，和他们一起躺着。"于是他充满恐惧地回到被焚毁的村庄，只见那里有很多兀鹰。麦特查莱是位巫医，曾经梦见过一位美丽的姑娘。他把兀鹰赶走，然后躺在死去的同伴身边，并再次以血涂身。他把手放在头上，以便能够迅速抓取。这时兀鹰又飞来争夺死尸，鹰王之女也来了，她来做什么呢？只见她栖身在麦特查莱的胸膛上，正要啄他，却被他一把抓住。其他的兀鹰都被惊跑了。麦特查莱对鹰王之女说："你变成女人吧！因为我是这样孤单，没有人帮我。"他将她带到一座空房子里，待她像一只温驯的鸟。他对她说："现在我去捕鱼，等我回来时，要看见你已经变成女人！"[87]

起先麦特查莱为了脱身而躺在死人堆里，为了不被人发现他装作死人。后来他发觉自己是唯一活下来的人，他感到悲伤和恐惧。他决定再躺到死去的同伴当中去。也许起初他打算跟他们同命运，但他不可能对这种想法太认真，因为他梦见过一位美丽的姑娘，而当他看见四周除了兀鹰以外没有一个活物时，便抓了一只兀鹰来做妻子。应该补充说明一下，后来那只鸟果然如他所愿变成了一个女人。

引人注目的是，世界上有那么多部落都源于一对在大难之后活下来的夫妻。为人熟知的例子便是《圣经》中所说的大洪水，其严峻性由于诺亚要求保存全家而得以缓和。上帝允许他带着他的氏族进入方舟，另外每一种生物都各保存了雌雄一对。不过，承蒙上帝恩赐的是诺亚本人，他在这种情形中所具备的幸存的美德是宗教性的，出于对**他**一人的厚爱，上帝才允许其他人进入方舟。同样的传说故事还有更加赤裸裸的例子，讲述整个人类都遭灭亡，只剩下一对祖先。这些故事并不总跟洪水泛滥联系在一起，而往往说的是一场瘟疫使所有的人都死去，只剩下一个男人，他四处漂泊寻觅，终于碰到一个或两个女人，他们结婚生子，繁衍出新的人类。

作为人类唯一的幸存者，这是祖先的力量和荣耀的一部分。他没有跟其他人一起毁灭，不消说这也是他的一种功绩。他那生还的幸运力量也备受尊敬。当他还和许多同伴们生活在一起时，他是跟大家一样的人，不会特别超群出众。可是突然间他成了完全孤独的一人，他独自漫游的时期被描述得很详细。大部分时间他都用来寻找活着的人，却发现到处都是尸体。他越来越意识到，除了他自己以外，确实别无他人，这使他充满绝望。但是还有一个特点也是显而易见的：重新开始的人类是以他为起点，建立在他一个人的努力之上的，没有他以及他独立从头开始的勇气，人类根本就不会存在。

有关这类传说的最简洁的故事之一便是**库特奈人**的起源，全文如下：

突然间瘟疫流行，住在那里的人死了，全都死了。他们四处奔走，相互报信。疾病在全体库特奈人当中流行。他们每到一处便相互诉说，到处都一样。在某个地方他们看不到一个人影，人都死光了。最后只剩下一个人。有一天，这个人痊愈了，是个男人，孤零零的。他暗自思量："我要四处转转，看什么地方还有人。如果没有人，我就别再回来了。这里没有人，也不会有来访的。"于是他划着独木舟，来到库特奈人的最后一个营地。往常这里都有人站在岸边，如今却空无一人。他四处走动，所见的只有死人，到处都是死气沉沉。他知道没有人活下来，便又乘上独木舟离开了。他来到一个居民点下了船，所见的又只有死人，整个地区没有一个活人，于是他折了回来。他来到库特奈人生活过的最后一个地方，走进生活区，只见帐篷里尽堆着死人。他一直走下去，发现人都没了，于是边走边哭。"我是唯一活下来的人，"他自言自语道，"甚至连狗也死了。"当他到达最偏远的一个村庄时，看到地上有人的足迹，还有一个帐篷，里面没有尸体。再远一点就是村庄坐落的位置。他知道有两三个人还活着，因为他看出足印中有的较大，有的较小，他说不上是不是三个人，但确实有人得救了。他乘上独木舟继续往前划，心想："我要朝这个方向划，以前住在这里的人都喜欢往这个方向去。如果活着的是个男人，或许就已经去了。"

他正坐在独木舟上时，看见前面不远处的岸上有两只黑熊在吃浆果。他想："我去射杀它们，那样的话就可以吃它们的肉。我要把它们制成肉干，再四处看看有没有人活下来。我先制肉干，然后找人。我见过人的脚印，可能是饥饿的男人或女人，他们也该吃点东西。"于是他朝着熊的方向走去，就近一看，才发现那不是熊，而是两个女人，一个年龄较大，另一个是小女孩。他想："看见人我真高兴，我要娶这女孩为妻。"于是他走过去抓住小女孩，女孩对母亲说："妈妈，我看见一个男人。"母亲抬眼一看，女儿讲的是实情，一个男人正带着她的女儿。于是女人、女孩和青年都哭了，因为他们眼见其他的库特奈人都死了。他们互相看着，哭作一团。女人说："别娶我的女儿，她还小，娶我吧。你就是我的丈夫。往后，等我女儿大了，她就做你的妻子，这样你就会有孩子了。"于是青年和这位妇人结为夫妻。没过多久，女人又说："如今我的女儿长大了，可以做你的妻子了。如果你们能有孩子就好了。她现在身体很健壮。"于是青年娶了女孩为妻，从此库特奈人便繁衍起来。[88]

第三种灾难是**集体自杀**，它有时候是瘟疫和战争带来的后果，其中也有幸存者，**巴伊拉人**的一个传说就是一例。[89] 该族是居住在罗得西亚的班图人*的一支。

巴伊拉的两个氏族，以山羊命名的"山羊氏"和以胡蜂命名的"胡蜂氏"为了领袖地位而发生激烈冲突，结果"山羊氏"丧失了原有的特权地位，其氏族成员出于病态自尊而决定集体投湖自杀。他们男女老少一起编织一条长绳，然后聚在湖边，依次将绳子绑在脖子上，接着所有的人一起跳入水中。有一个"狮子氏"的男人娶了"山羊氏"的女人为妻，他试图阻止她自杀，没能成功，于是决定与妻子共赴黄泉。他们碰巧被绑在绳子的最末端，就在他们被一同拉入水中，即将淹死之际，男人突然后悔了，于是他割断绳子，将自己和妻子解救了。妻子试图挣脱他，叫喊着："放开我！放开我！"但他没有让步，坚持将她带到岸上。所以直到今天"狮子氏"还对"山羊氏"说："我们使你们免于灭绝，**我们**！"

最后还得提及历史上有意利用幸存者这一得到证实的故事。在南美洲的两个印第安部落之间的一次歼灭战中，战败的一方仅有一人幸免于难，被敌人遣送回去。敌人叫他将所看到的一切告诉自己人，使他们丧失继续作战的勇气。让我们来听听**洪堡**对这位恐惧使者的报道：

卡布雷人在一位英勇统帅的统一指挥下，对**卡赖贝**人进行了长期抗战，终于在 1720 年后消灭敌人。他们在河口将敌人打败；一

---

* 居住在非洲中部或南部一带。——译注

大批逃亡的卡赖贝人被杀于急流和一座岛屿之间。战俘都被吃掉；不过卡布雷人以南、北美洲民族所特有的狡猾和残忍留下了**一个**卡赖贝人，让他爬到树上目睹这野蛮场面，然后立即回去汇报情况。然而，卡布雷首领没能在胜利中陶醉太久。又一批卡赖贝人卷土重来，杀得食人的卡布雷人所剩无几。[90]

卡布雷人为嘲弄敌人而留下一名俘虏，此人从树上观看族人被食的过程。与他一起出征的战友，或战死沙场，或入敌人口腹。作为被迫幸存的人，他被敌人遣送回去，恐怖的场面还历历在目。敌人料想他带回去的消息是："你们只剩下一人。我们如此强大。别再胆敢和我们交战！"但是这个人所见到的一切在他身上产生了巨大的力量，他被迫成为唯一幸存者的感受是那样刻骨铭心，以致他反而鼓动族人报仇雪恨。卡赖贝人从四面八方蜂拥而至，使得卡布雷人万劫不复。

此类传说甚多，并非仅此一例，它表明原始民族对幸存者看得很清楚。他们完全了解幸存者的处境特点，不但考虑到这一点，而且还加以利用，以达到其特殊目的。那个爬到树上的卡赖贝人在敌友双方都正确地扮演了自己的角色，如果我们勇于思索，可以从他的双重作用中受益无穷。

第九节　死者：曾经的幸存者

读过宗教生活原始文献的人，对于死者的力量无不感到惊异。在许多部落都充满着与死者有关的宗教礼仪。

对死者的**畏惧**在任何地方都是首先引人注目的。死者心怀不满，对活下来的亲属充满妒忌，并试图向他们报复，有时是为自己生前所受的伤害，但通常却仅仅因为他们自己已不在人世。死者的妒忌是生者最为害怕的，于是他们试图靠谄媚和供奉来安抚死者。他们供给死者黄泉路上所需的一切用品，只是为了让他们走得远远的，不再回来捣乱和折磨生者。死者的灵魂会派来或亲自带来疾病，他们影响着猎物的繁衍和作物的生长，以数百种方式干预人的生活。

死者身上不断爆发出一种将生者拉到自己一边的真切的热情。由于他们妒忌生者拥有他们生前不得不留下的一切日用品，按照原始习俗这些物品便尽可能少地或根本不留下来，它们不是被一同埋入坟墓，就是跟死者一起烧掉。死者住过的小屋被废弃，不再使用。他们往往跟自己所有的财产一起葬在屋里，以表明生者不愿将任何东西据为己有。但即使这样也不足以完全平息死者的怒气，因为死者最为羡慕的不是物品，物品还可以再造或购得，他们最羡慕的是生命。

无论在何地，无论是什么情况，人们都认为死者怀有同样的感情，这无疑是引人注目的。似乎一切民族的亡魂都被同样的感情所控制，他们总是宁愿活着。在生者眼中，死者是失败的，败在有人比他们**活得更久**。他们不能容忍这一点，于是自然要将身受的最大痛楚施与他人。

每一位死者都是**有人比他活得更久**，除非是在一场较为罕见的大灾难中，所有的人都一起毁灭。我们这里所涉及的单个的死亡就是**一个人被死神从他的家庭和群体中夺走**，这样就有一大批幸存者，以及所有与死者有关系的人组成一个哀悼群体来为他的死叹惜，因为他的死亡削弱了他们，此外还有对他的爱，两种情感往往不可分割。他们以最激情的方式哀悼他，这种哀悼无疑是以真情实感为核心。如果外人对这种哀痛的表达有怀疑倾向，那么这种情况是基于复杂的人性，以及这种情形本身所具有的多义性。

因为有理由哀悼的人同时也是幸存者，他们一方面为痛失故人而哀悼，另一方面也有一种幸存者的满足感。通常他们不会承认后一种不合礼仪的情感，但他们始终清楚死者的感受：他一定恨他们，因为他们有他自己不再拥有的东西，那就是生命。于是他们召唤他的亡魂，为的是让他相信，他们不愿他死。他们要提醒他，生前他们待他是如何地好。他们列举事实证明，他们一切都按照他的想法去做，认真完成他生前说出的最后愿望，他的最后意愿在许多地方都具有法律效力。而他们所做的一切则有一个不可动摇的前提，那就是死者对他们的幸存怀恨在心。

在**戴美瑞拉**有个印第安孩童养成了吃沙子的习惯，并因此早夭。他的尸体躺在敞开的棺木里，棺木是父亲从邻近的木匠那里买来的。入土前，孩子的祖母走到棺木旁，用叹惜的声调说：

孩子啊，我一直都叫你别吃沙子，我也从没给过你沙子，我知道它对你不好，可你总是自己找沙子吃。我告诉过你它是有害的，现在看吧，沙子已经要了你的小命。不要来骚扰我，因为这是你自己造成的，某种邪恶的东西使你想要吃沙子。看，我把你的弓和箭放在你身边，你可以借此自娱。我一向待你不错，如今你也要待我好，别来骚扰我。

接着母亲也哭着走过来，用一种吟唱似的语调说道：

孩子啊，我把你带到这个世界上，就是为了让你高兴地看到一切美好的事物。只要你想要，这乳房便任你吮吸。我为你做漂亮的东西和小衣裳，照顾你，养育你，陪你玩，从不打你。你要好好的，不要把祸害降在我身上。

死去孩子的父亲也走近说：

我儿啊，我对你说过，沙子会害死你，你却不愿听我的话，现在看吧，你果真去了。我出去为你找来漂亮的棺木，为了付这笔钱，我还得干活。我将你的坟墓安在你喜欢玩的一个漂亮的地方。我会把你安顿好，还会给你沙子吃，现在它再也伤害不了你了，况且我知道你是多么喜欢沙子。不要把厄运带给我，不如去找让你吃沙子的人吧。[91]

祖母，母亲和父亲都爱这个孩子，尽管孩子那么小，他们仍然担心他会怨恨，因为**他们**还活着。他们竭力向他申明，他的死不是他们的过错。祖母给孩子带上弓和箭，父亲替他买了贵重的棺木，还在坟里放了沙子给他吃，因为他知道儿子是多么喜欢沙子。他们向孩子表达的纯朴的柔情是感人肺腑的；不过这种柔情中有些令人不安的成分，因为它渗透着恐惧。

有些民族相信人死后会获得永生，由此形成**祖先崇拜**。无论在什么地方，只要这种祖先崇拜有了固定的形式，其效果就仿佛人们已经懂得如何安抚对自己重要的死者，通常的做法是供奉他们想要的东西，荣誉和食品等，让他们心满意足。如果按照一切传统规矩对死者进行照料，就能使他们结成盟友。他们今生是什么，以后也就是什么；他们拥有从前的地位。若在地上是有权有势的首领，在地下便也是，生者在献祭和祈求时第一个提到他的名字。他的感受被小心谨慎地照顾着；如果伤害了他的感情，他就会变得非常危险。他关心子孙后代的繁衍，许多事情都取决于他，要看他是否有好心情。他喜欢待在离后辈近的地方，任何会将他从那里赶走的行为都是不允许的。

南非的**祖鲁人**与祖先共同生活的形式尤为亲密。大约100年以前，英国传教士**卡拉韦**在他们那里搜集了有关报告，并出版成书，这是对他们祖先崇拜的最真实的见证。作者在书中让提供消息的人自己说话，并用他们自己的语言记录他们的意见。他的这本书《祖鲁人的宗教体系》是稀世珍本，因此也鲜为人知：它是人类的一本重要文献。[92]

祖鲁人的祖先变成蛇钻到地下，但是它们并非人们所想的那种永远看不见的神话中的蛇。它们是人们熟悉的那种，喜欢在房屋附近到处乱窜，经常还会进入屋里。有些蛇的形体特点令人回想起特定的几位先辈，也就被生者认作了那几位先辈。

但它们不仅仅是蛇，因为它们会在生者的梦中现出人形，对他们说话。人们期待它们来入梦，没有这样的梦他们便感到活得不舒服。他们**想要**同死者交谈，重要的是要在梦中看见死者明朗而清晰的形象。有时候祖先的形象变得模糊不清，暗淡无光，这就要通过举行一些特定的仪式，使它变得再度清晰。有时候，特别是在一切重要的场合，要向祖先献祭。人们宰杀牛羊，并以隆重的方式呼唤祖先来品尝。他们大声叫着祖先的荣誉称号，祖先很看中这些称号，因为他们热爱荣誉，如果忘了这些称号或是闭口不提，他们会觉得受了伤害。此外，被祭的畜生还得大声叫喊，让祖先听见，因为他们喜欢听这种叫声。因此，静静死去的羊是不能用来做祭品的。在这里，献祭品无非就是死者与生者所共享的一种餐宴，是生者同死者一道享用的圣餐。

如果遵从祖先的生活常规，保留古老的风俗习惯，不加变动，并定期献上祭品，祖先就会心满意足，庇佑子孙幸福安康。而一旦有人生病，他便知道自己触怒了某位先人，他会尽力设法打听到先人恼怒的原因。

因为死者绝非永远公正。他们是为人所知的人，人们清楚地记得他们的弱点和过失。他们在梦中出现的方式符合他们的性格。这里值得费力举出一例，是由卡拉韦详细记录下来的。这个例子表明，即使受到殷勤供养和赞美的死者，有时候也会怨恨其遗族，仅仅因为他们还活着。现在将要听到的关于这种怨恨的故事，拿到我们这里就如同恶疾发生的过程。

兄长死了，他的财产，特别是所有的牲畜作为其固有财产都转给了他弟弟。这是通常的继承顺序；弟弟继承了遗产，并按礼俗献上祭品，自以为没有冒犯死者。但是他突然得了重病，兄长出现在他梦里。"我梦见他打我，还对我说：'你是怎么回事，不认我这个做哥哥的？'我回答说：'我怎样做给你看才能说明我认识你？我知道你是我哥哥！'他又问：'你奉上公牛的时候为什么不叫我？'我答道：'可是我叫你了，我叫你的荣誉称号。你说，我杀哪一头公牛的时候没有叫你？'他回答说：'我要吃肉。'我拒绝道：'不，哥哥，我没有公牛。你看到牛栏里有吗？''即使只有一头，'他说，'我也要。'我醒来时，感到身体的一侧疼痛，我试着呼吸却不能，我呼吸短促。"

这个人相当固执，不愿意供奉公牛。他说："我真的病了，我知道是什么病在折磨我。"人们对他说："你既然知道，为什么不摆脱它呢？难道会有人故意惹病上身吗？如果他知道是什么病，为什么不把病根除——难道他想死不成？因为如果鬼魂生某个人的气，就会把他给毁了。"

他回答说："不是这样的，诸位先生；我是被一个人弄病的。我躺下的时候就在睡梦中看见他。因为他想吃肉，就跟我玩花招，说我宰牲口的时候没有叫他。这使我很吃惊，因为我杀了那么多牲口，没有一次不叫他。如果他想吃肉，可以干脆就对我说：'兄弟，我想吃肉。'他却对我说，我不尊重他。我对他感到恼火，我想，他只是要杀我。"

众人又说："你认为鬼魂还很会说话？他在哪里？我们去跟他讲理。你宰牲口的时候我们都在场，你赞美他，呼喊他因勇敢而得的荣誉称号，这我们都听见了。如果你的这位兄长或是另外一位死去的人有可能死而复生，我们便可以质问他：'你为什么要说这些话？'"

病人回答说："啊，我哥哥这样大言不惭，是因为他是长兄，我比他小。他要我杀掉所有的牲口，我感到吃惊。他死的时候自己就没有留下牲口么？"

众人说："这人是死了。但我们确实还在跟你说话，你的眼睛也确实还看着我们。至于那个人，我们告诉你：心平气和地跟他说话，即使你只有一只山羊，也要献给他。他来杀你，这真是岂有此理。为什么你在睡觉时会频频梦见你哥哥，然后又生病了呢？照说梦见哥哥后应该健康地醒来。"

病人说："好的，先生们，他喜欢吃的肉我会给他。他要肉吃，他杀我，他冤枉我。我每天梦见他，然后疼着醒来。他不是人，他从来就是一个卑鄙之徒，喜欢打架。因为他就是这样：一言不合，就打起来。如果有人对他说话，他就马上责骂别人，于是两人争斗起来，事情是他引起的，他跟人打架。他从来就认识不到也从不承认：'我犯了错误，我不该和这些人打架。'他的鬼魂就像他本人，他坏，总是怒气冲冲。但是他要的肉我会给他。如果我见他离我而去，而我的身体也好好的，明天我就会为他宰杀牲口。如果是他的话，就要他让我痊愈，呼吸顺畅，不要像现在这样呼吸起来如刀割。"

大家表示赞同："好，如果你明天痊愈了，我们便知道那是你哥哥的鬼魂。但是如果你明天还是病着，我们就不会说那是你哥哥了；那样的话你便只是得了一场普通的病而已。"

日落时分，他还在喊疼。但是到了挤牛奶的时候，他便要东西吃。他要了一份稀粥，能咽一些下去，然后又说："给我一点啤酒，我渴了。"他的妻子们给他送上啤酒，也放心了许多。她们开始高兴起来了，因为她们本来非常担忧，心怀疑虑："他病得这么重，连东西都不吃吗？"如今她们暗自欢喜，但并不说出心中的喜悦，而只是彼此心领神会地看着。他喝了啤酒后又说："给我一点鼻烟，让我吸一点点。"她们拿了一些给他，他吸着烟躺下来，然后又睡着了。

夜里，他哥哥来了，对他说："你为我准备好牲口了吗？你一早就杀吗？"

睡梦中的弟弟答道："对，我要为你杀一头牲口。哥哥，你为什么说我从不叫你？事实上，我每次杀牲口都尊呼你的荣誉称号，

388

因为你勇敢，是个出色的斗士。"

鬼魂答道："当我想吃肉时，我这么说是有道理的。**我死了，还给你留下一片农庄。你有一大片农庄。**"

"是的，是的，哥哥，你留给我一片农庄。但是你给我留下农庄撒手归天时，有没有将自己所有的牲口都杀掉？"

"没有，我没有将它们全杀掉。"

"那么，我父亲的儿啊，你要我将它们杀尽吗？"

"不，我不是要你将它们杀尽，但我要对你说：杀吧，这样你的农庄会扩大。"

他醒了过来，感觉良好，身体一侧的疼痛也消失了。于是他坐起来推推妻子说："起床，烧火。"妻子醒了，起来将火焰吹得高高的。她问他感觉如何，他回答说："小声点。一觉醒来，我身体感觉轻松了。我和哥哥说过话，醒来后便痊愈了。"他吸了吸鼻烟，又睡着了。他哥哥的鬼魂再度显现，对他说："瞧，现在我把你治好了，明早就杀牲口吧！"

第二天早晨，他起床去牛栏。他还有几个弟弟，他叫了他们一同去。"我正叫你们，我现在好了。哥哥说他治好我的病了。"然后他要他们牵一头公牛来，他们照办了。"把那头绝育的母牛也带来！"于是弟弟们牵了两头牛，来到牛栏高处站他身边。他祈祷说：

"我们家的人啊，都来吃吧。让善良的鬼魂与我们相伴，保佑孩子们成长，人们身体健康。请问你，我的哥哥，为什么一而再、再而三地入我梦中，为什么梦见你我就生病？善良的鬼魂应是带来好消息，而我却不得不老是诉说病痛。是什么牲口让主人吃了不断生病？我说你，停止吧！不要再使我生病！我说你：到我梦中来吧，静下心来跟我谈，告诉我你想要什么！——可是你却来杀我！你生前的确是个坏蛋，难道你在地下还是本性难移？我根本没指望你的鬼魂会怀着善意而来，给我带来好消息。可是你，大哥，为什么带着邪恶而来，你应当给农庄带来好运，使它免遭灾祸，你可是农庄的主人啊！"

然后他又说了下面一番关于牲口的话，并致谢道："这是我献给你的牲口，一头红色的公牛，一头红白相间的绝育的母牛。杀了它们！我说：亲切地告诉我吧，我醒来时没有疼痛。我说：让我们家所有的鬼魂都来聚集在你身边，你是那么喜欢肉！"

然后他下达命令："刺死它们！"他的一个弟弟拿起标枪刺杀了绝育的母牛；母牛倒下了。他又刺杀公牛，公牛也倒下了。两头牛大声号叫，他杀死了它们。他命令弟弟们剥牛皮，于是牛皮被剥下了。而后他们在牛栏里吃牛肉，所有的男子都聚到一起，要求分享。他们取了一块又一块肉，吃得开心满意，并说了感谢的话："我们感谢你，某某人的儿子。以后当鬼魂使你生病时，我们就会知道那是你卑鄙的哥哥。在你病重期间，我们不知道是否还和你一道吃肉。我们现在看见了，是卑鄙的人要杀你，我们很高兴你恢复健康。"

"我可是死了的人"，兄长如是说，这句话是人们的争论、危险的疾病甚至于整个报道的核心。不论死者行为如何，也不论他有何要求，他都是死了的人，他有足够的原因心生怨恨。"我留给你一片农庄"，他说完这话还紧接着补充一句："你有一大片农庄。"别人的生命便是这片农庄，因此他也可以说："我死了，你还活着。"

生者害怕的正是这种指责，梦中的指责使他承认死者说得对：他已经比死者活得久。这种巨大的不公使其他一切不公都黯然失色，并付与死者将自己的指责与愤恨转变为他人的恶疾的权力。"他要杀我"，弟弟这么说，并在心里想：因为他自己死了。他完全知道自己为什么惧怕哥哥，为了安抚死者，他最终同意供奉祭品。

有目共睹，对于活着的人来说，幸存伴随着严重的不快。不管在哪里采纳一种正规的崇拜形式，也永远无法完全信赖死者。死者在人世间的权力越大，他在阴间的怨恨也就越强烈越危险。

乌干达王国找到一种途径，让死去国王的灵魂与其忠实的臣民长相左右。他无法消失，他没有被驱逐，他必须待在这个世界上。因为国王死后人们便指定一名灵媒，称为"曼德瓦"，使国王的灵魂驻留其中。灵媒有牧师的作用，必须再现国王的外貌和整个举止，模仿他的一切说话特点，如果是一位远古时期的国王，只要确定了，就使用 300 年前的古语。因为如果灵媒死了，国王的灵魂便进入同族的另一位成员体内，于是"曼德瓦"便从前一位"曼德瓦"处接受职务，国王的灵魂也就永远有了栖身之处。所以可能会出现这样的情况，就是一位灵媒说的话无人懂得，甚至同属灵媒圈内的人也不懂。[93]

但是难以想象灵媒能持久地扮演国王。有时正如常言所说，"国王要了他的头脑"，他陷入一种着魔的状态，将死者的一切细部特征都体现出来。在负责提供灵媒的氏族，国王的特征在他死的时候通过言语和模仿流传下来。比如国王奇格拉高龄去世；他的灵媒是一位相当年轻的男子。而当国王"要了他的头脑"，年轻人就变成了老头：他满脸皱纹，嘴角淌着口水，步履蹒跚。

灵媒的这种发作备受崇敬，出席一次这样的场面便是荣耀，他使人面对已故的国王并**认出**他来。而国王则在一个人的身上如愿显现，这正是此人的职责，也是他的唯一工作。于是国王对未能幸存的怨恨或许就不及那些完全被生者世界所摒弃的人感受强烈了。

中国人的祖先崇拜的发展成果最为丰硕。[94] 为了理解祖先对他们的意义，就得对他们的灵魂概念稍作探讨。

他们相信每个人都有两个灵魂。其中一个叫**魄**，源于**精液**，在生育的那一刻就产生了，它负责记忆。另一个叫**魂**，源于出生后吸入的**空气**，并逐渐形成。它具有所寄生的肉体的外形，却非肉眼所能看见。聪明才智归属于它，并随之增长，它是优等的灵魂。

人死后魂气升天，形魄则与尸身同穴。人们最害怕的正是形魄这一劣等灵魂，它邪恶并且忌妒成性，试图将生者一同拉向死亡。尸体腐烂时，形魄也渐渐溃散，最终失去危害作恶的威力。

相反，高等的魂气则继续存在。它需要食物，因为它去阴间的路途遥远，如果子孙不供奉食物，它必定困苦难当。如果它迷路了，就会不高兴，然后变得同形魄一样危险。

葬礼仪式具有双重目的：既保护生者不受死者干扰，同时也让死者灵魂不死。因为如果死者采取主动，那么同阴间联系就是件危险的事了。但如果是依照传统准则，在各个适当的时期以祖先崇拜的形式与阴间沟通，则反倒有利。

灵魂的存亡取决于死者生前所获得的肉体与精神力量，这力量是通过**食物**和**学习**而来。因此当老爷的与一般农夫之间灵魂的差别尤其重要，前者是"肉食者"，一生都吃得很好，后者吃得廉价而低劣。**葛兰特**说："只有老爷们才有原本字义上的灵魂。即使年龄的增长也并不会使灵魂有所亏损，反而会使之丰富充实。当老爷吃饱精美的菜肴，喝足提神的饮料，准备命赴黄泉。他一生吞食了无数精美的食物，他吞食得越多，他的统治范围就越广。他给他的已经吃饱了肉和野味的祖先提供越来越丰富的食物。他死后灵魂不会像一般人的那样消散，而是充满力量地从尸体内逃出来。如果老爷生前过着与其地位相称的生活，那么死后他的灵魂通过哀悼仪式而显得高贵和纯净，具有一种崇高和巨大的力量。它有守护神行善的力量，同时也保持一个耐久而神圣的人的一切特性。它成为**祖魂**。"

祭拜祖魂是在特定的庙宇里，并且有特别的祭礼。祖魂参与四季的庆典，分享着人们的狩猎生活与农耕生活，猎物丰盛则足食，收成差则节食。它是以谷物、肉类以及自家领地的野味为食。但是这类祖魂在其积蓄的力量中存在多久取决于其个性的丰富，有朝一日它终会消散灭亡。经过四五代之后，祖魂通过某些礼仪与之维系的家谱丧失了其作为特别圣物的权利，被弃置于石盒之中，归于更早的被人遗忘的祖先系谱行列。家谱所记载的祖先及其姓名不再像老爷一样受人尊重，祖先长期以来鲜明突出的强有力的个性消失了，他的旅程已到尽头，他的先人角色已经演尽。人们对他的祭礼使得他长期免遭普通死者的命运，而如今他返回到其他众亡魂群中，同他们一样无名无姓。

并非所有的祖先都能维持四、五代之久而声名不衰。人们是否能长久地保存其家谱、召唤其亡灵并请求他接受供奉的食品，取决于他的特殊地位，有些祖先才经过一代就被人舍弃。然而无论他们坚持多久，事实是他们根本就存在，这就在有些方面改变了幸存的性质。

这样，父亲去世，儿子还活着，这对活着的儿子来说已绝不再是秘密的胜利，因为父亲作为祖先活在人的心里；儿子事事感激他，而且必须恭谨事之。他必须向死去的父亲供奉食品，防止在先父面前傲慢自大。只要儿子活着，父亲的祖魂就一定存在，并且，正如我们所见，它保留着一个特定的可以辨认的人的所有特点。而父亲非常在意自己是否受到敬重和被人供养，就其作为祖先的新的存在来说，儿子在世极为重要：假如没有后代，也就没有人敬重他。所以他愿子子孙孙比他活得长久，愿他们过得好，因为他之作为祖先的存在取决于子孙的繁盛。只要人们记得他，他就希望人们活得愈久愈好。这样，在祖先赢得的适当的永生形式和使祖先获得这种形式的后辈的自豪之间便形成了一种密切而幸福的联系。

还有一点也很重要，即前几代祖先是作为个体单独存在的。他们作为个体而闻名并受到敬重，他们只是在更遥远的过去汇成一个群体，而当今的子孙则同这些祖先群分隔开来，隔在当中的便是诸如父亲、祖父等彼此界限分明的个体。只要后辈对自己**在世**所感到的心满意足融入对父辈的崇敬之中，那便是一种极其温和适宜的心满意足，它不会遵循人与人之间的纯天然关系而促使后辈增添亡魂数量，相反，后辈自己才会成为亡魂群中增添的一员，并且希望这一天遥遥无期。这样，幸存的情形便失去了大量的原有特性。幸存作为一种激情恐怕是荒谬而令人费解的，它不再有丝毫的凶残和血腥。对死者的纪念与自我意识结合在一起，两者相互削弱，但保留下来的则是更好的一方。

如果我们审视一下在中国人的历史和思想中所形成的理想的统治者形象，莫不被其深厚的人道精神所震撼，可以认为，这副图景中之没有暴戾之气，应当归功于他们的祖先崇拜。

第十节　瘟疫

希腊历史学家修昔底德对**鼠疫**的描写最为详尽。[95]他自己得过鼠疫，后来痊愈了。他以简洁而精确的文字记录了这一疾病的每一个重要特征，有必要在这里引用其中最重要的部分：

人们像苍蝇一样地死去。垂死者的身体成堆地放置在一起。眼见半死不活的人在街上蹒跚而行，或聚集在喷泉周围，渴望喝些水。在他们逗留的庙宇里，到处是死在那里的人们的尸体。

有些家庭的人们被不幸事件的重负压倒，以致都不去哀悼死者了。

所有的葬礼仪式都乱作一团；人们尽可能将死者安葬得好些。有些人由于家中丧事甚多，再也承担不了葬礼费用，便想出最无耻的花招。他们抢先赶到别人家安置的火葬柴堆旁，将自家人的尸体放到柴堆上，点燃木柴；或者趁别人正在举行火葬时，把自家人的尸体运来扔到别人的尸体上，并一走了之。

人们已不再敬畏神灵或人类的律令，这些都约束不了他们。至于神灵，则似乎敬不敬神反正都一样，因为人们眼见好人坏人都一样地死去。人们不怕因违法行为而被追究责任，因为没有人指望还能活那么久。事实上，每个人都觉得自己已受到重得多的判决，在执行判决之前他还要多享受一些人生的乐趣。

曾经身受鼠疫之苦，而后又康复的人，最能同情患病和垂死的人。一方面他们深知其苦，另一方面他们知道自己已经安全了，因为没有人会第二次得这种病，即使再得，也不会有生命危险。这些人受到各方面的祝贺，而他们自己也对这次康复感到欢欣鼓舞，以致认为即使在将来也不会死于其他的疾病。

在人类历来所遭受的一切不幸事件中，大的瘟疫给人留下的记忆尤为生动。它像天灾似的突然降临；地震虽也来得突然，但地震大都只有短促的几下，而瘟疫却能持续数月甚至一年。地震一下子造成最可怕的后果，受难者一起死亡。相反，一场鼠疫造成的后果却是**渐增的**。一开始只有少数人染病，然后病人愈来愈多，到处可见死人，不久所见的活人就没有死人多了。瘟疫肆虐的结果或许最终与地震相同，但瘟疫使人们成为大规模死亡的**见证人**，死亡的惨剧在他们眼前愈演愈烈。他们就像参加了一场战役，它比任何知名的战役都要持久漫长，但敌人却是隐蔽的，到处都看不见打不着，人们只有等着挨打的份。这场战斗是由敌人单方面进行，他们要打谁就打谁。有那么多人都受到攻击，以致不久人们就不得不担心无人能得以幸免了。

一旦确定是瘟疫，其结果便只能是所有的人一起死亡。由于无药可医，患病的人便等待着对自己执行判决。不过患瘟疫的人是**一个群体**：等待他们的命运是**一样的**。他们的数量加速增长。只要几天的时间，他们就会到达所奔赴的目的地，以人体所能达到的最大的密集度死成一堆。照有些人的宗教观念看来，这凝固的死人群只是暂时死亡，他们会在某一时刻复活过来，紧密地聚集在上帝面前，听候最后的审判。然而即使撇开死者以后的命运不论——因为并非世界上所有的信仰对此都有相同的观念，有一点也是不容争辩的：瘟疫的结果就是成群的垂死之人和死人，"街上和庙里"满处都是。往往无法再适当地将死者分别安葬；他们被堆放在一个巨大的万人墓里，成千上万地同穴而葬。

有三种人类熟悉的重要现象所带来的最终结果是死尸成堆，这三种现象彼此相近相关，因此将他们划分开来尤为重要。它们是：战争、集体自杀和瘟疫。

战争的目的是让敌人死尸成堆。人们要减少活着的敌人数量，以使自己人的数量相对增多。虽然自己人也会死亡是不可避免的，但人们并不希望这样。使敌人尸积成堆才是目的，人们靠自己的行动和力量去积极完成这一使命。

集体自杀则是针对自己人的杀戮行为。男人、女人和孩子互相残杀，直到一个不剩，尸积成堆。为了不让一人落入敌人之手，为了毁灭得干净彻底，还会加上一把火。

瘟疫的结果与集体自杀一样，但它不是自愿的，而似乎是一种不可知的力量从外部施加的，并且整个过程持续的时间要长一些。大家同样都在恐怖的等待中过活，除此以外一切人与人之间的通常联系皆已瓦解。

瘟疫的基本要素是传染性，它使人们彼此隔离。最安全的做法是不要触碰任何人，因为别人可能已经被传染。有些人逃离城市，散居到各自的农庄里。另一些人将自己锁进房屋,不许任何人进入。人们彼此回避,保持距离成了唯一的希望。可以说,与病人保持距离表达了生的希望以及生命本身。传染上疾病的人逐渐形成死亡群体,未传染上的则远离所有的人,往往也包括最亲近的家属,如父母、配偶、孩子等。值得注意的是,幸存的希望在这里将每个人孤立起来,独自面对死难的群体。

每一个人都把染上这种疾病的人看作是无可救药了,在这种普遍极其糟糕的情况下也有最令人难以置信的事情发生:有几位垂死的鼠疫患者竟然康复了。可以想见他们身处其他人当中的必然心情:他们幸存下来,觉得自己是**不可侵犯的**,因此他们也会同情周围患病和垂死的人。修昔底德说:"这些人对自己的康复感到欢欣鼓舞,以致认为即使在将来也不会死于其他的疾病。"

第十一节　关于墓地情感

墓地具有强烈的吸引力：即使那里没有自己的亲属，人们也会去探访一番。在国外的城市里，人们朝圣似地来到墓地，在那里散步，消磨时间，仿佛那是为他们开辟的一处场所。吸引人的也不总是某位受人敬仰的人士的安息之地，即使这是探访者的本意，也会由此生出愈来愈多的含义。在墓地，人们很快陷入一种特殊的情绪之中，而虔诚的习惯总使人低估这种情绪的性质，因为人们所感受到并更多地表示出来的肃穆掩盖着一种隐秘的满足感。

探访者在墓地究竟干些什么呢？他如何活动，忙些什么？他缓缓地在坟墓之间徘徊，注视着一块一块的墓碑，细读碑上的姓名，并被其中几个吸引住了，然后他开始关注名字以下的碑文。他发现这里是一对夫妇，生前长相厮守，如今顺理成章地并肩安息；或者是一位夭折的小孩；或者是一位刚满18岁的年轻姑娘。探访者的注意力越来越集中在碑文上的年限上，渐渐地它们在他眼里也越来越脱离感人的特点而成为单纯的年限。

这儿有一位活到32岁，那边有一位死于45岁。探访者现在就比这两位死的时候都大，可以说他们两个都退出了比赛。他发现有许多人没能活到他自己的年龄，不过除非他们特别年轻就死了，否则根本不会唤起他的怜悯。然而也有许多人超过他现在的年龄，比如这里一些人活到70岁，某些地方还有人超过80岁，这些人他还是可以赶上的，他们的年龄激起他赶上去的念头。他的一切都还是未知数，自己这种可望期待的生活的不确定性正是他面对死者的一个巨大优势，努力一些的话，他甚至可能超过他们。同死者较量是大有前途的，因为他现在就已经有一点比他们强：他们已经到达生命的终点，他们不再活着。无论同他们当中的哪一位竞争，所有的力量都在他这一边，因为他们那边没有力量，只有标明的终点。即使较长寿的人也安葬在这里，他们现在就已无法再一个一个地正视人们，他们给人注入永远超过自己的力量。89 岁的人埋在那里有如一种最高的激励，有什么会阻碍一个人活到 90 岁呢？

但是这并非置身墓群中的人脑子里涌现的唯一的盘算。他开始注意一些人在这里已经埋了多久，因为他和他们的死期之间相隔的年代具有某种安慰作用：他已比他们在世上多呆了这么久。有些墓园里古老的碑石可以一直追溯到 18 甚至 17 世纪，令人感到某种振奋。探访者耐心地站立在模糊不清的碑文前一动不动，直到将它们看懂为止。纪年在往常只作实际用途，此时却突然获得一种强大而意义深刻的生命。探访者了解到的所有这些世纪都归属于他，而长眠地下的人则浑然不知伫立墓前的人正在思考自己生命的期限。对墓中人而言，纪年随着他的死期到来而终结；对墓前的思考者而言，纪年则一直延续到他自己。假如长眠已久的人还能站在思考者的身旁，他会有多么高兴！自他死后，200 年已经过去，在某种程度上可以说探访者比他年长 200 岁，因为这期间发生过的许多事情，探访者都通过各种流传媒介了解到了。他读过，听人讲过，有些还亲身经历过，此时很难不感到有优越感，质朴的人在这种情形下都会有此感受。

然而更多的感受却是，他在这里孤独地漫步，脚边躺着许多不认识的人，他们密集地在一起，数量不定，但为数众多，并且还会越来越多。他们彼此不会分开，仿佛聚成一堆。唯有他来去自如，唯有他在这躺倒的人群当中笔挺地站立着。

第十二节　关于不朽

　　谈到那种个人或文学的不朽问题，最好从司汤达这样的人开始，因为我们恐怕难得找到一位对盛行的宗教观念更不感兴趣的人了。司汤达完全不受任何宗教的义务和预言的影响，他的思想感情只面向今生今世，他对今生今世的体验和享受也最准确、最深刻。他热衷于谈论一切能给他带来快乐的事物，却并不因此而变得乏味无聊，因为他对**个别的事物**听其自然，而没有去造就成问题的统一体。对于他无法**感受**的事物，他都抱着怀疑的态度。他想得很多，但却没有冷酷的思想。他所记录的和塑造的一切，莫不贴近他所经历的热烈时刻。他喜爱许多事物，也相信许多，而这一切对于他却是不可思议地伸手可及。无论是什么，他都能不需任何整理的窍门而马上在自己身上找到它们。

　　此人认为凡事都是理所当然的，他想要自己发掘所有的事物；如果生命是情感和精神，那么他本身就是生命；对于各种事情，他都身处其核心，也因此能够从外部进行审视；他使文字及内涵最自然地相符，仿佛他自行承担起净化语言的责任。这个罕见而真正自由的人还是有**信念**的，他谈起这信念就像谈一个情人那样轻松自然。

　　他满足于为少数人写作而并不自哀自怜。但他确信数百年之后会有许多人读他的作品。在当今时代，对于文学不朽的信念，没有人比他表达得更清楚、更纯粹和更无骄狂了。这种信念意味着什么？它有什么内容？它意味着，当其他同时代人都已不在时，某人仍将存在。并非他厌恶同时代人，他没有将他们毁掉，没有同他们作对，甚至不与他们交战。他看不起徒有虚名的人，也不屑于用他们的武器同他们对抗。他甚至对他们面无愠色，因为他知道他们是误入歧途。他选择与往昔那些有著作流传至今的前辈为伍，他们对他说话，他从他们那里汲取养料，有朝一日他自己会成为他们当中的一员。他对他们深怀感激，一如他之感激生命。

对于这样一种信念来说，靠杀戮而求得幸存是毫无意义的，因为怀抱这种信念的人并不要在**现在**幸存。他在数百年以后才会参与竞赛，到那时生命已经结束，因而也无法杀戮了。那时候完全是作品与作品之间的较量，对此采取任何行动都为时已晚。也就是说。当他所参与的真正的竞赛开始时，竞争者已不复存在，他们甚至无法观看他们作品之间的竞赛。但是他的作品必然存在下去，而要存在下去就必然包含着最伟大最纯洁的生命。他不仅鄙弃了杀戮，他还将所有曾与他同行的人一齐带入了不朽，最渺小的和最伟大的，一切都将活跃在这不朽之中。

他和那些当权者正好相反，当权者死的时候身边的人也得随他们同去，这样他们在另一个世界就能重新找到他们所熟悉的一切。再没有什么能将他们内心深处的软弱无能刻画得更为可怕了。他们生前杀戮，死后杀戮，一群被杀害的随从伴送他们进入另一个世界。

但是如果谁翻开司汤达的书，就会发现他本人以及他周围的事事物物，并且是在今生今世发现的。这样，作古的人便成为生者最珍贵的菜肴。他们的不朽有益于生者。他们的转回使得生者死者皆蒙其利。幸存就此失去其刺激，敌意的王国得以终结。

第七章

权力的要素

第一节　武力与权力

武力使人想到某种近在眼前的东西，它比权力更具有强迫性，也更直接。为了强调其含义，有人提出"有形的武力"这一概念。处于更低级更兽性的阶段的权力要比武力更容易描述。比如猎物是借武力获取并送入口的，如果有更充分的时间，武力会成为权力，但是一旦迫在眉睫、不容改变的决定性时刻到来，它又恢复为纯粹的武力。权力比武力更普遍更广阔，**包含**的更多，并且不再那样活跃。权力更为烦琐，甚至具有某种程度的耐性。这一词语本身源于一个古老的哥特语词根"magan"，意思是"能够，有能力做到"，同词干"machen"（意思是"做"）毫无关系。

武力与权力之别可以用很简单的方式加以说明，即**猫与鼠**之间的关系。

老鼠一旦被猫抓住便受其武力控制。猫逮住老鼠不放，要弄死它。但是一旦猫开始**耍弄**老鼠，便增添了新的东西。它将老鼠放开，让它跑一段距离。老鼠刚一转身跑，就已不再受猫的武力控制，但是猫**有权**将它抓回来。如果猫将它完全放跑，那么它也就脱离了猫的权力范围。但是只要猫保证能追上它，它就还在猫的权力范围内。在猫支配下的空间里，它允许老鼠拥有瞬间的希望，但仍然严密地监视老鼠，不曾失去对老鼠以及毁灭老鼠的兴趣。空间、希望、监视以及毁灭的兴趣，所有这一切可以称作权力的本体，或者根本就是权力本身。

因此，同武力相反，权力在时空上具有某种扩展性。我曾猜想**嘴**可能是**监牢**的原型；它们两者之间的相互关系也说明了权力同武力的关系。猎物落入嘴里后便不再有真正的希望，既没有时间也没有空间，一筹莫展。而在时空两方面，监牢就像是嘴的扩展，犯人可以来回走动几步，就像猫监视下的老鼠一般，有时他也背对着看守的目光。在他眼前还有时间，他还有希望在这段时间里逃走或者获释；他在囚禁他的这间牢房内始终感觉到，监牢的意图在于毁灭他，即使从表面上看它似乎没有采取任何行动。

但是，即使在一个完全不同的领域，权力与武力之别在形形色色、不同程度的宗教献身精神中也清楚地显现出来。每个信神的人都一直处于神的权力范围内，并以自己的方式甘心于此。但有些人还不满足，他们等待着他们能看到和感觉到的神的武力的直接而坚决的行动。他们处于待命状态，对他们来说神具有较为显著的统治者的特征。在他们看来，信仰的核心是在每一种场合、每一种情形中表现出来的神的主动意志和他们积极的顺从。这一类的宗教有强调天命注定的倾向，其信徒由此觉得发生在他们身上的一切都是神的意志的直接表达。他们可以不断顺从，直至生命终结，就仿佛他们已在神的口中，下一刻就被咬得粉身碎骨，但他们必须在这可怕的场合无畏地活下去，积德行善。

伊斯兰教和加尔文教最以这种倾向闻名。两教的信徒渴望神的**武力**，因为单单是神的权力还不能使他们满足，神权太普遍，太遥远，留给他们自己的余地太多。这种持续的待命对于彻底沉湎其中的人影响深远，并且也在他们对待他人的态度上造成了最为严重的结果：它造就出士兵型的信徒，对他们来说，战争是生命最精确的体现；他们身处战争而不惧，因为他们永远觉得自己是在战争当中。在探讨命令时，还要更详细地谈到这一类型的信徒。

第二节　权力与速度

属于权力范围内的一切速度，无非就是**侵袭**速度或是**捕捉**速度。在这两种速度上动物都是人类的榜样。人从奔跑的猛兽，尤其是从狼那里学会侵袭，而猫科动物则向人示范如何猛然一跃捕捉猎物，其中备受羡慕和钦佩的大师是狮子、豹和老虎。猛禽则集侵袭与捕捉于一身，只见它独自翱翔，纵横四海，整个过程表现得淋漓尽致。它启发人类发明了飞矢这一武器，在很长一段时间里，矢是人类所能获得的最快的速度；人类靠飞矢获取猎物。

这些动物在早年就是权力的象征，人们把它们当作神或是独裁者的祖先。狼是成吉思汗的祖先[96]，鹰是埃及法老的神，而非洲一些王国则以狮子和豹为王族的神圣动物。罗马皇帝的尸体被火葬后，他的灵魂变成山雕从火焰中飞出直升天空。[97]

但现在最快的而且过去也始终是最快的，那就是闪电。闪电无法抵抗，因而普遍引起人们迷信的畏惧。弗朗西斯派的化募修道士鲁布鲁克一度被圣路得维希派遣出使蒙古，他报道说，蒙古人最害怕的莫过于雷声和闪电。[98]雷电来临时，他们把所有的陌生人都赶出帐篷，把自己裹进黑毡里藏起来，直到雷电过去。波斯历史学家拉席德曾在蒙古任职，他说蒙古人避免食用被闪电击中的动物，他们甚至不敢靠近它。蒙古人的一切禁令都是用来取悦闪电，所有可能引起闪电的都要避免，因为闪电往往是最厉害的神的主要武器。

黑暗中闪电的突然出现具有启示的特征，它侵袭、照明，人们试图从中了解神的意志。它在天空的哪个位置、以何种形态出现？它来自何处、去向何方？在古意大利的伊特鲁里亚人那里，解答这类谜底是某一特殊阶层的僧侣的任务，到罗马人那里他们就成了"闪电官"。[99]

一篇中国古文上说："君权犹如闪电，即使力量要小些。"令人惊讶的是，故事里常常说独裁者被闪电击倒，虽然这些故事不可能都是真的，但故事与事实之间所建立的联系本身就很典型。罗马人和蒙古人有大量的这类故事，两个民族都信仰至高无上的天神，并且有着高度发达的权力感。他们视闪电为超自然的命令，它每击必中。如果有权势者被击中，那么闪电则来自更有权势者，它是最迅速、最突然，但也是最有目共睹的惩罚。[100]

人们模仿闪电造出一种武器：火器。开火时发出的闪光和轰鸣，枪，尤其是炮，使没有枪炮的民族惊恐；他们觉得枪炮就是闪电。

但是还在以前人类就通过努力使自己成为更快的动物。驯服的马匹，受训于最完美的骑兵队，这一切导致了历史上来自东方的大举入侵。当时有关蒙古人的记载，无不强调他们有多么迅速。他们的行动总是出人意料：突然出现，突然消失，然后又更加突然地再次出现。他们甚至懂得从快速逃跑转为进攻；敌人刚以为他们已经撤离，却又被他们围住了。

从那时候起，物理速度便作为权力特性以各种方式升级，至于它在我们这个技术时代所产生的影响就不必探讨了。

有一种完全不同的速度属于捕捉范围，那就是**揭露**速度。面前站着一位无害而谦恭的家伙，撕下他的面具后，却发现是暗藏的敌人。揭露面具必须出其不意才能有效。这种速度可以说是**戏剧性的**，而侵袭在此局限于很小的空间内，非常集中。突然变换面具是老套的伪装手法，其对立面就是揭露。变换面具可以决定性地改变权力对比，而伪装自己也可以用来以毒攻毒地对付敌人的伪装。例如一位统治者邀请文武要员赴宴，他们还未料到会有敌意的行动时就已全部被杀，这种态度上的转变就相当于突然变换面具。整个过程之迅速已是登峰造极，而计划是否成功也仅仅取决于速度。独裁者很清楚自己始终是伪装的，因此他永远只会期待别人也一样。在他看来，以任何速度抢先都是允许而且必要的。如果因速度太快而殃及无辜者，并不会使他受到多少触动：在面具充斥的复杂世界里难免出错。相反，如果因速度不够而让一个敌人逃脱，倒会使他深受刺激。

第三节　问与答

　　一切提问都是一种攻击。把提问当作权力的工具使用时，它就像一把刀插入被问者的体内。提问者明明知道自己**会**发现什么，但他要确确实实地去发现，去接触。他像一位外科医生一样胸有成竹地对人的内脏器官下手。外科医生让牺牲品活着，以进行更为详细的了解。而他则是特殊的外科医生，有意引起局部疼痛。他刺激牺牲品的某些部位是为了对其他部位更有把握。

　　提问就是为了让人回答；得不到回答的提问犹如无的放矢。最无害的问题是那种孤立的，不会进一步引出问题的问题。比如我们向一个陌生人打听一幢建筑，他回答了，于是我们心满意足地继续上路。我们将陌生人留住片刻，迫使他思考问题，他的回答越清楚可信，我们就越快放他走。他已经给了我们所期待的答案，而且永远不必再见到我们。

　　但是提问者也可能并不满足于此，而是进一步提出问题。如果问题成堆，就会马上惹恼被问者——不仅是因为耽搁他不少，而且还因为每一个回答都使他更进一步地暴露自己。或许暴露的都是些肤浅而不重要的东西，但问题在于他是应陌生人的要求而透露的，况且其中也涉及其他更隐秘、使他看重得多的东西，于是他的恼怒很快转变成怀疑。

　　因为问题具有提高提问者的权力感的作用，使他有兴趣提出越来越多的问题。回答者越是频频回答问题，他也就越屈服。个人的自由大都在于抗御问题，允许提出最强烈问题的是最强大的专制。

阻止进一步提问的回答是聪明的回答，回答方式是提出反问，这是一种经过考验的防御方式。如果所处地位不允许人进行反驳，那么或者他得详尽地回答问题，说出对方想要的答案，或者他得耍手腕使对方失去继续进攻的兴趣。他可以靠献媚来承认提问者当前的优越性，使其无须自己来显示这一点，也可以使话锋转向他人，向那些人提问也许更有意思，或者更有用。如果他善于伪装，就能使自己的身份模糊不清。然后可以说问题已经指向别人，他自己概不负责回答。

以解决问题为最终目的的提问是从刺探开始的。接下去它便在更多不同的地方进行刺探，遇到的抵抗弱时便发起攻击。它所探询到的信息被搁置一边以备后用，而不是马上派上用场。它首先得找到它想要的特定的东西，因此在问题的背后总是藏着一个特意的目的，而小孩或是傻瓜所提的目的不明确的问题是软弱无力、容易敷衍的。

如果要求对问题进行简短、扼要的回答，那么这种情况是再危险不过了，因为寥寥数语难以进行成功的伪装或是迂回逃避，即使并非不可能。这时候最粗鲁的防御方式莫过于装聋或是故作不解，但也只能用于势均力敌的对手之间，否则的话，势强的一方可以用书面形式向势弱的一方提出问题或解释问题，这样一来，回答问题所负的责任就大多了，因为它是有据可查的，并且还可以被对手引证。

对外没有防御的人会撤回到自己的内部防御设施中，这种抵御问题的内部防御设施就是**秘密**。它就像隐藏在第一个躯体内的、被保护得更好的第二躯体，谁过于靠近它，就得准备承受令人不快的意外。秘密比它周围的事物**更为严实**，它被保守在黑暗之中，只有少数人能将这黑暗照亮。秘密的危险之处总是被置于其本来的内容之上，而秘密最重要、最严实之处则可以说是它对问题的有效防御。

对提问**沉默不答**犹如武器打在盾牌或是防御装备上反弹回来。沉默是防御的极端形式，其中利弊相等。沉默者虽然没有将自己泄露出去，但他为此而显得比实际情况更具危险性，因为人们猜想他隐瞒了更多的事情——其实没有那么多。人们认为他沉默只是因为他有很多可隐瞒的，这样一来，就更不能轻易放过他了。固执的沉默会招致刑讯和折磨。

然而，即使在通常情况下，回答者也总是被自己的答案定住，再也不能轻而易举地离开它。它迫使回答者到特定的地方待着，而提问者可以四面出击，可以说是围着回答者走，挑选对自己合适的位置。提问者可以围着回答者转，令对方受惊并陷入混乱。位置的变换使他拥有对方所无法拥有的一种自由。他用问题去接触对方，如果刺探成功，即迫使对方作出回答，他便将对方定住了，牢牢地定到一个地方："你是谁？""我是某某。"这时候起回答者便不能是其他任何人，如果他撒谎，那么谎言会使他陷入困境。他已经不可能摇身一变而脱身。如果整个过程持续一会儿，就可视之为一种**束缚**。

第一个问题针对身份，第二个问题则针对地点。由于两个问题都以**语言**为前提，我们便想知道，是否有什么原初状况，在提问之前就包含在言语之间，并且与所提问题相符。如果有这种状况，那么地点和身份还得同时回答，缺少其中一个都会使另一个毫无意义。这种原初状况是存在的，那就是对猎物的迟疑不决的刺探。你是谁？能吃吗？动物在不停地寻找食物，对每一样到手的东西都摸一摸，嗅一嗅，将鼻子贴近：你能吃吗？味道怎么样？东西的气味，触摸时产生的反作用力，以及毫无生气的僵硬就是回答。在这里，异物的躯体便是它自己的地点，动物通过嗅和触摸使自己熟悉它，或者用我们人类的说法便是：给它命名。

在儿童的早期教育中有两个过程似乎是永远互相交叉的；它们互不相称而又紧密相连。一方面是父母不断发出强有力的命令，另一方面则是孩子提出大量的问题。孩子的初问犹如索取食物的叫喊，只是形式上更进一步。这些问题是无害的，因为它们绝不会将父母的全部知识都交给孩子；父母仍有巨大的优势。

儿童一开始都问些什么？最早的问题中有问地点的："……在哪里？"再就是问："这是什么？"以及："谁？"可见地点和身份已是多么重要，它们的确是孩子首先询问的。以后，三岁到头，问题才从"为什么"开始，更晚些时候，还要问时间"什么时候"以及"多久"等等。儿童要过相当一段时间才有确切的时间概念。[101]

正如前面所说，问题是从迟疑不决的刺探开始，然后试图进一步攻击，它具有某种分割作用，犹如一把利刃，这一点从小孩子对选择式问题作出的对抗就能看出。"你更想要苹果还是梨？"孩子会沉默不答或是说"梨"，因为这是最后一个字。但是要将苹果和梨分开则使他难以真正作出决定，因为说到底他两个都想要。

当只能用最简单的"是"或"否"来进行回答时，问题的分割性才真正尖锐。由于两种回答正好相互对立，任何中间选择都被排除在外，那么选择其中任何一种回答都将受到特别的约束，产生特别的影响。

我们往往不清楚自己想什么，直到被提问为止。提问迫使我们表示赞成或反对，只要提问礼貌而不逼人，我们便能自由作出决定。

在柏拉图对话集中，**苏格拉底**被立为提问之王。他蔑视一切通常的权力，并且有意避开可能使他想起这种权力的事物。智慧是他的优势，谁想要都可以从他那里获取。但苏氏让别人分享智慧的方式不是连贯地讲话，而是提问。对话集里绝大多数、而且最重要的问题都是苏格拉底提出的。他揪住听众不放，迫使他们做出各式各样的选择，他就单靠提问来左右他们。

限制提问的那些文明形式至关重要。比如，有些事情不能向陌生人询问，否则就是太逼近，是一种侵犯，对方有理由感到受了伤害。相反，矜持则能使对方相信我们是多么尊重他。对待陌生人的方式就仿佛对方更强悍，这是一种献媚形式，能使对方摆出同样姿态。彼此保持一定距离，免受提问的威胁，仿佛大家都是强者，势均力敌，只有这样人们才有安全感，才能相安无事。

询问**未来**的问题是非同寻常的，可以说它是一切问题当中最高的问题,也是最紧张的问题。如果去问众神,他们没有回答的义务;如果去问最强者,那便是一个绝望的问题。众神决不会给予确定的回答,我们永远无法进一步追问他们。他们的意见模棱两可,不可分割。所有向他们提出的问题仍然还是**最初的**问题,得到的回答只有**一个**,并且它往往仅由一些符号组成。有些民族的祭司将这些符号搜集起来,形成一些大体系,比如巴比伦人就留下了数以千计这样的符号。引人注目的是,这些符号中的每一个都同其他符号隔离开,彼此间没有因果关系,也没有内在联系,它们只是一些符号清单,仅此而已。即使谁了解所有这些符号,也只能从每个单个的符号孤立地推断出未来孤立的事物。

与此相反,**盘问**是将**过去**重新建立起来,并且完全再现其过程。盘问的对象是弱者。但是在解释盘问这一概念之前,应当谈谈目前在大多数国家都建立起来的一种机构,即通用**公安记录**。这里面形成了特定的一组问题,各个地方都一样,并且主要用于确保安全和秩序。国家要清楚每一个人可能造成多大的危害,如果他造成了危害,就要马上抓得到他。官方对人提出的第一个问题是询问姓名,第二个问题是询问住址或地址。我们知道,这是两个最古老的问题,即询问身份和地点的问题。下一个问题是关于职业,它揭示人的活动。再由职业和年龄推断出人的影响和声望,这样才知道该怎样对待他。他的情况中还包括小范围的家庭成员,如丈夫、妻子或孩子。出生地和国籍告诉我们他可能会有哪些思想观点;在当今狂热的民族主义盛行的时代,思想观点要比信仰更说明特点,而后者已失去意义。所有这些，加上个人的相片和签名，许多情况便得以确定。

　　对这些问题的回答一律都被接受下来，它们暂时不会受到怀疑。当盘问是针对某个特定的目的时，提出的问题才带有怀疑。这样便形成了一套提问体系，用以控制回答，因为每个回答都可能是假的。被盘问的人同盘问者是一种敌对关系，由于他是绝对的弱者，只有当他使对方相信他不是敌人时，才可能脱身。

　　在法庭调查中，提问者即有权势者，提问使他**事后**成为全知。一个人的行踪，他待过的房间，经历过的钟点，这一切在当时看来都是自由的，不被追究，如今却突然受到追究了。他必须重复他的行踪，重进他待过的房间，直到过去的自由尽可能少地剩留下来为止。法官在判决之前得掌握很多情况，他的特殊权力建立在全知的基础之上。为了获取这一权力，他有权提任何一个问题："你当时在哪里？是什么时候？你做了什么？"为了证明自己不在犯罪现场，回答者必须以地点印证地点，身份印证身份："这个时间里我在另一个地方。我不是干这件事情的人。"

　　索布人有一个传说："从前在德萨附近有一位年轻的农家姑娘，中午时分躺在草地上睡觉。她的新郎坐在她身边，心里正盘算着如何将他的新娘除掉。这时中午女神来了，向他提问。无论他回答了多少问题，她总是会提出新的问题。当钟敲一点的时候，他的心脏停止了跳动。中午女神将他询问致死。"[102]

第四节　秘密

秘密居于权力最内在的核心部位。**监视**行动从本质上说是秘密的。监视者隐藏起来，或者作一番伪装，同周围环境相适应，一动也不动，以免让人认出来。他整个消失了，裹在身上的秘密犹如另一层皮肤，长久地保护着他，急躁与耐性的奇特结合便是他在这种状态下的特点。这种状态持续越久，对于突然成功的期望就越强烈。但是为了最终获得成功，监视者必须有无比的耐性，早一点失去耐性，都会前功尽弃，伴随着失望的必然是从头开始。

然后便是大张旗鼓地捕捉，这是要通过恐吓来增强捕捉效果，而从吞并猎物的那一刻起，一切又都是在黑暗中进行。口中是黑暗的，胃和肠子里也是。没有人知道，也没有人考虑：在他身体内部不断发生着什么事情？这种最原初的吞并过程，绝大部分都是在秘密中进行。于是积极地开始对人为的秘密进行监视，但在黑暗隐秘的体内被动而默默无闻地结束，只有当中捕捉的那一刹那光芒夺目，犹如闪电一般瞬间即逝。

身体内部发生的一切是最本原的秘密。**巫医**运用他对于生理过程的知识来行医，他在开业之前必须让自己的身体忍受一些特殊的手术。

在澳大利亚的**阿兰达族**，有个男子要被授予**巫医**的圣职[103]，便来到幽灵居住的洞穴前，先被刺穿了舌头。他完全是独自一人，在幽灵面前诚惶诚恐，而这也属于授以圣职的仪式。忍受孤独的勇气，并且恰恰是在一个特别危险的地方忍受孤独，似乎是胜任这一职业的前提条件。后来，就像他想的那样，他被一支长矛从一只耳朵通过脑袋穿到另一只耳朵，倒毙在地，然后被幽灵抬入洞穴，那里是他们所聚集的阴间。他对阳间已毫无知觉，在阴间里他所有的内脏器官都被取出，换上新的。新器官想必要比通常的器官好，也许还是刀枪不入，或者不那么容易遭受魔法攻击。他就这样从内部受到职业强化，他的新权力始于内脏。在他可以开始行医之前，他已死过，但他的死亡是为了让身体被完全穿透。他的秘密只有他自己和幽灵们知道，这秘密就在他体内。

一个奇怪的特点就是巫医身上配备着许多小水晶。他随身带着这些小水晶，它们对于他的职业必不可少，每次给病人看病都要大派用场。巫医先将小水晶分配到病人身上，然后又从病人身上有病痛的部位取出一些，因为病痛是由病人身上一些外来的硬粒子造成的。这就像一种特殊的医疗货币，只有巫医才知道其流通。

除了这种近距离的治疗以外，巫医还总是向远距离施展法术。他秘密地备好各类尖形魔棍，从远距离投向牺牲品，对方便毫无所知地被可怕的魔法击中，这就是为人所用的监视的秘密。心怀恶意的人则把短矛射出去，有时候短矛形成彗星出现在天空。这种行动本身是迅速的，但可能要等一段时间才能产生效果。

每个阿兰达族人都有可能通过巫术以个人行动作恶，而只有巫医才能辟邪，因为授予他圣职以及开业行医使他拥有不同的防护。

有些很老的巫医还能将邪气驱到成批的人身上。因此权力大约有三个等级，能够使许多人同时生病的人权力最大。

极为可怕的是住在远方的异乡人的魔力。也许是因为人们对他们的巫术不像对自己人的那样懂得化解，所以才更为害怕。此外，异乡人加害外族人不用负任何责任，不像加害自己人那样。

在避邪去恶和治疗疾病方面，巫医的权力是善的，但是与这种权力携手并进的是作恶多端。邪恶都不是自行产生的，都是因为某个恶毒的人或幽灵在兴风作浪，惹是生非，我们总是称之为**起因**，那便是他们的**罪过**。每一个死亡都是谋杀，谋杀就应报之以复仇。

从各方面接近**偏执狂患者**的世界都是令人惊奇的，这在本书的最后两个关于**施雷贝尔事例**的章节中会让我们了解得更清楚一些。这两个章节甚至对攻击内脏器官都有详尽的描述；当内脏器官被完全毁坏，并经历了长久的煎熬之后，会长出新的器官，刀枪不入，不可侵犯。

在权力的一切较高级的表现形式中，秘密还带有双重性质。从原始民族的巫医到偏执狂患者，**几乎没有一步之遥**；从两者到许多名载史册的**独裁者**，距离也是一样。

独裁者是秘密的活动领域。他充分了解秘密，善于对它进行恰如其分的估价，并且利用秘密。当他要达到某种目的时，他知道监视什么，知道在他的助手当中可以利用谁去进行监视。他的欲望很多，因此秘密也多；他将这些秘密构成一个体系，使它们彼此相互保藏。他向一个人透露这个秘密，向另一个人透露那个秘密，并设法使他们永远无法联合起来。

每个有所知的人都受人监视，而监视者却从不知道他究竟监视别人什么，他只是必须记下对象的一言一行，时常汇报，让统治者了解被监视人的意向。但监视者自己也受到别人的监视，并且别人的报告修正着他的报告。这些人就如同盛装独裁者所透露的秘密的容器，独裁者始终能了解容器的可靠性与安全性，并能估计到哪些容器已经满得要溢出了。他有一个完整的秘密系统，只有他一人有钥匙。他觉得完全信赖任何一个人都是危险的。

权力还包括不公平的**看透**，即有权力的人看透别人，却不让别人看透他。他必须比别人都缄默，没有人能了解他的想法和意图。

统治者如此神秘莫测的一个经典例子是**菲利波·玛丽亚**，米兰的最后一位**公爵**[104]，而米兰则是 15 世纪意大利的一个强国。这位米兰公爵善于隐藏自己的内心世界，他这方面的能力可谓无与伦比。他从不坦率说明自己的意图，而是用他自己特有的一种表达方式掩饰一切。当他不再喜欢某个人的时候，他会继续赞美他；当他用荣誉和礼物来奖赏某个人的时候，他会同时指责此人鲁莽或愚蠢，使这个人觉得自己不配交这样的好运。当他想要某个人在自己身边工作的时候，他会长期召他前来，令他满怀希望，然后再罢黜他。而当此人以为自己已被冷落遗忘时，公爵又将他召回自己身边。当他赏赐自己的有功之臣时，他会用一种奇特狡猾的方式询问他人，好像他对此事一无所知似的。通常他所赐的，并不是人们所请求的，而且赏赐的方式也总是和人们希望的不一样。如果他要给予某人礼物或荣誉，他通常会在这之前许多天向此人询问最无关紧要的事情，使对方猜不透他的意图。不错，为了不向任何人透露自己内心深处的意图，他经常对自己亲自给予的恩赐，或是亲自宣布决定的死刑判决表示不满。

从这最后一种情形看来，他甚至似乎对自己也要保守秘密。秘密对于他已失去自觉性和积极性，他急于寻求秘密的那种消极形式，这秘密就藏在我们自己身体的黑暗的洞穴里，我们保藏着这秘密，永不让人知晓，甚至我们自己都忘记了它。

"在父亲、母亲、兄弟、妻子和朋友面前保守秘密是国王的一种权利。"阿拉伯的《王冠书》上说。书中记载了许多**萨桑王朝**宫廷的古老传统。

常胜的波斯国王**乔斯罗伊斯二世**发明了很特别的方法，来考验他所要用的人是否保守机密。[105] 如果他知道身边有两个人是亲密的朋友，并且同心协力并肩作战，他就会同其中一位在密室里单独会面，告诉他一个与他的朋友有关的秘密：他已决定处决此人，他不准面前的人向朋友泄露风声，否则会遭受处罚。从这时候起，他便开始观察那个所谓受到死亡威胁的人，观察他在宫里的出出进进，观察他在自己面前的神色和举止。如果他断定此人举止毫无异样，便知道另一个人没有泄密，于是他对那人愈加信任，给予他特别褒奖，让他升级，使他感到自己对他的恩宠。以后，同这人单独在一起时，他会对他说："我本来打算处决那个人，因为我得到一些关于他的情报；但是通过深入调查，发现这些情报全都错了。"

但是，如果他发觉那个受到死亡威胁的人表现出惶恐，凡事不参与，把脸转开，他便明白秘密已经泄露出去了。于是乔斯罗伊斯对告密者不再宠信，使他降级，并严厉地苛责他。至于另一个，他则告诉他，他不过是为了考验他的朋友才故意设下一个秘密。

因此，当他迫使一个臣子对自己最好的朋友进行致命的背叛之后，才会相信此人是严守秘密的，而他要的就是最能严守秘密的人。他说："不适合为国王效劳的人，于己也毫无价值。于己毫无价值的人，从他身上得不到任何好处。"

缄默的权力总是受到高度重视，它意味着能够抵御无数挑弄而不开口，对于别人的提问置若罔闻，不予回答，不让人觉察出自己喜欢这个或是那个，听见了却要装哑，并非真的哑巴。斯多噶派沉着坚定的美德如果发展到极致，就会导致缄默。

缄默的前提条件是确切地知道隐瞒什么。事实上，人并非永远保持沉默，他是在选择什么是可说的，什么是该隐瞒的，被隐瞒的事情更为确切，更有价值，他也更为了解。沉默不仅保护了该隐瞒的事情，而且还使人注意力集中。一个说话少的人，无论如何都显得比别人更为专心。在他沉默的时候，别人便猜想他知道很多，猜想他正拼命想着自己的秘密。每次他要保护秘密不被说出，都会碰到这种情况。

沉默者隐瞒的秘密令人难忘。尽管秘密在他心中愈积愈多，愈烧愈烈，他仍拒不泄露，因此赢得别人的敬重。

沉默使人孤立，因为沉默的人要比说话的人孤独。因此分隔的权力归属于他。他是宝藏的守护者，宝藏就在他内心。

沉默抵制**转变**。坚守内心岗位的人，不能离岗。沉默者可以伪装自己，但其方式是固定不变的。他可以戴上一种特定的面具，但要将面具抓牢。他不具备转变的流动性。这种流动性的效果太不确定，如果他沉湎于流动性，就难以预料自己会陷入何种境地。当人们不愿转变时，就会保持沉默。沉默消除了一切转变的理由。人与人之间的一切联系都是通过谈话而逐渐产生，在沉默中僵化。

沉默寡言者的优势就是别人对他的言论更为期待，也更为重视。他的言论简练而孤傲，近乎发布命令。

人为地将发号施令者与听从命令者划分为不同的类型，意味着他们之间没有共同的语言。他们之间没有相互交谈，就仿佛他们根本无法交谈一样。他们之间除了命令以外，没有任何沟通与理解，这种假定是无论如何都要维持下去的。因此，发号施令者在其作用范围内成为沉默寡言的人，当沉默寡言者终于开口说话时，人们也会习惯于期待他们如同命令一般的言论。

人们对于一切较为自由的执政形式持怀疑态度，甚至产生藐视之情，就像是这种形式根本无法严肃运作似的，这同执政形式缺乏秘密性有关。议会中的辩论在千百人当中进行，它的根本意义就是其公开性。各种对立的意见在这里公开声明，并相互较量。即使有所谓的秘密会议，也难以始终都完全秘密地进行，因为新闻界的职业好奇心，以及某些人对经济利益的考虑，往往会导致泄露秘密。

人们认为，如果只有单独一个人，或是由他的亲信组成一个很小的团体，秘密是可以守住的。协商在小团体内进行似乎是最安全的，并且小团体要以保守秘密为宗旨，对告密行为予以最严厉的惩罚。不过最好由单独一个人来作决定，他在作出决定之前甚至可能心里没数，而一旦作出决定，便像对待命令一样立刻执行。

独裁的威望主要在于人们给予它秘密的集中力量，而民主则使秘密广为人知，其力量也随之减弱。人们嘲讽地强调说，在民主制度中一切都**被谈论得支离破碎**，每个人都在胡乱议论，每个人都事事掺合，由于一切都事先知晓，因此什么也不会发生。从表面上看，这似乎是在抱怨缺乏决定性，而事实上则是对缺乏秘密感到失望。

只要是来得新鲜、猛烈的东西，人们都会相当地容忍。由于自己什么也不是，栖身于强权之中似乎就是特别的奴性欲望。人们不知道真正发生的事情，也不知道什么时候发生；而另一些人则可以拥有优先进入庞大的强权机构的权利。人们谦恭顺从地等待着，祈祷着，希望被选为牺牲品，在这种态度中可以看到秘密的神化，其他万事万物都从属于对秘密的颂扬。发生什么事情并不十分重要，只要发生的时候犹如火山爆发般炽热猛烈，出人意料和不可抗拒。

但是所有秘密都集中在一方或是一个人手里必然最终成为灾难：对于掌握秘密的人是灾难性的，这本身恐怕并不重要，不过灾难还会波及所有与此相关的人，这就非同小可了。每一个秘密都是爆炸性的，其内部温度在升高。誓言作为秘密之锁也正是秘密被开启的地方。

直到今天，人们才可能完全认识到，秘密会变得多么危险。

在一些只是表面上各自独立的不同领域，秘密承载了与日俱增的权力。整个世界都联合起来与之作战的独裁者刚死，秘密就以原子弹的形式再度出现，比以前任何时候都危险，并且急剧衍生出后代。

让我们将秘密的**集中**定义为：与秘密有关的人数同保守秘密的人数之间的比率。由这个定义容易看出，我们的现代科技秘密是最集中，也是有史以来最危险的。科技秘密与人人有关，但只有极少数人了解它，而是否运用它则取决于 5 个或 10 个人。

第五节　判断与判决

　　我们应当从大家都熟悉的一个现象开始，即**判决的乐趣**。有人说，"一本拙劣的书"，或是"一幅拙劣的画"，装作要讲客观事实的样子，但他的神色毕竟还是暴露出他乐意这么说，因为他发表意见的形式是迷惑人的，并且很快会转变为一种针对个人的形式。紧接下去他就会说"一个拙劣的作家"或是"一个拙劣的画家"，听起来就像是说"一个拙劣的人"。我们经常会突然发觉熟人、陌生人或是自己在进行判决，而作出否定判断的乐趣总是显而易见的。

　　这是一种没有任何东西能够动摇的冷酷残忍的乐趣。只有当我们十分肯定地下结论时，判断才成其为判断。它不是温和的，正如它不是小心谨慎的。判断要迅速作出；不假思索作出的判断最符合其本性。判断所流露的激情取决于其速度。使判断者喜形于色的是无条件的和迅速的判断。

　　那么喜在何处呢？在于我们将某物从身边推开，推给一个较卑微的团体，而前提条件是我们自己属于一个较好的团体——我们借贬低别人来抬高自己。代表对立价值的两种事物的存在被认为是自然和不可避免的。好就是要由坏来衬托才显得突出，而事物的好坏则由我们自己来确定。

　　我们用这种方式给自己以**法官**的权力。因为法官只是表面上站在两个阵营之间，即在善与恶的分界线上。而事实上，他绝对将自己列入善的一方；他的职务的合法性主要就基于他不可动摇地属于善界，仿佛他天生就是善类似的。可以说他不断地在作出判断，他的判断是有约束力的。他要对一些确定的事物作出判断；他对善与恶的广博知识源于长期的经验积累。但是那些不是法官的人也在各个领域不断地擅自作出判断，没有人任命这些人为法官，没有人会在理智健全的情况下这么做。即使没有专门知识作为前提条件，因羞于判断而放弃判断的人也还是屈指可数。

判断是一种疾病，一种传播最广的疾病，实际上无人得以幸免。让我们来试究其根源。

人有一种深刻的需求，想要将所有他能想象的人们不断地重新组合。他将现存的松散、不定型的人群划分为两组，并使他们相互对立，这样就使他们有了某种紧密性。他将他们集合成队伍，仿佛他们非得彼此争斗似的；他使他们相互排斥，彼此间充满敌意。正如他所想象和打算的那样，他们只能相互对立。对"好"与"坏"的判断是古老的二分法，但是这种方法从来都不完全是抽象的，也不完全是和平的。重要的是两组之间的紧张关系，判断者制造和更新这种紧张关系。

这种过程的基础是人们倾向于形成敌对的群体，它最终必然导致战争集团的形成。即使它以一两句判断言辞的形式完结，它也趋于继续下去，趋于形成两个集团之间积极而血腥的敌对关系，这种趋向永远处于萌芽之中。

每个一生中身处上千种关系的人，都属于无数"好"的团体。

这些"好"的团体又对立着同样多的"坏"的团体。这些团体中是否会有一个或另一个群起激愤,在敌对集团发动攻击之前先行出击,纯粹取决于时机。

于是,表面上和平的判断变成对敌人的死亡判决。"好"的界线划得清清楚楚,这可苦了逾越界线的"坏",它在"好"处不受欢迎。

第六节　宽恕的权力：仁慈

每个人都为自己保留宽恕别人的权力，每个人都拥有这种权力。按照自己所容许的宽恕行为去构造一种生活恐怕是令人惊奇的。**偏执狂类型的人**就是那种很难宽恕别人或者根本不会宽恕别人的人；是在需要宽恕的地方从不忘记怨恨的人；那种从不忘记什么地方有事物需要他宽恕的人；那种为了不予以宽恕而给自己虚构敌对行动的人。这种人一生中主要反对的就是任何形式的宽恕。在他们获得权力、为了保住权力而**不得不**表示宽恕的时候，那也只是为了装装样子。独裁者从不会真正地宽恕。任何敌对的行为都被他们详细地记录下来，被收藏保存起来。有时候，这种记录会被莫大的服从一笔勾销；独裁者的宽宏大量总是体现在这个意义上。他们热切地想要降服与他们对抗的一切，以致常常为此付出过高的代价。

对于软弱无能的人来说，独裁者显得无比强大，他看不到所有人的百分之百的服从对于独裁者是多么重要。如果他确实有感觉的话，他也只能根据实际分量来估计权力的增长，并且永远不会懂得最低级的、不知名的可怜的臣仆的卑躬屈膝对于荣耀的国王意味着什么。《圣经》里的上帝关注每一个人，执拗地为每一个灵魂操心，堪为每个当权者的高级典范。上帝也同宽恕建立起错综复杂的交易，他以仁慈重新接纳屈服于他的人。但是他对被征服者的行为看得真真切切，他的全知全能使他轻而易举就注意到别人对他有多少欺骗。

丝毫不容置疑的是，许多禁令只是为了支持那些能够对触犯禁令的行为予以惩罚和宽恕的人的权力。**仁慈**是一种很高的集中的权力行为，因为它以判决为前提条件；不先作出判决，就不可能有仁慈行为。仁慈之中也有**挑选**——通常只是一定的、有限数目的被判决的人得到减刑或豁免。惩罚人的人会谨防自己过于温和，甚至当他故作姿态，仿佛行刑的严酷违反他最内在的天性时，他也会自行在惩罚的神圣必要性中看到严酷是被迫的，并以此来解释所有的事情。但是他也会让通向仁慈的路永远畅通，要么是他自己在一些选择的情况下作出仁慈的决定，或者是他将仁慈行为托付给高一级的主管机构。

在千钧一发的最后时刻宣布豁免，体现了权力的最高境界。在绞刑架下或是成排的枪炮前，当死刑即将执行，豁免便如同新生。权力的限度就是它无法真的让死者回生；但是如果长期不施以仁慈，独裁者往往就会觉得自己似乎已经超越了这一限度。

第八章

命令

第一节　命令：逃跑与螫刺

"命令就是命令"：命令的性质是最终性和不容讨价还价，也许是命令的这种属性使我们很少思考命令。我们把命令当作始终存在的东西来接受，它显得自然正常，必不可少。我们从小就习惯于接受命令，我们所谓的教育有一大部分是由命令构成；我们的整个成人生活中也混杂着命令，无论是在工作、争斗或是宗教的领域。我们几乎没有问过自己，命令究竟是什么；它是否真的像看上去那样简单；尽管命令迅速而顺利地达到目的，它是否就不会在服从命令的人身上留下其他更深刻的，也许甚至是敌意的痕迹。

命令要比语言历史悠久，否则的话狗是不会懂得命令的。动物不懂语言便学会理解我们对它们的要求，驯兽正是以此为基础。驯兽者将自己的意愿用简短而清楚的命令告知动物，这些命令原则上同传达给人的命令没有任何区别。动物服从驭兽者的命令，如同它们也遵守禁令一样。因此我们有充分的理由去探询命令的古老根源；至少有一点是清楚的，即命令在人类社会以外也以某种形式存在着。

命令最古老的有效形式是**逃跑**，它由一种**在它之外**的更强大的动物强加给另一种动物。逃跑只是表面上出于本能；危险总是具体有形的；没有估计到危险，动物是不会逃跑的。逃跑的命令就像目光一样强烈和直接。

两只以此方式彼此联系的动物种类不同，这一点从一开始就属于逃跑的本质特征。其中一只动物只是表明它要吃掉另一只动物；因此逃跑是件生死攸关的大事。"命令"强迫较弱小的动物动起来，不论它是否真的会服从。一切取决于威胁的程度：目光的威胁，声音的威胁，以及可怕形态的威胁，都会使动物落荒而逃。

因此逃跑的命令是命令之源：它最原始的形式发生在两种不同的动物之间，其中一种动物威胁着另一种。这两种动物之间有着巨大的权力差别，事实上，可以说其中一种习惯于做另一种的猎物，这种看来像是自古确立的关系是不可动摇的，所有这一切使得事情的发生具有某种绝对性和不容更改性。逃跑是可以反对死刑判决的最后的唯一的行动。行劫的狮子的咆哮是一道死刑判决：这是它的语言的一个音，它所有的牺牲品都懂得这个音；这种威胁恐怕是彼此大相径庭的牺牲品们唯一的共同点。因此最古老的命令——比人类的出现还要早得多的——是死刑判决，它迫使牺牲品逃跑。当我们谈到人与人之间的命令时，应好好记住这一点。每一道命令多少隐含着残忍可怕的死刑判决。而人类的命令系统使得我们通常都能逃脱死亡；但其中始终包含着恐惧和威胁；维护和执行真正的死刑判决则使我们依然害怕命令。

不过还是让我们暂时忘记自己关于命令之起源的发现，不带成见地去审视命令，就像是第一次将它作为观察对象一样。

命令第一个引人注目的地方是它引起行动。一个伸出的手指指向某个方向，就能产生命令的效果：所有看到这个手指的眼睛都转向同一个方向。看来对于命令重要的似乎是引起方向确定的行动。在一个方向展开行动尤其重要；颠倒或改变方向同样都是不允许的。

命令意味着不容反驳。它不容讨论，不容解释，不容置疑。它是简洁而明了的，因为它必须立刻被理解。接受命令时若有迟缓，命令的威力就会打折扣。如果命令每重复一次而没有及时付诸实行，它就会丧失部分生命力；一段时间之后它就会消耗殆尽，软弱无力，在这种情况下最好不要再让它恢复过来。这是因为命令所引起的行动是和行动时间结合在一起的，这行动也可以定在以后，但无论是宣布的也好，或是由命令的本质所表明的也好，它必须是确定的。

在命令下所采取的行动有别于其他任何行动，它让人感到是**外来的**，回想起来就像是某种轻轻掠过的东西，某种并不属于我们自己的东西，就像一阵外来的风迅速从身边吹过。命令要求行动迅速，这恐怕是让我们回想起来感到陌生的原因；但仅这一项还不足以解释清楚。命令的一个重要特点就是它来自**外在**，我们不会单靠自己而突然想到命令。命令属于外在**让我们担负**的生命要素，没有人会自己在自己身上发展这些要素。甚至当身负一大堆命令的孤独的人们突然走出来，试图建立新的信仰，更新旧的信仰时，他们也始终严格维护受人之托的幌子，他们从来不会以自己的名义发言。他们向其他人提出的要求，乃是别人交给他们的任务；无论他们在某些方面讲了多少谎言，在这一点上他们始终是诚实的，即他们相信自己是**被派遣来的**。

因此命令之源是某种外来的东西，此外必须承认的是它比我们**更强而有力**。我们顺从屈服，是因为对抗命令不会有成功的希望；谁会获得胜利，谁就下达命令。命令的权力不容置疑；此权力一旦减弱，就必须准备通过斗争再次证明自己。命令的权力大多长期为人所肯定。令人惊讶的是，很少有人要求它作出新的决定，因为旧的决定所造成的影响足以维持下去。胜利的斗争在命令中保持生命力；每服从一道命令就使得一个旧的胜利获得更新。

从表面上看，发号施令者的权力是不断增长的，就是最小的命令也会对其权力有所增益。这不仅由于命令的下达通常都是对发号施令者有用的，而且还由于在命令本身的特性当中，在它获得的认同当中，在它匆匆经过的空间里，在它尖刻的一丝不苟中，总之在所有这一切当中都有某种确保权力及其范围扩张的东西。权力发出命令犹如施放魔箭，箭下如雨，被击中的牺牲品在魔箭的召唤、触动和引导下，将自己呈献给强权者。

乍看之下，命令的单一性和统一性好像是绝对和无可置疑的，但仔细一看，这只是表面现象。命令是可以分解的，并且有必要将其分解，否则的话我们就永远不会真正学会懂得命令。

每一道命令都由**推动力**和**螯刺**构成。推动力迫使接受命令的人行动起来，并且是按照命令的内容行事，螯刺则留在执行命令的人身上。如果命令像期待的那样正常运作，我们就看不见螯刺的蛛丝马迹。螯刺是隐秘的，我们不对它进行猜测；也许在服从命令之前，在轻微的反抗中，螯刺才会几乎不被觉察地显现出来。

但是螯刺深陷在执行命令者体内，在那里一动不动，毫无变化。

在人的所有内心结构中，恐怕再也没有什么比螫刺更少变动了。命令的内容保存在螫刺中；命令的力量，它的影响，它的边界，一切都是在发布命令的那一刻就永远确定下来了。命令的那些被深藏和储存的部分，以及少量的翻版，可能要经过数年乃至数十年后才又显露出来。但有必要知道的是，命令从未消失；它从未在付诸实行的过程中真正消亡，它永远被储存着。

最受折磨的接受命令者是孩子。他们在命令的重压下没有崩溃，他们能经受住师长的驱使，真像是一种奇迹。以后他们又将这一切同样严酷地施加到自己的孩子身上，这就像咀嚼和说话一样自然。但始终令人惊讶的是，最早的孩提时代的命令竟能完好无损地保存下来，一旦下一代送出他们的牺牲品，命令便立刻到场。任何命令都没有一丝一毫的改变；它们似乎可能是在一个钟头以前发布的，但事实上已经过了 20 年、30 年或者更久。孩子在接受命令时所具备的力量，以及在保存命令时所体现的坚韧和忠实，并不是一种个人功绩。聪明才智或特殊天赋与此毫无关系。每一个孩子，就是最普遍的，都不会忘记和宽恕用以虐待自己的任何一道命令。

用以让人识别的人的外貌，包括头部姿势，嘴的表情以及看人的样子，要比作为螫刺留在人体内，毫无变化地储存起来的命令形态更容易转变。命令被原封不动地再次发布出来，但必须时机成熟；此时发布命令的新的境遇，必须同当初接受命令的旧的境遇相似到可以以假乱真的地步。这种早期境遇的重建——不过是**逆转过来的**——是人的生命中精神动力的巨大源泉之一。所谓"鼓励"人完成这项或那项工作的，是将曾经接受的命令发布出去的最深层的驱动力。

命令只有**在实行之后**才将其螫刺附着于服从命令的人体内，躲避命令的人也必然没有储存命令。自由人只是那种懂得躲避命令的人，而不是事后才摆脱命令的人。不过摆脱命令所需时间最长或是根本无法摆脱命令的人，无疑是最不自由的人。

没有一个无成见的人会觉得服从自己的欲望驱使是不自由，甚至当欲望到了最强烈的程度，满足欲望会导致最危险的混乱时，他也会觉得自己是自愿行事，而每个人内心里都反对那种外来的，必须执行的命令：在这种情况下，人人都说受到压制，并因此为自己保留了逆转或反叛的权利。

第二节 命令的教化

包含了死亡威胁的逃跑命令是以参与者之间巨大的权力差别为前提条件的。迫使对方逃跑的一方，可能会要对方的命。事实就是，有许多种动物都以**其他动物**为食，即它们是靠异类动物生存的，由此便产生了自然界中的基本局势。大多数动物都感到身受异类动物的威胁，并从这些异类和敌人那里接受逃跑的命令。

然而我们在日常生活中称之为命令的，发生在**人**与人之间：主人命令奴隶，母亲命令孩子。如我们所知，命令已经发展到远离其生物性根源——逃跑的命令，它受到了教化。它被运用于一般的社会关系，也被运用于人类共同生活的亲密关系之中；它在国家生活中所起的作用并不比在家庭生活中小。它看起来同我们所描述的逃跑命令完全不同。主人叫唤奴隶，尽管奴隶知道去了是要接受命令的，但还是去了。母亲叫唤孩子，孩子并不总是逃开；尽管母亲给孩子下达各种各样的命令，孩子总的说来还是顺从如故；孩子待在母亲近旁，朝母亲跑过去。**狗**的情形也是 样：它待在主人近旁，主人一声口哨，它便立即跑来。

这种命令的教化是如何完成的呢？是什么使得死亡的威胁无关紧要？对这一发展的解释就是，在这每一种情形之中都施展了一种贿赂：主人供养自己的狗或奴隶，母亲养育孩子。处于隶属关系之中的生物习惯于只从一人那里获取食物。奴隶或狗只从主人那里得到食物，其他人谁也没有义务，原本也不可以给他们食物，因为所有的食物只应从主人手里得到，这也属于财产关系的一部分。而孩子是根本无法自食其力的，他从一开始就依赖母亲的乳汁。

因此在供养与命令之间就建立了一种紧密的联系，这种联系在实际驯兽中显得非常精细。当动物做了叫它做的事情，就从驯兽人手里得到美味食品。命令的教化将命令化作食物的预兆。命令不再以死亡作威胁而引起逃跑，而是代之以许诺每个生物最想要的东西，并严格地遵守这一诺言。至于接到这种命令的生物，则不再作为主人的口中食被吃掉，反倒是自己得到食物。

生物性逃跑命令的这种变性培养人类和动物自愿接受一种束缚，这种束缚有着各式各样不同的程度和等级。然而变性并没有完全改变命令的本质，威胁始终存在于每一道命令之中。虽然威胁得以缓和，但是对于不服从命令的行为仍有处罚规定，这些处罚可能会很严厉，其中最严厉的就是原始的那一种，即死亡。

第三节　反冲与命令的恐惧

命令就像一支箭，发出以后击中目标。发号施令者在下令前先明确目标，他的命令要针对特定的人，如同箭总是有一个选定的方向。箭插在被射中的人身上；此人必须将箭拔出后再射出去，以摆脱其威胁。传达命令的过程确实就如同接受命令者将箭拔出，张开自己的弓将这一支箭再射出去一样。他身上的伤口愈合了，但留下了一个疤。每一个疤都有一个故事，这就是那一支特定的箭所留下的痕迹。

但射箭的发号施令者会感觉到轻微的**反冲**，而真正的，可以说是心灵的反冲，只有当他看见自己击中目标时才感觉到。这里就不用心理箭作类比了，不过如此一来，探究成功的射击在幸运的射手身上留下的痕迹则更加重要。

对付诸实行的命令，即对成功下达的命令的满足感掩盖了射手身上发生的一些其他情况。某种反冲的感觉总是有的；一个人的所作所为不仅铭刻在牺牲者心里，同样也铭刻在他自己心里。许多次反冲积聚在一起便形成**恐惧**，这是由于命令的频繁重复而形成的一种特殊的恐惧，因此我称之为**命令的恐惧**。这种恐惧在只传达命令的人身上是轻微的。发号施令者距离真正的命令之源越近，恐惧也就越大。

要理解这种命令的恐惧是如何产生的并不困难。射杀一个孤立的生物不会留下任何危险，因为被杀的生物不会再使人受到什么损害。而一道命令虽然威胁要致人于死地，却又并未杀人，它就会留下对死亡威胁的记忆。有些威胁没击中目标，有些威胁击中了，后者永远不被遗忘。逃过威胁或屈服于威胁的人，一定会为自己报仇雪恨。每当时机来临，他都进行复仇，而威胁过别人的人也意识到这一点，因此他必然尽其所能使威胁无法报复到自己身上。

每个听过发号施令的人，每个受过死亡威胁的人都**活着**，并且对这一切**记忆犹新**，这种危险感——假如许多受过死亡威胁的人联合起来对付一个人，此人就会处于危险之中——这种有着深层理由的感觉却又是不确定的，因为有危险感的人永远不知道那些受到威胁的人什么时候会从回忆转入行动，我称这种折磨人的，无穷无尽，没有边际的危险感为命令的恐惧。

地位最高的人恐惧感最强。在命令的源头，发号施令者自发下达命令，而不从任何人那里接到命令，可以说他是自己制造命令，这时命令的恐惧是最集中的。它可能长期抑制和隐藏在独裁者心里，它会在统治者的一生中日益加剧，最终表现为自大狂和迫害狂。

第四节　给众人的命令

给单个人下达的命令，以及给**众人**共同下达的命令，两者是有区别的。

这种区别早在命令的生物性根源之中就已经有了。有些动物各自独居，因而是单独受到敌人的威胁。另一些动物则群居在一起，因而是集体受到威胁。在第一种情形下是单个动物独自逃跑或隐藏起来，在第二种情形下则是一大群动物一起逃跑。如果一个通常都和群体生活在一起的动物碰巧单独受到敌人的惊吓，它会力图逃向自己的队伍。单独逃跑与群体逃跑，根本上是不同的。逃跑队伍的群体恐惧是我们所知道的最古老，或许可以说是最熟悉的群体状态。

牺牲品很可能就源于这种群体恐惧的状态。比如一头狮子追逐一群羚羊，羚羊被它吓得一齐逃跑，而一旦狮子逮住其中一只羚羊，它就会停止追捕，这只羚羊就是它的牺牲品，从词汇的广义上说也是如此。这只牺牲的羚羊给其他的伙伴们带来安宁。一旦那些羚羊发觉狮子得到了它要的东西，恐惧顿时烟消云散，它们从群体逃跑转而恢复到通常的群居状态，各自悠闲地吃草，做自己喜欢做的事情。假如羚羊有宗教信仰，假如狮子就是它们的神，它们会自愿将一只羚羊献给狮子，以满足它的口腹之欲。人的情况也是一样：宗教牺牲品源于群体恐惧状态，它能暂时遏止危险权力的发展和欲望。

处于恐惧状态的群体愿意**聚在一起**，因为当危险迫在眉睫时，唯有近旁的同伴才使他们感到身受庇护。他们主要是通过共同的逃跑方向而聚成群体。如果有一个动物跳出来选取自己的方向，它就比其他同伴更危险，尤其是它自己会觉得比实际上更危险，因为孤独的时候恐惧愈甚。我们或许可以将动物集体逃跑的共同方向称作它们的"信念"，这信念将它们凝聚在一起，促使它们更加奋力向前。只要它们不是孤孤单单，只要它们在一起干同一件事情，完成同样的动作，它们就不会惊惶失措。这种群体逃跑是靠着动物们腿、颈、头协调一致的动作，就跟我将众人称作**颤动或韵律群体**是一样的。

不过一旦这些动物被包围起来，情形就不一样了。共同的逃跑方向已不再可能，群体逃跑变成了**恐慌**：每个动物都想各自逃生，它们相互妨碍。包围圈收紧了，虐杀开始，于是动物们相互为敌，因为它们彼此堵住了逃生的路。

还是让我们回到命令这个问题上来。我说过，给一个人下令不同于给众人下令。在解释这句话之前，得提到一个最重要的例外。

军队是许多人人为地聚集在一起。在这里，命令的差别没有了，而这正是军队的本质所在。无论命令是针对一个人、好些人还是许多人，它的含义总是一样的。只有当命令始终如一、价值相同时，军队才能存在。命令是由上级下达的，并且被严格地孤立起来。因此军队永远不可以是群体。

因为命令在群体的成员之间呈水平式地传播开来。或许一开始的时候，命令是由上级下达给一名成员，但是由于他近旁有像一样的其他成员，他便立刻将命令传达给这些人，并且出于恐惧，他会更靠近他们，而他们也很快被他的恐惧所感染。起初是几个人动起来，然后越来越多，终于所有的人都动起来了。同样一道命令的迅速传播使得他们成为一个群体，于是大家一起逃跑。

由于命令很快就散布开来，也就不会形成螫刺——根本就没有这个时间。那些可能已成为命令的固定组成部分的因素，很快就消散了。给群体的命令不会留下螫刺，而导致群体逃跑的威胁却又在这逃跑中消散得无影无踪。

唯有**孤立的**命令场合才会导致命令螫刺的形成。给一个人的命令中所包含的威胁是不**会**完全消散的。总是独自一人执行命令的人，他对命令的反抗会以螫刺的形式留在身体里，就像一块由仇恨结成的坚硬晶体，要想摆脱它，唯有自己下达同样的命令。他体内的螫刺无非就是命令的隐蔽翻版，他一度得以接到这命令，却未能立刻传达出去，他只能以这翻版的形式摆脱命令。

给众人的命令则有着完全属于它自己的特性。这种命令旨在将众多的人变成一个群体，而只要做到这一点，它就不会引起人们的恐惧。演讲者的口号将一个方向强加给集会的人们，因而它有着完全一样的功用，可以被视为给众人下达的命令。由于群体想要迅速形成，并且作为统一体保留下来，那么从这一立场出发，演讲者的口号不仅有用，而且必不可少。演讲者的艺术就在于将他自己的所有目标都概括在强有力的口号里提出来，以助于群体的形成和存在。他**创造**群体并通过自上而下的命令维持群体的生存，只要这一条大功告成，往后他对群体有什么真正的要求，几乎就是无关紧要的了。演讲者可以对一群人进行最可怕的辱骂和威胁，而只要他能以这种方式将他们聚成群体，他们就会爱戴他。

第五节　待命

现役军人唯命是从。他可能对这件事或那件事感到有兴致，但这不作数，他必须放弃自己的兴致，因为他是军人。他不会站在十字路口；因为即使前面有十字路口，也不是由他来决定走哪条路。他的现役生活在各方面都受到限制。他所做的事情都是所有其他军人同他**一道**做的；他的所作所为都是服从命令。余下的一切行动，在别人都是随心所欲的，而他却没有份，这就使得他渴望那些他**必须**完成的行动。

哨兵一连几个钟头站在自己的岗位上一动不动，最足以体现军人的心理状态。他不能离开，不能睡着，不能乱动，除非是某些规定好的动作。他真正的成就在于抗拒一切能使他离开岗位的诱惑，无论这种诱惑以什么形式出现。军人的这种**抗拒主义**——我们完全可以这样说，就是他的支柱。他压抑着自己身上一切会导致行动的诱因，诸如兴致、恐惧、不安等人生的重要组成部分，他甚至不承认自己身上有这些诱因，从而最大限度地控制自己。

他的一举一动都必须经过命令的批准和认可。由于要一个人**什么也**不做是相当困难的，他便热切地期待着允许他做的事情，这种期待在他身上日益积累。他内心里行动的要求越积越强，但是因为他必须听命行事，所以他期待的只能是命令；好军人永远处于自觉待命的状态。培养军人就是用尽一切办法增强**对命令的期待**；待命清楚明白地体现在军事行为和用语之中。军人一生中的活跃时刻莫过于立正站在长官面前，全神贯注地听候命令，而一句"遵命！"出口，非常准确地表达出重点之所在。

给军人的**禁令**要比其他人多得多，培养军人就是从这里开始的，哪怕是最小的逾越行为都会受到严厉的惩罚。所谓禁区是我们每个人在孩提时代就已熟悉的，而军人的禁区要广阔得多。他的四周建起重重围墙；人们为他照亮围墙，让围墙在他面前日益增加。围墙的高耸和森严一目了然，它们不断地被提及，使他无法佯言不知。于是他开始在行动上有一种仿佛永远都被围墙所包围的感觉。军人那生硬的体态反映出围墙的坚硬和平板；他的身材具有某种**立体几何形**。他是一名已经适应了四周围墙的囚犯，一名心甘情愿的囚犯，他极少对自己的处境进行反抗，以致受到围墙的塑造。别的囚犯只有一个想法，就是如何能够攀越或是冲破围墙，而军人则将围墙视为新的大自然，视为自然环境，他要适应它，最后自己变成围墙。

唯有将自己同整个禁令彻底地合为一体，并且日复一日地通过整天的日常事务证明自己善于最准确地避开禁令的人，才是一名真正的军人。对于这种人命令也有着更高的价值，它犹如从坚守过久的要塞出击，犹如一道闪电将人扔过禁令的墙去，这道闪电只是有时候才会杀戮。禁令在军人四周延伸，而命令如同这广阔的不毛之地的救星：立体几何形体有了生机，并奉命采取行动。

培养军人包括教他学习接受两种命令：单独行动或是同其他

人一道行动。军事训练使得每一位军人习惯于同其他人一道完成动作，而每个人的动作都一模一样。为了某种精确起见，模仿别人要比单独训练效果更好。通过模仿，他们变得不分轩轾，彼此间建立起一种平等，这种平等间或可用于将部队转变为一个群体。不过人们希望通常情况正好与此相反：军人们尽可能地相互适应，但**不要变成一个群体**。

当他们作为一个统一体在一起时，所有的命令都是对他们共同下达的，他们对此作出反应。但是还得保留将他们**分开**的可能；只要长官愿意，可以从中调出一名、两名、三名，或是半数。他们齐步行军只能是表面特征，部队的可用之处在于它的可分性。命令必须能够针对任何人数，不论是一人、二十人，还是整个部队。命令的作用不可视受令人数的多寡而定，无论接到命令的是一个人还是所有人，命令都是一样的。命令的这种恒定性至关重要，它使命令免受来自群体的任何影响。

在军队中发号施令的人，必须能够脱离任何群体——不论是**外在的**行动，还是**在内心**里，这是他在接受待命培训时就学到的。

第六节　阿拉法特山的朝圣者对命令的期待

在去麦加朝圣的途中最重要的时刻，即朝圣之行真正的高潮，是**武库夫**＊，或称为"站阿拉法特山"，这是在朝圣真主安拉之前的中途停留，距麦加还有数小时路程。大批的朝圣者——有时候多达六七十万人——驻扎在山谷，四周都是光秃秃的山丘，他们涌向谷中央的"圣慈山"，山上有一位传道士在穆罕默德曾经站过的地方庄严地布道。

人群对布道者的答复是高喊"Labbeika ya Rabbi, labbeika!"† 他们一整天都在不停地反复呼喊，直到如痴如狂。然后，在一种突如其来的群体恐惧之中——被称为**伊法达**或"洪流"——所有人都发疯似的一起从阿拉法特山一直逃到下一个地方，穆兹德里法，在那里过一夜，第二天一早又从穆兹德里法起程前往米纳。一切都乱七八糟，人们相互冲撞、践踏，通常有好些朝圣者就在这奔跑中作古。到了米纳，人们将大批的动物宰杀献祭，然后很快将肉分食掉。地上是动物的鲜血和残骸。[106]

站阿拉法特山是虔诚的群众**对命令的期待**达到最强度的时刻，这明白地体现在那千万次以如此密度重复的套语之中："我们敬候尊旨，主啊，我们敬候尊旨！"在这里，伊斯兰教与**献身精神**最简

＊　阿拉伯语，意为"站立"。——译注

† 　阿拉伯语，意为"我们敬候尊旨，主啊，我们敬候尊旨！"——译注

456

单地统一起来，人们在这种状态下不再有其他念头，一心想着主的旨意，并全力呼唤它的到来。而后，恐惧随着某种迹象突然袭来，并导致空前的群体逃亡，对这种恐惧有一个令人信服的解释：命令的古老特性暴露出来了，它是一种逃跑的命令，但信徒们却不会知道为什么这样。他们作为群体的期待强度，使得真主的命令达到最高效力，以至于突变到一切命令的原始根源：**逃跑的命令**。真主的命令驱使人们逃跑。朝圣者在穆兹德里法过了一夜后，第二天继续逃跑，证明命令的效力还一直没有耗尽。

根据伊斯兰教的信仰，是真主的直接命令将死亡降临。而人又试图逃脱死亡；在逃亡的终点站米纳，他们将死亡推到被宰杀的动物身上。在这里，动物代人受死，这是许多宗教都常用的调换；想想亚伯拉罕的牺牲品吧。人们就这样逃脱了想加在他们自己身上的血腥屠杀。他们非常听从真主的命令，又当面大举逃亡，真主想要鲜血，也没有拒绝：地上终究浸透了被大批宰杀的动物的鲜血。

再没有哪一个宗教习俗像站阿拉法特山，即武库夫，以及继之而来的群体逃亡，即伊法达那样令人信服地展示出命令的真正本性。伊斯兰教的信条和戒律尚同命令本身的直接性极为相关，而武库夫和伊法达则是对伊斯兰教，待命，尤其是命令的最纯粹的表达。

第七节　命令的螯刺和纪律

纪律是军队的本质所在。不过纪律有两种，即公开的和秘密的。公开的纪律即命令的纪律：我已经阐明过，对命令之源的约束如何导致形成最奇特的生物，而与其说是生物，不如说是立体几何形体，即军人。军人最显著的特征就是永远生活在待命状态下，这种状态清楚地表现在他们的举止和外形上；走出这种状态的军人不是现役军人，他的军服只是虚有其表。军人的状态人人都能辨认出来，它再公开不过了。

但是这种明显的纪律并不是全部。除此以外另有一种纪律，军人们对它闭口不谈，也根本不让人看到它，这就是秘密的纪律。某些较迟钝的人或许难得意识到它，但它始终以隐秘的方式提醒着大多数军人，尤其是在我们这个时代。我说的是**提升**的纪律。

或许有人会感到奇怪，为什么将提升这样一个人尽皆知的问题称为秘密？要知道提升只是某种更深层事物的公开表露，这更深层的事物仍旧是秘密的，只因为它的运作方式只有极少数人了解。提升是命令的螯刺之隐秘运作的外在表现。

非常清楚，这些螯刺必然以一种委实可怕的方式在军人身上累积。军人所做的一切都是服从命令，他别无他事，也不该做其他事，这正是公开的纪律所要求的。他自己的本能的行动受到压制。他忍受一道又一道命令，不论对此感受如何，他都永远不许厌烦。所有的命令他都完成，而每完成一道，就会在他身上留下一根螫刺。

螫刺在军人身上的累积是一个极为迅速的过程。如果他是一名普通军人，在军队等级中级别最低，那么他就没有任何机会摆脱身上的螫刺，因为他自己不能发号施令，他永远只能做别人叫他做的事，他只有服从，并在服从中日益僵化。

要改变这种具有某种暴力性的状态，只能通过提升。军人一旦得到提升，就得自己下达命令，而他在发号施令的时候就开始摆脱身上的一部分螫刺。他的处境颠倒过来——尽管其方式极为有限。曾经是别人要求他做的事情，如今他得要求别人去做。这种情形完全还是原来的模式，唯一有变化的，只是他自己在当中的位置。于是他身上的螫刺作为命令而显露出来。以前他的顶头上司惯于给他的命令，现在由他施加于人。虽然他不能随心所欲地摆脱身上的螫刺，但他的处境却恰到好处，那就是他必须发号施令。每一个姿势，每一句话都跟过去完全一样：他的下属以他自己以前的样子站在他面前，听他讲着他自己也曾听到过的同样的套话，而且还是同样的语调和力度。这种情形的　致性有些叫人害怕，仿佛就是为了命令给他留下的螫刺而设的。当初他被人刺，如今终于由他来刺别人。

不过虽然他的地位使得他，可以说是要求他将命令留给他的旧的螫刺化作语言释放出来，但他自己依然要接受上级的命令。于是整个事情变成一个双重过程：他在摆脱旧刺的时候，又将新刺积存在体内。如今这些螫刺要比以前容易忍受，因为提升的过程一旦开始，就给这些螫刺插上了翅膀，这翅膀是一个不会落空的希望——

将它们摆脱。

　　以上过程可总结为：军队的公开纪律表现在实际的发号施令上，秘密纪律则在于运用积存的命令的螫刺。

第八节　命令·马·箭

　　蒙古史中引人注目的是命令、马和箭三者之间严密而天然的联系，在这种联系中可以看到蒙古人的权力突然崛起的主要原因。研究这一联系是绝对必要的，故在此略作探讨。

　　如我们所知，命令的生物根源是逃跑的命令，而马跟所有类似的有蹄类动物一样向来喜欢逃跑，可以说，逃跑是它的本行。马总是群居在一起，并且马群习惯于**一起逃跑**，命令它们逃跑的是以他们为食的危险的猛兽。于是，群体逃亡成为马最频繁的经历之一，也成为它们的某种天性。而一旦危险过去，或者它们相信危险已过，马群便又回到群居生活的无忧无虑的状态，每一匹马都自寻其乐。

　　人逮住马，将马驯服后，就同马组或一个新的**统一体**。他掌握了一套驯马的方法，很可以视之为命令。这套方法中很小一部分是声音，绝大部分是一定的压或拉的动作，以向马匹传达骑士的意图，马在明白了骑士的意图之后便奉命行事。在骑马的民族，马是主人所熟悉和必不可少的，以致他们之间建立起一种私人关系，一种不可多得的亲密的隶属关系。

　　在此，发号施令者与接受命令者之间常有的，比如主人与狗之间也存在的那种身体的距离已被取消，骑士的身体直接向马的身体发出指示，命令的空间就这样减至最低。遥远，陌生，一擦而过，命令的这些原始属性都消失了。在这里，命令以一种特殊的方式得以教化，而生物关系史上则引进了一种新的力量——骑乘动物，它是让人坐的奴仆，承受着主人身体的重量，并为主人身体的每一次重压所驱使。

骑士同马的这种关系对骑士的命令的发布有什么影响呢？首先要强调的是，骑士可以把长官下达的命令传达给自己的马。指定给他的目标，他不会自己跑过去，而是向马发出指示。由于他立即作出这种反应，命令便没有在他身上留下螯刺；通过将命令传达给马匹，他避开了螯刺。在完全感受到命令对他的特别约束时，他已摆脱这种约束。他越是迅速地执行任务，便越是飞快地上马；越是快马加鞭，留在身上的螯刺就越少。一旦这些骑士有了军事特性，他们真正的本领就在于能够训练出一批数量大得多的受令者，从而将自己从上级接到的命令立刻传达给它们。

蒙古人的军队体制有着特别严格的纪律。那些被他们袭击而不得不屈服的民族，有机会从近处观察蒙古军队，在他们看来，这些纪律是他们所碰到的最严格和最令人惊叹的。无论是波斯人、阿拉伯人，或是中国人、俄罗斯人、匈牙利人，还是教皇派去的弗朗西斯派化募修道士，都一致认为，人能够做到如此绝对服从，简直不可思议。而蒙古人，或者一般称为鞑靼人，则**轻而易举地**承受了这种纪律，因为其中主要重担都由**马**来承受了，它们是蒙古人的一部分。

蒙古人在小孩两三岁时就将他们放到马背上训练骑术。前面我们说过，孩子在接受教育的过程中很早就被塞满了命令的螯刺。

特别早的时候，有离得最近的母亲，以后，又有距离远一些的父亲，事实上他周围的每一个成年人或是较年长者，都会没完没了地向孩子下达指示、命令和禁令。从早年起，各种各样的螫刺就积存在孩子体内，它们成为他以后生活的困境和负担。他不得不去寻求别的生物，借它们来摆脱螫刺。他的一生就成为一场摆脱螫刺，不得不丢掉螫刺的冒险。他不知道自己为什么会有这样或那样令人费解的行为，以及为什么建立这种或那种显然毫无意义的关系。

比起文明程度较高和定居生活的儿童，蒙古人和吉尔吉斯人的孩子因很早就学习骑马而拥有一种独特的自由。一旦他精通骑术，便能把自己接到的命令全都传达给马匹。他很早就解除了螫刺，这些螫刺也属于他所受教育的一部分，但比例要小得多。马比任何人都先顺从孩子的意愿。孩子习惯于这种顺从，这样活得更轻松一些，但以后他会期待被他征服的人们同样能绝对自然地服从。

人和马的这种关系，在人发布命令这一事务中起着决定性作用，除此以外，蒙古人还有第二个因素，那就是**箭**的作用。箭是原始的、未教化的命令的精确写照。

箭是敌意的，它要杀戮。箭能直线穿过一大段距离，得躲开它，如果有谁躲闪不及，箭就会**插在**他身上。当然箭是可以拔出来的，但即使不把箭折断，身上也会留下创伤。（《蒙古秘史》中有一些关于箭伤的故事。）箭是蒙古人的主要武器，可以发射的箭之数量是无限的。箭可以远距离射杀，也可以运动着，从马背上射杀。

前面已经说过，每一道命令从其生物根源来讲都具有死刑判决的性质。不逃的必然遭殃，遭殃的必然粉身碎骨。

蒙古人的命令还保留着高度的死刑判决的性质。他们屠杀人类就像屠杀动物一样，杀戮是他们的第三天性，正如骑马是他们的第二天性。

他们屠杀人类跟围猎屠杀动物一模一样。不发动战争的时候，他们就打猎，打猎是他们的军事**演习**。当他们在长途远征中碰到佛教徒或是基督教的传道士告诉他们一切生命的特殊价值，一定会大吃一惊。善于赤裸裸地下达命令的人本能地体现着命令，他们遇到那些要靠信仰来削弱或改变命令的人，从而使命令丧失其致命性而变得**人道**：这样强烈的对比恐怕从来不曾有过。

第九节 宗教性的阉割：阉割派教徒

据记载，某些以特别的紧张亢奋进行庆祝的宗教祭礼会导致阉割。古代大地之母西比利的僧侣们就是以此闻名。成千上万的人，在突发癫狂之际，为了向女神表示敬意，竟然把自己阉割了。在本都*近旁的科马纳，有一万名这样的人在侍奉女神，那里成为女神的一处著名的圣地。不只是男人阉割自己，妇女们为了表达自己的敬意，也将双乳割下，然后加入女神侍者的行列。**卢基安**在其著作《叙利亚女神》[107] 中，描述女神的信徒们如何聚集在一起陷入癫狂，然后便轮到他们当中的一位将自己阉割。这是献给女神的祭品，以彻底证明自己是多么依恋她，此生不会有其他有意义的爱。

从俄国**阉割教派**[108] 分裂出来的"白鸽会"也记载了同样的事情。该会创始人**赛利瓦诺夫**在女皇叶卡捷琳娜二世时代因布道成功而名声大振，在他的影响下，有数百乃至数千名男子将自己阉割，妇女们则为了自己的信仰割掉双乳。这两个宗教产物之间几乎不可能有任何历史上的关联。白鸽会源于俄国的基督教，距离上述弗里季亚－叙利亚的僧侣们的过度行为恐怕已有 1500 年之久。

阉割派教徒的特色在于集中性，集中于少数信条和戒律，以及由彼此熟识的信徒结成的一个个小团体，包括他们的纪律以及对

---

* 黑海南岸古王国。——译注

他们当中一位活生生的耶稣基督的赞美和崇拜也有着高度的集中性。

他们担心书本会令他们精神涣散，因此他们几乎不读书。就是《圣经》中也只有极少的几处对他们有意义。

他们密切地生活在一起，这种生活受着神圣誓约的重重保护，因为**秘密**对于他们有着异乎寻常的、决定性的意义。他们的宗教生活主要是**在夜里**隐秘地进行，与外界隔绝。他们生活的中心是他们最须保密的，那就是**阉割**，他们称之为**净身**。

据说通过这种特殊手术能使他们变得纯洁白净，成为天使，使他们现在就如同生活在天堂里一样。他们还像天使那样相互尊敬，拘泥小节，相互鞠躬，彼此崇拜，并互相祝福，互相赞美。

他们不得不将自己弄残废，实具有鲜明的命令特征。这是自上而下的命令，它来自福音书中耶稣基督的话语，以及上帝对以赛亚说的一句话。

他们以惊人的力量接受这一命令，并且必然以同样的力量将命令传达出去。**螫刺**的理论很可以用于他们的情况。命令在此被实施于接受命令者自己身上，无论他做什么，他真正得做的莫过于阉割自己。

要弄明白这种情况，就必须对一系列特殊的命令进行探讨。

既然这些命令是在严格的纪律范围内下达的，便可将它们同**军事**命令相比。培养军人也是为使他们遭受危险，一切训练都是要他最终**奉命**与敌人**交战**，即使敌人对他构成死亡威胁。顶住敌人与努力杀敌同样重要，不顶住就永远无法杀死敌人。

军人同阉割派教徒一样就像是牺牲品。两者都希望能幸存，但他们却作好了负伤、疼痛、流血和致残的准备。军人希望通过战争而成为胜利者，阉割派教徒则希望通过阉割自己而成为天使，并有权要求进入天堂，然后他便真的生活在天堂了。

但是在这个纪律范围内涉及的是**秘密的命令**，因此阉割派教徒的处境就如同一个人受到军事上的强制而在无人知晓的情况下独自一人去执行一道密令。要达到这一目的，他就得装扮一番，不能让人辨认出他的制服。使阉割派教徒与其同伙成为一样的制服就是阉割，并且阉割就其本质来说永远都是隐秘的，永远不能泄露给外人。

或许可以说，阉割派教徒就像恐怖的阿萨辛派[109]成员，绝不会向任何人泄露首领交给他的谋杀任务。即使他成功地完成了任务，也绝不能让人知道他是如何完成的。牺牲是有可能的，也许谋杀者在行动之后被逮住，而事情的本来经过却永远不可让人明白。命令在此是一道死亡判决，距离其生物性根源很近。被派遣的人肯定送死，但这原本是根本不谈的事，因为他自愿赴死，而他的死亡是用来击中另一个人的，即具名的牺牲品。于是命令扩展为**双重的**死亡判决：其中一个虽然是在预料之中，但却秘而不宣，另一个则是完全而明确的意图。接受命令的下属身上的螫刺会同他一起消亡，但在他消亡以前要**用来**刺杀他人。

蒙古人就极其生动地表现出在自己被杀之前急切地要杀他人。《蒙古秘史》中的英雄们在临终前还要杀死一个敌人，他们说："我要拿他当枕头。"

但是如果说我们通过研究阿萨辛派信徒而对阉割派教徒的情况多了一些了解，那么我们还并未因此而准确地了解它，因为阉割派教徒要击中或致残的是他**自己**，他只能将接到的命令执行在自己身上，而唯有执行命令才会使他真正成为所在的秘密团体的一员。

在作出这一判断时不能被这样一个事实搞糊涂，那就是阉割实际上大多是由别人实施的。阉割的意义在于本人接受。一旦本人同意阉割，**如何**进行其实就已不再重要了。被阉割的人以后无论如何都要去阉割别人，而他身上的螫刺始终都是同一种，因为他接受的是外来的命令。

甚至如果可能有第一个人是自己阉割自己，他也是遵照臆想中来自天国的命令行事的，他坚信这一点。他通过《圣经》中的几处文字改变了别人，而首先得到改变的则是他自己：他将自己接受的东西传给别人。

螫刺在这里是看得见的肉体上的疤痕，这疤痕不如通常的命令的螫刺隐秘，但它对于所有不属于教派的人则是保密的。

第十节 反抗癖与精神分裂症

一个人可以借充耳不闻来避开命令，可以借不执行命令而逃避它。螫刺——这是永远强调不够的——唯有通过**执行**命令才产生。是外在压力下所产生的行动本身导致人体内螫刺的形成。化作行动的命令以其精确的形式铭刻在执行命令者心里，铭刻的深度和强度则取决于下达命令的力度，命令当时的形态，它的优势及其内容等。命令总是作为某种**孤立的**东西遗留下来，因此每个人身上最终都不可避免地带着一堆像命令一样孤立的螫刺，它们在人体内的附着力是惊人的，没有什么东西能如此深入人体，难以化解。会有那么一个时刻，一个人由于体内充满螫刺，以至于不再对任何东西感兴趣，除螫刺以外，对任何东西都没有感觉。

于是他对新命令的抗拒成为一个生命攸关的问题。他试图对新命令充耳不闻，这样就不必接受它们。如果他非听不可，那么他就不去理解它们。如果他非理解不可，那么他就反其道而行之，从而以惊人的方式避开它：叫他前进，他偏后退，叫他后退，他偏前进。他这样并不能说是摆脱了命令，这是一种笨拙的，可以说是无能的反应，因为这种方式的反应是为命令的内容所决定的，它在精神病学上被称之为**反抗癖**，在精神分裂症中占有特别重要的地位。

精神分裂症患者最显著的特征是他们缺乏**交往**。他们比其他人要孤立得多，他们往往显得麻木不仁似的，好像跟别人没有关系，好像什么也不懂，什么也不要懂。他们像石雕一样顽固，可以僵化成任何一种姿态。但同样是这批病人，在其病症的其他阶段又会突然有完全相反的行为。他们显示出巨大的**可影响性**，做别人示范给他们或是要求他们做的事，做得又快又好，仿佛示范者或下令者就藏在他们体内，替他们做这些事一样。这是他们的奴性突然发作，有一位患者称之为"感应奴性"[110]。于是他们由雕像变为殷勤的奴隶，无论别人要他们做什么，他们都以一种往往显得可笑的方式把事情做到极端。

这两种行为如此截然相反，令人难以理解。但是如果我们暂时撇开这两种行为自身的表现，而几乎完全**从外部**去考虑它们，那么不可否认，这两种状态就是在"正常人"身上也是常见的，只是在他们那里是为着某种特定的目的，而且表现也没那么过分。

军人对外界的任何刺激都置之不理，被人安排到哪里，就站在那里一动不动，不离开自己的岗位，没有什么能引诱他去做他往常会喜欢做和经常做过的事情——训练有素的在役军人人为地处于一种反抗癖状态。不错，在上级的命令下，他或许也会有所行动，但除此以外就永不动弹。为了使他只对某些命令作出反应，他已被训练成一种具有反抗癖的状态，这是一种可以操纵的反抗癖，因为上级的专横和权力可以将它置于截然相反的状态。一旦军人受命于有关当局去做某事，他的举止行为就会像精神分裂症患者在**其**相反状态时一样殷勤和奴性十足。

还得补充的是，军人很明白为什么要以他这种方式行动。他之所以服从，是因为受到死亡的威胁。至于他是如何逐渐习惯于这种状态，以及最终从内在与之相适应，我已在前面的章节中描述过。这里只有一点要加以记录，那就是在役军人与精神分裂症患者之间所存在的显而易见的**外在**相似性。

但是此处不禁产生了另一种完全不同的想法，在我看来，这种想法也同样重要，即精神分裂症患者在极端易受影响的状态下的举止就如同一个**群体**的成员，因为他同样易受感动，也同样屈服于任何外界的推动。但是我们没有想到他会处于这种状态，因为他是**孤独的**。由于在他周围看不到群体，也就不想假定他——就其自身看来——如同身处群体之中，因为他是**逃离群体的一员**，而这一观点只有当我们着手探讨患者的内心思想时才能加以证明，在此可以举出的例子不计其数。有位妇人宣称"所有的人都在她体内"，另一位说她听见"蚊子说话"。[111] 一位男子说他听到"729000 名少女的声音"，另一位则听到"全人类的低语"。各种各样的群体以五花八门的装扮出现在精神分裂症患者的脑海里，使得我们甚至可能由此开始对群体进行一番探讨。

我们会问自己，为什么精神分裂症患者必然有上述两种截然相反的状态。为了理解这个问题，必须回想一下，个体一旦进入群体，会发生什么事。在"群体"一章中我对摆脱人与人之间距离的重负进行了描述，并称之为卸货。还得补充一句，每个个体身上所积累的命令的螫刺也是人与人之间距离重负的一部分。在群体里人人平等，谁也没有权利对别人发号施令，或者也可以这么说：人人对人人发号施令。不仅没有新的螯刺形成，连所有旧的螯刺也暂时摆脱了，就如同人们溜出房子，把螯刺成堆地留在地窖里。**脱离一切**僵硬的束缚、限度和重负，是人们在群体中感到欢欣鼓舞的根本原因。他们觉得自己比在任何地方都自由，如果他们拼命地想保存群体，那是因为他们知道，离开了群体之后将面临什么。当他们回到个人自我，回到**自己的**"房子"，便又发现限度、重负和螯刺。

精神分裂症患者承担了过重的螯刺，使得有时候他会因过多的螯刺而麻木僵化，他就像一株痛苦和无助的仙人掌。于是他幻想自己处于完全相反的状态，即群体状态。只要他处于群体之中，他就感觉不到螯刺。他认为自己走出了自我，即使其方式是靠不住的，没把握的，但至少他似乎从幻想中暂时摆脱了螯刺的折磨：他感到自己又同别人联系在一起了。这种解脱的价值自然是虚幻的，因为正是在他获得解放的地方，又有新的更强的约束在等着他。不过我们在此要探讨的并非精神分裂症的全部本质，我们只要确认一点就足够了：没有人比被命令的螯刺塞满和窒息的精神分裂症患者更需要群体。他在身外找不到群体，就沉湎于**自身**内的群体。

第十一节　逆转

"今世汝以此为食，来世彼以汝为食。"这句神秘而可怕的话出自百道梵书，这是一本印度祭祀古籍。这本书里有一则更为神秘可怕的故事，说的是先知博里古漫游天界。

圣徒博里古是天神伐楼那[*]的一个儿子；他已获得丰富的梵的知识，他被这些知识冲昏了头脑。他变得高傲自大，将自己凌驾于天神父亲之上。父亲想要他知道他所知甚少，于是劝他依次漫游东、南、西、北天界，要他留心注意所能看到的一切，并回来报告自己都看到些什么。[112]

博里古先到东天，看见一些人将另一些人的肢体一个接一个地剁成块，一边瓜分这些碎块一边说："这是你的，这是我的。"见此情景，博里古很吃惊，而那些剁别人肢体的人却向他解释说："他们在另一个世界也是这样剁我们，我们无非是让他们得到报应。"

接着博里古又漫游到南天，同样看到一些人将另一些人的肢体逐个切割瓜分，嘴里说着："这是你的，这是我的。"询问之下，他们同样答道："如今被切割的人，曾在另一个世界对切割他们的人干过同样的事。"在西天，博里古看到一些人在一声不响地吃人，被吃的人同样也是一声不响，据说他们在另一个世界也是同样对

---

*　婆罗门教神名，被称为"宇宙大王"和"秩序的维护者"。——译注

待吃他们的人。在北天，博里古则看到一些人在大叫着吃人，而被吃的人也在大声喊叫，他们彼此都在做着对方在另一个世界里做过的事。

博里古回来后，父亲伐楼那要他像学生一样讲出自己的所见所闻，他却说："叫我说什么呢？那里什么也没有！"他看到的东西太恐怖了，并且在他看来这一切都显得毫无意义。

伐楼那知道儿子都看到些什么，便解释说："在东天剁人肢体的是树，在南天切割别人肢体的是牛，在西天一声不响吃人的是草，在北天大叫着吃人的是水。"

伐楼那知道用什么方式对付所有这些情况。他告诉儿子，可以通过某些祭祀礼避免在天界遭受自己行为的报应。

在另一本祭祀古籍贾米尼耶梵书中也有同样的博里古的故事，不过是另一种说法。博里古不是漫游四个天界，而是从一个世界到另一个世界。他看到的也并非我们已知的四景，而只有三景。博里古首先看到的是树，它们在天界呈现人形，并将人切成块吃掉。博里古见到的第二景是一个人将另一个号叫的人吃掉，有人教导他说："牲畜在此世被屠宰吞食，在彼世则化作人形，以其人之道还治其人之身。"他见到的第三景也是人吃人，被吃的人一声不吭。这是米麦化作人形，报复以前所受的痛苦。

这里也指出了某些祭祀仪式，正确司仪的人能逃过在彼世被树、牲畜或米麦吃掉的厄运。但是我们感兴趣的并非抗拒这种命运的方法，而是隐藏在祭司外衣下的民间观念。此世所为将在彼世遭受报应。没有特定的正义使者来实行这种惩罚，而是每个人自己惩罚他的敌人。这里所涉及的也并非任何所作所为，而是自己吃下去的东西。"正如此世人食兽，因而彼世兽食人。"

这句话出自另一本梵书，它同我们本章一开始所关注的那句话相似，并在《摩奴法典》中得到奇特的确认。法典上说，食肉不是罪过，因为这是生物的自然方式，不过戒肉食的人会得到特别的报偿。梵文中的肉这个字是 mamsa，它可以分成音节来解释：mam 即"（吃）我"，sa 即"他（吃）"；因此 mamsa 即"（吃）我—他（吃）"，我在此世吃他的肉，他在彼世吃我；这便解释了"肉之肉性"的种种方式。肉的自然肉性就在其中，这便是肉这个字的真正含义。

这是用最简洁的表达形式说明**逆转**的概念，并将它蕴于肉的概念之中。我吃他：他（吃）我。这第二部分，即我的所作所为的后果，才是肉字。被人吃掉的动物记得是谁吃了它，它的死亡不等于它就完蛋了，它的灵魂不死，并且在彼世变成人，耐心地等待着吞食它的人死去。而一旦这人死后来到彼世，原来的情形便逆转过来：牺牲品找到吞食它的人，抓住他，将他切成肉块吃掉。

这同我们对命令的看法以及命令留下的螫刺之间的联系是很明显的。不过这一切被如此推向极端，又变得如此具体，使得人一开始就被吓住了。逆转并不在此生，而是在彼世。这里所涉及的不是仅以死亡相威胁并借此方式逼出种种成果的命令，而确是死亡的极端形式，这种形式的被杀即被吞食。

依照我们不再认真考虑来世的观念，只要牺牲品还活着，由死亡威胁所造成的螯刺就一直存在。牺牲品是否能逆转成功还值得怀疑，不过它无论如何都会不懈地争取。人最终完全为螯刺所控制，他的内在面貌由螯刺决定是否能获得解脱，螯刺就是他的命运。**印度人**深信死后另有一个世界，依照他们的观念，螯刺是灵魂的坚硬核心，在人死后也会继续存在，而逆转无论如何都会发生，这是在彼世的本来工作。万物都以其人之道还治其人之身，而且是亲手为之。

尤其具有典型意义的是，形态的变化对于逆转并无妨碍。在彼世将你抓住并切成肉块的已不再是你吃下去的牛，而是一个具有那头牛的灵魂的人。生物的外貌完全改变，螯刺却仍旧一样。博里古在漫游途中所见到的恐怖景象，表明螯刺是灵魂最为关切的，甚至可以说，灵魂完全是由螯刺构成。有关螯刺的本质我们在对命令进行探讨的过程中已经谈了许多，它那绝对的恒定性以及所求之逆转的精确性，以最有说服力的方式清楚地表现在印度人"被汝食者必食汝"的观念里。

第十二节　螯刺的解除

螯刺形成于执行命令**期间**。它脱离命令，并完全以命令的形态铭刻在执行命令者身上。螯刺微小，隐秘而不为人知；它最根本的特点就是绝对的恒定性，这一点我们时常提到。螯刺同人体其他部分隔绝，它是人体内的异质物。无论它陷入人体有多深，无论它如何包藏不外露，它始终都是人的负担。它以隐秘的方式悬在人体内，落入一种异地。

螯刺自己要离开，却又难以脱身。以任何方式摆脱它都是不可能的，除非它脱身的力量同侵入人体时获得的力量是一样的，除非它从打折扣的命令再变为完整的命令。获得这种力量需要将原来的情形逆转过来：精确地重建这种情形是绝对必要的。仿佛螯刺有它自己的记忆，仿佛这记忆中只有唯一的一件事情；仿佛螯刺苦苦等待了数月，数年，乃至数十年，直到过去的情形出现，被它辨认出来。它必须辨认出来，因为这情形是它唯一的构成，也是它能够辨认的唯一。突然间一切又和当初一模一样，只是角色完全调换过来，在这一刻螯刺抓住机会，一跃而起，全力扑向牺牲品：逆转终于发生了。

或许有人会称此为单纯的情况，但它不是唯一可能的情况。命令往往可以由同一个施令者向同一个牺牲品重复，使得不断形成同样的螯刺，这些相同的螯刺不是彼此孤立的，它们必须互相联结，由此构成的新产物明显地生长着，使承受者再也无法忘怀。新产物总是显眼的，沉重的，可以说它完全是突出在水面上的。

同一个命令也可能由**不同的**施令者重复发出。如果这种情况经常发生，接二连三，不容缓解，那么螫刺就失去了它单纯的形态，而发展成为——几乎不能有别的叫法——一个危及生命的巨怪。它占去很大比例，成为主人身上的主要成分。主人总是记着它，随身带着它，一有机会就试图摆脱它。他碰到无数的情形好像都同原来的一样，而且似乎都适合逆转，但实际上并非如此，因为命令的重复和交叠使一切都变得不精确了，他失去了辨认原来情形的钥匙。一个记忆覆在另一个记忆上，正如一根螫刺接着另一根螫刺，这样的负荷无法再分解为各个成分。无论他如何尝试，一切都依然如故，他再也无法独自摆脱这种负担。

这里所强调的是"独自"，因为所有的螫刺群，哪怕是最庞大的，都是可以摆脱的——这种摆脱发生在群体之内。我们再次谈到**逆转群体**，而在探究命令的作用方式之前，是不可能弄清楚其本质的。

逆转群体是由许多要一起摆脱命令的螫刺的人组成，而作为个人他们则绝望地听任螫刺摆布。一大批人联合起来，向另一批人抗衡，他们视这批人为自己长期以来所承受的一切命令的发布者。如果是士兵，那么每一位军官都可以代表实际上向他们下达命令的上级军官。如果是工人，那么每一位雇主都可以替代实际雇佣他们的人。此际，阶级成为既成事实，它们就仿佛是由同样的人组成。低层阶级起来反抗，形成一个团结的群体；而被一大群人包围并受到威胁的高层阶级则形成一帮诚惶诚恐，一心逃命之徒。

在那些组成群体的人身上，每一根螯刺都是复杂的，并且因许多不同的机遇聚集到一起，它们会一齐发现一批可能的罪魁祸首。被群体所攻击的人们就站在面前，或各自分开或挤在一起，他们看来非常明白为什么感到如此的恐惧。他们不必是这根或那根螯刺的真正发起者，但无论他们是不是，他们就代表着发起者，并且被非常认真地当作发起者对待。逆转在此同时针对许多人，也瓦解了最沉重的螯刺。

当这种情形最为浓缩地集中针对一位首脑，比如国王时，群体的感受最清楚明了。**一切**命令的最终来源是国王，他身边的大臣和贵族只是参与命令的传达与执行而已。组成反叛群体的个人，长期被胁迫同君主保持距离，被严令服从。如今他们在一种逆行中消除了距离，闯入原本禁止他们入内的王宫，从最近处观看宫内的房间、居住者和家具。一度令他们闻风而逃的王室命令，如今反而使他们备感亲切。如果王室出于害怕而听任他们靠近，事情还可能暂时就此了解，但不会长久。摆脱螯刺的整个过程一旦开始，就会不可阻挡地进行下去。不要忘了，为了让他们服从，曾经发生过多少事，而长期以来他们身上又积聚了多少螯刺。

一直悬在臣民头上的真正的威胁是死亡。死亡的威胁在执行处决的过程当中或得以重申，而其严峻性也得到清楚明确的证实。对这种威胁进行补偿的唯一方式就是砍国王的头，因为他也是这样砍别人的头。这样一来，似乎包含了所有其他螯刺的最高螯刺便从那些不得不共同承担它的人当中拔除了。

逆转的意义并不总是能这样表达清楚，也不总是如此完美地自行走向顶峰。如果反叛失败，人们未能真正摆脱身上的螯刺，他们仍会记得曾为群体的日子，因为至少在那种时候他们摆脱了螯刺，如今他们将永远怀念那种日子。

第十三节　命令和处决：满意的刽子手

迄今为止，我们在探讨中有意忽略了一种情况。我们说命令是死亡的威胁，还说它源自逃跑的命令。如我们所知，被教化的命令将威胁同报偿结合起来：喂养会加强威胁的效果，却丝毫不改变其性质。威胁永远不被遗忘，它永远处于原始形态，直到脱离威胁的时机来临，受威胁者将威胁传递给他人。

命令也可以是委任他人去杀戮，然后导致处决。往常只是加以威胁的，在此却真的发生了。不过这个过程被分配到两个人身上：一个接受命令，另一个被处决。

刽子手和每个屈服于命令的人一样处于死亡的威胁之下，但是他通过亲手杀戮而摆脱威胁。他将可能降临在自己身上的命运马上传递出去，这样也就将凌驾在自己头上的最高指令给先执行了。有人对他说了：你得杀戮。于是他就杀戮。他不能违抗这种命令，因为他认可施令者的优越权势。执行命令要迅速，而通常就是即刻执行，没有时间形成**螫刺**。

但即使有了时间，也没有**理由**形成螫刺，因为刽子手传递出去的，恰恰是他所接受的。他无所畏惧，因为他身上什么也没留下。在这种情况下，也只有在这种情况下，命令才得到顺利的清算，它的本质才同它所引起的行为相符合。命令的可执行性已经事先被考虑过了，不会节外生枝，牺牲品也不可能逃脱，这一切的情况，刽子手从一开始就心里有数，因此他可以耐心地等待命令，他信赖命令。他知道，执行命令不会使他身上有任何变化，可以说命令顺利地穿他而过，他自己却全然不为命令所触及。刽子手是最满意、最不带螫刺的人。

这是一个从没有人认真考虑过的可怕情形。只有想想命令的真正本质，才能理解这种情形。命令的存在与下达都是伴随着死亡的威胁，它的整个力量也源于这种威胁。这种力量不可避免地会有剩余，剩余就是形成螫刺的原因。而那些真正含有杀机，意在杀戮，并确实导致死亡的命令，在接受命令者身上留下的痕迹最少。

刽子手是这样一种人：他被人以死相威胁，目的是为了让他杀戮。他只能杀别人叫他杀的人。如果他严守命令，他是不会有事的。诚然他也会将自己在其他场合受到的某些威胁顺便带入命令的执行中，可以相信，他会将体内所储存的某些来源完全不同的螫刺同执行处决联系起来，但是他的本来任务的机械性实质不变。他屠杀他人，从而使自己免遭杀身之祸。对他来说，这是一项清楚明确的工作，并不阴森可怕。他在别人身上唤起恐惧，自己却没有这种恐惧之情。了解这一点很重要：官方杀手所接受的直接致死的命令越多，他们也就越心满意足。因此甚至狱卒都比刽子手更艰难。

诚然，社会以某种唾弃刽子手在自己的职业上所感到的快感给以还击，但即使这种唾弃也并没有真正对他不利。他比在他手下丧生的每一个牺牲品都活得更长而无须任何能力，他只是一件工具，而幸存者的威望自动落到他的身上。他娶妻生子，过着家庭生活。

第十四节　命令与责任

　　众所周知，在命令的指使下行事的人，能够作出最可怕的行为。如果将命令之源淹没，并迫使这些人回顾自己的所作所为，他们会认不出自己。他们会说：我没有做。而且他们绝对不是有意撒谎。如果有证人作证，使他们产生动摇，他们也还会说：我不是那样的，我不可能做出那种事。他们在自己身上寻找那种行为的蛛丝马迹，却一无所获。他们如此不受自己行为的影响，实在令人惊异。而他们后来的生活确实是另外一种，没有任何过去行为的色彩。他们不觉得有过失，没有任何懊悔。他们没有对自己的所作所为上心。

　　通常情况下，这些人对自己的行为颇有估价能力。大凡出于他们自己意志的行为，都能在他们身上留下人们所期待的痕迹。他们会因为杀害一个并未向他们挑衅的、不知名的、没有自卫能力的家伙而感到羞愧，折磨任何一个人都会使他们感到厌恶。他们不比周围的人更好，但也不比别人更坏。假如有人平日里对他们的为人了如指掌，一定会发誓说：归罪于他们是不公正的。

　　如果有一长排证人出席——这些受害者很清楚他们在说什么，如果他们一个接一个地认出行为者，并使他记起自己行为的每一个细节，那么任何怀疑都变得荒谬可笑，人们面对的是一个解不开的谜。

　　这对我们已不再是谜，因为我们知道命令的本质。行为者每执行一道命令，都会在自己身上留下螯刺，但螯刺犹如下达的命令一样对他而言都是异物。无论螯刺附在人体内多久，它都不会同化，它仍旧是异己之物。虽然我们在另一章节已经说明，多个螯刺有可能联结在一起形成新的怪物，并在人体内继续生长，但它们始终都清楚地同周围的环境分别开。螯刺是入侵者，永远不会加入国籍。它是不受欢迎的，人人都想摆脱它。它是人的所作所为，如我们所知，它具有分毫不差的命令的形态。它作为外来客寄居在接受命令者身上，并使他没有任何负罪感。行为者指责的不是自己，而是螯刺这个外来客，它可以说是真正的行为者，而他总是到处将它随身携带。命令同其接受者的本性越相违，后者对自己的所作所为就越不感到负疚，命令也就越清楚地沉积下来作为螯刺继续存在。螯刺是永远的证人，证明干这件事或那件事的并非行为者本人。行为者感到自己是螯刺的牺牲品，因此对真正的本来的牺牲品根本没有感觉。

　　的确，在命令的指使下行事的人，觉得自己是完全无辜的。如果他们能够认真考虑自己的处境，或许会因自己一度完全听任命令摆布而产生诸如惊异之类的感觉。但即使是这种明智的情感冲动也毫无价值，因为它来得太迟，一切都早已成为过去。曾经发生的，还会再发生，碰到与先前分毫不差的新情况，他们仍然没有对策。他们照旧听任命令摆布，毫无自卫能力，对命令的危险性也只是非常模糊地意识到。在最清醒的情况下——所幸这种情况少有，他们会化命令为厄运，然后以受其盲目对待为自豪，仿佛屈从于这种盲目很有男子汉气概似的。

经过一段漫长的历史，命令有了今天这样紧密而完善的形式，无论从哪一方面看，它都已成为人类共同生活中最危险的唯一因素。我们必须有勇气与之抗衡，动摇它的统治，必须找到途径使大部分人摆脱它。我们不能让它深入皮肤以下，要将命令的螫刺变成轻轻一碰就能脱落的牛蒡果。

第九章

转变

第一节　布须曼人的预感和转变

人的转变能力给了他统治其他生物的巨大力量，但这种能力几乎还没有被认真考虑并加以领会，因而它是一个最大的谜团：人人都拥有它，人人都运用它，人人都视之为理所当然，但却少有人对自己说，他们身上的精华部分归功于这种能力。要探究转变的本质极为困难，我们得从不同的方面去接近它。

有一部关于**布须曼人***的民间传说的著作，我认为是记载早期人类生活的最有价值的文献。尽管作者**布勒克**早在 100 年以前就记录了这些资料，而印刷成书也有近 50 年，这部著作却尚未被人充分利用。书中有一段是关于布须曼人的**预感**，从中可以获得重要信息。[113] 我们即将看到，这种预感涉及形式非常简单的转变的**征兆**。布须曼人从远处就能感觉到人来了，尽管他们既看不到也听不见来人。他们还能感觉到野兽靠近，并在自己身上作记号以对它们的靠近加以辨认。下面就有几个原文中的例子。

一个男子叫他的孩子们去等他们的祖父来。"你们四下看看，我觉得好像是祖父来了，因为我感觉到他身上旧伤的位置。"孩子们四处张望，看见远处有一名男子，便对父亲说："那边来了一个男的。"父亲告诉他们："那是你们的祖父来了。我知道他来了，我

---

*　非洲南部的土著民族。——译注

从他身上旧伤的位置**感觉到**他的到来。我想要你们亲眼看见他真的来了，因为你们不相信我的预感，但它说的却是事实。"

这里发生的故事简单得令人佩服。那位老人，也就是孩子们的祖父，显然离得很远。他身体的某个部位有一处旧伤，而他成年的儿子，也就是孩子们的父亲，很清楚这个部位。这是那种反复发作的伤口，大家时常听见老人谈起它，我们可以称之为老人的"特点"。当儿子想父亲时，就会想到他的伤口，但还不单单只是想：他不仅想象这伤口以及它在身体的确切部位，而且还在自己身体的相应部位去感觉它。一旦有了感觉，他便设想有一阵子没见的父亲正在走近。他感觉到他在走近，因为他感觉到他的伤口。他把这告诉给孩子们，他们却似乎不太相信，也许他们还没有学会相信这种预感的正确性。于是他叫他们四处张望，果然，有一名男子正在走近，那只能是祖父，就是他。他们的父亲说得对，他身上的感觉没有欺骗他。

一位妇人离开家，用一条皮带把孩子背在背上，男人则留在家里，静静地坐着。妇人去办事，好长时间没回来。突然间，男人感觉到妇人背上的皮带，"他就在那个部位感觉到"，仿佛是他自己背着孩子似的。一旦他感觉到皮带，他便知道太太带着孩子回来了。

同样的预感也会涉及动物，这些动物对于布须曼人就如同至亲一样重要，可以说是他们猎取和食用的至亲动物。

一只鸵鸟在温暖的阳光下漫步。一只黑色的小昆虫——布须曼人称之为鸵鸟虱——咬了它的后颈，于是鸵鸟用脚爪搔痒。布须

490

曼人在自己脖子靠下的部位，也就是鸵鸟搔痒的同一个地方，感到某种异样，那是一种如敲打般的感觉，这种感觉告诉布须曼人，附近有一只鸵鸟。

跳羚是对布须曼人特别重要的一种动物，他们有很多预感都同跳羚一切可能的活动及特性有关。

"我们脚上有感觉，我们感觉到它们的脚在灌木丛中沙沙作响。"脚上的这种感觉便意味着跳羚来了。并非布须曼人**听见**它们发出沙沙声，因为它们还离得太远。但是布须曼人自己的脚却发出沙沙声，因为跳羚的脚在远处沙沙作响。不仅如此，从跳羚转移到布须曼人身上的还远远不止脚的运动。"我们脸上有一种感觉，因为跳羚脸上有黑色条纹。"这条黑纹从额头中央开始，一直延伸到鼻子底端，于是布须曼人便觉得仿佛自己脸上有一道黑纹。"我们眼睛上有一种感觉，因为跳羚的眼睛上有黑色印记。"

有个人感觉到肋骨上有什么东西在敲打，就对孩子们说："好像是跳羚来了，我感觉到它身上的黑毛。你们到那边山丘上四处看看，我感觉是跳羚来了。"跳羚的胁腹上有黑毛，对布须曼人米说，他们肋骨上的敲打感就意味着动物身体两侧的黑毛。

在谈论这种现象时，另一个在场的人也同意前者的说法。他对跳羚也有预感，不过是另外一种：他感觉到被枪射死的动物的血液。

"当跳羚的血就要流到小腿肚上时，我的小腿肚就会有感觉。每当我要射杀跳羚时，总是感觉到血。我坐着，后背上便有背跳羚时它的血流淌下来的感觉，而它的毛就搭在我的背上。"

有一种说法是："当我们要砍下跳羚的角时，头部就会有感觉。"另有一种说法是："当我们躺在茅屋阴处时，常有数量众多的东西先过来了。它们想我们大概是在睡午觉，因为我们常常躺下午睡。不过当这些东西迈腿走动时，我们就不再睡了，因为我们在膝盖以下的凹处有某种感觉，那是我们背猎物时血滴上去的地方。"

从布须曼人说的这些话中可以看出，他们是多么看重这一类预感。每当要发生什么事情，他们身体就会有感觉，他们肉体内的敲击感会对他们说话，告知他们情况。正如他们所说，他们的字母就在体内，这些字母会说话，会活动，还会使他们自己动起来。当一名男子觉察到体内的敲击时，他会要求其他人安静下来，自己也一声不响。预感所言为真，愚蠢的人不懂这种教导，会陷入不幸，被狮子吃掉，或是发生其他糟糕的事情。敲打的信号告诉那些懂得它的人，哪条路不要走，哪些箭不要用。如果有许多人乘一辆车向房屋靠近，敲打的信号就会发出警告。如果有人在找人，敲打的信号就会告诉他，应当在哪条路上才能找到。

在此探究布须曼人的预感是经得住考验的还是欺骗人的，并不是我们的事情。或许他们发展出这种能力并在日常生活中加以训练，而我们却已丧失了这种能力。或许他们有理由继续相信自己的预感，哪怕偶尔被这种预感欺骗了。无论怎么样，他们对预感方式的表述都属于有关**转变**本质的最珍贵的文献，没有什么能与之相比，因为从神话或童话中获悉到的一切有关说法都可以被反驳为杜撰，但在这里我们却了解到，当一个布须曼人想到远处的鸵鸟或跳羚时，他在实际生活中的心情如何，他会发生什么事，以及想一个不是他自己的生物究竟意味着什么。

布须曼人赖以确认动物或其他人向他们靠近的信号就在他们自己身上。我说过，他们的预感是转变的**征兆**。如果要保留这些信号对于研究转变的价值，首先必须提防将不相干的事物带入布须曼人的世界，必须照真实面目保留这些信号的简单性和具体性。我们将这些信号从引文中抽取出来，并依次逐一列举：

1．儿子在自己身上的同一部位感觉到父亲的旧伤。

2．男人在自己肩上感觉到妻子背小孩的皮带。

3．鸵鸟用脚爪在后颈被"鸵鸟虱"叮咬的地方搔痒，布须曼人则在自己的脖子上感觉到鸵鸟搔痒的部位。

4．有个人在自己脚上感觉到跳羚在灌木丛中发出沙沙声，在自己脸上感觉到跳羚从前额到鼻端的黑色条纹，在自己眼睛上感觉到跳羚眼睛上的黑色印记，在自己肋骨上感觉到跳羚胁腹上的黑毛。

5．有个布须曼人感觉到小腿肚上和背上的血，那是他要射杀的跳羚的血，他将把跳羚背在背上。他还感觉到背上有跳羚的毛。此外，在头部能感觉到即将砍掉的跳羚角的部位，在膝窝以下能感觉到血，因为在背猎物时血常常滴到上面。

第5项全是涉及死去的动物，对动物血的兴趣在此决定了转变的特质。这种转变不如在前面四种情形下来得简单，因此最好还是先看看前面几种情形。所有这些情形最基本的要素就是，**一体等**

同于另一体。儿子的身体就是父亲的身体，因此他在同一个部位感应到父亲的旧伤。丈夫的身体就是妻子的身体，因此妻子用来背孩子的皮带也在丈夫的同一个肩膀上施加压力。布须曼人的身体就是鸵鸟的身体，因此他感到"鸵鸟虱"在叮他的脖子的同一部位，于是他便搔抓着这个地方。

在这三种情形中，躯体等同现象各有一个特征，而这些特征彼此间大相径庭：伤口是身上的老毛病，皮带对人产生一定的、持续的压力，搔痒则是孤立的动作。

最有意思的是跳羚的例子。这里有四五个特征合在一起，赋予两躯体的等同以某种非常完美的东西。一个是脚上的运动；还有胁腹上的黑毛；从额头下来延伸到鼻子的黑条纹；眼睛上的黑色印记；最后是头部长角的地方，仿佛人自己头上也长着角似的。这里的活动——不是搔痒，而是脚的活动——增添了某种类似完整面具的东西。动物头部最显眼的就是角，然后就是所有黑乎乎的地方，即黑条纹和眼睛上的黑色印记，三者组合成最简化的面具。布须曼人把这面具当作自己的头，但它就跟动物的头一样。他们感觉到动物胁腹上的黑毛，仿佛自己正披着动物的毛皮，但那是他们自己的皮肤。

同一个布须曼人的身体可以变成他的父亲、妻子，以及鸵鸟、跳羚的身体。他可以在不同时间成为他们，然后又再次成为他自己，其意义是重大的。一个接一个的转变是根据外在原因而更迭交替的，它们是纯然无杂的转变：布须曼人感觉到来的任何生物都保持本色。

494

而他则将这些转变区分开，否则它们毫无意义。因此有伤的父亲不是系皮带的妻子，鸵鸟也不是跳羚，布须曼人可以放弃的他自己的身份在转变中也保持不变。他可以是此或彼，但此或彼是相互分离的，因为在转变与转变之间，他总是又成为他自己。

决定转变的一个个简单之极的特征可以称作转变的节点。那么父亲的旧伤，妻子的皮带，跳羚的黑条纹便都是这样的节点。这是经常被提到或始终被关注的其他生物的显著特征，也是当人们期待某种生物出现时所注意的特征。

不过被人追捕的动物却是非比寻常的情况。猎人真正想要的是它的肉和血。当他将动物猎杀后往家里扛时，心情格外愉快。对他来说，作为战利品从背上垂下来的动物尸体，要比活生生的动物更重要。他感觉到动物血滴在他的小腿肚上，膝窝下，还感觉到背上也有动物的血和毛。他背的尸体不是他自己的身体，也不可能是，因为他要吃掉这尸体。

因此布须曼人对跳羚的预感包含不同的阶段。前面已述及他们感应活生生的动物的方式，即他们的身体变成活动和观望的动物的身体。不过他们对死去的动物也有感觉，那是别样的、异己的躯体，紧紧地挨着他们的身体，再也无法从他们手里逃脱。这两个阶段可以替换。或许先有一个人以为自己处于前一个阶段，还有另一个人以为自己处于后一个阶段，他们可以相互跟随，一个紧接一个地先后出现，合起来便容括了布须曼人与动物之间的完整关系，以及从动物沙沙作响暴露行踪到流血身亡的整个狩猎过程。

第二节　逃跑转变　歇斯底里、躁狂症与抑郁症

　　为了**逃跑**而转变，以从敌人手里逃脱，是极其普遍的事，这在世界闻名的神话与童话故事中都能找到。下面四个例子就阐明了逃跑转变所采取的不同形式。

　　我将逃跑转变区分为**直线式**和**圆周式**两种主要形式。直线式是极为常见的**追猎**形式。一个生物追逐另一个生物，两者之间的距离在缩小，就在猎物要被逮住的一瞬间，它转变成另一种东西逃脱了。于是追猎继续下去，或者根本就是从头开始。危险再次加大，追猎者越来越近，或许它甚至成功地逮住了猎物，但这时候猎物转变成另一种东西，并在最后关头再次逃脱。同样的过程可以重复无数次，只要是不断地找到新的转变。为了使追猎者感到意外，转变必须出其不意。猎人追逐的是特定的、非常熟悉的猎物，他知道它逃跑的方式，知道它的形象，也知道在什么地方用什么办法可以逮住它。转变时刻使他不知所措，他必须想出新的狩猎方式，因为变化的猎物要有变化的狩猎，猎人必须改变自己。从理论上讲，这一系列的转变是没有尽头的，于是童话便热衷于编出长长的故事，并且大都站在被追猎者一边，喜欢以追猎者的失败与毁灭告终。

　　澳大利亚土著居民**洛利提亚人**的神话中有一则看似简单的直线式转变逃跑的例子。图腾祖先，"不朽的无生物"**特库提塔**以人形从地里冒上来。他们保持着人形不变，直到有一天一只可怕的黑

白相间的巨狗出现，盯上他们，并朝他们追来。他们逃窜着，但惟恐速度不够快。为了能更好地逃亡，他们尽可能转变成各种动物，故事中提到的有袋鼠、鸸鹋和山雕。不过要注意的是，他们当中的每一位只变成某一种动物，并且只要还在逃亡中，就保持这种形象。此时，另有两位祖先出现了，和他们相似，但显然要比他们更强壮或更勇敢。这两位祖先把巨狗吓跑，杀死了它，于是大多数特库提塔又恢复了人形。危险过去了，他们再也没有什么可惧怕的，但是他们仍保有转变的能力，可以任意转变成逃窜期间他们曾经变成的动物，并沿用它们的名字。[114]

只转变成一种动物，这种限制决定了这种图腾祖先的本性。我将在另文中详细谈论这种双重形象，而此处恐怕只要突出一点就足够了，即他们所经历并且永远都可能施行的转变是通过逃跑得以完成的。

格鲁吉亚童话《师傅和徒弟》[115]中包含着丰富多彩的直线式转变。邪恶的师傅就是魔鬼自己，他收男孩为徒，教他各种魔法，但他再也不愿放男孩离开，而要永远利用他为自己效力。男孩逃了，却又被师傅逮住，关进一间昏暗的棚子。他想逃走，却无计可施。日复一日，他越来越沮丧。

有一天，他注意到棚子里透过一线阳光。他查看了一下，发现门上有一条裂缝，光线就是从这里透进来的。他立刻变成一只老鼠，从门缝钻了出去。师傅发觉他跑了，就变成一只猫去追这只老鼠。

于是一连串的转变开始了。就在猫张开大口要咬死老鼠的当头，老鼠变成鱼跃入水中。师傅立即变成一张网尾随鱼后，就在将要捕到鱼的时候，鱼又变成了野鸡。师傅变成鹰追过去，就在鸡感觉到鹰的利爪之时，它变成一只红苹果直落在国王的怀里。师傅变成一把刀，突然间握在国王手里。国王要切苹果吃，苹果却不见了，变成一小堆黄米。黄米面前有一只母鸡带着它的小鸡——都是师傅变的，它们将米粒啄起，直到剩下最后一小粒。这粒米在最后时刻变成一根针，母鸡和小鸡则一齐变成一根线穿入针孔里。针突然烧起来，将线烧毁。师傅死了，针又变成男孩，回到父亲身边。

这一连串成对的转变分别是：老鼠和猫，鱼和网，鸡和鹰，苹果和刀，黄米和带小鸡的母鸡，针与线。在每一项配对中，无论是动物还是物品，一方总是跟另一方相适应，代表师傅的一方总是追逐代表徒弟的另一方，而徒弟的化身总是在最后时刻通过转变获救。这是一场精彩的追捕，并且正是由于其中的转变方式而极具跳跃性，其场所同人物一样变换迅速。

论及**圆周式**的转变，我们便想到《奥德赛》中普洛透斯*的故事。[116] 聪明的海中老人普洛透斯是海豹的主人，并且和海豹们一样每天到陆地上来一次。海豹先到，然后是普洛透斯。他仔细清点他的海豹群，然后躺在他们当中睡觉。墨涅拉俄斯†在从特洛伊返回的途中遇到逆风，漂泊到普洛透斯居住的埃及海岸。几年过去，墨涅拉俄

---

* 希腊神话中的海中能占卜未来的老人和海豹的牧人，海神波塞冬的下属。——译注
† 希腊神话中的斯巴达国王，迈锡尼国王阿特柔斯的幼子，他的妻子海伦被诱拐，引起特洛伊战争。——译注

斯和他的同伴们仍然寸步难行，他非常绝望。这时候普洛透斯的女儿出于怜悯而指点他该怎么做才能捉住她的父亲，那个能占卜未来的人，并迫使他说出答案。她给墨涅拉俄斯和他的两个同伴提供海豹皮，并在沙滩上掘洞让他们三人钻进去，然后盖上海豹皮。于是三人不顾恶臭，耐心地等候着，直到海豹群过来，将他们天衣无缝地掩盖住。普洛透斯从海里冒出，清点他的畜群，然后安心地躺在它们当中睡觉。时机到了，墨涅拉俄斯和他的两个同伴将睡梦中的老人捉住，死死不放。普洛透斯千变万化，试图挣脱他们。他先变成一头长毛的狮子，然后又变成一条蛇，而他们还是牢牢地抓住他。他变成一只豹子，一头强壮的公猪，他们仍然紧紧不放。他又变成水，变成一棵枝繁叶茂的树，他们还是不松手。他所尝试的种种变化都在他们牢固的掌握之下。最后，他终于厌烦了，恢复海中老人普洛透斯的形象，问他们要什么，并给予回答。

为何这种转变逃跑的方式可称作**圆周式**，已是一目了然。所有的一切都发生在一个地方，每一次转变都是在尝试以另一种形象，可以说在另一方面进行突破，但每一次转变都是徒劳，都在墨涅拉俄斯和他的朋友的掌握之下。这已谈不上追捕，因为追捕已结束，猎物已被抓获，而转变只是**被俘者**一连串不断被挫败的逃跑的尝试，于是他最终不得不屈服于命运，照别人的要求去做。

最后我想在这里引用珀琉斯与忒提斯的故事，他们作为阿喀琉斯的双亲获得了不小的名气。珀琉斯是凡人，忒提斯则是仙女，她拒绝与珀琉斯结合，因为她看不起他。于是珀琉斯趁她在洞穴里睡觉时突然袭击，将她捉住不放。她跟普洛透斯一样试图千变万化，变成火，变成水，又变成狮子，变成蛇，可珀琉斯还是不放手。她变成一只又大又滑的乌贼向他喷吐墨汁，但是这一切都无济于事，她不得不向他屈服。后来，她几次想要杀死为他生的孩子，但终于成为阿喀琉斯的母亲。

此处的转变方式完全同普洛透斯的相似，被俘的情形也是一样，也是攻击者将她捉住，不放她走。她的每一次转变都是企图寻求新的脱身之道。可以说为了找到一个突破点，她绕了一个圈子，却无论在哪儿都没能跨出这个圈子。她依然是别人的俘虏而终于万变不离其宗地以忒提斯本人的身份屈服了。

忒提斯的故事本来并没有给普洛透斯的故事增添什么新意，我之所以引用这个故事，是由于它的性爱色彩。它令人想起一种频繁发作而又广为人知的疾病形式：歇斯底里[117]。此病发作严重时无异于一连串急剧的逃跑转变。如果是女患者，她会觉得自己被一股压倒优势的力量抓住不放，也许是她要摆脱的一名男子，一名爱她并占有她的男子，或者是一个像珀琉斯那样要先占有她的男子。也可能是一位神父以上帝的名义将她囚禁，要么是一位神灵或是上帝自己。无论是哪一种情况，重要的是，牺牲品觉得那股压倒优势的力量距离自己很近，并直接掌握了自己，而他所做的一切，特别是他的每一次转变，都是为了让对方松手。转变之丰富多彩令人惊异，而其中许多转变只在开始阶段变得明显。变成**死尸**是最常见的转变之一，这种转变久经考验，而且大家知道，许多动物就有这种情况。

猎物希望敌人把自己当作死尸而放弃掉，于是他躺着不动，敌人便走开了。这种转变是所有转变中**最核心**的一种：猎物成为圆周的核心，以致不再动弹。他一动不动，就像死了一样，于是追捕的一方离他而去。不难想象，假如别人不知道忒提斯和普洛透斯都是神的话，装死该对他们有多大帮助。那样的话忒提斯就不会被人爱上，普洛透斯也不会被迫预言。但他们两个都是神，都是不朽的。他们也许可以伪装得很好，但唯独没有人相信他们会死。

逃跑转变的圆周形式便是歇斯底里的特色，同时它也解释了这种疾病的最引人注目之处，即常常由性爱故事过渡到宗教性故事。任何被俘的方式都会引发逃跑，如果抓获的一方有力量不放手，那么逃跑的尝试便永远都会成为徒劳。

从**萨满**[118]的作法上可以看到与逃跑转变相反的情形。在整个降神会期间，他们一直待在一个地方，四周围着一圈人旁观。不论灵魂发生了什么事，他们的有形躯体都仍然留在原地。有时候，他们让人将自己捆绑起来，惟恐灵魂无法控制肉体。无论是萨满必须附着于他们作法的肉身核心，或是在场信徒们围观，两者都足以强调突出了降神会的圆周性。相继发生的转变迅速、频繁而又极其强烈，然而由于根本上不同于通常的歇斯底里发作，他们的转变绝不是为了帮助逃跑。萨满是通过转变引来**辅助神灵**听命于他，他亲手逮住他们，迫使他们助他一臂之力。萨满是**主动的**，他的转变是为

---

* 西伯利亚和乌拉尔-阿尔泰各民族的宗教体系以及全世界其他许多民族的类似宗教体系中据说能治病并与世外世界相通的人。——译注

了增强自己的力量，而非逃避比自己强大的人。他的灵魂上穷碧落，下至黄泉，而躯体却显然毫无知觉地躺在原处。他像鸟一样拍打着翅膀，任意翱翔；他潜入水中，一直沉到海底，前往女神的住处，向她提出迫切的要求；他又不断地返回肉身核心，信徒们在那里忧心忡忡地等候他的消息。他也可能在某处被吓跑，或被迫通过转变脱身，不过大体上萨满的行为方向是张扬而霸道的，他的情形同普洛透斯与忒提斯的相似之处仅在于累积转变的圆周性。

在此很值得回到格鲁吉亚童话《师傅和徒弟》中的直线式转变。我们还记得，那个师傅变成了猫，去抓变成老鼠逃走的徒弟。后来师傅还变成网，变成鹰，变成刀，变成一只带着小鸡的母鸡，而他的每一次转变都是为了一种新的追捕方式。就师傅而言，这是一连串迅疾的侵略性转变，不仅是追捕方式，而且也是追捕场所的变换。事件的跳跃性与扩大化，连同引发事件的危险意图，与另一种心理疾病，即**躁狂症**的发作过程有着引人注目的相似之处。躁狂症患者的转变非常容易，既有猎人的直线性与巡逻性，又有猎人在未达目的而又不放弃追猎时转换目标的跳跃性。无论陷入何种境地，猎人始终保持紧张而决然的情绪，躁狂症患者的转变就具有这种情绪的高昂与乐观。童话中的那个徒弟代表变幻的猎物，他可以变成任何东西，但归根到底还是同一个东西，即猎物。躁狂症就是一种获取猎物的发作，它着重于发觉、追上并逮住猎物，而吞食猎物则并不那么重要。当徒弟从昏暗的棚子里逃走时，师傅的追猎才成其为追猎。假如师傅再次将他牢牢地关进棚子里，那么追猎也就结束了，可以说躁狂症的发作也就此结束。

　　徒弟的出场最先是在棚子里。"他想逃离，却无计可施。时光流逝，他越来越消沉。"从这段文字中，我们看到的是躁狂症的对立面的开端，即抑郁症。既然对躁狂症谈了许多，那么或许也该谈谈抑郁症的情况。[119]

　　当所有的逃跑转变均告结束，逃跑者觉得一切都是徒劳时，抑郁症便开始发作了。处于忧郁状态的人，是遭到侵袭而被逮住的人，他再也无法脱身，也不再转变，他的一切尝试都是徒劳。他已屈服于自己的命运，视己为猎物，并且每况愈下：起先是猎物，然后成为饲料，最后只剩下腐尸或粪便。越来越削减自身的贬值过程，以转义的形式表达为过失感。过失原本就意味着处于他人的权限之内，至于是否有过失感或觉得自己是猎物，归根到底反正都一样。患抑郁症的人不愿进食，他也许会说他拒绝进食的原因是：这不是他所应得的。而实际上他不愿进食是由于他认为自己就要被人吃掉。如果逼他进食，就会使他想到他的嘴是朝自己张开的，仿佛有人在他面前举着一面镜子，他在镜子里看见一张嘴，看见这张嘴在吃东西，被吃掉的却是他自己。于是对于老是进食的可怕惩罚突然间不可避免地到来了——归根到底，这是整个逃亡结束时最后的转变，变成被食者，而为了避免这种转变，呈现各种形态的一切活物便都逃了。

第三节　自我繁衍与自我消耗　图腾的双重形态

关于澳大利亚中部的**北阿兰达人**[*]，**施特雷洛**记录了不少神话故事[120]，特别是其中的两则引起我们的兴趣。第一则是负鼠神话，译文如下：

开初一片混沌，黑夜像无法穿越的灌木丛压在大地上。先祖——名为卡洛拉——在漫无止境的黑夜中，躺在伊巴林杰的小水塘底沉睡，不过那时水塘里还没有水，全是干土地。他身上覆盖着一层泥土，上面长满了鲜红的花朵和各种各样的草，一根大柱子在他上面晃动着。这根柱子是从伊巴林杰小水塘的紫色花坛中央冒出的，卡洛拉的头就枕着柱子根。柱子从这里伸向天空，仿佛要直抵苍穹。它是有生命的，还有跟人一样光滑的皮肤。

卡洛拉的头就枕着这根大柱子的根：他从一开始就是这样躺着。

卡洛拉思想着，种种愿望和欲念从他脑海里穿过。突然间，一只只袋狸从他的肚脐和腋窝冒出来，穿透他身上的泥土外壳，蹦蹦跳跳地落地而生。

此时，天开始亮起来，曙光从四面八方显现：旭日东升，普照万物。当太阳升得更高的时候，先祖想要起身了。他冲破覆盖在身

---

*　原来居住在澳大利亚中部芬克河上游及其支流地区的土著部落。——译注

504

上的外壳，身后留下一个敞开的窟窿，这个窟窿就变成伊巴林杰水塘，里面充满香忍冬芽的深色甜汁。先祖站了起来，觉得饿了，因为他身上的魔力已经使尽了。

他还是感到头昏脑胀；慢慢地，他的眼皮开始颤动，于是他将眼睛稍微睁开一点。他在昏昏沉沉的状态中四处摸索，觉得到处都是袋狸群在动。现在他站得稳当些了，他动着脑子，心生欲望。饥饿中他逮住两只幼小的袋狸，拿到稍远一些的地方，那里距离太阳近，地面被太阳烤得滚烫，他就将袋狸埋在地里煨熟。单是太阳的手指就可以供给他火和热灰。

肚子一饱，他就想到要有一位帮手。但此时已临近夜晚，太阳将脸藏进毛发织成的面纱，将身子裹进毛发织成的垂饰，从人们眼前消失。卡洛拉将双臂伸向两侧，沉沉入睡。

就在他睡觉的时候，腋窝下生出状似牛鸣器的东西，这东西化作人形，并在一夜之间长成年的小伙子：这就是卡洛拉的长子。那一夜卡洛拉醒了过来，因为他觉得有什么东西重重地压着他的手臂：他看到自己的第一个儿子就躺在身旁，头枕在父亲的肩膀上。

大亮了，卡洛拉起来大叫一声，震颤的声音将儿子的生命唤醒。儿子站起身来，绕着父亲跳起仪式舞，而父亲则坐在那里，身上装饰着由鲜血和羽毛构成的各种图案。儿子跌跌撞撞，摇摇晃晃，因为他还处在半醒状态。父亲剧烈抖动着躯干和胸膛，然后儿子将双手放在他身上。第一节仪式告一段落。

这时候父亲派儿子再去杀几只袋狸，它们就在附近阴凉的地方安静地玩耍。儿子将猎获的袋狸带回来给父亲，父亲则跟上次一样将袋狸埋进被太阳灼热的土里煨熟，然后同儿子一道分享袋狸肉。夜晚来临，父子俩很快就入睡了。这一夜，父亲又从腋窝里生出两个儿子。第二天一早，他也跟上次一样用震颤的大叫唤醒儿子的生命。

这一过程重复了很多个日日夜夜。儿子们照料狩猎的事，父亲则在每天夜里生出越来越多的儿子——有几夜竟生出 50 个。但这样的日子不久就到头了。很快，父亲和儿子就吃完了原本是从卡洛拉身体里蹦出来的袋狸，饥饿之中，父亲派儿子们出去狩猎三天。儿子们横穿大平原，在白色的深草之中和几乎没有边际的昏暗的树林里长时间地搜寻，但广阔的灌木丛中没有袋狸，他们只好返回。

已是第三天，儿子们在归途中又饿又累，四周一片寂静。突然间传来一阵像牛鸣器鸣叫似的声音，他们侧耳倾听，然后开始寻找发出声音的人。他们找了又找，用手里的棍棒去刺戳袋狸的每一处巢穴和栖息地。突然，一只黑乎乎、毛茸茸的东西跳起来跑了，随即便有人喊道："那是一只沙丘袋狸。"于是他们抢起棍棒朝这只动物扔去，打断了它的一只腿，接着便听见受伤的动物唱道：

"我，詹特拉玛，如今瘸了腿，

对，瘸了腿，而我身上有永远不褪的紫色。

我和你们一样，是人不是袋狸。"

506

瘸腿的詹特拉玛唱着歌一跛一拐地走了。

惊讶不止的兄弟们继续往回家的路上走，不久便看见父亲向他们走来，他带儿子们回到小水塘，大家一起围成圈坐在水塘边缘，一圈绕一圈，宛如水中泛起的波纹。这时从东面涌来一股洪水般的甜蜜，是从香忍冬芽里流出来的。蜜流将他们淹没，并将他们冲回伊巴林杰水塘。

老卡洛拉留在小水塘，儿子们却被底下水流继续冲到灌木丛中的一个地方，并在那里撞上了伟大的詹特拉玛，那个被他们无意中用棍棒打断了腿的人，如今他成了伟大的首领。而卡洛拉则继续在伊巴林杰水塘底长眠不醒。[121]

第二则是卢卡拉神话：

最初，在举世闻名的卢卡拉，一个大水洞的边缘，有个老头躺在威彻提幼虫生长的一个灌木下沉睡。时光流逝，他安安静静地躺在那里，像一个处于无休止的半睡半醒状态的人。从一开始他就一动不动，始终枕着自己的右臂。时光就在他的睡眠中从他身上流逝。

当他在永恒的瞌睡中打盹时，白色的幼虫从他身上爬过。它们一直就在他身上，而老头一动不动，也不曾醒来，他在深深的睡梦中。幼虫像一群蚂蚁爬过他的全身，老头不时轻轻地拂掉几个，却并没有从瞌睡中醒来。被拂掉的幼虫又爬了回来，爬到他身上，钻进他的身体。他没有醒来，时光继续流逝。

一天夜里，就在老头枕着右臂睡觉的时候，他的右腋窝下掉出一个状似威彻提幼虫的东西。这东西落到地上，变成人形，迅速生长。第二天一早，老头睁开双眼，惊讶地看着自己的第一个儿子。[122]

神话中继续说，有一大群人以同样的方式"出生"。他们的父亲一动也不动，而他所表现出的唯一的生命迹象便是睁开眼睛。他甚至拒绝儿子们孝敬他的任何食物。儿子们则不辞辛劳地从附近的灌木根中挖掘威彻提幼虫，将它们烤着吃。有时候他们甚至想再变回到幼虫，于是便唱一段咒语，变成幼虫再次钻进灌木根中，然后再从那里回到地面上来变成人形。

这时候来了一个陌生人，是和他们一样的人，只是他来自遥远的波林卡。陌生人看见卢卡拉兄弟们挖掘的肥胖的幼虫，很想吃。他把自己又长又瘦、可怜兮兮的幼虫拿出来跟他们交换，他们却用挖掘棒轻蔑地将这包幼虫推到一边，一句话也不说。陌生人生气了，他一把抓过卢卡拉兄弟的幼虫就跑，他们来不及拦住他。

卢卡拉兄弟们惊慌地回到父亲身边。在他们到来之前，父亲已经感觉到他们丢了那包幼虫，因为当强盗夺走幼虫时，他感到身上一阵剧痛。他缓缓地站起身，踉踉跄跄地去追那个强盗，但是他再也没有把东西追回来，强盗已将幼虫带到遥远的波林卡。父亲倒下了，他的身体变成活生生的丘林加*（一种圣物纪念石）。儿子们也都变成了丘林加，就连被盗的那包幼虫也变成了丘林加。

这两则神话讲的是两个完全不同的祖先：一个是袋狸或袋鼠之父，一个是威彻提幼虫之父，两者都是阿兰达族的重要图腾。直到传说被记录下来的那一天，这些图腾依然存在，并且还有庆典。我想强调两则神话的几个显著共性。

袋狸的祖先卡洛拉起先长期孤身一人。他躺在漫无边际的黑暗之中，沉睡在水塘底的一层泥土之下。他头脑不清醒，而且什么都还没做过。突然间，他体内生出一大堆袋鼠，它们从他的肚脐和腋窝钻了出束。太阳出来了，阳光使得他冲破了泥土层。他想吃东西，却感到头昏脑胀，他就在这晕眩状态中四处摸索，而他首先触摸到的便是**围在身边的活生生的一群袋鼠**。

在另一则神话中，幼虫之父——他的名字没有说明——躺在一棵灌木底下睡觉。他已睡了很长时间，白色的幼虫爬满全身上下，就像一群蚂蚁。有时候，他会在睡梦中轻轻地拂掉几个幼虫，而它们又爬回来钻进他的身体，他就在密集的幼虫堆中照睡不误。

两则神话皆以睡眠开始，两则神话中跟其他生命的最初关系都具有群体感的特征，那是最紧密、最直接的，即**皮肤的群体感**。一个是在半醒状态中第一次四处摸索，摸到袋鼠；另一个是在睡梦

---

* 澳大利亚土著宗教中的神物和礼器，通常用木或石制成。丘林加是澳大利亚阿兰达族的一个词，原指圣物或塔布（禁忌）。——译注

中感到皮肤上有幼虫并将它们拂掉，却并没有摆脱它们——幼虫爬回来钻进了他的身体。

感到全身爬满成群的小昆虫，这种感觉自然是众所周知的。这不是什么令人喜爱的感觉，它往往产生于幻觉之中，比如因酒精中毒引起的震颤性谵妄。不是感觉到昆虫，就是感觉到老鼠，总之皮肤发痒或觉得被咬都会归咎于昆虫或啮齿目小动物。在下一章我要详细解释"皮肤的群体感"这种提法并说明其合理性。不过这类情况同神话中的情况之间有着重要区别，值得注意。在阿兰达族的神话中，这种感觉是舒服的，先祖感觉到的是自己身上生出的东西，而不是从外攻击他的敌对物。

第一则神话中说袋鼠从先祖的肚脐或腋窝钻出来，它们起先是在先祖自己体内。这位父亲最是奇特，我们可以称之为群体之*母*。无数生命同时从他身上降生，而降生的地方又并非通常的生育部位。他就像是蚂蚁女王，只不过是从完全不同的身体部位产卵。第二则神话中说，幼虫一直就存在着，至于它们是先祖自己身上产的，它们在他身上蠕动或钻进他体内，这些都暂时不提。但是故事的发展令我们猜想这些幼虫原本就是出自先祖，先祖自己本来就完全由幼虫构成。

这里所说的生育不仅由于父亲是生育者并生出了这样的群体而使人惊奇，而且生育继续下去，生出了完全不同的东西。

袋鼠之父卡洛拉饱餐之后，夜已降临，于是他又睡着了。他的一个腋窝下生出牛鸣器，变成人形，一夜之间就长成了小伙子。

卡洛拉觉得手臂上被什么重物压着，醒来一看，身边躺着他的第一个儿子。第二天夜里，他又从腋窝生出两个儿子。这种情形持续了许多夜晚，做父亲的一次比一次生得多，有几夜竟生出了50个儿子。即使从最狭义的字面意义上讲，这整个过程也堪称卡洛拉的**自我繁衍**。

第二则神话中的情形也极其相似。老头一直枕着自己的右臂睡觉，一天夜里，他的右腋窝里突然掉出一个形状像威彻提幼虫的东西，这东西落地后变成人形，迅速生长。天亮的时候，老头睁开双眼，惊讶地看着自己的第一个儿子。同样的过程重复下去，一大批"幼虫人"就这样降生了。有一点现在就指出来很重要，即这些人会随心所欲地变成某种幼虫，然后再变回成人。

因此两则神话都是讲自我繁衍，两则神话都涉及**双重生育**，即同一位祖先生出两种不同的生物。袋鼠之父先产下一大批袋鼠，然后又生了一大批人。两种生物以同一种方式降生，他们必然互认为是近亲，因为他们有着**同一个父亲**。他们都以同一个名字命名：袋狸。以此作为**图腾**名，意味着属于此图腾的人，乃先他们而生的袋鼠的弟弟。

同样的说法也适用于威彻提幼虫的祖先，他是幼虫之父，也是人之父，人是幼虫的弟弟，他们在一起便具体体现了伟大祖先图腾的多产。我们应当感谢斯特雷洛记录了这样一些重要的神话，他对此有一段精彩的表述："先祖是威彻提幼虫的活生生的本质的总和，动物和人在此被视为一体。或许可以这么说，始祖的每一个细胞都是一个活生生的动物或是一个活生生的人。如果先祖是威彻提幼虫人，那么他身上的每一个细胞，都可能是单独的活生生的威彻提幼虫，或是单独的以威彻提幼虫为图腾的活生生的人。"[123]

人子有时候想再变成幼虫，这使图腾的两面性显得格外明了。于是他们唱一段咒语，变成幼虫爬回灌木根中，那是这类幼虫通常栖身的地方。他们还可以从那里再钻出来，随心所欲地恢复人形。这些单独的形态仍然是清楚明了的，要么是幼虫，要么是人，但他们彼此可以互变。**局限于**这种特定的变化——因为毕竟还有无数其他可能，乃图腾的本性。生育这两种生物的先祖只同他们两者相关，跟其他生物没有关系，他体现了这两种生物之间除世上可能还有的任何其他亲缘关系之外的古老的亲缘关系。他的儿子们感到时而此形时而彼形的乐趣，他们可以运用咒语满足这种欲望，进行这样一种与生俱来的转变。

图腾的双重形象的意义是根本强调不够的。转变本身——不过这是**一种完全特定的**转变，在图腾的形象中确定下来，并传递给后世，这些都在图腾繁衍的重要仪式里以戏剧性的方式表达出来，此即意味着以图腾身上所体现的转变表达出来。幼虫想要变成人，而人想要变成幼虫，这种欲念从祖先遗传到活着的图腾氏族成员。他们认为，在他们戏剧性的仪式中沉湎于这种欲念是神圣的职责。要想繁衍仪式成功，就要以一种一成不变的方式正确地表演这种完全确定的转变。当仪式表现的是幼虫的生活时，每个参与者都知道自己面对的是谁，或者扮演谁。他们以幼虫的名字命名，但也可以变成幼虫。只要还以幼虫的名字命名，他们就会进行传统的转变。转变对于他们有着巨大的价值：幼虫的繁衍取决于转变，他们自己的繁衍也赖于此，因为两者是不可分的；坚持这种转变就决定了其氏族各个方面的生活。

这两个传说还有另一个很重要的方面是有关我想说的**自我消耗**。袋鼠的祖先及其儿子们以袋鼠为食，幼虫祖先的儿子们以幼虫为食，就好像根本没有其他食物，或者至少他们对其他食物不感兴趣似的。转变的过程就先决定了摄取食物的过程，两者是同一个方向，完全相合。而从先祖来看，就仿佛他是以自己为食。

让我们来进一步研究这一过程。卡洛拉生出袋鼠之后，太阳出来了，他拨开覆盖在身上的土层，站起身，感到饥饿。还在半昏眩状态，他就饿得四处摸索，而就在这一刻，他摸到四周有一群活生生的袋鼠。这时候他站得稳当些了。他思索着，心有所欲。极度饥饿之中，他抓起两只年幼的袋鼠，拿到离得远一点的地里煨熟，那里有太阳将地面烤得灼热。充饥之后，他才想到要有一位帮手。

他在身边摸到的袋鼠群，来源于他自己，是他自己的身体部分，是他的肉上掉下的肉，而他饿得把它们当**食物**。他抓了两只尚年幼的袋鼠煨烤，这就仿佛他吃掉了自己的两个幼儿。

当天夜里，他产下第一个**人子**。第二天一早，他用那种震颤的大叫将生命注入儿子体内，使他站立起来。他们共同举行仪式，确立他们之间的父子关系。随后父亲便差遣儿子去猎杀更多的袋鼠。它们是他以前生下的孩子，正在附近的阴凉处安静地玩耍。儿子将他猎杀的袋鼠带回来给父亲，父亲跟从前一样将袋鼠在阳光下煨熟，然后同儿子一道分享。如今儿子吃的是他兄弟们的肉，实际上就是父亲的肉。而父亲自己指点他去猎杀袋鼠，并教他如何煨熟。袋鼠肉是儿子，也是父亲首次进食的东西。在整个传说中根本就从未提到别的食物。

到了夜晚卡洛拉又生出两个儿子，天亮时他唤醒他们的生命，然后差遣三个儿子去猎杀袋鼠。儿子们将猎物带回来，父亲则将袋鼠肉煨熟并与儿子们分食。儿子的数量在增加，每天夜里都有更多的人子降生，有一夜竟一下子生出50个。他们都被派去狩猎。人子越来越多，而卡洛拉却不再生产袋鼠了。袋鼠在一开始就一下子全都生出，因此终于被吃尽，是父亲和他的儿子们一起把所有的袋鼠都吃光了。

现在他们饿了，于是父亲派儿子们到远处狩猎三天。儿子们耐心地四处搜寻袋鼠，却一无所获。在返回的路上，他们把一个生物当作动物，伤了他的腿。突然间他们听见这生物唱道："我和你们一样是人，我不是袋狸。"然后他一瘸一拐地走开了。这帮兄弟——如今他们必定人数众多——回到父亲身边，狩猎便结束了。

父亲先为自己和后来的儿子们产下某种特定的食物，即袋鼠。这是一次性的行为，在神话传说中没有重复过。渐渐地，所有的人子都来到世上，他们和父亲一起将这些食物吃尽，直到一只也不剩。父亲没有教儿子们捕捉其他动物，也没有指出是否还有别的食物。在我们的印象里，他就只要用他自己的肉，即出自他的袋鼠来喂养众子。别的一切都被忽略，父亲将自己和儿子们同其他的一切隔开，在这当中可以感觉到某种醋意。神话中没有出现其他生物，只是在最后出现了一个被他们伤了腿的、而跟他们一样的人，这人甚至还是一个伟大的先祖，后来在神话结尾处众子皆归属于他。

第二则故事讲的是幼虫之父，其中后代与食物之间的关系同第一则故事相似，但又不尽相同。第一个儿子作为幼虫从父亲腋窝里掉出来，一落地便化作人形。父亲没有动弹，一声不响。他不向儿子提什么要求，也不教他什么。众多的儿子以同样方式相继出生，而父亲所做的一切只是睁开双眼看着儿子们。他拒绝从他们那里接受食物，儿子们则忙着从附近的灌木的根部挖出幼虫烤着吃。奇怪的是，有时候他们会感到一种要变成这类被自己食用的幼虫的欲望。如果他们变成幼虫，就会自己爬回到灌木根中，像这些幼虫一样在那里生活。他们时而是此类，时而是彼类，时而是人，时而是幼虫；不过当他们是人的时候，就以这些幼虫为食。神话中没有提到别的食物。

此处的自我消耗是儿子们的自我消耗。老头拒绝以幼虫为食，那是他自己身上的肉，他觉得自己是它们的父亲。而比起做父亲的来，儿子们就觉得这种自我消耗要容易些。在我们的印象中，他们的转变与食物是紧密相关的，就仿佛他们要变成幼虫的欲望是源于他们喜欢吃幼虫。他们挖掘幼虫，并烤着吃，然后他们自己再变成幼虫。过些时候，他们爬到地面上，又恢复人形。当他们食用幼虫时，就仿佛是在吃自己。

除了袋狸之父及幼虫人子的自我消耗这两种情形之外，还有第三种自我消耗的情形，其方式又有些不同，它出现在第三则神话中，对这个故事斯特雷洛只作了简短扼要的重述。

这故事讲的是另一个幼虫祖先，即波林卡的幼虫祖先。[124] 他经常企图打劫，掠杀幼虫人，也就是他自己的儿子，神话中说，他们具有人形。他将他们烤熟了，吃得津津有味；他喜欢吃这香甜的肉。一天，这些肉在他的内脏中变成幼虫，从里面吃他们的父亲，最后，父亲被他自己所杀害的儿子们吞食掉了。

如此这种自我消耗的情形便导致一种奇特的提高。**被食者反以他人为食**。父亲以儿子们为食，当他还在消化的时候，这些儿子反而以他为食。这是双重的同类相食，但最令人惊异的是，回报竟来自内部，即来自父亲的内脏。要使之成为可能，被食的儿子们必须转变。他们以人的形态被父亲吞食，又以幼虫或蠕虫的形态啃噬父亲。这一情形是极端的，并且按其本身的方式是完整的。在此，同类相食与转变形成最紧密的联盟。吃下去的食物直到最后仍是活的，而且食物本身喜好进食。在父亲的胃里变成幼虫是一种复活，并且满足了食父亲之肉的欲望。

将人与其所食的动物连结在一起的转变像锁链一般牢固。人不转变成动物，就永远不会学习吃动物。这些神话无不包含一个重要经验：获取某种赖以为食的动物；这种动物是通过转变而来；食用这种动物，余下的则转变成为新的生命。对于通过变态而获取食物的记忆，还保留在后来的圣餐仪式中。大家共同享用的肉，并非所看到的肉，而是另一种肉的替代品，它在被吃之际**变成**它所替代的肉。

有一点很值得注意，即这里所说的自我消耗虽然常见于阿兰达族的原始传说中，然而他们的日常生活却并非如此。图腾氏族成员与他们以之命名的动物之间的真正关系，同原始传说大相径庭。氏族成员是不以其图腾为食的，他们严禁猎杀和食用图腾动物，因为他们要视这种动物为兄长。只有在上演古老神话的图腾繁衍的仪式里，才会有少量的图腾肉被隆重地分发给扮演祖先的族人，并告诉他们只可吃掉一点。他们必须节制使用图腾动物；如果这种动物落到他们手里，他们不可以使其流血。他们必须将动物交给家族中或者部落里属于**其他**图腾的成员，这些人可以吃它。

于是，继先祖的神话时代之后，在从活着的阿兰达族人的立场看来可称为当今的时代里，另一种原则，即**爱护的**原则取代了自我消耗。人们不以有近亲关系的动物为食，如同人不吃人一样。所谓图腾同类相食，即吃掉自己的图腾，这样的时代过去了。人们准许别族的人吃掉本族的亲缘动物，同样对方也必须准许他们吃掉对方**自己的**亲缘动物。更有甚者，人们还在图腾繁衍的仪式中怂恿他族的人吃掉自己的图腾动物。图腾繁衍的仪式流传并继承下来，人们有义务举行这种仪式。遭到过多追猎的动物，倾向于逃跑或灭绝。还记得在第一则传说里，到处都没有袋鼠的踪迹；卡洛拉派了无数的儿子去搜寻，他们不辞辛劳，走了三天的路也找不到一只袋鼠。在此饥饿的关头，必须生产新的袋鼠。自我消耗过了头，所有的兄长，即卡洛拉的**第一批**儿子都被吃尽。此刻，要紧的是让自我消耗再突变成自我繁衍，一切都是从自我繁衍开始的。

人们在当今的图腾动物繁衍的仪式中所面对的正是这种突变。他们同自己的图腾动物之间有着如此近的亲缘关系，以致**它的**繁衍无法真正同他们自己的繁衍分开。扮演两者皆是的祖先——时而是人，时而是这种动物，是仪式的重要部分，并且一再重复。祖先们随心所欲地由此转变成彼，只有掌握了这种转变才能扮演祖先。祖先们作为上面所说的双重形象出场，而转变是表演的重要部分。只要转变得当，人与图腾动物之间的亲缘关系就仍然是有根有据的，并且人也可以借此方式迫使动物——它也是人自己——进行繁衍。

第四节　震颤性谵妄中的群体与转变

酒徒的幻觉提供了一个研究个体头脑中的群体的机会。诚然这是酒精中毒现象，但这种现象在任何人身上都会有，其**普遍**特性有目共睹：出身和资质截然不同的人在其幻觉中都有某些共同的基本特征，这些特征在因酒精中毒引起的**震颤性谵妄**中达到最大的累积和强度。研究震颤性谵妄具有两种不同的用途。转变过程与群体过程在谵妄中以奇特的方式交织在一起，在任何地方都不及在此难分难解。我们从谵妄中对转变有多少了解，对群体也就有多少；因此经过再三考虑，我们认为最好根本就不要把两者分开，或者尽可能分开得少一些。

为了使人对这种幻觉的本质有个概念，应先援引克拉培林的描述，然后再援引**布鲁勒**的。他们的研究方法不尽相同，而两人的相同之处将对我们的意图更具证明力。**克拉培林**说：

在对震颤性谵妄的幻觉感知[175]中，通常是**视觉**感知占上风。这种幻觉大多具有很高的感性清晰度，较少是模模糊糊、不确定、恐怖骇人、内容令人不快的。患者时而将它们视为真实，时而当它们是给自己带来快乐或恐惧的人为假象，如简易幻灯机、电影放映机等。他们经常看见**大量**大大小小的物品、灰尘、绒絮、硬币、烧酒杯、瓶子、棍子等，这些幻象几乎总是或多或少地展现出活跃的动态……还有双重影像也会看到。幻觉感知的这种不稳定性或许说明了爬行和飞翔动物出现的频率。它们挤进患者的腿间，在空中呼呼地飞，覆盖在食品上；到处都密集着"金色翅膀的"蜘蛛、甲虫、臭虫、蛇、带长刺的爬虫，还有老鼠、狗、野兽……一大群的人，包括敌对的骑兵，还趾高气扬地，以及警察，他们涌向患者，或者编成一些奇怪的长队从患者身边经过；一个个可怕的幽灵、怪胎、侏儒、魔鬼、火爆粗野的家伙、妖怪等将头探进门，在家具间一闪而过，顺着梯子爬高。较少见的则是修饰打扮过的调笑的女孩或淫秽的场面、狂欢节的戏谑、戏剧表演……

……通过皮肤上各种奇特的感觉，患者知道有蚂蚁、蟾蜍和蜘蛛爬过他的身体……他感到自己犹如被精细的丝线缠住了，被喷水、被啃咬、被蜇刺、被枪击。他看见四周有大量的金钱，还清楚地感觉到手里有钱，他将钱收集起来，钱却像水银一样化为乌有。凡是他触摸的东西，都会逐渐消失，或缓缓地聚在一起，或长成巨怪，然后再瓦解开来，滚开，流走……

他把织物上的小结和不均匀处当作床上的跳蚤，桌面上的裂痕当作针；他觉得墙上打开了秘门……

患者完全没有能力真正从事正常的活动，确切地说他是完全为幻觉左右了。他很少让幻觉轻易从身边溜走；多数情况下，他会将幻觉生动地表达出来。比如他不呆在床上，而是冲出门去，因为处决他的时刻到了，大家都在等他。再比如他取乐于奇异的动物，被呼呼飞过的鸟吓退，试图拂掉爬虫，踩死甲虫，不自然地伸出手指抓跳蚤，将散在四周的钱一一捡起，试图扯断缠绕他的丝线，小心翼翼地跳过拉在地上的金属丝等。

在另一处，克拉培林总结说："在酒徒的谵妄中，值得注意的是**大量同类的幻觉感知**及其多种多样的活跃的动态，它们突然出现，逐渐消失，流散溶化。"

布鲁勒对震颤性谵妄的描述同样令人难忘：

处于中心地位的是非常独特的幻觉：这些幻觉首先涉及**视觉**和**触觉**。幻象是复合**多样的**，活动的，大多没有颜色，并且有缩小的倾向。此外，触觉和视觉的幻觉通常都有金属丝、线、喷射出的水流以及其他拉长的东西的特性。基本幻象如闪光和阴影出现频繁。如果有听觉幻觉，则多半是音乐——通常节奏非常突出，这在其他精神病中是极少见的。在整个患病过程中，谵妄患者可以同几百个幻觉中的人建立关系，而他们都是不会说话的……

事实上灵活多样的小东西通常是以诸如老鼠和昆虫等小动物为代表的，它们也是在酒徒的幻觉中出现得最频繁的一类。不过除此以外还有其他各种各样的动物幻象也不少见：猪、马、狮子、骆驼等会以缩小的或本来的大小出现：有时候还会有根本不存在的动物出现在幻想的组合中。我常听人描述各种各样的动物以同样方式投射在墙上一块幻觉中的板子上，像临时的动物展览，使病人得到很好的娱乐。它们通常都是大型动物，但在这里却缩小到大约像猫一般大小。人物也常常是缩小的——"看小矮人"就意味着发谵妄，不过人物也会以实际大小出现。

不同感官的幻觉很容易组合在一起。当患者**抓住**老鼠和昆虫，或者当它们爬过他的皮肤，老鼠和昆虫就不仅被看到，而且还被触摸到。钱也被收集起来，小心翼翼地放进想象的口袋中。患者还看见士兵走过，听见进行曲；他看到并听到有人用枪射击他；他听见幻觉中的侵略者说话，并且还——这种情况要少一些——触摸到他们，他同侵略者扭打在一起。

谵妄消退的时候，"幻觉逐渐模糊不清，数量也减少。不过它们往往首先失去真实性价值：鸟不再是活的，而是已被剥制成标本，种种场景经过专门表演，最终只剩下视觉效果，就跟通过幻灯投射到墙上一样；电影一向是为谵妄者存在的。"

对于他们自己，"所有纯粹的谵妄者都是了解的：他们知道自己是谁，在生活中应有什么样的位置，他们有什么样的家庭，以及住在哪里。"

这些描述是对许多单个观察到的事例的概括性总结。第一个要突出的重要之处是**触觉**幻觉和**视觉**幻觉的关联。皮肤上的刺痒让人觉得好像是由许多微小的生物同时引起的。而生理学的解释在这里并不能使我们感兴趣；重要的是，醉汉想到诸如昆虫、蚂蚁等等，并想象自己的皮肤被成千上万个这样的小动物攻击。它们成群结队地覆在他身上；而他既然感觉到它们在自己身上动，便更是喜欢认为它们无处不在。凡是他所触及的地方，都有它们的踪迹；他脚下的地板上和周围的空气当中，充满着能不断抓住的东西。

这种所谓的**皮肤的群体感**，我们不光是由谵妄而知晓的：每个人在遇到昆虫或搔痒时都亲身经历过这种感觉。在一些非洲民族，这恰恰是对某些犯罪行为的传统式惩罚。人们将犯人赤身裸体地埋进蚂蚁堆里，直到他们活活死去。这种感觉还能在谵妄中上升为比纯粹的刺痒更为强烈的感觉。当对皮肤的攻击变得更为持久，所针对的单个面积更大，并且侵入也更深，那么刺痒就上升为**啃啮**。于是，就仿佛有许许多多的小牙齿在对付某个人，昆虫变成了啮齿动物。因此酒徒首先谈起的总是老鼠，这并非没有道理。它们灵活的动作同熟悉的牙齿的活动合在一起，再加上对其繁殖力的想象，于是酒徒便知道它们数量有多么大了。

在可卡因中毒式的谵妄中，触觉幻觉要突出得多。这些幻觉似乎是**在皮肤之中**，患者恨不得将他们割掉。而视错觉则往往变得"用显微镜才能看见"，亦即察觉到的是无数微小的细节，如小动物，墙上的洞，以及小点等。一位可卡因瘾君子报告说，他"看见猫和老鼠在小房间里乱窜，啃他的双腿，使得他叫喊着跳来跳去；他还感觉到它们的牙齿。那是招魂术，它们是通过催眠法穿墙而入的。"可以认为，猫在这种情形下感觉到自己为老鼠所吸引，它们的作用是加快老鼠的活动。

因而皮肤的群体感觉是首要的；似乎某些视觉幻觉正是由它所引起的。接下来第二点或许同第三点不无关联，那就是**缩小**的倾向。患者发觉和感觉到真正小的东西，于是形成一个世界，所有以小著称的东西尽在其中：不仅如此，就连庞然大物也缩小而进入这个世界。人被看作侏儒，动物园里的动物缩成猫一般大小。一切都变得**多**了，也都**小**了。不过患者自己却保持本来大小；就是在谵妄中他也始终清楚地知道自己是谁，自己是什么。他自己保持不变，只是他的周围发生了彻底的变化。突然间四周陷入剧烈的运动之中，那是大量的小东西在运动，并且其中绝大部分在他眼里都是活生生的。在任何一种方式下，他周围都有**更多的**生命，他感到自己仿佛就是一个**巨人**。这正是**里里普特** * 效应；只是这里的格列佛自身绝无应付能力，他所处的世界要稠密得多，满得多，但其流动性也大得多。

如果我们想到，组成人体的细胞有多么小，数量又是多么大，那么这些改变的比例恐怕就不如第一眼看上去那样令人惊异了。细胞种类殊异而又不停地相互作用，它们被大量繁殖其间的杆菌和其他微生物所攻击。这些杆菌总是以自己的方式在活动，因为他们有生命。我们不能不怀疑，酒徒在幻觉中表达了对身体的这种原始状况的一种朦胧感觉。他们在谵妄期间几乎完全脱离了周围的环境，全然只有他们自己，并且充满最奇怪的感觉。其实，我们从其他疾病上就知道了支离的人体感觉。谵妄始终不渝地倾向于具体和微小的东西，在可卡因中毒式的谵妄中甚至还会是"用显微镜才能看见

---

* 里里普特是英国作家斯威夫特小说《格列佛游记》中的小人国国名。——译注

的"小东西，这同身体支离成细胞的情况有某种相似性。

如我们所见，幻觉的电影特性常常被强调出来。对这种幻灯投影的**内容**或许还应略增数言：酒徒所看到的是他自己身体的情况与变化，其中主要是所有同他**身体**构造的群体性相关联的情况与变化，它们转变成他所熟悉的想象世界。当然这最多只能是一种猜测，不过无疑值得记起的是，在某些特定的、不可避免的时期，"巨人"的整个生命，连同其所有的特性和全部的基因型，都集中于大量产生的单个细胞中，即**精子**当中。

不过无论我们对这种解释的相信程度如何，谵妄的基本情况就是，大的个体眼见自己面对无数微小的攻击者，这种情况存在着，并且在人类历史中以一种极为独特的方式尖锐化。它从对**有害小动物**的奇特感觉开始，顺便提一下，所有的哺乳动物都被这种感觉折磨着。不论是蚊子或虱子，蝗虫或蚂蚁，人类的想象从来都被它们占据着。它们的危险性始终在于它们成群地大量而突然出现，因而它们往往就成了群体的象征。很有可能就是它们促使人类产生群体**思想**；人类最初的"成千上万"和"百万"可能就是在说**昆虫**。

当人类发现**杆菌**时，其权力以及对自身的概念均已极度扩张。这样对立本身就大得多了：人对自己评价更高，把自己看作是与别人脱离开来的个体，而杆菌则要比有害小动物小得多，它们是肉眼所看不见的，并且繁殖得还要快。于是一方面是一个更大的、更加孤立的**人**，另一方面则是一群为数更多的**极小的微生物**。对这种概念的意义如何高度评价也不过分，它的形成是思想史上的一个重要传奇，是**权力**能动性的本来模式。人喜欢将同自己对立的一切视为**有害小动物**。他对所有于己无用的动物都持这种感觉和态度。而**独裁者**将人**降级为**动物，为此他只学习如何统治人，因为他视他们为低等种类，他将所有不适于被统治的人降为有害小动物，最终将它们大批消灭。

酒徒幻觉的第三个重要方面是其转变的性质。幻觉总是发生于患者身外；即使患者当它是真实的，它也不会使患者本身发生转变。患者最喜欢从一定距离外观看幻觉，如果幻觉没有对他造成威胁，致使他不得不对幻觉表态，那么他会欣赏幻觉的流动和轻松。然而幻觉往往会达到某种程度，使得他连一点虚幻的方向都没有了；当所有的东西都不停地摇摆、流散时，他自己自然就会感到非常不快。我们注意到有两种完全不同的转变。一种是**群体转变成别的群体**，比如成群的蚂蚁可以变成成群的甲虫，成群的甲虫又可以变成成堆的硬币；当这些硬币被收集起来时，它们又变成一滴滴水银流到一起。对这种**一个群体变成另一个群体**的过程，我们以后还会了解更多。

另一种转变则导致怪异的**雌雄同体：一种**单个的生物同另一单个生物合在一起，形成新的东西，犹如两者重叠在一起被拍摄下来。在上面提到的瞬息即逝的动物展览中，"有时候也会出现根本不存在的、幻想的组合动物"：如怪胎和"火人"使人想起格鲁内瓦尔德*的"圣安东尼的诱惑",或者那些充斥于博斯†绘画的生物。

要得到更确切的印象,就必须结合一两个因酒精中毒引起的震颤性谵妄的例子。只有这样,我们才会真正看见**谁**变成**什么**,也许还能猜测一下这是如何以及为何发生的。尤其是在第二个例子中,我们将了解谵妄的全部过程,这一过程也将帮助我们更深入地认识群体过程的性质。

第一个例子是克拉培林整理的一位旅店店主的经历[126],以下是他发谵妄六天的简要内容:

他觉得那仿佛是魔鬼出没的一天。他的头突然间朝一个大理石柱撞去,他想要躲开,但是一块巨大的大理石板横穿街道挡住他的路,正当他要回转身去,又有一块将他挡住。两块石板冲着他倒塌下来。有两个鲁莽的家伙将他用小车送到"公牛"旅店,放到临终床上。一位典礼官借用灼热的剪刀将热波射向他的嘴,使得他的活力逐渐消失。他求得一杯红葡萄酒,第二杯酒却被撒旦微微冷笑着打落。于是他在种种虔诚的告诫之下同站在身边的人们道别,气绝身亡;与此同时,他的三个女儿的尸体也被人放到他身边。在彼世,他因在尘世间所犯下的罪恶受到惩罚;他不断地感到干渴难忍,但是每当他拿起水罐或水杯时,它们都从他手中消失。

第二天早上,他又活过来了,躺在公牛旅店的尸架上,他的孩

* 原名哥特哈德,德国最伟大的画家之一。——译注
† 中世纪晚期北欧重要画家。——译注

子们也是，不过是以白兔的形象出现。这时正在举行**天主教徒游行**，他也必须协作，即在唱祈祷的时候揿压"皇冠"邻室地板上的无数金眼镜，每次挤压都发出一声枪响。那些**参加游行的人在商量**，是只要将他揍一顿还是将他彻底打死；皇冠女主人赞成前者，条件是他必须一直住在她那儿。但是他想要离开，因为他没有啤酒喝；然后有一个警察来将他放了；皇冠的男主人用左轮手枪朝警察开火，被送进监狱。

另一个晚上，**全体新教教徒**聚在教堂里举行庆典；正中央是一位大学生联谊会会员，他在礼拜仪式开始之前跟五十名同学一起骑着小马进行一种**马戏表演**。后来，病人发觉他的妻子同一位亲戚退回到教堂的座位上；接着，他和一位慈善的修士藏在管风琴后面，看着那两人作出亵渎圣地的事。此后，他被关在教堂里；最后，玻璃工在教堂的窗户上割了一个洞，这样至少可以将啤酒递进来。他在穿衣服时，发现所有的袖口和扣眼都被塞住并缝合上了，口袋也被拆开。在浴室里，患者看到自己被七只浮在水中的兔子包围起来，它们不停地将水溅到他身上，还咬他。

患者在谵妄期间对于新的现实环境一无所知，他真的用头与之相撞，现实环境被他移译成大理石。在其幻觉世界里，他喜欢**身处众人之中**，作为他们搜寻和危害的对象。在公牛旅店的临终床上，他慢慢被夺去了活力。这就如同一个漫长的被拖延的处决，他借此把旁观者召集在自己周围，以虔诚的告诫将他们集合在一起。干渴代表一切个人欲望；在彼世，他遭受熟悉的坦塔罗斯*之罚。他的三个女儿的尸体被人放到他身边，第二天早晨又跟他一样活了过来，只是都变成了白兔，这意味着她们是无辜的，也意味他因她们而受到良心的谴责，内疚啃咬着酒徒的心。

天主教徒的游行是第一个真正的群体事件。患者被迫在邻室协作，但不真正融入群体之中；邻室的地板上有无数只金眼镜，代表大量的游行者。每次他一压，就发出一声枪响——这本该当作增添仪式喜庆的礼炮，但是心怀恶意的他却执拗地感到自己是在枪杀天主教徒。游行者看透了他，因此组成一种集会来商量如何惩罚他。此即临终床情形的延续；这次有更多的人围坐在他身边审判他。可以设想，他不太喜欢天主教徒；但是他对在不久以后的某个晚上集会举行庆典的新教教徒也几乎没有更多的敬意；他将庆典同马戏表演联系在一起。此处就是由一个群体转变成另一个群体的显著例子：**聚集的教徒转变成马戏团**。那位大学生联谊会会员可能代表神职人员，他有不下 50 名同学；马匹就如预料的那样都缩小了；患者可能**感觉到**它们的蹄声。

患者旁观其妻违法行为的方式，很好地说明了谵妄中人喜欢采取观望态度的特点。他同自己衣物的关系显得很奇怪：就连它们也发生了变化；所有的袖子和扣眼都被塞住缝上了，口袋被拆开，它们成了怪物，每一部分都起不了应有的作用。在谵妄中，变化的

---

* 希腊神话中，宙斯之子坦塔罗斯因泄露天机被罚永世站在上有果树的水中，水深及下巴，口渴想喝水时水即减退，腹饥想吃果子时树枝即升高。——译注

衣物的展览是完全有可能的，动物展览也相去不远。最后浴室中的七只兔子的牙齿加在一起也足以使患者的皮肤不得安宁了。

第二个例子是**布鲁勒**处理的，在此我想在一个更广阔的联系中加以引述。病人患有精神分裂症，他描述了自己在一次因酒精中毒引起的震颤性谵妄发作期间的经历，长达36页。[127] 或许有人会提出异议，说这种"异常"谵妄者的例子没有典型意义，而在我看来却相反，正是从这个例子中可以对谵妄中的群体观念有特别多的了解。此处的幻觉关联更多一些，转变也更平静了；整个表达本身具有某种诗意。对此甚至在以下少量的片段中也还能有所感觉。

我突然间看到的景象，令我毛骨悚然……**森林、河流**和**海洋**中充满各种尚无人见过的可怕的动物和人形，它们不停地飞驰而过，与之交替出现的是**各种行业的工场**，里面有可怕的幽灵在干活……两边的墙只是一片海洋，海上有**成千上万的小船**，船上的乘客尽是**赤身裸体的男女**，他们和着音乐的节奏，沉溺于情欲之中，而每次有一对得到满足之后就有一个幽灵从背后用长矛将他们刺杀，使得海洋被染成了血红色，但总是有**新的人群**产生……从一列火车中**下来许多人**，我听见其中有我父亲和姐姐的声音，他们是来解救我的。我清楚地听见他们在交谈，然后又听见姐姐和一位老妇人交头接耳，我拼命地喊她来解救我。她喊道，她想要这样做，但老妇人不放她走，还向她宣称这样做会给全家带来不幸，于我却毫无帮助……我在祈祷的泪水中等候死亡。四周是死一般的沉寂，**幽灵成群地围着**

我……最后有一位幽灵走过来，在一定距离外将他的钟表举到我眼前，并向我示意还不到三点，因为幽灵都是不准说话的……

然后是患者的亲戚们长时间地谈判，他们要赎回他，起先出的数目小，后来出的数目大一些。另一些人则商议如何将患者杀死。后来亲戚们被诱上梯子，扔进城堡壕沟，只听得他们发出的喊叫声和垂死的呼噜声。监狱看守的妻子过来，将患者的肉一块一块割下，从脚开始一直到胸部，然后将肉煎着吃。她还在他的伤口上撒盐。患者被一个剧烈摇摆的支架拉上重重天堂，直至八重天，途经**呼叫他的名字**的长号乐队。最后，由于犯了什么错，他又被送回到地上……人们坐在桌旁吃吃喝喝，香味四溢；而当人递给他一只玻璃杯时，杯子随即化为乌有，他只有强忍干渴。此后他必须几个钟头之久地大声计数。有人递给他一小瓶圣水；他正要接过来，瓶子就碎了，液汁像胶线一样流过他的指间。后来在折磨他的人和他的亲戚间展开了**一场大战**，而他什么也没看见，只听到打击声和呻吟声。

我们知道，在此出现的"森林、河流和海洋"是群体的象征。但是它们还未完全脱离自身所频频代表的群体，就仿佛它们在自身变质的状况下才成为象征。它们充满各种"尚无人见过的可怕的动物和人形"。旧的生物组合形成新的生物，并且数量如此之多，这便是转变的成果。谵妄者自己又是根本不卷入转变之中；为此世界更为活跃地混合起来，发生变化。而所有这些新的生物也是为他而迅速**大量**产生的。奇怪的是，患者让森林、河流和海洋这些熟悉的单位——新生命以自然方式产生其中，同"各种行业的工场"相交替。于是**生产**被等同于**转变**，这便是一些低等人同这位患者所共有的看法。众行业就像各种各样的生物一样被分化，而其产品更是大量涌现，使人感到它们原本就只是为了以更迅速的方式完成大批事物而存在的。这便是作为抽象概念的工作过程及其结果，这个过程是由那些叫人捉摸不透的幽灵完成的。

然后又是墙壁变成一片海洋。这次海上没有"动物和人形"，而是成千上万条小船，船上是赤裸的男男女女。除了性别差异外，他们**一样**是赤身裸体，也一样依赖于音乐的节奏。此处的群体性即是**男女成双及交欢**的群体性。这些男女被成对地刺杀，他们的血流到海里，将海水染红。但总是有新的成群的结伴男女产生。

"火车上下来许多人"，对这列火车需要做进一步的解释。我们想象在一列火车上有许多人聚在一起，他们朝一个方向行驶了一段很长的距离，虽然他们被车厢壁隔开，但他们或许并不能彼此任意分开，除非是火车到站。尽管他们来自完全不同的地方，但所到之处却是他们的一个共同的目的地。在到达之前的那一片刻，他们感到终点站已经很近，于是站起身来，涌向过道，站到车窗前。这时在他们身上可以发觉一种完全温和的群体不安的形式：他们可以说是一起到达目的地。当他们下车，亲自**走过**通向中立性的车站的旅程的最后一段路，在月台上共同行进的一段路，其运动就是这种温和群体的消退。

刚刚看见许多陌生的面孔紧贴门窗，现在火车腾空了，这对于旁观者跟对于旅客自身是不同的群体效果。旁观者要在所有这些陌生的面孔中找到一两个熟悉的，也就是他们所等候的面孔。"火车上下来许多人"，对于我们在此所论及的**观望式**谵妄来说，这列火车就像叫来的一样。还要补充说明的是，这一过程是在一座多线火车交会的大火车站中想象出来的。

稍后一些出现的"死亡"一词导致"**死寂**"。我们将"死寂"仅仅理解为极度的安静，而对于患者，则从这一词汇中分解出"死者"，并化作**成群**的幽灵将他包围起来。[*]

在被拉上天空的路上，患者经过呼叫其**声名**的**长号乐队**。没有比这更能说明声名之本质的了。大凡想要声名的人，喜爱的都是这个：那些专门只呼叫他的名字的生物合唱队，最好是由人组成的。就是这种群体也有某种温和的意味。合唱队一旦成立，就待在其所在地，且无论其声音多么大，也只是止于呼叫名字而已。

敌对双方的争斗贯穿整个报告：一方是患者的亲戚，他们想要解救他，赎回他，另一方是敌人，他们想要杀害他。他，确切地说是他的**肉体**，就是他们争夺的对象。漫长的谈判开始了，价钱由低到高，患者对他的亲戚越来越有价值。他的亲戚被引诱掉进城堡壕沟，他听见他们的喊叫声和垂死的呼噜声；在探讨战争时我们已详细论及**成堆的垂死者与死者**。患者被当作俘虏受到严刑拷打，还被吃掉。折磨他的人和他的亲戚之间的对立还导致一场大的战役：

---

[*]　德语的"死寂"一词是由"死者"和"寂静"构成的复合词。——译注

他听到打斗，又听到伤者的呻吟。因此，在其余的一切之外，这种谵妄还包含我们所熟悉的对偶群体及其在战争中的爆发。由对立到战役的具体发展阶段使人强烈地回想起原始战争中的相应过程。

可以说，在这个例子中几乎没有遗漏任何一个群体现象，相反，它们如此集中而清晰地一同出现的情况并不多见。

第五节 模仿与伪装

"模仿"与"转变"往往被不加选择地、模糊不清地用于同样的过程，但还是有必要将它们分别看待。它们绝对不是同一个意思，而将它们小心地区分开，或许有助于弄清楚转变本身的本来过程。

模仿是某种**外在的东西**，它的前提条件是人眼前有东西让人模仿其活动。如果是声音，模仿就仅仅意味着再造出同样的声响，而对模仿者的**内在状况**则没有丝毫说明。猴子和鹦鹉会模仿，但可以相信，它们自己在模仿过程中没有任何改变。或许可以说，它们并不知道自己模仿的是什么；它们从未内在地模仿。因此它们也可以从一种模仿跳到另一种模仿，而模仿的**顺序**却于它们没有丝毫意义。缺乏持续性使得模仿变得容易一些。此外模仿所涉及的是单一的某个特征。由于这是符合事物本性的显著特征，模仿便往往与实际上根本就没有的"表示特性"的能力相似得真伪难辨。

一个人或许可以由他常用的某些套语被人认出，而模仿这些套语的鹦鹉也可能使人想起此人的模样，但这些套语却未必是能反映此人特征的，它们可能只是他专门用来教鹦鹉的某些句子。在这种情况下，鹦鹉只是模仿一些不重要的东西，凡不知内情的人都不会由此认出此人。

一句话，模仿只是转变的开端，然后马上又被放弃了。这样的开端很快地连续出现，并且可能先后产生于各种不同的对象。这在猴子身上能看得非常清楚，正是模仿的轻而易举在此阻止了模仿的深入。

与模仿的两维性相比，转变本身是某种像**躯体**一样的东西。从模仿到转变的一种有意停留在半路的过渡形式就是**伪装**。

装作朋友去接近某人，心中却怀着敌意——这种方法进入了所有后来的权力形式——这是一种早期的重要转变。这种转变是表面的，只涉及外部现象，如皮毛、角、声音、步态等，而猎人就隐藏其中，不受影响，不可触摸，怀着不可动摇的极端意图。这种内与外的极端不同与分离在假面具中达到了完美的地步。猎人完全控制着自己和武器，也控制着他所扮演的动物形象，即他时刻控制着两者，可以说他同时是两种生物，并且一直坚持下去，直至达到目的。他所擅长的连续转变停滞了：他站在两个被鲜明地划定界限的地方，其中一处**在另一处之内**，两者又明显地区分开。重要的是，在内者必须严密地隐藏于在外者之后。友善而无害的**在外**，敌意而致命的**在内**，后者直到采取最后行动时才暴露出来。

这种表里不一就是我们通常所说的**伪装**的极端形式。这一措辞就其全部词义来讲是再形象不过了，但它却被用于许多较琐碎的事情上，以致丧失了大部分威力。我要将它再限制到狭义上，将隐藏着敌意的友善形象称为伪装。

一位洗衣工有一头极能负重的驴子。为了喂养它，洗衣工每到天黑时便给它披上老虎皮，然后将它引到别人的庄稼地；这头驴子尽情地享用别人家的粮食，因为谁都把它当作老虎，没有人敢靠近它，赶走它。然而有一次，一名农田守卫却将它给伏击了。此人身上披了一件土灰色外套，张弓准备射杀那头野兽。驴子远远地看见了他，顿生爱欲——它将这个男人当作母驴了。于是驴子喊叫着朝他奔去，守卫从叫声中听出是头驴子，便将它射死。

在这则"披着虎皮的驴"[128]的印度故事里，寥寥数句便包含了一部小小的伪装教科书，还没有人曾用如此短小的篇幅将伪装问题交代得如此意味深长。必须承认，这个故事讲的是伪装的运用，而不是伪装的起源。不过，某些运用也绝非就同起源相去甚远。

先从洗衣工的职业说起；他清洗的衣物是人的**第二层皮**。他是一个能干的洗衣工，还找了一头能替他驮很多重物的驴子。可以设想驴子将主人清洗的衣物送到用户家，而在清洗的衣物中可能还有老虎皮，故事所讲的正是这张老虎皮。

驴子干活出色，它饿了，需要很多食物。于是主人给它披上虎皮，将它引到别人的庄稼地。在那里，驴子可以尽情地饱餐，因为人家害怕它，当它是只老虎。在此，无害的动物披了一只极其危险的动物的皮，但驴子并不知道自己怎么样了，也不可能理解它所引起的恐惧。它尽情地吃着粮食，没有人打扰它。那些不敢靠近它的人根本不可能知道它在那儿干什么。他们畏惧的是一只更强大的动物，这种畏惧具有某种宗教崇拜的意味。畏惧使他们没能看出那只老虎其实是头驴子。他们离它远远的，只要它默不出声，就能一直吃下去。然而这时候出现了一名农田守卫,他可不是一般人;他具有猎人的勇气,张弓要将这只老虎给结果了。他要将老虎诱到近处,便装扮成可能会引起老虎兴趣的猎物。他身上披了件土灰色外套,也许是张驴皮,不管怎样,他想被那只臆想的老虎当作驴。他的伪装便是危险者假扮成无害者。最早的猎人为了接近猎物,就已使用过这种方法。

故事的关键在于,驴子虽然吃好了,但却感到寂寞孤单。一旦它看见远处有像驴子的东西,便希望那是头母驴。它喊叫着朝臆想的母驴奔去,由叫声而被认出是头驴子,终于被农田守卫杀死——不知不觉中,农田守卫没有起到老虎爱吃的猎物的作用,倒起了母驴的作用。而驴子寻到的不是它所感兴趣的母驴,却是死亡。

故事是由一系列迷惑构成的,即试图通过伪装成非己的生物去迷惑其他生物。伪装随即产生同原意相背的效果,情节便由此而来。只有人才有意识地运用伪装。他能像农田守卫那样伪装自己,也能像洗衣工装扮驴子那样去装扮另一种生物。而动物只能用来作伪装的被动的牺牲品。在这个故事中,人和动物是完全分离的。人类像真正的动物一样行动、动物像人一样说话、人和动物彼此不分的神话时代已经过去了。正是通过当动物的神话经历,人类才学会随意使用几乎所有的动物,人的转变也就成了伪装。他在面具和兽皮的遮掩下,始终清楚自己的目的,他还是他自己,是动物的主人。至于他制服不了的动物,像老虎,他便**敬畏**它。但特别勇敢的人也能通过伪装对付这种动物,那位农田守卫或许就能用计谋把一只真正的老虎也给结果了。

一个短小的故事能表达这么多重要的相互关系，诚然令人惊讶。故事是从一名洗衣工说起，这也不无含义：他处置衣物，而衣物是皮肤最后的、可以说是没有生命的后代，在神话传说中，转变往往是由穿衣服而起。洗衣工用以施计的虎皮使他平时清洗的无害的衣物有了生命。

伪装是转变的有限方面，也是迄今为止为当权者所熟悉的方面。当权者根本不**可能**再作进一步的转变。只要他意识到自己内心的敌意，他就还是他自己。他的转变只限于保持内在核心，即保持其本来形态完好无损。或许他认为有时候将从他自身中蔓延出来的恐惧隐藏起来是有益的，为此他会使用不同的面具。他永远只会暂时地戴上面具；而那些面具对他的内在形态，也就是他的本性永远不会有丝毫改变。

第六节 形象与面具

转变的终极状态便是**形象**。形象是不再容许有进一步转变的，并且它的每一特性都是清楚而受限制的。它不是天然的，而是人类的创造物，它将人类从不停息的转变之中解救出来。不能将它同现代科学中的"种"或"类"相混淆。

想想远古宗教的众神形象，也就离形象的本质再近不过了。下面让我们来审视几位埃及人的神灵。女神塞赫迈特是狮首女身，安努毕斯是豺头男身，透特是鸟头男身。女神哈托尔生着牛头，何露斯则生着鹰头。这些集人形与动物形于一体的形态确定不变的形象统治埃及人的宗教观念达几千年之久。到处都将它们塑造成这种形态，它们就在这种形态下受人朝拜。它们的稳定性是令人惊讶的；不过在这种僵硬的众神体系产生以前，人兽同体的双重形象就早已常见于地球上无数彼此毫不相干的民族。

澳洲人的神话祖先是人也是动物，而有的时候是人也是植物。这些形象被称为图腾：有袋鼠图腾，负鼠图腾，鸸鹋图腾。它们的突出特征都是既为人又为动物；它们既像人，又像某种动物一样行动，他们被视为这两者的祖先。

怎样解释这些原始形象？它们究竟表达了什么？要理解它们，就必须认清这一点，即它们被视为远古神话时代的居民，那时候转变是所有生物的共同天赋，并且不停地发生着。那个时候的世界的**流**

动性往往被突出强调出来。人们可以自己变成一切可能的东西，也有力量使其他东西发生转变。某些个别形象从这一共同的流变中显露出来，它们无非就是对某些转变的确定而已。人们所遵循的形象——在某种程度上可以这样说——成为使万物生长的传统，并被人反复描绘和述说。它不是我们今天所说的动物，不是袋鼠，不是鹩鹋，而同时是两种不同的东西：是人又是袋鼠，是随意变成鹩鹋的人。

转变的**过程**就这样成为最古老的形象。某种转变从无数可能的、纷繁多样而无休止的转变中脱离出来，并确定为形象。转变的过程本身——不过是**一个**这样的过程——被确定下来，并且因此而比起其他所有被排除在外的转变过程来更是充满特别的价值。这种永恒不变的双重形象包含并表现着从人到袋鼠以及从袋鼠到人的转变，它是最初的、最古老的形象，是形象的开端。

也可以说它还是一个**自由**形象。它的两个方面势均力敌，而不是一个摆在另一个前面，或者一个隐藏在另一个后面。它可以追溯到远古时代，但它又因其意味深长的影响而属于当代。它是可以被人理解的;它该列入神话传说之中，人们通过对神话的表述来分享它。

弄清这种最古老的形象类型对我们也是重要的。重要的是懂得形象的开端绝不简单，在我们看来它是错综复杂的，同我们今天所想象的形象完全相反，它将转变的**过程**连同转变的**结果**同时表达出来。

面具以其呆板而区别于转变的所有其他终极状态。同永不安宁、不断变化的面部表情恰恰相反，它以全然僵硬与稳定不变取而代之。人随时作转变的准备，这种情况尤其表现在面部表情变化之中。人是所有生物中面部表情变化最为丰富的，他的转变也最为丰富。难以想象人的表情在一个钟头之内会有什么变化，但若有更多的时间去更仔细地观察掠过面部的一切表情和情绪，就会惊讶于无数可以分别辨认的转变的征兆。

各地的风俗习惯对面部表情自由变化的态度不尽相同。在某些文化中，面部表情的变化自由颇受限制。**马上表露出痛苦或喜悦**被看作是不允许的，人们将它们深锁心底，脸上则保持平静。这种态度更深一层的原因是人保持独立自主的要求：不允许任何人探究自己，自己也不去探究别人。人要有独立自主的力量，也要有保持自身不变的力量，两者相随而生，因为就是一个人对另一个人的影响引起无休止的匆匆转变。转变表现在动作姿态及面部表情变化之中；如果这两者都是禁忌的，那么任何转变都会变得困难，最终被完全阻止。

对这种"斯多噶派的"不自然的呆板性，稍具经验的人就会马上认识到面具的意义：它是一种终极状态。每个人的自然面貌都是对转变的奇妙的表达，而模糊不清的半成熟的流变汇成面具，止于面具。一旦面具形成，就不会显露任何**开端**，不会显露任何尚不成形的无意识的征兆。面具是**清晰的**，它表达某种完全确定的东西，不多也不少。面具是**呆板的**：这种确定的东西不会改变。

的确，在这一个面具后面可能会有另一个面具，没有什么阻止演员在一个面具后面再戴上另一个面具。我们发现很多民族都有双重面具：揭开一个，底下又出现另一个，而这一个也是面具，是特别的终极状态。从一个面具**跳跃**到另一个面具，中间的一切可能都被排除；没有在人的**脸**上出现的那种和缓的过渡。新的，另一个面具突然间出现，同先前的那一个一样清晰，一样呆板。从面具到面具有种种可能，但只是以一种同样的集中的方式进行**面具的跳跃**。

面具的作用主要是**向外的**作用，它创造了**形象**。面具是不容触摸的，它在自身与观看者之间设下距离。它或许会在跳舞的时候去接近观看者，但观看者本人必须呆在原地。于是形式的固定不变又加上距离的固定不变：面具**吸引人的地方**就是它的一成不变。

因为秘密就在面具背后开始。在此处所谈及的严格、完善的案例中，即当面具被认真对待时，便不允许人知道它背后是什么。面具表达的东西很多，但隐藏的东西还要更多。它是一种**分隔**：面具负载着人们不应该知道、不应该亲近的危险内容，与人们靠得非常近；但就在这近处它却仍旧与人严格分开。面具以聚集其后的秘密相威胁。由于不可能像读出面部的一连串变化那样去读面具，人们便猜测和惧怕着面具后面的未知数。

在视觉范围内的经验同每个人在听觉方面所熟悉的经验是一致的。·个人来到一个国家，对其**语言**一窍不通，而周围的人都在跟他说话。这个人懂得越少，他的猜测也就越多。他猜测的尽是些未知数，他害怕敌意。但是如果将那些异国的话语翻译成他熟悉的语言，他就会由怀疑到释怀，最后还有些失望。多么无害！多么无险！每一种完全陌生的语言都是一种**听觉面具**；一旦懂得这种语言，它就变成一张可解释的，并且很快就熟悉的**脸**。

因此面具正是那种不易混淆的持续不变的东西，它在转变的不断变换的游戏中依然如故。面具清楚明了的效果就在于它将其背后的一切隐藏起来。面具的完美是基于它的专门存在以及它背后的一切无法辨认。面具本身越是清晰，它背后的一切就越是模糊。没有人知道面具后面会突然出现什么。外表的呆板与背后的秘密之间的紧张对立可以达到极高的程度，这就是面具的**威胁性**的根本原因。"我就是你看到的这个样子"，面具说，"而你所惧怕的一切都在我后面。"面具吸引着人，同时又强迫拉开距离。没有人敢于侵占它，若有别人将它撕下，就被判处死刑。在它运作期间，它是不可触摸、不可侵犯的，是神圣的。面具的**确定性**，即它的清晰性负载着不确定性。面具的力量就基于人们很了解它，却无法知道它所包含的内容。人们是从外部，也可以说是**从前面**了解它。

不过如果面具在某些仪式中就像人们习惯和期待的那样运作，那么它也能起到安慰的作用。这是因为面具处于其背后的危险因素与观看者之间，如果对它使用得当，它就会为观看者祛除危险。它能将危险因素集于自身并保存起来，只以符合其形态的方式任其流出。一旦你同面具有了关系，就能正确对待它。面具是有着自己行为方式的**形象**，一旦你学会并了解这一点，一旦知道面具要求同你保持什么样的距离，面具就能保护你不受它自身所包含的危险因素的侵扰。

关于变成形象的面具的作用，还有很多可说的：**戏剧**由它而始，并随它而存在和落幕。不过此处我们所关心的只是面具本身。必须看到，面具的**另一面**是什么，因为它对那些不了解它包含什么的人不仅只有**向外的**作用：面具是被藏在面具里面的人戴着的。

这些戴面具的人很清楚自己是什么。不过他们的任务是操作面具，并在操作过程中保持在面具所符合的某种限度之内。

面具是戴在外面的。作为物质结构，它同戴面具的人截然有别。戴面具者感觉它在自己脸上是某种异物，他永远不会感觉它完全成为自己身体的一部分。面具妨碍他，限制他。只要他在操作面具，他就永远是两种东西，是他自己也是面具。他越是经常戴它，越是了解它，那么他在操作时也就越是更多地陷入面具的形象之中。不过尽管如此，他身上还是有残余部分保持同面具分离：这部分害怕**被发现**，这部分知道他散布的是一种不应归于他自己的恐惧。他为站在面具外的人们设下的秘密，必然也会作用于身处面具内的他自己，不过可以想见这并非同一种作用。他们害怕的是未知数，而他则害怕被揭掉面具。就是这种惧怕不允许他完全放弃自己。他的转变可以走得很远，却永远都是不完全的。可以被撕下的面具就是对其转变的干扰限制。他必须注意别失去面具。面具不能掉下，不能揭开，他以种种方式为面具的命运扣忧。因此即使还在他的转变之外，面具也仍然像一件他必须使用的武器或工具。日常生活中的他操作着面具，同时他又作为演员转变成面具。因而他是**两种东西**，并且在整个表演过程中必须保持是两种东西。

第七节　解除转变

当权者知道自己内心的敌意，他无法通过伪装迷惑所有的人。而有些人像当权者自己一样追逐权力，他们不承认当权者，自觉是当权者的对手。对这些人当权者总是很留神，因为他们可能会对他构成危险。他等待适当的时机，从他脸上"揭开面具"，那么在面具背后，他会看到他们的真实想法，这种想法他自己也有，他非常了解它。如果他将他们揭穿，就能使他们成为于他无害的人。如果符合他的目的，他也许会放他们一次生路。但是他会注意不让他们有新的伪装得逞，并且牢记他们的真实面目。

他不喜欢不是他自己强加给别人的转变。他会把对他有用的人提拔到更高的位置，但他这样造成的社会地位的转变必须被清楚地限定范围，不容更改，并且完全掌握在他自己手中。他通过提拔和贬抑**作出规定**，没有人可以自行冒险跨越社会等级。

当权者不断地同自发的不受控制的转变作斗争。他在这种斗争中所运用的方法是揭露，而揭露恰恰同转变的过程相对立，因此可称之为**解除转变**。这一过程对读者已不再陌生。当墨涅拉俄斯不被普洛透斯的每一个逃跑形态吓倒，将他紧紧抓住，直到他恢复原形为止，他也就解除了海中老人普洛透斯的转变。*

---

* 见本章"逃跑转变"。——译注

始终明确知道在解除转变之后会发现什么，这也属于解除转变的本质特点。解除转变者起初知道自己期待的是什么，然后胸有成竹地去追逐，并且轻蔑地视所有被自己看透的转变为空洞无用的骗人把戏。在个别情形下，比如当墨涅拉俄斯想要获悉普洛透斯的智慧时，可以去解除转变，也可以经常这样做，那么解除转变就可能最终发展成为一种癖好。

大量的解除转变会导致世界的缩减。对解除转变来说，世界的外表形态之丰富毫无价值，一切多样性都是不可信的。所有的叶子都一模一样，干枯如尘土，所有的光线都消失在敌意的黑夜之中。

有一种精神病同权力非常相近，以至于可以称它们为孪生儿。在这种精神病中解除转变成为一种僭主政治。**偏执狂**有两个特点尤其突出。其中一个特点被精神病学称为讳病，其意思无异于本章中采用的伪装一词。偏执狂患者能将自己伪装得非常好，使人从他们当中很多人那里根本就不知道他们病得多么重。偏执狂的另一个特点是不断揭去敌人的面具。到处都是敌人，他们在最和平、最无害的伪装之中，但偏执狂患者具有看透一切的天赋，他清楚地知道隐藏在背后的东西。他从每个敌人脸上揭下面具，结果发现归根到底总是同一个敌人。没有人像偏执狂患者那样完全沉湎于解除转变，他在此证明自己是一个**僵化的当权者**。他自认为拥有的地位，他赋予自己的重要性，在别人眼里无疑是虚构的；尽管如此，他还是会通过不停地运用伪装与揭去面具相互配套的双重过程来捍卫自己的地位和重要性。

只有联系偏执狂的具体的个人案例，才有可能对解除转变进行确切有效的审察，本书有关"席瑞柏案例"的最后几个章节就是这类具体的案例。

第八节　禁止转变

最重要的一个社会与宗教现象是**被禁止的转变**，这一现象几乎尚未经过严肃认真的考虑，就更谈不上被人理解了。即使以下接近这一现象的尝试也不过是最初的探索。

阿兰达族的图腾仪式，只有属于图腾氏族的成员才有权参加，也只有某些人才有特权转变成远古神话时代的祖先的双重形象。转变作为一种流传下来的固定的财产，任何无权拥有它的人不得将它占为己有。它就像它所需要的圣歌的字和音一样受到保护，而正是双重形象之产生的精确度、明确性和界限分明使得转变容易保护。对于将转变占为己有的禁令被严格地遵循着：对于违背禁令者有一整套宗教惩戒措施。只有经过漫长而复杂的接纳仪式之后，年轻的男子才被吸收加入在某些场合允许转变的团体当中。对于妇女和儿童，禁令则是绝对和永远维持的。对于其他图腾族的成员，有时候会取消禁令以示特别的谦恭礼貌，不过这种机会是千载难逢的，一旦过去，原来的禁令又跟之前一样严格执行。

从这种宗教到基督教是一个大的跳跃。在基督教中**魔鬼**形象对于每个人都是同样禁止的，人们以各种方式申明其危险性；有上百个警诫性故事讲述人们与魔鬼交往所发生的事，并以各种细节生动形象地描写他们的灵魂在地狱里所受的永恒的折磨以示威胁。这种禁令的强度是巨大的；尤其当人们感到被迫违反禁令时，禁令的强度最为突出。着了魔的人突然间扮演起魔鬼本身或者甚至扮演好几个魔鬼，这类故事我们很熟悉。这些人还有一些自我描述，其中最著名的是劳顿乌苏林女修道院院长让·德·安姬以及要将妖魔从她身上驱逐到自己身上的苏林神父的自我描述。对于为上帝特殊服务的人，跟魔鬼的任何接近都是比普通教徒更加禁止的，就不必说转变成魔鬼了，而在此处，他们却着了魔：原本被禁止的转变完全制服了他们。如果将转变的力量化为禁止转变的强度，那么就几乎不可能出现这种情况。

我们在此碰到禁止转变的性的方面，考察一下**巫婆本性**就使它显得更为清楚。巫婆的真正罪恶是她们与魔鬼性交。不论她们除此以外还干些什么，她们的秘密存在最终归于同魔鬼一道狂欢。她们之所以为巫婆，是因为她们站在魔鬼一边；她们在性方面顺从于魔鬼这一事实是她们转变的重要组成部分。

通过**同房**进行**转变**的观念是非常古老的。既然每个生物通常都只跟同类异性交媾，那么背离这种惯例被视为转变也是可想而知的。那样的话，便可以将最早的婚姻法理解为一种禁止转变的形式，即对一切除某些允许和预期的、规定的转变以外的其他转变的禁令。对这种转变的性形式应详细探讨，因为在我看来，它很可能会带来非常重要的启发。

恐怕在所有的转变禁令中最重要的是**社会性**转变禁令。这种禁令使得某一社会等级的成员不可能感觉自己同更高的等级相近或平等，而任何等级制度都只有在这种禁令的前提条件下才成为可能。

甚至在原始民族的**年龄等级**上，就得特别注意这种禁令。一度形成的分化被人强调得越来越明显，从低等阶层到高等阶层的升迁遭遇着种种困难。升迁只有借助特殊的接纳仪式才有可能，这种接纳仪式被认为是转变的本来含义。人们对升迁的想法往往就是，先得在低等阶层死去，然后在高等阶层复活。死亡本身就是设置在社会等级与等级之间的非常严肃的界线。转变成为一条漫长而危险的路，候选人通过各种可能的考验和恐吓而得不到任何恩赐。不过等他以后成为高等阶层的一员时，他可以将他刚刚忍受的一切再施加于**他**所考验的见习者。于是高等阶层的思想获得了某种严格分离出来的东西，就像它是一种特有的、与生俱来的东西。而与之相联系的是对圣歌与神话的认识，有时候还有自己的语言。低等阶层的成员以及被一切高等阶层完全排除在外的妇女们则被可怕的面具和令人毛骨悚然的声音维持在恐惧和服从之中。

社会等级的分化在印度**种姓制度**中最为牢固。在这里，某个种姓的成员资格绝对排除任何社会转变，对下对上都严密地分隔开，与低等种姓的任何接触都是严格禁止的。只有同一种姓的人才相互通婚，并且干同样的职业，所以甚至不可能通过工种而转变成其他阶层的人。这种制度的坚定不移是令人惊异的；单单对它进行细致的研究就有可能了解社会性转变的一切征兆。由于社会性转变都是要避免的，于是它们被人仔细地记录、描述和研究。从好的方面来说，从完善的禁令体系就可以得出什么是一个阶层向更高社会阶层转变。从转变的角度"探讨种姓制度"是必不可少的；而这种探讨现在仍是一个空白。

在**君主政体**的早期形式中，存在着禁止转变的**孤立形式**，即一种针对身处社会顶端的个人的形式。值得注意的是，我们所了解的早期人类中当权者最突出的两种形式是通过对转变的截然对立的态度而区分开的。

站在其中一个极点上的是**转变能手**，他可以随心所欲地转变成任何形象，无论是动物、动物灵魂还是死人的灵魂。靠转变捉弄人的**恶作剧精灵**是北美印第安神话中一个受人喜爱的人物，其威力在于能够化为无数个形象。他突然出现，也突然消失，他以出其不意的方式逮住人，也会让人逮住自己，然后再逃掉。他完成所有这些惊人行动的主要方式就是转变。

转变能手以**萨满**[*]之身成就其实际威力。在他那极度兴奋的降神会上，他招来幽灵，使他们臣服于自己，还讲他们的语言，变成他们的同类，并且能以他们的方式命令他们。当他升天时，他就变成鸟，他还变成海洋动物潜入海底。对他来说什么都是可能的，他所达到的发作高潮产生于不断升级的快速的系列转变，这些转变振动着他，直到他在它们当中挑选出用以达到目的的转变为止。

转变能手是变化最多者，如果将他同**神圣国王**的形象相比较——后者要服从上百种限制，而且得待在同一个地方，一直不变，没有人靠近他，他甚至常常不可被人看见——就会看出他们之间的

---

* 见本章"逃跑转变"。——译注

差别，最简单地归纳起来，无非就是对转变的截然相反的态度。萨满将转变提高到极点，并充分利用它，而国王则禁止转变，直到自己完全僵化为止。国王必须保持不变，甚至不能变老。作为年龄永远不变的男子，保持其成熟、力量与健康，他就能存在下去，而一旦最初的衰老迹象显示出来——一根灰白的头发，或者当他的男性力量减弱，他通常会被杀害。

尽管这种类型的国王老是发出命令让别人不断转变，他自身的转变却是被禁止的，他的**静止不动**已深入权力本质，对现代人的权力观念起了决定性作用。不转变者被安置在特定的高度以及被严格划定界限的固定不变的地方。他不可从所在的高度下来，不可迁就任何人，他"不失尊严"，不过他可以提拔别人，指定他们到这个或那个位置上。他可以用提拔或贬抑的方式转变别人。在他自己身上不可发生的事情，他就得施于别人。他这个没有变化的人却随心所欲地转变着别人。

关于禁止转变还有更详细的要谈，以上快速而粗略地列举禁止转变的几种形式使人不禁要问，这种对自己的禁令究竟是什么意思，为何要反复采取这种禁令，是什么样的深层必要使人让自己或是同类人承担这种禁令？我们只能小心翼翼地接近这个问题。

似乎正是人类转变的天赋以及人类天性的日益流变使人感到不安，并寻求固定不变的限制。他在自己身上感觉到许多异样的东西——回想一下布须曼人的敲击信号——他听任这异物的摆布，还得变成它，即使他由于这一天赋而消除了饥饿，即使他吃饱了，安静了，但他仍然感到这种异物是从外界强加给他的，可以说除运动以外什么都没有，他最切身的感觉，最切身的形式都处于不断的流变之中——这就必然唤起他对持久与坚硬的东西的渴望，没有转变禁令是无法满足这种渴望的。

在此我们很容易想到澳洲人的石业。他们祖先的所有行为与经历，所有的迁移与命运都注入风景之中，成为固定不变的纪念碑。几乎没有一块岩石不代表一个曾经在此生活并干出大事的人。在固定不动的外部的高大雄伟的风景地之外，还加上一些较小的石块被人占有，并保存于圣地。每个石块都是代代相传，并代表某种特定的事物：它的意义或传说都系在这石块上，石块是对传说的可见的表达。只要石块保持不变，传说就不会改变。这种对石块永恒性的专注是某种对我们来说也绝不陌生的东西，而在我看来，其中似乎包含了导致各种各样禁止转变的同样深奥的愿望，同样的必然性。

第九节 奴隶制度

奴隶是财产，正如牲口是财产一样，而不同于没有生命的物品。奴隶的活动自由使人想起可以吃草、可以组建家庭的动物的活动自由。

物品的本性是其不可穿透性。它可以被撞击，被移动，却不能贮存命令。因此法律上将奴隶定义为物品与财产是具有错误导向的。奴隶是**动物与财产**，单个的奴隶最能比作一条狗。狗被人从狗群中疏离出来逮住。它被**单个化**了。它听命于主人，不做那些同主人的命令相抵触的事情，并因此而被主人喂养。

因此食物与命令对狗对奴隶都具有**同一个**源头，即主人，就这点而言，可以拿他们的状态跟儿童的相比较。而他们与儿童的主要差别则与转变有关。儿童练习所有将来会用得着的转变，父母还帮助他们练习，并采用新的手段刺激他们不断更新游戏。儿童在方方面面成长着，当他掌握了自己的转变，作为报偿他会被吸收到更高的阶层。

奴隶的遭遇则正好相反。如同主人不允许自己的狗猎取它想要的东西，而是按照自己压倒优势的利益限制狩猎范围，他也剥夺了奴隶一个又一个的训练出来的转变。奴隶不许干这，不许干那；但某些事情他却必须反复去做，这些事情越是单调，他的主人就越是分配给他。只要允许干多种事情，分工对人的转变并没有危害。而一旦人被限制在唯一的事情上，并且还要在尽可能短的时间里干得尽可能多，即要有成效，那么他就成了我们真正要定义为奴隶的人。

从一开始就必然有两种非常不同的奴隶：一类是单独的，像一只家犬一样依附于主人；另一类则聚在一起，像草地上的牧群。这牧群本身自然被视为最早的奴隶。

将人变成动物的愿望是奴隶制度发展最强大的动力。对这种愿望的能量及其对立面——将动物转变成人——的能量都是不会估计过高的。至于后者，伟大的精神产物，如灵魂转生的学说和达尔文主义，它们的存在，不过也有流行的娱乐，如驯兽表演，皆归功于它。

一旦人们像拥有牧群一样拥有大群奴隶，那么建立国家和政权的基础也就奠定了；绝对不容置疑的是，人民的人数越多，统治者将人民变成自己的奴隶或动物的愿望也就越强烈。

第十章

权力面面观

第一节　人的各种姿态与权力的关系

通常，除了笔直挺立之外，人还有坐、卧、蹲和跪等身体姿态，而这些姿态，尤其是身体姿态之间的各种变换，都或多或少带有特殊的意义。级别不同和权力大小不同造成了地位的不同。从他们在一起的站立姿势就可以很容易地推导出他们威望的差别。我们知道，当一个人端坐而其他人围着他站立意味着什么，当一个人突然出现而其他在场的人都起身站立意味着什么，当一个人跪在另一个人面前意味着什么，当一个人进来而不被邀请坐下意味着什么。这些俯拾皆是的例子说明有许多种权力的无声显示，看来必须进一步说明这些情况并对其意义作出更详尽的阐释。

人们选择的每一种新姿态，都与其先前的一个姿态相互关联，而自觉地采用一种新的姿态更是与习俗密切相关。一个站着的人，他可能是由床上下来的，也可能是由座椅中站立起来的。由床上跳下来可能意味着他觉察到了危险，而由椅中站立起来则可能表示对某人的敬意或礼貌。位置的改变往往是突发的，它们可能是为人所熟悉的、预期的和基于特殊团体之习俗，也可能是基于一种非预期性的改变，而后者更具意义。在教堂的礼拜仪式中有相当多的人是跪着的，人们习以为常而不会感到奇怪，但如果是在大街之上有人突然朝你下跪，就算你刚从教堂内出来，也会为之惊讶不已。

人类的姿态不管有多少种意义，它毕竟有一种相对固化的意义和趋势，比如一个站着或坐着的人，无论其空间和时间的形式如何，都有某种特定的意义。在众多的纪念雕像中，有一些已变得空泛无奇，以致我们很难再投以一瞥；然而当我们认真地去观察它们时，它们仍是有其效应和意义。

站

人们在站立的时候会带有一种自得的感觉，而这种自得所表达的是独立和无求于人的感觉。不论是孩提时代能站立的初始记忆，还是与不能自由自在地用双脚站立的动物相比而产生的优越感，都是在表达站立者感到自己是独立的。当某人由坐或卧转而挺身站立的时候，站立就成了使自身尽可能高亢挺拔的成果。长久伫立表示一种坚忍不拔的能力，就如同一棵树一样坚如磐石，他越是挺拔不动，越是稳如泰山，毫不动摇，他就越显得坚定。甚至无惧于来自背后的侵袭。

如果在站着的一个人与环绕着他的许多人之间有一定的距离，那么单个的人所造成的效果就非常明显。一个独自站立、面对众人而又与之相隔有距的人，效果尤其明显。独自站立的人这时所传达的是他代表一个独特的群体。如果他离众人较近，他可能需要站得比他们适当地高一些；如果他处于众人中间，则可能需要众人用肩膀将他抬起来，负他而行，从而用另外一种特殊的方式塑造他的优越性，这时，他虽然失去了独立性，却因为坐在众人的肩上而凸显出另外一种"独立"。

站立给人的印象是他还有尚未消耗完的精力，因为人们把站立看作一切后续运动的开始，通常人们在打算走或跑之前都先要站起来。因此，站立是人类的一个核心姿势，人由此可以直接转入另一种姿势或者另一种运动形式。人们倾向于认为，站着是一种比较紧张的姿势，即使是在起立的那一刻也是如此，因为他也许有完全不同的目的。

当两个人初次相识的时候，通常都会有一种喜悦高兴的成分，因此他们起立、互道姓名、站着握手。他们互相表示敬意，互相打量。然后在站立的状态下与对方作初步沟通。总之，人们在建立最初的关系时通常都采用站立的姿态。

在崇尚个性独立因而人们用各种方法培养和强调个性独立的国家里，人们站立的机会和时间往往比其他地方更频繁和长久。比如，英国人特别喜欢光顾酒吧，而且大多是站着在酒吧里饮酒。对于不相识的人来说，站着饮酒的人随时都可以离开，任何人都不会大惊小怪。他要离开其他人的时候只要稍稍示意一下就可以了，这样他会感到更自由，他无须在离开桌子时说什么客套话。一个人站起来等于他告诉别人他要走了，但是这样做他会感到不自在。英国人甚至在私人聚会时也宁愿站着。他进来后站着就等同于说他不会长时间在这里逗留。他活动很自由，因为他站着，所以在离开一个人去找别人时他不会受到礼节的拘束。这不会使人感到奇怪，也不会有人为此而感到不高兴。站着交往，大家都感到很方便，英国人特别强调社会群体内部的这种**平等**，这也是英国人生活中最重要、最有用的创意。

坐

　　我们在坐着的时候，是以外物的腿来取代站立时所用的自己的两条腿。我们今天所看到的椅子是从古代的王座演变而来。但是，古代王座的前提是那些臣服于国王或君主并且必须负载他们的动物或子民。椅子的四条腿代表动物的四条腿，如：马、狮子、牛或象的腿。显然，坐在高高的座位上与坐或蹲在地上是有区别的，它具有完全不同的意义，坐在椅子上是一种**标志**。一个坐着的人是在他人之上的，众人皆为他的子民或奴隶，因为在**众人**都站着的时候，只有他可以坐着。只要他觉得舒适，众人的疲惫则无关紧要，他就是这样的重要，他神秘的魔力和法度必须得到维护，因为所有其他人的安宁幸福可能都系于其一身。

　　每一个坐着的人，都对他物施加一种压力，而被压的一方则是无奈的或者无法抗拒的。坐汇聚了骑（马）或乘（车）的特点，但骑乘运动的最终目的不总是施加压力。人们骑乘是为了能比平时更快地达到目的地。骑乘姿势固化为坐姿，把上层和下层的关系变成了某种抽象的东西，似乎恰恰是这种关系使骑乘姿势变成了坐姿。下层的人快要活不下去了，但这种状况似乎要永久持续下去。他们根本没有自己的意志，连奴隶都不如，这是极端

562

的奴隶制度。上层人却可以天马行空，恣意妄为。他们可以行走自由，停留自由，想怎么样都可以。它可以离去而对留下者不屑一顾。显然，人们已经习惯于这种程式了。人们固执地坚持用四条腿的椅子，与此不同的形式很难变成现实。显然，即使骑乘运动的形式会比椅子的形式更快地消失，它也仍然具有非常明确的意义。

坐姿的**尊严**特别表现在它的**持久性**。人们对站着的人会有许多想法，站着的人的多种可能性会使人们非常注意他，看他要干什么。人们对坐着的人的想法是他还会继续坐下去。他坐着施加的压力会增加他的威望，他施加的压力越久，他就显得越是坚实可靠。人的机体差不多都会利用这种坐姿，以保持和巩固自身。

人的**体重**在坐姿中可以看到。需要有一张高高的椅子才能显示出人的体重。再加上瘦瘦的椅子腿，坐着的人才能真正显示出自己的重量。直接坐在地上的情况就不同了。**大地**比任何一个生物更重、更坚实。人对大地的压力谈不上有什么份量。权力的最简单形式莫过于人的身体本身的权力。一个人可以通过他的**高度**来表示权力，但为此他必须站着。一个人可以通过**重量**来发生作用，但为此他必须产生可见的压力。增加座位的高度可以提高效果。一位法官在审问过程中常常是纹风不动地坐着，而在宣告判决结果的时候则是挺拔地站着。

坐有很多方式，但基本上都属于各种压力的运用。弹簧椅不但**柔软**，而且还隐隐地让坐着的人感觉到他正坐在某种**活着的物体**

之上，因为弹簧的张缩和活的肉体的张缩相类似。有些人不太喜欢软椅也许是想到了与此类似的东西吧。令人感到惊奇的是我们可以看到，那些并不喜欢软椅的人群也觉得坐软椅很舒服了。这里讲到的那些人把掌握权力看作是次要的事情，他们往往乐意用这种方式，通过平缓的象征来表达这种意愿。

卧

　　一个躺着的人即是一个被解除武装人。他在站着的姿态下的一切行为、举止和习惯就像一件外衣一样被脱下了，就像他平时操心的事情实际上完全不是他自己的事情一样。这种外在的过程是与睡觉时的内在过程平行不悖的，因为有许多他平时必然要做的事、某种防护的习惯和操心烦恼之事即心灵的外衣也被搁置一边了。一个躺着的人解除武装到了这样的程度，人们一直无法理解，人类怎么能够在睡眠之后**幸存下来**。人类在原始状态下并不总是住在洞穴里，这些洞穴本身也是危险的。许多野蛮人满足于用一些可怜的枝条和树叶挡风过夜，这些枝条和树叶根本没有防护作用。当人类远在能够通过严密的队伍进行自我消灭之前，在他们人数还很少的时候，他们在这种条件下早就应该被灭种了，可是今天依然有人存在，这简直是一个奇迹。仅仅根据睡眠的不设防性、重复性和持久性就可以看到一切适应理论的错误。这些适应理论总是一再试图对许多无法说明的事情提出错误的说明。

但是这里的问题并不是要研究那些深层次的难以解决的问题，如人类是如何在睡眠之后能够幸存下来的问题。我们现在要做的是把躺卧和躺卧所包括的权力与其他姿势进行比较。我们看到，在一方面是站着的人，高大、独立，而坐着的人体现出重量和持久性；另一方面是卧着的人，他无能为力，特别是在睡觉的时候，他无能为力的状态达到了最大的程度。但是，这种无能为力并不是真正的无能为力，它在表面上看不出来，也没有任何行动。卧着的人越来越与环境分离开来。他千方百计地要潜入自身之中。他的这种状态并不引人注目，而这种不引人注目的状态也许会给他提供些许安全感。只要有可能，它就会和另一个物体接触；他长身而卧，在所有的地方或许多地方接触一切身外之物。一个站着的人感到自由自在，不需要依靠任何东西，坐着的人施加压力；卧着的人在任何地方都感到自由自在，在他所接触的一切地方，他都把这种压力分散开来，以致他再也感觉不到这种压力。

从平躺的位置一跃而达到最高的位置，这种能力无疑会给人以深刻的印象，引人注目。这种情况表明，人的生命力有多大，他即使在睡眠中也不会因睡眠而错过什么，他甚至在睡梦里也能注意到和听到一切危险的东西，没有什么东西能真正吓到他。许多统治者强调从卧到立的转变，他们让人传播他们以闪电的速度进行这种转变的故事。无疑，这里对身体的成长的愿望也起了作用。一切统治者都希望身体更高更大，如其所愿地掌控这种能力并在需要的时候使用这种能力；突然地、毫无疑问地长高，以震慑和压倒那些没有成长的人；然后又在没有人注意到的情况下变小，以便在下一次机会中再一次明显地成长。一个人刚刚醒来就从床上跳起来，他也许刚才还在母体中蜷曲地睡着觉，现在他在突然的运动中重复他的全部成长过程，哪怕很遗憾，他无法再使自身长高长大了。

但是，除了那些休息的人以外，还有一些人是非自愿地躺着的，他们是受伤的人，尽管他们想，但却不能站立起来。

非自愿的躺卧者很不幸，他们会使人们想起被追赶和被击中的动物。杀死动物的子弹既是一种瑕疵，也是急速滑向死亡之路的一大步。被击中者会随即"完全死亡"。它先前是危险的，现在死了依然是仇恨的对象。人们踩踏它，因为它不能自卫，人们把它丢弃一旁。人们恶待它，因为它占着道，它根本不应该存在，甚至一副空皮囊也是如此。

人重重地倒下，似乎比动物倒下更能引起鄙视和反感。人们认为，对站立者来说，被击中者的样子既反映了对被击中动物自然的和习惯的胜利感，又反映了被击倒的人的痛苦状况。这里所说的是站立者看到某人倒下时最初的感受，而不是他应该有什么感受。在某些情况下，这种趋势还会更加明显。**许多**倒下的人会对杀死他们的那个人产生非常大的效果。他会觉得，好像是他一个人杀死了他们，这时他的权力感迅速增长，其势头无法抑制。他把大批将死的人和已死的人据为己有。这时，他是唯一活着的人，其他一切都是他的战利品。这是一种可怕的胜利感，任何一个食髓知味的人都难免会在以后反复咀嚼个中滋味。

在这里，站立的人与躺卧的人之间的比例具有很大的意义。在何种情况下遇见躺着的人，也不是一件没有意义的事情。战争和战斗有它们自己的仪式，我们已经单独把它作为群众过程探讨过。其中所描述的倾向在面对敌人时充分地展露出来了，可以不受约束地置敌人于死地，而面对死亡只感到它是一件自然的事情。

一个人在安居乐业的大城市跌倒后爬不起来，许多看到这种情景的人会有不同的表现。每一个人会按照自己的看法和方式对他表示不同程度的同情。良心不好的人会继续走自己的路，也有人会费心去帮助他。如果他能重新用双腿站立起来，那么所有的旁观者都会感同身受地为他高兴。如果他不能重新站立起来，那么他就会被交给有关机构。在这种情况下，即使是最文明的人也会稍稍感到被轻视了。人们给予他需要的帮助，与此同时也把他排除出自立的群体之外。而他将在一段时间内不被看作完整的人。

席地而坐

人坐或蹲在地上，是一种表示无所需求、返回自我的状态。此时他尽可能蜷曲着身体，对别人无所期盼。蹲着的人放弃一切能导致相反结果的活动。此时不会发生任何能够引起对立行动的事情。蹲着或坐着的姿势显得安静、满足。蹲坐着的人不会对别人有攻击的行为。他很满足，他拥有他所需要的一切东西，或者说他不再需要什么。蹲坐在地上的乞丐所表达的意思是他满足于人们给他的一切，他会一视同仁地接受一切施舍。

在东方，富人与来访者席地而坐，这种东方的蹲坐形式包含着他们对财富的某种态度。他们的这种姿态给人以这样的印象：似乎他随身携带了全部的财产，十分安全，他们蹲坐着，表现出他们没有任何被剥夺或丧失财产的忧虑和担心。他们让仆人侍候自己，就像侍候财产一样，这样就规避了人的关系的生硬性质。他们坐在那里的姿势就像所有坐在椅子上的人一样。他们就像是一个布袋，里面有他们所有的一切东西，仆人走过来侍候布袋。

这种蹲坐的姿势还有一种特有的意思，那就是听天由命的态度。同一个人如果变成乞丐，他也是那样坐着，因此，坐姿所说明的不是他以后不会变成另一个人。蹲坐的人可能拥有财产，也可能一无所有。如果蹲坐的人进入空无一物的状态，那么，蹲坐的姿势就成了冥想的基本形式，对一个知道东方的人来说，独坐是一种熟悉的景象。蹲坐的人与人群分离开来了，他摆脱了众人，静归自我。

跪

我们在卧姿中已经了解了软弱无能的消极形式，除此以外，还有一种积极的形式，这种形式与当前的有权者有关，这就是有权力的人利用自己软弱的一面来提高自己的权力。**跪着**的意思是乞求宽恕，判处死刑的人引颈待戮，他总是想着他要被砍头了。他不做无谓的反抗，他通过自己脑袋的姿势方便别人意志的执行。但是他双手合掌，仍然在最后时刻请求当权者的宽恕。跪姿始终是最后时刻的演出，即使这种姿势得到的实际上是完全不同的结果，这是一种极端的谄媚行为，它只会受到鄙视。谁不想被杀死，谁就会跪在那个掌握最大权力的人面前，即能够决定生死的那个人面前。这样一个掌权的人可以有许多选择。被恳求的人的仁慈总是与跪地的人的毫无抵抗能力相匹配。这两者之间的距离可以想象为如此之大，以致只有伟大的掌权者才能越过这段距离。如果他做不到，那么他就不是别人向他下跪时那么伟大，而是会感到自己很渺小了。

第二节 乐队的指挥

没有什么能比乐队指挥的动作更能说明权力了。他在公众场合指挥乐队的每一个细节都能说明问题，他所做的事情清楚地说明了权力的性质。对权力毫无所知的人，只要注意乐队指挥的动作，就可以逐一了解权力的性质。为什么人们从来没有通过指挥来了解权力，可以这样来说明：对人们来说，基本的事实就是乐队指挥指挥乐队开始奏乐，结果事情就像是这样，观众到音乐会来是为了听交响乐。乐队指挥大多数也是这种看法。他认为他的工作就是做音乐的仆人，准确诠释音乐就是他的一切。乐队指挥把自己看作音乐的第一个仆人，他全身心想的是音乐，对自己的工作根本不可能有超出音乐的第二种理解。没有人比他会对以下的说明更感到惊奇的了。

乐队指挥是**站着**的。在对权力的许多表述中，过去记忆中的人的站立是有意义的。指挥是**一个人**站着。在他周围坐着他的乐队，在他后面坐着的是观众，很明显，只有他一个人站着。他站得要比别人**高一些**，这样前面和后面都可以看到他。在前面，他的动作乐队可以看到，后面观众可以看到他的动作。他用手或者指挥棒发出自己的指令。他通过很小的动作突然提醒这种或那种乐器开始演奏，而他始终要做的是保持沉默。因此他对各种声音有生杀的权力。一种声音长时间保持了沉默，但在他的指令下又会重新发声。不同的乐器代表不同的人。交响乐队就是他重要的各种类型的演奏员的集合。他们服从指挥的态度使得乐队指挥能把他们结合成一个整体，然后他代表他们把这个整体呈现在所有人面前。他完成的作品都具有合成的性质，这要求他必须全心全意地投入工作。他的主要特点是全神贯注和迅速反应，谁弄错了，他必须迅速制止。他手里掌握的法律就是总乐谱。其他人也有总乐谱，他们可以监督他的指挥，但只有他可以立即纠正他人的错误。在公开演出的场合，所有的人都可以看到每一个细节，这种情况使乐队指挥有一种特殊的自我感觉。他总是习惯被大众**注意到**，而且不被大众发觉问题是越来越困难了。

指挥的目的是观众安静坐着，乐队听从指挥。演奏员进来时不会打扰任何人，几乎没有人注意到他们。接着指挥上台了，大厅里安静下来。指挥站起来，清一下嗓子，拿起指挥棒：所有的人安静下来，全神贯注地听着。他在指挥时，观众不应该走动，而当他结束指挥时，观众应该鼓掌致谢。音乐使观众激动、兴奋，他们想用动作来表示自己的情绪，但在音乐会结束之前他们必须克制。他们可以在音乐会结束之后爆发自己的情绪。对于观众的掌声，指挥转身表示谢意。只要掌声不停，他就会一再回来谢幕。他所做的一切都是为了观众，只是为了观众，他实际上是为观众活着。这是胜利者的掌声，是他应该得到的掌声。掌声的热烈标志着演出的成功。胜利和失败成了他的精神生活借以体现的形式。一切包含在其中。在这里，在生活中他人给予他的一切都转化成了胜利和失败。

在演出期间，指挥是大厅里群众的领袖。他站在最前面，观众在他的后面。观众都服从他，唯他马首是瞻。但是他要和观众一起经历的路程不是用脚而是用手来完成的。他用手来指挥的演奏过程，就是他要用双脚踏出的路程。大厅里的观众被他俘获，为他倾倒。在演出过程中，观众始终没有看到他的脸。他表现得无动于衷，指挥工作也不允许他休息。他总是背对观众，好像这就是目的似的。如果他转过身来，只要有一次，整个演出就会中断，这时，他们正在走的音乐之路终结了，观众坐在那里，大厅里静悄悄，一切都化为泡影。但是，可以相信，指挥是不会转过身来的。观众追随他，他在观众面前指挥着一支由职业演奏家组成的小型乐队。在这里，他也是用手来指挥，但他并不是为了背后的观众决定音乐的进程，而且他在这里也发布命令。

指挥的眼神总是很紧张地盯着整个乐队。每一个演奏员都感到指挥在盯着自己，听着自己的演奏。乐器的声音就是他密切关注的评价和鉴定。他是全能者，演奏员只是把自己的乐谱放在面前，而指挥在头脑里或谱架上放的是总乐谱。他准确地知道，每一个人在每一个时刻应该做的事情，他注意着所有的人，这使他得到了**无处不在者**的美名。他在每一个人的头脑中。他知道每一个人应该做什么，他也知道每一个人在做什么，他是那些规则的活的集合，他支配着精神世界的两个方面。他规定，要按照他的手势来做什么或不应该做什么。他用耳朵在空气中搜寻着不应该有的声音。对乐队来说，他实际上是整个乐谱的化身，保证着曲谱的各个部分同时并按照顺序进行。在整个演出期间，曲谱就是整个世界，而他在这段时间内也就是这个世界的统治者。

第三节　名声

对追求名声的人来说，由谁来传播他的名声，无关紧要。这些传播者对他来说都是一样的。这种情况说明，他对名声的追求源出于群众事件。**他的名字聚集了一个群体。**这样他在生活中是否充满了贪欲，完全是次要的，与这个人究竟是什么样的人没有多少关系。

追求名声的群体是由幻影组成的，也就是说，是由生活中完全不存在的人组成的，他们中间并没有一个人成为真实的人，不能说出自己的确切的姓名。追求名声的人希望他们能够经常说到他的名字，而且希望他们在许多人面前说到他的名字，因此是在一个群体中说到他的名字，以便许多人来向他学习，通过他的讲话来充实提高自己。但这些影子们一向做什么事情，他们的身高、外表以及工作，对这位追求名声的人来说，比空气还要一钱不值。他总是惦记那些宣扬他的人，追逐他们，贿赂他们，怂恿他们或刺激他们，这说明他还不是一个有名的人。只有在这种情况下，他还要为以后的影子队伍培养干部。他获得名声的时候，也就是他可以放弃所有这些干部而不受任何损失的时候。

下面是**富人**、**统治者**和**名人**三者之间的不同：

一个富人会集聚成堆的谷物和畜群，而货币是这些东西的代表。他并不在意人，他认为用金钱可以购买他们。

一位**统治者**关心的是聚集更多的**人**，成堆的谷物和畜群对他来说没有意义，他需要这些东西是为了征召更多的人。此外，他想要的人是**活人**，是可以将其置于死地或用于陪葬的人。那些先他而死或后他而生的人，对他来说只有间接的意义。

一个**名人**关心的是搜集声音的大合唱，他只想听到别人对他的赞扬，只要很多人齐声赞美他，他不在乎赞美之声是来自死者、生者还是尚未出生的人。

第四节　时间的秩序性

无论规模大小，任何一种政治结构都离不开秩序。

时间的秩序性调节着人的公共活动。我们可以说，时间的秩序性是一切统治形式最主要的属性。一个新产生的政权要得到巩固，就必须采用新的时间秩序。一个时代是随着新的时间秩序开始的；对每一个新政权来说，它的**永恒存在**是更为重要的事情。从一个政权对时间所做的各项安排可以看出它自身想成为一个伟大政权的想法。希特勒以千年王国的名义并没有实现这一目的。恺撒的西洋历存在了很长的时间，以他的名字命名的月份存在的时间更长。历史人物中只有奥古斯都做到了**长久地**把自己的名字镶嵌在一个月份之上。其他人用自己的名字命名月份的时间并不长，随着把他们作为偶像的历史消失，他们的名字也无影无踪了。

耶稣基督对于计时的贡献最大。在这一点上，他甚至比上帝还要卓越。犹太人从上帝创造世界以来就开始计时。罗马人是按照他们建筑城市的样子来计时的，他们的这种计时方法是从伊特鲁里亚人那里承袭下来的。在世人看来，这种方法对罗马的繁荣富强起到了不小的作用。有些征服者以将其名字列入历法而感到自豪。例如拿破仑·波拿巴就曾有过对 8 月 15 日的期待。将自己的名字与规律性的周而复始的日期结合在一起，对统治者来说具有一种不可抗拒的吸引力。尽管大多数人对于以名字命名时间的做法的历史渊源不甚了了，但统治者想以此永恒不朽的强烈愿望却从未终结。从来没有人用自己的名字命名季节，但有许多世纪却用一个朝代的名字来命名。中国的纪年就是按照这些朝代来命名的，人们说唐朝或汉朝。这些朝代也使那些几乎被人遗忘的小的弱国沾了光。总体来说，中国人就是用这种方法来纪年的，这种方法的目的更多是使家族不朽，而不是使个人不朽。

但是，统治者与纪年的关系并不能完全概括为他们想以此扬名。问题在于时间秩序性本身，不仅仅是把已有的单位改一下名称的问题。中国人的历史就是从这种时间的秩序性开始的。传说中统治者的威望主要是建立在具有很大影响的由统治者划分节令的基础上的。为此还专门任命了官员来观察时令节气的变化。如果他们玩忽职守，就会受到惩罚。中国人由于其共同的历法，才最早真正地融合成为一个民族。

各种文明最初是以节令的不同划分方法来区分的。时令节气的划分是否正确，要看它们被习惯性地传承下来的持续时间的长短。如果没有人继续采用这种方法，那么这种方法就会消失。如果这些文明不再认真地对待计时的方法，那么这些文明就会死亡。在这一点上，我们可以把它与个人的生命做一类比：一个不再知道自己年龄的人，是一个已经结束了自己生命的人，而一个不能知道自己年龄的人就不是一个活着的人。对一个文明或所有文明来说，不知道划分时令节气的时期是一个**蒙羞**的时期，人们会尽快地忘记它。

划分时令节气具有极其重大的意义，这个道理在实际生活中是非常清楚的。这种计时方法可以把分散居住、无法聚在一起的大小群体集合在一起。在一个小的群体例如有 50 个人的群体中，每一个人都知道别人在做什么。他们很容易做到在一起做共同的事情。他们的活动是以群体状态有韵律地进行的。他们同其他人一样，跳舞时间很长。从一个群体达到另一个群体所需的时间已经并不重要。如果时间问题成为难题，那么利用传递手段也是很容易解决的，因为他们住得很近。随着联系的扩大，正确的时间必然成为他们关心的问题。鼓声和烽火可以成为向远处传递信息的手段。

　　众所周知，单个人的生命曾经是大大小小的人群最早的时间凝缩。在一段时间内活着的**君主**，对**所有的人**来说，是时间的代表。君主的死亡，不管是因生命力用尽而死，还是后来寿终正寝，都只是一段时间的表示。君主就是时间的代表，在一个君主和另一个君主之间的时间停滞了，而中间一段间歇时间，人们会尽可能地缩短它。

第五节 宫廷

宫廷首先是一个核心，是人们向之聚集的中心点。向中心点聚集的运动是一个很古的现象，我们在黑猩猩那里已经看到这种现象。但是，这个中心点最初是移动的。它可能在这里，也可能在别的地方，它是随着那些围绕它运动的人的迁移而迁移的。这些中心点只是逐渐地才**固定下来**。大石块和树木是一切原地不动的东西的范本。后来，最牢固的首脑所在地也是用石块和树木建立起来的。这类建筑的牢固性越来越受到重视。这类建筑的难度很大：要从遥远的地方把石块运过来，参与工程的人数众多，建设这个核心所需的时间跨度很长，所有这一切都提高了宫廷的永恒形象。

但是，由少数人群构成的这个中心，虽然已经**秩序**井然，但还不是宫廷，因为他们在这个中心中都属于一个等级。宫廷有一个由很多人组成的核心。这些人在核心中被精心划分为各个部分，就像他们本身是一棵树的各个部分一样。他们像空间本身一样被安排在不同的距离和高度上，他们的责任规定得很精确、很全面。他们能做什么都是有规定的，不能稍有逾越。他们在一定的时间可以聚会在一起，在聚会期间他们各守本分，不忘身份，不忘规矩，对统治者忠心耿耿。

他们对统治者的忠心表现在他们**在那里**面对统治者，围在他四周，但又不靠近，不敢正眼相看，表现出一副战战兢兢、愿意一切听凭他主宰的样子。他们在这种特殊的气氛中，在显赫、恐惧和希冀相互交融的气氛中度过自己的一生。他们的眼中，除此之外别无他物。他们是在统治者的阳光普照之下生活着，他们向其他人表明，其他人也可在这里这样生活。

忠君的朝臣们的灵魂似乎被魔法摄住了，这是所有朝臣的唯一共同点。这一点上，他们从位置最高的到位置最低的都一样。他们这种看君主不变的眼神似乎是来自一个群体的眼神。但一眼便知，无须更多；因为正是这种眼神使每一个人想起了自己与其他所有朝臣不同的责任。

朝臣们的举止对其他的臣属是有影响的。他们**常做**的事情，其他臣僚**有时**也会这样做。在某些场合，例如君主銮驾回朝时刻，所有的居民和平时一直待在宫中的朝臣都要出来迎接，向君主表示忠心，他们等待这一机会已经有很长时间，这一次突然有了机会，所以要特别热情地向君主表示自己的忠心。所有的臣子都希望到首都天子脚下来，集结在朝臣们所形成的内圈之外的大圆圈内。首都围绕宫廷而建，它的建筑要表现出对君主的永恒的忠心。君主宽宏大度，照例会用富丽堂皇的屋宇来回报。

宫廷是**群众晶体**的一个很好的例子。形成晶体的人有完全不同的职业，他们极其错综复杂地交织在一起。但是他们（包括朝臣）对其他的人来说是一样的，在其他人看来，他们是一个整体，散发出同样的思想光芒。

第六节　拜占庭皇帝会升高的宝座

事物的**突然成长**总会给予人们异常强烈的印象。一个小矮人在观众面前突然变成一个巨人，与一个人的身高不变和一个人突然从椅子上站起来相比，能引起人们更大的惊奇。我们非常熟悉许多民族的神话和童谣中的这一类人物。我们可以从 10 世纪时的**拜占庭**发现人们为了权力而制造这类形体变化的情况。下面是奥托一世的大使**刘德普兰·克里莫纳**在谒见拜占庭皇帝后写下的记录。

在皇帝宝座之前立有一棵树，树身镀以古铜色泽，枝上栖满群鸟，同样也是镀以古铜之色，这些鸟可以按照种类不同而发出不同的鸣叫。皇帝宝座的型式非常奇特，令人惊异，它可以自由升降，忽而为低，忽而为高。宝座本身的形状也相当庞大，两侧辅以巨狮护卫，狮身为铜或木制，漆以金色，狮子尾巴及地、舌颤口张、作欲吼状。在两名宦官的引导之下，我被带到皇帝跟前。在我进去时，狮子吼叫，群鸟齐鸣，我因为事先已经向知道这种情况的人打听得一清二楚，所以没有感到害怕或者惊奇。然而当我向皇帝三度叩首后抬头看他时，奇迹发生了。我先前看见他坐在高度适中的宝座之上，现在不仅改变了服色，还改变了位置，他的座位高高升起，几乎接近了宫殿的屋顶。我难以想象这是如何办到的，除非是由类似我们用来升高葡萄榨汁器之类的木制设备的某种设计来完成这种提升工作。在那一刻，皇帝本人并没有向我垂询什么，不过即使他想要如此也无能为力，因为我们之间的距离会使得交谈成为一种尴尬。不过他们也有自己的办法，即由大臣来做中间传媒。结果在大臣的帮助下，皇帝本人向我垂询我国国君的生活，并问及他的健康状况，我做了适当的回答。在翻译官向我点头示意后，接着我被带到指定的住所。[129]

当使者俯伏在地以额触地时，皇帝的宝座升到了高处。一方的**降低**衬托了另一方的**升高**。两者之间的距离由于皇帝的接见而缩小，而垂直距离却扩大了。人为的鸟的鸣叫和狮子的吼声衬托了宝座人为的升高。这种升高象征着权力的**增大**，这是一个权力对另一个权力的使者的威胁。

第七节　麻痹症患者关于伟大的观念

伟大究竟是什么意思呢？这个词语有许多种用法。我们很难给它一个明确的定义。不是一切东西都可以称为伟大的！在这里，在这个与成就紧密相连的概念中，我们可以看到最为矛盾和最为可笑的东西。没有成就，我们就完全无法想象有人的尊严的生活。"伟大"这个词语恰恰在它的模糊不清的概念中反映了某种对人的生存来说不可或缺的东西。我们应该在它的多义性中来把握它，这样我们也许可以更接近平凡人头脑中的"伟大"观念。因为"伟大"这个概念以最容易把握和最外在的形式存在于他们的头脑中。

有一种广为传播而又经过很好研究的疾病，人们得这种病就像是自己招引来的一样。**麻痹症**有多种多样的形式[130]，特别是它的典型病例，其特征是制造关于**"伟大"的观念**。这些"伟大"的观念会乱七八糟地轮流出现，而且也很容易受到外界因素的激发。并不是每一种麻痹症都有"伟大"观念的出现，这种病还有抑郁形式，其特征是微笑观念。在某些场合，这两种观念互相追逐着出现。但是，这里的任务并不是要考察这种疾病本身。我们感兴趣的是搜集在特定场合出现的，也就是在已知的并且是经过描述的场合出现的病例。这些"伟大"观念丰富多彩、天真幼稚并且易于被人激发。正是这些对正常人来说，也就是对那些未患麻痹症的人来说毫无意义的特征，会对"伟大"观念给出一个令人意想不到的说明，读者对此应有一定的耐心。在论证这些观念的意义之前，我们还必须尽可能完整地倾听下面的叙述。下面是两个病人的谈话，他们属于德国的威廉时代，当时的环境对于某些人观念的形成是有意义的。

一个中年商人来到克拉培林的诊所就医，大致情形如下：

就医之前他因疲惫和迫害感的煎熬而几近疯狂，但是在接受了治疗之后精神上慢慢地恢复了正常，目前还有一点紧张感。由于诊所医生的照料，他的工作能力也得到了增强，可以做很多事情了。因此他认为自己的前途一片光明。他想着自己很快就要获得自由，打算要建立一个很大的造纸厂，为此他的一个朋友会向他提供资金。此外，这个朋友的朋友克鲁普把自己在麦茨附近的一处地产交给他经营管理，在这里他想建立一个园圃，也可以种植葡萄，因为这个地方很适合葡萄的生长。此外还有 14 匹马，可以经营农业，还可以经营生意很好的木材贸易，这种生意无疑会给他带来丰厚的利润。有人提醒他，这些事情也许不会都那么顺利，而且为此还需要大笔资金。他对此很有信心地回答说，他工作能力极强，可以克服这些困难，而且可以预期的利润丰厚，也不会缺乏资金。同时他要别人看远一点，他说皇帝很赏识他，皇帝答应要把他祖父因贫穷而失去的贵族称号重新授予他，而且他现在就可以使用这个贵族称号了。病人在说这些话的时候很平静，很平淡，而且他的行为也很自然。

这个病人很容易受到别人的鼓动而扩大他的计划："有人提醒

他说家禽饲养业被看好，他马上回答说，他一定会饲养火鸡、几内亚鸡、孔雀、鸽子，还有肥种鹅和松鸡。"

他的病最初是由于他大量购买和制定庞大的计划而被发现的。当他被收进诊疗所后：

他感到自己有一种强烈的创造冲动，他感到自己在精神和身体两个方面都从来没有这么好过。他在这里感到情绪很好，他想写诗，他认为他写诗比歌德、席勒和海涅都好……他还要发明大量的新机器，改造诊疗所，盖一座大教堂，比科隆大教堂还要高，他要做一个玻璃罩把诊疗所罩住。他说他是天才，他会说世界上的所有语言，他要用铸铁造一座教堂，从皇帝那里搞到最高级别的勋章，发明克服呆傻病的药物，给研究机构的图书馆赠送数以千计的图书，大部分是哲学书，他的思想完全是神的思想。这些伟大的观念不断地变化，突然出现而又很快地被新的取代……病人不断地说、写和画，立即订购报纸广告中宣传的一切东西，生活资料、别墅、衣服和房间用品。他一会儿是伯爵，一会儿是陆军中将，一会儿要送给皇帝一个整装炮团。他自告奋勇要把诊疗所搬到山上去。

我们现在来整理一下这一大堆乱七八糟的东西。这是一种可以称为"**向高趋势**"的思想，他想建立一座大教堂，高度超过科隆教堂，他想把诊疗所搬到山上。他设法要达到的高度就是他本身想要的高度。用人的等级关系来说，他所说到的他的祖父的贵族身份，体现了他的这种向高趋势。他说他本人是一位伯爵，他的军衔是陆军中将；他说皇帝赏识他，他会让皇帝给他颁发勋章，他会**献给**皇帝一个炮兵团。他的这些说法都包含着他想比皇帝还要高出一筹的想法。

在智能方面他也表现出同样的欲望。他说他是天才，会说世界上各种语言，似乎这些语言就是他的臣属；他说他比世界上最著名的诗人如歌德、席勒和海涅还要高明。我们感到，这种向高趋势并不是要**停留**在高位，而是要**迅速达到**高位，要很好地利用每一个机会，突然地、反复不断地攀爬到高处。他认为，迄今为止的最高点显然是很容易达到的，于是他提出了新的高度纪录。不能不怀疑，这种高度纪录无非就是**增长**的高度纪录。

第二个同样明显的趋势是**盈利**。这里说的是造纸厂、木材贸易、一个大的园艺场、葡萄园和马匹。但是，他接受养殖家禽的建议的方式透露出，盈利趋势在这里依然具有古老的风格。这里指一切可能的，特别是可以繁衍的活物的**增多**。火鸡、几内亚鸡、孔雀、鸽子、鹅、松鸡等，他一一列举各种家禽，其中每一种家禽他都想通过养殖把它们的数量增加到无以计数。在这里，盈利的目的依然同原来一样：促进自然群体的增加，以有利于个人。

第三个趋势是**挥霍**。报纸广告中宣传的一切东西他都要**订购**，生活资料、别墅、衣服、房间用品。如果他是自由的，他就会购买所有这些东西。但是我们不可以说他要**积存**这些东西。完全可以确定的一点是，他会随意处置这些积存的东西，就像他会随意处置钱财一样，他会把它们送给一切可能遇到的人。这些**积存的东西和财产**都不是他的。他清楚地看到他想要买的东西，成堆地放在他面前，但他只是在他不拥有它们的情况下才看到它们。对他来说，财产的流动比财产本身更重要。他表现出来的这种双重姿态基本上是**一个姿态：大把获取，大把舍弃**。这就是"伟大"的姿态。

现在我们来看第二个案例，这是另一个人，也是一个商人。他的麻痹症在形式上表现得**更为激烈**。他也是这样，一切从庞大的计划开始。他突然在没有钱的情况下订购了35000马克的浴场，14000马克的香槟酒，16000马克的葡萄酒，准备开一家餐馆。他在诊疗所里不断地絮叨说：

他希望自己的体重能够达到400多磅，在手臂中加上钢骨，并佩戴重200磅的铁质勋章。他要用机器制造出50个女黑人，要把自己的身体永远停留在42岁。他将会娶一个有6亿马克嫁妆的16岁女伯爵，这位女伯爵曾经从教皇手中接到代表贞洁的玫瑰。他的马匹从不吃燕麦。他拥有上百座金碧辉煌的城堡，在城堡里有用防弹甲胄的材料制成的天鹅和鲸鱼。他说他做出了伟大的发明，为皇帝建造了一座价值上亿马克的城堡，为此皇帝亲赐他教名。他曾经从大公爵手中得到124枚荣誉勋章，他给予国内每个乞丐50万马克。由于他有遭受迫害的幻觉，他自称曾经5次遇刺，每到晚上侍者从他的臀部吸出两桶血，因此他要砍掉他们的头并让猎狗撕碎他们，建一个蒸汽断头台。[131]

这里说的是赤裸裸的成长，成长本身，增长后的人达到400磅。这里说到手臂加钢骨后的**力量**，最重的最耐久的**标志**即200磅的铁质勋章，而且他有足够的力量佩戴这枚勋章；**能量**和岁月的停滞；为了50个女黑人他要永远停留在42岁。一个贞洁富有的最年轻的女子使他已经很知足了。他的马从不吃燕麦。他的一百座金碧辉煌的城堡里的天鹅也许就是女人，无论如何是用来同他的女黑人相比较的。鲸鱼是他拥有的最大的生物。他考虑到了他不能受到伤害，这里是说——当然与鲸鱼有关——防弹衣，他还说到了其他金属。他为皇帝建造城堡花掉一亿马克；并且由于这一亿马克，他与皇帝亲密无间。有上百万的乞丐，其中每一个只能算半个人，看来这一点使他决定赠送给每一个乞丐50万马克。当然，他还在极端兴奋的情况下受到了迫害。对这样一个重要的人物来说，一次谋杀是不够的。他有权把那些抽他血的人砍掉脑袋并让猎狗把他们撕碎。但是用古老的猎狗群的办法比较慢，比较快的办法是利用他为集体处决建造的蒸汽断头台。

这里的话题是：东西越贵，价格越高，面值1000马克的钱越多，也就越能吸引他。货币就又有了它原来的群体性质。货币以飞跃式的高速度增长，很快就达到了一百万；一旦达到百万，百万就起到了决定性的作用。这个词语的意义具有某种令人难以琢磨的性质，他既可以指人，也可以指货币单位。群众最重要的性质即**渴望增长**的性质，传到了货币上。一个伟大的人支配着数以百万计的货币。

挣钱和挥霍，同以前一样是一个运动的两个方面：购买和赠送；

同其他一切事情一样，购买和赠送是他自我膨胀的手段。为了与那种向高趋势区别开来，我们可以把它称为**横向增长趋势**。对他来说，**购买和赠送**没有区别。他用大量的货币换成物品，把这些物品变成自己的东西，又用货币和物品来控制人，争取到他们对自己的支持。

在这里，皇帝的传统品质重新以天真的、因此特别令人信服的方式再现在我们的面前，这就是我们在童话和历史中非常熟悉的慷慨大度。有这样一个关于 14 世纪西非的黑人皇帝的传说。他在去麦加朝圣的路上买下了整个开罗城，这是他永远不会忘记的成就。关于这次购买的吹捧的话至今仍家喻户晓，而吹捧挥霍的说法也毫不逊色。实际上，当今受到多方面质疑的财阀的种种"伟大"的表现，只有他们向公众赠送物品的行为受到人们的欢迎。我们的这位病人四处赠送价值上亿马克的城堡，他找到了一个自愿接受的人，那就是皇帝。

他的"伟大"观念确实变化多端，我们也没有他的这些观念有所**改变**的印象。他还是像他原来一样，即使他的体重到了 400 磅，即使他与贞洁的 16 岁女伯爵结了婚或者说与皇帝已经不分彼此了。相反，他又把他得到的一切都用于自身。他自称是宇宙的坚固中心。他吃并成长着，但永远不会变成另外的样子。他的不安定的观念给他以营养，他的观念不断变换。无疑，变化对他来说是重要的，因为他想方设法要成长。但是变化的只是食物的种类而已。食物的多种多样是虚幻的，种类繁多的只是他的食欲。

他的"伟大"观念所以会杂多，是因为他从来没有停留在某一个观念上。他需要的只是要有一个观念，并实现它。当然，他的目标是不断变化的，因为这些目标很快就可以达成。但是，病人怎么会完全没有想到他的观念会遇到障碍呢？权力、财富、自我膨胀的可能性等话语所包含的允诺——只要人们给他这种允诺，他就相信这一切都已经达到了。这种轻信一切都可以办到的想法似乎与他总是认为**群众**站在他一边有关。在他的观念的每一次变化中，群众都是站在他一边的。无论是他的新娘的 6 亿马克嫁妆还是 100 座金碧辉煌的城堡，或者是他用铁的机器制造出来的 50 个女黑人，在所有这些事情上群众都是站在他一边的。甚至在他对什么东西生气的时候，例如对侍者生气的时候，他立即就会有一群猎狗，而且这些猎狗会按照他的命令扑上去把侍者撕碎。但是，如果他想到要砍别人的脑袋，他就会立即发明一种蒸汽断头机，他发明这种机器时已经考虑到了集体屠杀的需要，群众永远跟着他，不会反对他。如果他们偶然一次反对他，那么他们一定是那些已经被砍了脑袋的人。

我们从以前的例子中知道，对病人来说，以前的一切事业都兴旺发达了，特别是农业。每一种家禽，只要他高兴，就会开始繁衍。如果他有兴趣关心研究机构的图书，他手中立即就会有上千册图书。为了购买和赠送，只要他想到，就会有成千上万。

重要的是要指出那些具有"伟大"观念的麻痹症患者群体的这种积极态度及其好的想法。群众不会违背他的意愿，群众是他各项计划的真正自愿的材料。他头脑里闪现什么想法，群众就会为他去实现。他的要求永远不会太多，因为群众的成长与他的成长都是无限的。群众对他的忠诚是无限的，任何统治者在自己臣属中都没有过这样的群体。我们可以看到，群众对**偏执狂患者**的态度是完全不同的，是一种**敌对的**态度。偏执狂患者的"伟大"观念是有更多争议的，它表现出越来越多的偏激。如果一个有敌意的群众占了上风，偏执狂患者就会陷入受迫害的幻觉。

现在我们简单地总结一下从麻痹症患者的"伟大"观念可以学习到什么。我们可以说，这里我们看到了不断成长和重新成长两种方向。一种方向是**个人**本身的方向，个人希望身体越来越重，越来越高，他不会满足于身体的成长达到一个终点。个人作为一个单独的个体与生俱来的任何力量都应该同时成长。第二种方向是"**百万**"的方向。一切都可以纳入百万这个概念。正如群众一样，百万的趋势就是迅速增长。这些"百万"听从大人物的愿望和意志，流向四面八方，只听从大人物的命令。

人们梦想的"**伟大**"观念是个人的生物学意义上的成长感和群众所要的迅速增长感的结合。群众在这里是受支配的，群众的类型无关紧要，无论哪一种类型，群众都会抱有相同的目的。

第十一章

统治者与偏执狂

第一节 非洲的君主

通过对非洲君主的考察，我们可以把原来分开研究的权力的各个方面和各个要素联系在一起加以说明。我们在这些非洲君主身上看到的一切陌生的、不常见的东西，我们可以尝试先把它们当作异国奇闻来对待。如果一个欧洲人阅读下面的报道并受其影响，那么他们心中就很容易出现优越感。他们很少有人会有耐心保持谦虚的心态，那是因为他们还没有更多地了解情况。20世纪的欧洲人面对非洲的野蛮状态，会毫不犹豫地表现出优越感，欧洲的统治者所采用的方法可能会更有效些，但是他们的目的与非洲的君主没有什么区别。[132]

杜·夏卢对于非洲**加蓬**地区老王的去世及新王的选立做了下列的记载：

我在加蓬之时，适逢当地的老王格拉斯去世。当地的居民对于格拉斯国王早已深感厌恶，甚至把他当成一个强健但有邪恶倾向的巫师，表面上，居民们从不公开谈论对国王的厌恶，但是一到夜里没有任何人愿意经过他的屋子。在他生病和生命垂危之际，每个居民似乎都显得很忧伤，但是在私下里我从几个朋友那里了解到，大家都希望他死掉，而他也总算是真的死了。那天早上，哀嚎与恸哭之声把我从沉睡中惊醒，此后，整个市镇陷入一片哀痛和泪水之中，而且哀泣之声持续了六天。其后老王的尸首由他的亲信秘密地埋葬，除了这些处理丧葬事宜的亲信之外，其他人都不知道老国王的墓地所在。在哀悼的日子里，除了表示悲痛之外，村落中的老人们还要秘密地从事新王的选立，选立的整个过程都是在私下里进行，直到第七天才正式通告全体民众新王加冕的时间，但是新王是谁，一直要等到最后一刻才宣布，甚至连当选者本人也不知道。

真没想到当选新王的人竟是我的好朋友尼尤戈尼。他的当选有两方面的原因，一是他出自一个好家庭，此外民众都喜欢他，极大多数人都投了他的票。在我看来，尼尤戈尼本人对他当选为王的事一无所知。在老王死后第七天的早晨，他正在海边漫步，突然间全体居民蜂拥而至并开始一项特殊的典礼。这个典礼是在加冕之前进行的，目的是必须使除他以外的所有觊觎王位的人不再有兴趣坐上王位。典礼场面大致如下：全体居民群聚于他的四周，对他进行肆意的虐待，其恶劣程度绝不亚于最恶劣的暴民们的所作所为。有的人朝他脸上吐口水，有些人则用拳头揍他或者用脚踢他，还有的人将令人作呕的秽物掷到他身上，至于那些站在外围而无法触及这位可怜人的居民，就用恶言咒骂，侮辱他或他的父母、兄弟姐妹以及他的祖先。这种场面使得任何人都感觉到，哪怕是一毛钱就能买到这个即将加冕为王的位置，也没有任何一个外来的人会掏钱购买。

然而，我总算从嘈杂混乱的声音中听到了几句关键的话，用来解释这种场面所发生的原因和结果。每隔几分钟，总会有一个人踢打得特别重，一边踢打一边大声说道："将来我们会服从你的意愿，但是现在你还不是我们的王，在这段短时间内，我们可以对你为所欲为。"

在整个过程中，尼尤戈尼表现得像一个真正的男子汉，一个有前途的国王。他必须能控制自己的怒气，并笑脸忍受着这些民众肆意的折磨。就这样过了一个半小时，居民才把尼尤戈尼拥到老王的房舍，但是他刚刚坐在房中，又受到了民众的咒骂。

过了一阵，整个环境才安静下来，然后居民中的长老起身并庄严地宣布："现在我们推举你为王，我们都将听从你的吩咐和命令。"民众都跟着长老重复长老的话。

紧接着，在庄严肃穆的环境下，由长老向尼尤戈尼呈上一顶代表君主身份的丝冠，戴在他的头上，再给他披上一件红袍。然后，新国王就开始正式地接受先前曾折磨辱骂过他的居民对他的朝拜。

新国王选出后紧接着有六天庆典式的节日。在这六天之中，接替了老王位置与姓氏的新王，要在他的住所里接见他的臣民，换句话说，新王在六天中不许走出屋子。在这些日子里人们暴饮暴食，喧嚣声惊天动地。来自邻近村落的人带来甜酒、椰子酒和食物等，总之居民们和临近村庄的人们会将任何增加节日气氛的东西都拿出来，而且不论何人，也不论来自何方，都会受到热烈的欢迎。

老王格拉斯被遗忘了。可怜的新王格拉斯由于精疲力尽而病倒了。他要日夜不停地随时准备接待客人，对每一个来的人他都必须给予礼遇。

最后，甜酒总算喝完了，节日期限已到，一切又恢复平静，直到这时，新王才可以步出房门来巡视他的王国。[133]

群众中发生的这些事件的结果具有非常重要的意义。一切从为老王的死举哀的**哀恸群体**开始，丧事举行了六天。第七天，新王人选突然受到了袭击。对死去的老王的敌意首次在老王的继任人身上发泄出来。围着新王人选的**攻击性群体**实际上成了**反叛群体**。这种敌意不是针对王位继任人，而是针对死去的老王的。人们总算从对统治他们很长时间并且使他们感到深恶痛绝的老王的仇恨中解脱出来了。新的统治开始于使所有的统治者害怕的局面：不听话的臣民将他团团围住，用危险的方式推搡他。但新王继任人很平静，因为他知道，这种敌意是**转移**到他身上的，是一种表演，并不是真正针对他。尽管如此，这一切必然会作为他的统治的痛苦的开始留在他的记忆中，这是一种随时随地可能发生的威胁。每一个帝王都是这样在类似的革命中登基的。这是一次对已经死去的帝王事后的革命，新王继任人只是作为他的代表表面上充当革命的对象。

第三件重要的事实是庆典，它同哀悼一样也持续了六天，并且是无节制的消耗食物和饮酒，它实际上在传达着臣民对新王能带来**繁衍**的美好愿望。既然在新王初立之时他的辖区内就能充满甜酒、椰子酒和食物等等，那也就能预示着日后将同眼前一样，每个人都能拥有更多的食物。选立新王也正是期望他带来繁衍丰裕，而新王朝开始的标志——群众庆典，也就成了人们未来的繁衍的可靠**保证**。

杜·夏卢的报告已经有100年了，它的优点是完全从旁观者的角度叙述上述事情，叙述简洁流畅。今天人们对非洲君主有了更多的了解，因此我们还需要更新的报道。

在尼日利亚的朱冈地区，君主[134] 在整个一生当中都必须在严格规定的范围内活动。他最主要的任务不是领兵作战和贤明行政。问题不在于君主是否是一个伟大的人物，而在于他应该成为活生生的力量的源泉，使土地肥沃、庄稼茂盛的力量的源泉，带给民众生命和福祉的力量的源泉。他们通过决定君主的每天和每年运程的仪式来保持这个力量。

君主的生活要保持深居简出。他不能裸足踏地，因为那样就会给当地带来灾荒。他不能从地上捡起什么东西。君主不能落马，按照早期的习惯，如果他不慎从马上坠下来，就会被处死。任何人都不能提到君主生病的事。假如他不幸身患重病，那就会被悄悄地绞死。人们说，一旦国王病痛的呻吟被听到了，民众间就会产生恐慌。君主可以打喷嚏，朱冈地区的君主打喷嚏时，在场的人都必须一边喃喃私语一边拍打自己的大腿。所有的人都不准随便谈论君主的身躯，哪怕是暗示他的躯体与常人无异也不行。人们在谈到君主的时候通常都使用一个特殊的词汇，不准直接称呼君主。在谈到君主的言行举止以及他亲自发布的命令时也要使用那个特殊词汇。

在君主用膳之前，有专门的官员大声宣布，其他的人都要很响地在自己的大腿上拍打 12 次，此时整个宫廷和整个城市都必须保持绝对的肃静，任何人都不准说话，人人都必须放下手中的家务事。所有供君主食用的东西都是神圣的，必须用正式的仪式呈送到他的面前，这种场面就像敬神时一样。君主用膳完毕，由朝廷专门的传令官大声宣布，此时所有的在场人员再次拍打大腿，然后人们才可以继续各自的对话和其他工作。

君主暴怒，或是以手指着某人，或是因愤怒而用脚跺地，都会给整个国家带来灾难，所以朝臣随时都得想尽办法使君主情绪稳定、神态安详。君主的口水是神圣的。他剪下来的头发和指甲由他自己用一个专门的袋子亲自保存，以便在他死后由继承者将它们埋在君主的身旁。人们用庄严的称呼提到他，暗示他会带来丰收的力量："我们的几内亚谷，我们的花生，我们的豆子！"大家都相信他能控制风雨雷电。一旦在王国内发生连续的干旱或者歉收，那就意味着君主力量的衰竭或丧失，于是他就会在夜间被秘密地绞死。

君主必须健康强壮，因此任何一个新立的君主都必须绕着一个土墩跑三圈，并在跑步之中遭遇显贵人士的推搡和老拳的折磨，之后他要杀死一个奴隶，或者他只是使这个奴隶受伤，然后由另一个奴隶用君主的长矛或刀将受伤的奴隶立即处死。

新王加冕时，王族的族长当众对新王说："今天，我们把令尊的房舍和权力都交给了你，因此从今以后整个世界也都属于你。你就是我们的几内亚谷，是我们的豆、我们的灵魂和我们的神。从今往后，你不再有父母，你就是我们全民的父母。你要全力追随你祖先的足迹，爱护全民，不要对任何人造孽，只有这样你的臣民才会永远忠于你，而你也才能善始善终。"

当族长说完上述的言语之后，百姓就一齐跪在新王面前，然后将土撒在各自头上并齐声喊："我们的雨水！我们的收成！我们的财富！我们的财富！"

虽然君主有绝对的权力，但也有一种制衡的力量。君主有一个顾问和一个叫阿波的人或者说首相辅助。一旦君主的暴行危及全国，或是粮食歉收，或发生了其他全国性的灾荒，顾问和首相就可以指出君主在其不同的祭礼中所犯的某些禁忌，抑制他的胡作非为。此时，阿波会面见君主，告诫或规劝君主并且可以使君主离开王廷一个比较长的时期，使其陷入难堪的境地。

通常，君主并不亲自出征，然而一旦征战获胜，所有的战利品在原则上都将属于君主本人，只不过在战利品的分配过程中，君主总会将一半或三分之一的战利品赏给出征的统帅及将士，一方面体现君主对出征将士的敬意和嘉奖，同时也是以此来勉励他们在下次战斗中再创佳绩。

然而在当地的传统中，尤其是在早年，即使是一个称职的名实相符的君主，通常也会在执政七年后的一个收成祭典中被处死。

韦斯特曼在他的《非洲史》（该书为这·类书之中第一部严谨的作品）中曾指出："非洲各王国的政治结构及制度令人惊异地相似"。他发现，它们有某些共同点。下面他把最重要的共同点归纳列举出来并根据他在这里所得出的认识说明这些共同点的意义。[135]

"君主具有使土地富饶多产的力量，农作物是否长得好，取决于君主。君主往往同时还是造雨者。"君主在这里以**繁衍者**的身份出现，这是他的主要特质。人们也许会说，君主制度的产生正是由于君主作为繁衍者的特质。他发出各种命令，但是他的命令都是说明增长的必要性。一篇谈到朱冈的报道说，"你是所有人的父母"，这就是说，君主哺育着一切，他促使一切人和一切东西的繁衍。在这个场合，他的权力是繁衍群体的权力。这个权力作为一个整体，完整的核心，转移到了他的身上，一个单独的人的身上。他通过自己的行动可以保障永恒的存在，而繁衍群体不能做到这一点。**繁衍群体**是由许多个群体组成的，总是会分散。君主像一个与外界隔绝的容器，包含着一切增长繁衍的力量。君主的神圣职责就是不让这些繁衍的力量消失。由此产生出他的如下一些特征。

"为了保障君主个人身体内促进生长的能量，为了他不受伤害，他本人要受到许多禁忌的限制，而这种做法往往又会很快使他失去行动能力。"君主的尊贵，实际上是他的内涵的尊贵，导致了他**无所作为**的状态。他是一个满载的容器，不允许有任何东西从中溢出。

"人们见不到君主，只有在某些时刻才能见到。君主不允许离开宫廷，只有在晚上或者在特殊的场合才可以离开宫廷。君主的饮食行为也不允许被人看到。"君主的独处可以保护他不受任何有害的东西的侵袭。他很少露面，意思是他只是为了特殊的目的而存在。作为一种减损行为的饮食对于作为繁衍者的君主来说是不合时宜的。他可以凭借自己的力量独立存在。

对一个君主来说，最重要的地方就是他的唯一性，信仰多神祇的民族只有一位君主。我们看到，君主的孤立是很重要的。在君主和臣属之间要设立一种无论如何必须维护的距离。君主很少或者完全不现身，或者是在出现时化了妆，把自己全部或者部分地遮掩起来。君主用一切手段来彰显自己的尊贵：他穿戴或在身边摆放着珍贵的东西；或者很少现身，以此说明自己的珍贵。他总有一批效死之士对其进行严加护卫，或者通过不断扩大空间来保护自己。他扩大他的田庄，以此不断扩大空间，创造出距离来保护自己。

因此一眼就可以看出，唯一性、孤立性、距离感和珍贵性等是重要的特征群。

"君主在生理方面的表现行为，比如咳嗽、喷嚏、鼻息等，要么受到大臣们的鼓掌喝彩，要么就是被模仿。"在蒙诺莫塔巴，国王的行为举止，不论好坏，不管是身体有缺陷还是有错误，也不管是属于罪恶还是美德，朝臣们都必须努力模仿之[136]，即使国王是个跛脚，大家也都得装成跛子。此外，从斯特拉波和狄奥多鲁斯的有关著作中，我们可以得知，在古代埃塞俄比亚地区，一旦国王肢体不全，他手下所有的朝臣也必须自残相同部分的躯体。在19世纪初，一位阿拉伯人曾访问达尔富尔的宫廷，在关于该朝廷廷臣的责任有下列描述：假如苏丹咳嗽一声，人家都知道他要说话，这时所有的人都要大声地发出嘘声以便相互提醒。一旦国王打喷嚏，周围的人都会学着壁虎叫，那声音听起来就像是一个人在呼唤他的坐骑。假如苏丹在骑马时不小心坠马，其臣属都得纷纷坠马，倘若有人不照着做，无论官衔多高，都会被周围的人强行拖下马来并就地毒打。在乌干达的宫廷里，国王笑，大家都得跟着笑；国王打喷嚏，大家都得跟着打；国王伤风，大家也都说自己伤风；国王理发，大伙都得跟着理发。事实上，像上述模仿君主的情况并不仅仅限于非洲，其他洲也有类似情况，如亚洲西里伯斯岛[*]的波尼地方的宫廷，便有如下一些规定：君主做什么，廷臣就都得跟着做。他站着，大家都得站着；他坐着，大家都得坐着；他若坠马，大家必须跟着坠马；他沐浴，大家都得跟着沐浴，即使是路过的人，不论着装如何，也都要跟着浸入水中。再比如一群法国传教士从中国发回的报告有如下记述："当皇帝发笑时，大臣们就跟着笑，皇帝停止时，大臣们就跟着停止。当皇帝面露愁容时，大臣们也都跟着沉下了脸，可以想象，大臣们的面部好像都装上了发条，皇帝可以随意上紧发条，让大臣们的脸部运动起来。"

君主的**示范作用**是非常普遍的事情。有时这种模仿只限于表示赞赏和尊敬。皇帝做的任何事情都是有意义的。他的每一个动作都有意义。在他的每一个动作中都可以看出一层意思。有时候人们走得更远，把皇帝的每一个动作当作一个**命令**。他打喷嚏意味着大家都要打喷嚏，他坠马意味着大家都要坠马。他的命令有绝对的力量，执行命令不能有丝毫差错。在这里命令可以归结为示范的行动。在这里，皇帝的存在全部是为了增多，也就是说，是为了繁衍，繁衍是他存在的理由。因此，他的每一次动作和表现都是说明他要引起自己的增多。如果不考虑他的内心感受，而是从他外在的举止来看，他的宫廷在这种场合就变成了某种繁衍群体。皇帝首先做什么，

---

[*] 位于印度尼西亚中部，现名苏拉威西岛。——译注

大家就都做什么。宫廷变成了群众晶体，由此它就回到了自己的起源，繁衍群体。

称赞与掌声也可以看作是一种繁衍意向的表达，示范性的动作和表演由于掌声而更加富有生命力，从而引起人们重复它们。成千双手的鼓掌所产生的压力很少有人会无动于衷：由此**必然**会产生出成倍的掌声。

"一位君主一旦上了年纪，他的法力也就因此而减弱。它可能会消失或弱化，也可能会由于邪魔的力量而转化为对立面。因此人们必须剥夺这位君主的性命并将他的法力转移到继任者身上。"君主的身体只在保持完整的情况下才有意义。君主的身体只有作为一个完整的容器才会保持繁衍的力量。哪怕是最小的缺憾都会使他的臣属对他产生疑虑。君主可能会失去一部分应有的本质，从而威胁到他的臣民的福祉。王国的状况说明了君主的身体状况本身。他坚信他的力量和健康。君主一旦出现白头发，视力减弱，牙齿松动，这说明君主没有了创造力，一个没有创造力的君主就会被处死，或者他不得不自杀。他可以服毒或者被绞死。采取这种死亡方式是因为君主不可以流血。我们看到，朱冈地区的君主原来统治的年限是7年，而在班巴拉地区，按照传统，新王的统治年限由一种特殊的方式自行决定。"先将一条绳索缠在新王的颈子上，然后由两人各执绳索的一端对拉，这种状态要持续到新王可能被绞死的极限，与此同时，他将竭尽全力地从一个葫芦中抓出小石子，而石子的个数就代表着他能统治的年限。这个年限结束时他被绞死。"[137]

但是，人为地限定君主的生命期限并不只是为了拯救他的繁衍能力。他追求幸存下来的欲望在他的统治时间内有可能达到危险的地步，因此从一开始就采取了消除和限制他的这种欲望的措施。他知道他在什么时候死，他会死在他的许多臣属之前。他始终记得这个日子，这是他大大不如他统治的臣民的地方。他登基之时就是他以后在任何情况下都要放弃幸存下来的可能性之时，这是他和他们的约定。他达到的尊贵地位是一个真正的重负，他宣布他将在这个期限结束时结束自己的生命。

一个新王在承袭王位之前所遭受的侮辱与责打，也就成了他日后最终结局的一种预演。他现在能容忍这一切，同样，他以后也会服从命运的安排。他的生命的结束已经预先安排好了。群众可以用这一点来威胁他，或者会说，这是庄严地规定下来的事，他当君主并不是为了自己，在他登基之前已经形成的攻击性群众让他痛苦地明白了这一点。比如，在尤鲁巴地区，王位的继承者在正式即位前都要挨打，只要不能以平常的心态接受打骂和忍受痛苦，就自动失去资格[138]。王位候选人常常会被那些安心追寻自己的生活而无意于王位的穷困王子获得，然后被安排继承王位，被迫接受辱骂和虐待。在塞拉利昂，王位候选人在获得正式身份之前，先要被戴上枷锁，加以笞打，这一点我们可以参照杜·夏卢对于加蓬地方选立新王的场景记述。

在老王刚死与新王即位之间，有一种**法律真空状态**。对王位继承人的虐待更清楚地表明了这种状态。这种状态也有可能针对弱者和孤立无援的人。瓦卡都古的毛西族通常在老王死后要释放所有的犯人，而且对谋杀、抢劫以及各种放纵的行为不加禁止。在阿香提地区，只有皇族可以任意杀掉平民，也只有他们能够从这种无政府的混乱状况中得到好处。在乌干达，老王的死讯要严加保密，一般在两天之后，才有人将宫廷门外的火炬熄灭或减弱，此后才开始臣民们的哀悼活动。在此期间，民众从传讯鼓所敲打出的死亡旋律中得知国王的死讯，但任何人都不得提到死亡，他们只能说："火熄了！"然后，就是一段时期的无政府状态。人们互相商量去抢劫，只有由强有力的护卫保护的酋长才感到安全，较小的酋长也有被较大的酋长杀死的危险。较强大的酋长在这一段时间内可以为所欲为。显然，在此期间，大多数弱者和无助者都会深受其害。随着新王的即位，秩序恢复了。新王个人实际上代表了秩序。[139]

王位的继承并非总是有章可循的。但即使有章可循，人们也是在不得已的情况下才按照章程办事。比如在西马地区诸邦，继承本身就包含了一种特殊的观念，**奥柏格**曾对**安哥尔**王国的王位继承做过详细而又杰出的研究，下面我们来看看相关的资料。[140]

在西马地区，统治者一旦被他的妻子或下属发现有衰弱的迹象，就会立刻被毒死。君主身强力壮是最为重要的事情。君主的继承人是否身强力壮，也是一个决定性的因素。西马的统治阶层都认为，王位的继承者必须是已故老王诸子中的最强者，而强弱与否，通常由打斗来判别，因此，一旦老王死去，王位继承的战斗便在所难免。这个时期安哥尔是一个没有国王的时期。因此，对老王的哀悼仪式结束之后，各族的领头人立即在村子中央的一块空地上开始争斗，胜利者被戏称为丑角国王。正统的王族子弟在一旁观察，待丑角国王确定后，他们就各自把拥护者召集起来，追求王位。如果王子们狭路相逢，他们就开始打斗，拥护者较少的全部被杀死或者逃到另一个国家。打斗时可以使用任何诡计。有一个王子准备乘夜色潜入另一个兄弟的房舍进行间谍活动，从背后袭击这个兄弟，趁他在睡觉时刺死他或者在他的食物里下毒。有的王子诉诸巫师的手段，有的请求异邦的帮助。他们的母亲和姐妹们都会支持这个王子，利用巫师的巫术保护王子不受其他人的灵魂的侵扰。而老王最喜欢的儿子，选定的王位继承人，在这次争斗中却没有现身。

继承王位的争夺战可能会持续好几个月，这一时期整个社会都处于一片混乱之中，"几乎每个人都向自己的亲友寻求保护。据说，那段时期经常发生偷窃牲口之事，甚至有人会利用这一混乱光景来乘机向仇人报复。但是那些防守安哥尔边疆的大酋长则不参与王位继承的争斗，他们的职责是保护国家不受外敌的侵犯。"

"王子们一个个的不是被杀，就是流亡异邦，直到最后只剩下一位，此时，已故君主最喜欢的儿子才正式现身，并向他的兄弟中的胜出者挑战，以争取王者之鼓。这是这次争斗的目的。钦定的继承人通常有最具威力的巫师帮忙、并且拥有多数群众的支持，但他并不一定能够获得最后的胜利。"仅存的王子在他的兄弟全部被消灭之后，便带着王者之鼓和自己的母亲及姐妹，一起返回国王辖区。

这时，丑角国王将被处死，胜利者才正式被宣称为王。

由于最终成王的人的竞争者全被消灭，幸存下来的胜利者也就成了公认的最强者，一切都转到了他一边。可以说，在王位竞争战成为通例的其他西马各国，这是一个基本原则。人们希望**幸存下来的王子**成为君主。他曾经杀死了许多的敌手，因此民众才赋予他权力，这是民众所希望的。

然而，上述王位继承战斗的过程并不是赋予新王力量的唯一手段，还有别的办法，那就是让新王争取成为幸存者而增强力量。在安哥尔王国北方的**基塔拉**王国，继承王位的竞争决定胜负之后，争夺王位的斗争以新王加冕典礼中的一项奇妙的仪式宣告结束。最近的一次仪式是1871年卡巴瑞伽王的即位，下面就来看看当时的情况。[141]

在众多的王子中，总有几个仍是小孩子，他们因为年纪太小而不能参与王位的竞争，他们的成年兄长们互相残杀致死并只剩最后一位胜利者，这些年幼的王子中有一个被执政的最高酋长指名为新选出来的国王，所有在场的酋长都表示同意。但是，这个孩子知道他们的计划，他说："你们不要欺骗我了，我并不是国王，你们的意图只是想杀死我。"不过，他必须顺从，幼王子当着所有的酋长接受王位，并接受朝臣们的祝福和朝拜，而胜利者卡巴瑞伽也要到场，但他不是来祝贺的，他才是这场盛会的主角，他穿着非常简朴的皇子服装，并带着一头牛作为礼物。当他出现的时候，摄政者便问他："我的牛在哪里？"卡巴瑞伽则这样回答："我要把牛交给法定的国王。"这时，摄政者便表现出受到侮辱的样子，随即用一束绳子鞭打卡巴瑞伽的手臂，而卡巴瑞伽则立刻愤怒地离开，然后召集手下人再回到现场。当卡巴瑞伽回来的时候，摄政者就对幼王子说："卡巴瑞伽来挑战了。"此时，幼王子知道大事不好，便想逃走，摄政者见此光景便一把抓住幼王子，然后将他带到王位后面的房间里绞死，并将尸首就地掩埋。

新王与摄政之间的争执是事先安排的骗局。对于出现在加冕典礼上的幼王子来说，他一旦被选中，其死亡的命运也就决定了。他是仪式进行期间被选中当君主并被杀死的，这就像人们所说的"骗他去死"。围绕王位继承的真正战斗都已经结束，竞争者都已经死了，胜利者已经产生，但新王还要选出一位活着的小兄弟作为牺牲品，以证明他**幸存下来了**，而这位牺牲的小王子则被埋在皇室深宫之内，也就是被埋在王位的宝座与皇室之鼓的所在之地。[142]

在基塔拉王国之中，还有一个具有重大象征意义的物品——王者之弓。每一次加冕典礼中，王者之弓都得重新上弦，而弓弦则是从一个特选的人的身体里抽出的一条筋做成的，为此，被选中的人虽然明知道在手术后不久就会毙命，但仍备感荣幸，并主动接受手术将自己身躯的右半边一条主筋抽出来。王者之弓在重新上弦之后连同四支箭呈送给新王，新王便张弓搭箭向四方各射一支，口中说着：我要射击四方的邻国，我们终将战胜他们！[143] 与此同时，他每射出一箭，就喊出那一方向的邻国名称，而射出的箭也要找回来加以保存，以备再度使用，因为按照惯例，每年年初，国王都要举行一次"射击邻国"的仪式。

乌干达是基塔拉的邻国中最强大的而且一直与之敌对的国家，因此，每当基塔拉的新王登基，总要说他已经"吃掉了乌干达"或者"吃掉了乌干达的王者之鼓"。在当地，鼓有王者之鼓和酋长之鼓，通常人们从击鼓声中就能判定是王者之鼓还是酋长之鼓，而拥有王者之鼓也就代表着拥有王位和权威[144]。在乌干达的君主加冕大典中，君主则要说："我是乌干达之王，我将比前任国王活得更长，我将开疆拓土，统治各族，并消除叛乱。"[145]

通常，新王的第一项工作是哀悼前任国王，在哀悼结束之时须用王者之鼓传布天下，并在哀悼结束的一天举行狩猎仪式。狩猎仪式的开始是先放一头羚羊，由国王去追逐。在追杀羚羊的路上，国王会捕捉两个偶然路过的人，绞死一个，放生一个。当天的黄昏时分，国王登上老王的龙椅，庄严地进行受命宣誓，之后骑在两个强壮之人的肩膀上，环绕整个宫廷并接受百姓的朝观。

在朝观结束之后，两个被蒙上眼睛的人被带到国王面前，这时，国王先用箭轻伤其中之一，把他当成替罪的羔羊送到敌国基塔拉，然后释放另一个被蒙上眼睛的人，并任命他为内廷的侍卫长，由他负责保护国王的妻室。之后，将新任侍卫长和8个犯人带到祭堂，侍卫长将再次被蒙上眼睛，7个犯人在他面前被棒槌打死，在处死第8名人犯时，才将新任侍卫长的蒙眼之物除下，让他亲眼目睹第8个犯人的处死过程。这样的安排不仅是为增加国王的威力，而且也是为了增加侍卫长的忠诚和威力。

国王在即位两三年后，又有两个人被带到国王面前，同样由他轻伤一个，释放一个。但这次被轻伤的人则会被带到王廷的主要入口处弄死，另一个被任命为侍卫长的助理，而他上任之后的第一项任务是将同被带到王宫的伙伴的尸体扔到附近的河中。

如同国王登基典礼的杀人一样，这次杀人也是用来增强国王的**威力**。人们进行杀戮，以此证明国王的统治；人们进行杀戮，以此证明他总是会再次幸存下来。幸存下来的过程本身就是他获得权力的过程。用两个人的牺牲来演示君主的权力，这是一种奇怪的习俗，也许只有乌干达才有这种习俗。两个人一个处死，一个被开恩释放。[146] 君主同时使用了他拥有的两种权力。他从被处死的人那里获得了威力补充，同时又从开释另一个而获得了利益。那个亲眼见到同伴被处死的人，也因为幸存下来获得了新的威力，还蒙受皇恩成为国王最忠心的随从之一。

然而，尽管国王为增强生命力而多次杀人，但最后国王还是难逃一死。还有为他牺牲生命的其他例子。有一种观念认为，他是通过幸存下来而获得权力的，这种观念导致了以人作为牺牲品的做法成了一种固定的习俗。但这毕竟只是宗教性的制度，不是国王个人的好恶所能决定的。此外，国王作为一个人还有他自己的情绪，对他来说，这些情绪是危险的。

非洲君主的主要权力之一是手中握有生杀大权，而这种权力能造成很大的恐惧。比如在伊加拉王即位的时候，就会有人对他说："现在你已经是艾塔了，你的手中握有生杀大权，你可以随时随地杀掉那些自称不惧怕你的人。"[147] 换句话说，国王可以没有理由随意杀人，他想杀人的时候不需要做出任何解释，因为意愿就是最充分的理由。

国王要杀人的时候通常也不需要甚至不允许他亲自动手，有刽子手来替他执行，因此刽子手就成了宫廷中不可缺少的官员。尽管这个担任刽子手的人在达荷美地方甚至会升任首相；尽管有许多的刽子手例如在阿香提，甚至会形成一个独特的阶层。然而无论是何种情形，只有国王才有权宣布死刑。但是，如果他长期不使用这种权力，或者完全不使用这种权力，他的威力中恐怖的成分就会消失，这样就会有人不再惧怕他，甚至会为此而轻视他。

因为国王掌握生杀大权，所以国王通常被当成**狮子**或**豹子**，或许他的祖先就是这种野兽，或许他虽然不是这些野兽的直接后代。他的狮子或豹子的本能表明，他必须像狮子或豹子一样杀戮。他进行杀戮是天经地义的事情，他想杀戮是与生俱来的本能。他必须像这些野兽一样具有恐怖感，并且要比狮子和豹子更令人恐怖。

国王的饮食习惯也非常独特。据说"狮子是单独进食的"[148]，所以乌干达国王的**进食**也是独自进行，任何人都不准观看。在就餐前，他的妻妾之一负责把食物送到他面前，然后背对着他等他吃完。如果食物不合他的口味，或者食物的传递与补充不够及时，国王就会让人把有关的人叫来，并用剑把他刺死。万一侍妾在他进食期间咳嗽，那也会被国王处死。通常国王都随身携带着两只长矛，因此即使在用餐的时候有不速之客打搅，他也会当场将那人刺杀。所以民众都说："狮子在进餐时也会杀戮。"此外，任何人都不可以碰国王吃剩或者留下的食物，它们只属于国王的爱犬。

基塔拉国王的进食则是另一种模式，他要由专门的厨子来喂。国王进餐之前，厨子先将食物呈送到国王面前，然后用叉子叉上一块肉放到国王的嘴里。通常厨子要这样喂四次，如果有任何一次因为不小心而将叉子碰到了国王的牙齿，他就会被立即处死。[149]

每天早上，基塔拉国王在挤完牛奶之后，才坐上王座听审各类案件，如果有人在他要求肃静之时说话，国王就会从侍童那里拿出他的宝剑，对其实施当场的砍杀。国王的侍童通常是右肩抱着狮皮，狮子的头朝下，把国王放在剑套里的双刃剑盖住。当国王需要宝剑时，只需伸出手来，侍童就会立即将宝剑放在他的手上，接着国王就会把他想刺死的人刺死。此外，国王有时也用这把剑处决一些当下裁决的犯人。每当国王漫步宫廷，侍童则负剑随侍左右，这样国王一旦碰上任何他不喜欢的人，只需伸出手来，侍童便立即呈上宝剑，以便国王当场将之砍杀。

国王的任何命令都必须绝对遵从，不遵从也就等于找死。国王的命令通常以古老而庄重的形式宣布，死刑的命令书也是这样，就像狮子对那些不断受到它威胁的弱小动物作出死刑判决一样。如果他遇见的是敌人，那么可以说敌人就会逃跑；如果是臣民，那么他们就会被迫为他服务。他可以随意处置那些人，如果他们服从他，他会饶他们一命。实际上，君主始终是一头狮子，只要他想和乐意，他随时都可以出击。

第二节　德里的苏丹：穆罕默德·吐加拉克

　　一个偶然的情况使我们对这位德里苏丹比对其他东方君主有了更为清晰的了解。一个著名的阿拉伯旅行家**依本·巴图塔**曾从摩洛哥到中国[150]，游历了当时的整个阿拉伯世界，他在穆罕默德·吐加拉克的宫廷里工作了7年。他留下的材料生动地描述了苏丹——他的性格、他的宫廷和他的统治措施。依本·巴图塔长期来享受着苏丹的宠爱，失宠时就胆颤心惊。为了在苏丹暴怒时不至于死于非命，他先是习惯性地在他面前极尽献媚之能事，后来又像苦行僧一样过起清心寡欲的日子。

　　只有很少数人能像依本·巴图塔那样根据自己在宫廷的经历清楚地看到权力的两面性，一方面是恩赐，另一方面是杀戮。他说："在所有的人中间，只有这位君主最喜欢恩赐和杀戮。"依本·巴图塔对这位苏丹的心理描述非常准确，这一点可以在另一份与之相类似但又独立存在的记述中找到无可辩驳的证据。一个在穆罕默德宫廷里生活了17年的高级官员**巴拉尼**在苏丹死后不久就用波斯语记述了那个时代的故事，这是这类著作中最好的一本书。[151]在众多的记述中还有一个后来的历史学家与苏丹本人进行的三次对话，这些对话很能说明这位苏丹对他的臣僚和政府的看法。下面的叙述是根据这些材料整理出来的，充分利用了这些材料，有许多地方是逐字逐句引用的。

吐加拉克无疑是当时最有教养的统治者，他的波斯文和阿拉伯文书信的华丽文采被看作是范文，即使在他死后，仍有许多人盛赞他的优雅文笔。他的书法同其文笔一样，与同时代很多颇有成就的专业学者相比也毫不逊色。此外，他有丰富的想象力，还擅长使用隐喻。他擅长用波斯文写诗；他有非凡的记忆力，能记诵许多诗句，而且能熟练精妙地引用，此外，在波斯文学的其他方面，他都相当有功底.他对希腊人的数学、物理学、逻辑学和哲学都很入迷。"万物皆空，心如止水"的哲学家教条对他产生了很大的影响。他具有医生的职业敏感和好奇心，只要他得知有人得了不寻常的病症，就非常感兴趣，甚至会亲自去看护病人、做临床观察。正因为他具备了相当广阔的专业视野，所以即使与专业的学者、书法家、诗人或医生讨论问题，其他人也很难驳倒他。他非常虔诚，对于他所信仰的宗教，所有的宗教戒律都严格遵守，滴酒不沾。他手下所有的大臣都清楚并遵守祈祷的次数，否则将受到他的严厉处罚。他崇尚正义，因此不仅身体力行地认真遵行伊斯兰教的仪式和道德信条，还要求臣僚们与他一样认真。在战争中，他的勇敢与灵感都一样非常杰出，而且不管是在父亲的统帅之下战斗还是他自己亲自指挥，都广受全民的称道。这里之所以要把他多方面的个性特征指出来，最重要的是因为他的这些个性特征与他那些令人生畏乃至不可思议的方面是那样的完全不同，而真正被当代人所赞许的又恰恰是上述那些他能始终如一的个性特征。

现在让我们来看看这位公正、有高度成就的君主的宫廷是什么样子。任何人若想到达内廷，都必须穿过三道宫门，在第一道门外，有卫士、吹号手和吹笛手，一旦有伊斯兰世界的其他君主或是什么名人来到这里，他们就会演奏乐器，并高喊着"欢迎某某人大驾光临"。但是任何人在到达第一道门的时候，都会看到门外还有一个平台，刽子手就坐在那里，随时等待苏丹的命令，凡是要处决的人都被带到这里行刑，并在斩首之后被弃尸三天三夜，因此任何人一旦接近第一道宫门，首先就会看到一堆又一堆的尸首，然后是清扫人及刽子手，他们随时等待着拖出罪犯加以处决，从他们的表情来看，这种沉重的无休止的工作已经把他们弄得异常疲惫。在第二道门与第三道门之间，则是一个民众大厅。在第三道门的外边坐着入口登记员，除非有苏丹的许可，任何人都不得进入第三道门。有人来到第三道大门的前面，守门人会记下"某时辰某人来到"的字样，并在晚祷之后将全天的记录送交苏丹本人。任何人无论有没有理由，只要离开宫廷三天以上，都必须有苏丹的命令才能再次进入宫廷。假如一个人因为生病或是其他理由出宫，他在回来时必须要给苏丹献上与他的身份相称的礼物。第三道大门后面是苏丹的接见大厅，即"千柱大厅"，空间很大，木屋顶的彩绘雕饰令人惊叹。

苏丹上朝通常安排在下午，特殊情况下也会在清早举行。举行朝会时，苏丹两腿交叉，端坐在白色地毯覆盖的宝座上，他的背后有一个大垫子，两边的扶手下分别有一个垫子。所有朝臣都面向苏丹站立着，首相站在最前面，在他之后依次是秘书、大臣等依爵位排列的重要官员。

苏丹坐定之后,秘书及大臣们便高声喊道:"比斯米拉 (Bismila)!"这句话的意思是"以神的名义"。此外,约有200名佩带宝剑、盾牌和弓箭的武装人员分列左右。其他官员和重要人物站立两侧。接着是60名骑着马、高举旗帜的武装人员进来,左右分列站在苏丹的视线范围之内。接着进来的是50只挂上丝绸的大象,每只大象的象牙上都装上了铁制的套子,这样在处死罪犯时非常管用。每只大象的身上分别坐着一个象童,他们手持长柄斧,随时指挥大象服从命令或提示。每一只象的背上有一个大框架,里面有20个士兵或者更多,这要根据象的大小来决定。这些被带进来的大象都受过专门的训练,它们都会弯屈前膝和低头向苏丹敬礼,而当大象向苏丹敬礼的时候,大臣们要高喊"比斯米拉!"大象左右各半分开,被安排在站着的人后面。

凡是进入大殿的人都有指定的位置,当他们经过大臣们所在的位置附近时要敬礼,大臣们则同时依照敬礼人的身份高低来确定呼喊"比斯米拉"声音的大小。之后,来人便退到指定的位置。假如来人是不信伊斯兰教的印度教徒,大臣们通常在他敬礼时这样说:"让神指引你。"

下面我们来看看阿拉伯旅行家关于苏丹返回京城时的真实记录。

每当苏丹出巡归来,都要举行回官典礼,首先要装饰的就是大象。所有的大象一律都要加以装饰,其中有16只大象要专门装上遮阳伞，其余的大象要么披上织锦，要么饰以珠宝。在官门外边，要临时搭建多层的木质结构看台，而且用丝绸装饰。每层看台上都预先安排一些歌舞伎，她们穿着大礼服、佩带金银和宝石。看台的中央分别放有皮制的容器，里面盛满果露，外来的和本地的人都可以随意饮用，同时都可以得到用叶子包的槟榔。在两边看台的中间铺有丝绸，专门用于苏丹的坐骑通过。另外，从城门口到官门，凡是苏丹要经过的道路，街道两边的墙上也都要挂上丝布。前面走的是仆役，数千人的奴隶，而后走的是平民和士兵。在一条入城的路上，从君主进城到官门口，我曾亲眼目睹过一次完整的苏丹入城仪式，甚至还看到有人坐在大象背上用弹弓向民众射金币和银币。

吐加拉克国王对外国人非常大方。任何一个外国人，一旦抵达他帝国边境的任何一个市镇，他的情报组织立刻就会向苏丹送上最新的资料。他的驿传组织相当发达，而且非常值得效仿，比如一般旅行者需要50天才能完成的行程，他的驿传人员只需要5天的时间，因为在帝国境内，几乎每隔三分之一英里就有一个驿站负责继续传递。帝国的驿站并不单单用来传送信件，比如喀拉萨特产的水果就能在新鲜状态下送到苏丹的餐桌上，而国家的要犯也能被绑在一个担架上，由驿站人员用头顶着传到苏丹的宫廷，而且传送的速度并不亚于信件或者水果。关于越过边界而来的外国人士的报告非常详细：来人的外貌、服装，陪同人员的人数，奴隶、服务人员和牲畜的数量，他站立、走路和坐的姿势。外国人所做的一切事情都要详加报告，而苏丹对这些报告也都会详细研究。每个外国人在到达边境之后，都必须先在边境省区的市镇里停留一段时间，等待苏丹关于是否允许他继续旅行以及给予他什么样礼遇的命令。对每一个人都只能根据他的举止言行来判断，因为此时还无法探知来自遥远印度的客人的家境及家世。

吐加拉克对于外国人特别感兴趣，他可能会赐予其中一些人高位或者给予高度的荣誉，比如，他的大臣、宫廷官吏、各部长官甚至法官中，就有相当一部分是外国人。此外，他还会专门下令，给每个外国来的客人加上"大人"的头衔，甚至每年都会有一笔很大的开支用于这些外国人的生活及各种各样的赏赐，也正是这些外国人又将他的慷慨事迹传遍外部的世界。

但是，关于他谈论得最多的是他的严格。在他的王国内，不论是何人，比如学者、虔诚人士、有地位的人，也不论错误的大小，都一定加以处罚。因此，每天都有上百的人犯，被脚镣手铐地带到他的面前，接受审判，他们有的被处死，有的被施以酷刑，有的被拷打。他还有一个特殊的安排，就是每天都要把他监狱里的所有犯人带到他面前来，只有星期五是个例外，这一天是他们休养生息的日子，所有的犯人都有机会以清洁身体的名义而获得短暂的休息。

臣民及后世之人对苏丹最大的指责之一，就是他曾经强迫德里居民迁离。关于这件事情，他本人认为是有理由的，而且也是他认为的最好的处罚方式，事情的起因是德里有人常常在写给他的信中对他进行侮辱和咒骂。他们封好给他的信，并写上"世界的统治者亲启"的字样，半夜把信投到了接待大厅。苏丹打开信后发现信里写的全是谩骂和侮辱的话。就这样他才决定摧毁德里市。在把所有居民的房子和住地购买下来并赔偿了由此引起的损失之后，苏丹下令他们迁移到他想作为自己首都的达拉塔巴德。德里的居民起初都拒绝迁走，但苏丹的传令官在宣布迁移命令之后便紧接着宣布：三天后不许有任何人留在城内。除了少数人躲在屋里拒绝迁移之外，绝大多数居民都服从了命令。三天之后苏丹下令对德里进行严格的清查，苏丹的奴隶们在德里的街上找到了两个人，一个跛子和一个瞎子。为此，苏丹下令对他们严加处罚：将跛子从投石机中扔出去，将瞎子由德里拖到达拉塔巴德。在此后总共四十天的行程中，这个瞎子被慢慢地撕成了碎片，最终只有他的一条腿到达苏丹指定的目的地。居民们离开了城市，留下了家具和财产，城市完全变成了空城。破坏如此之彻底，在城市的建筑物、宫殿和郊区不留一只猫，一条狗。

我的一个值得信赖的朋友曾告诉我，当德里所有的人都离开之后，苏丹在晚上站在宫殿的屋顶上面眺望德里城，发现那里既无炊烟也无灯火，于是就说："现在，我的心终于平静了，我的怒气也发泄了。"此后不久，苏丹才开始下令让其他城市的人移居到德里，这样做的结果只能是其他城市的毁灭。而德里依然是一座空城，因为它太大了，它是世界上最大的城市之一。当我们到达德里时，正好碰上这种情况。城里的居民很少，整个城市显得空荡荡的。

应当说，苏丹对他的臣民的不满并不只是因为他统治时间过长，相反，他从一开始就与德里居民关系紧张，他下令德里居民撤离该城是他在位的第二年，当然随后的紧张关系只能与日俱增。关于给他的那些投在接见大厅里的信，人们只能猜测到某些内容。但是，某些迹象表明，其中的内容可能与他如何取得王位的细节有关联，因为人们都知道，他的父亲老苏丹吐加拉克·夏在位只有四年时间，而且是死于一次意外的事故，而那次事故除了少数当事人外，其他人都不清楚真正的缘由，因而猜测也就在所难免了。老苏丹在一次出征后班师回朝，之前就命令其子准备一个看台来接待苏丹以及回朝的人马，看台在三天之内就搭好了，这个看台在用材上与以前没有区别，都是用木头搭建的，但有人在看台之下的一个地方设置了一个机关，只需按动机关，整个看台就迅速垮掉。当老苏丹带着王子登上看台时，现任苏丹向父王提议举行通过看台下方的象队游行，得到允准后象队游行开始。当游行的象队经过看台时触碰了看台下方的机关，看台随之崩垮，老苏丹和其宠子都被埋在下面。现任苏丹对救援工作拖延不决，最后老王和爱子被发现时已经死了。有人说老王是趴在爱子身上的，发现他时还没有断气，也就是说他遭到了第二次谋杀。新苏丹登基虽然没有遭到明确的反抗，但传说一直不断，因此从他登基的那一天开始，就有人怀疑他是弑父的真正凶手。

穆罕默德·吐加拉克领导下的德里苏丹得到了空前的拓展，自阿克巴尔统治的200多年以来，吐加拉克第一次完成了印度的统一。除此以外，这位苏丹还野心勃勃，统治24个郡并不能使他感到满足，他甚至希望将全人类都置于他的统治之下。他在一生中制定了许多野心勃勃的计划，而且每个计划都深藏于心中，从不对任何朋友和顾问谈论它们，他一生都喜欢自行其是，对自己毫不怀疑，认为自己的目标是理所当然的，他为实现这一切所用的手段是唯一正确的。

在这位苏丹的所有征服计划中，最具野心的计划之一是攻打霍拉桑、伊拉克，另一个是攻打中国。他为了实现第一个计划，在国内集结了37万人马，并事先用重金贿赂将要攻打的城市中的高官显贵们，但是他的攻打计划没有付诸实施或者说胎死腹中了，军队也解散了。那些用于贿赂的巨额资金也就白白浪费了。另一项行动计划是征服中国，要实现这一计划就要越过喜马拉雅山，于是苏丹派出10万骑兵从喜马拉雅山区突入，准备先占领主要山头高地，征服该地的野蛮民族，准备好进攻中国的通道。但结果是大军溃败，10万将士仅有10人生还。这10个人回到德里后，苏丹在愤怒和丧气之下将他们全部处决。

征服世界需要集结大批军队，而大批军队必然需要大批金钱。本来苏丹的岁入就很可观，被征服的各个印度国君的贡赋又从四面八方涌来，再加上老苏丹留下的大量金块储备，这些都使得苏丹的国库相当丰盈。然而不久他就陷入了钱荒，于是他试图用他自己的办法来得到一大笔资金，从而一下子解决货币不足的问题。他听说中国人使用纸币，于是他想出了一个计划，用铜来做货币。他让人大量铸造铜币并任意规定铜币的价值等于银币的价值。他命令用铜来取代金和银，一切都要用铜来进行买卖。这个命令造成的结果是：每个印度人的房子都变成了铸币厂；各省的印度人私自铸造上百万的铜币；他们用这些铜币上税，购买马匹和一切贵重的东西。各邦的统治者、部落的酋长和地主们都因铜币的使用而发了财，而国家却因此而变穷了。新货币的价值迅速降低，而现在已经很少见的旧铸币的价值却上涨到原来的四到五倍。最后，新铜币的价值与小石子差不多了。于是人人囤积商品，商业普遍萧条。苏丹看到自己的命令的结果后，恼怒地宣布召回铜币，并宣布谁有铜币都要拿到国库去兑换成旧的货币。人们把原来很不在乎地扔到角落里的铜币捡出来，带着大量铜币到国库去兑换金银币，结果导致土加拉卡巴德的铜币堆积如山，国库损失巨大，货币短缺十分严重。这时苏丹终于明白，这些铜币要耗费他多少财富，于是他把目标转向了他的臣民。

苏丹的另一种敛财之法是提高税收。本来，前几位苏丹在位时的税率已经很高，现在税率更高了，并以十分残酷的手段强行征收。结果是农民沦为乞丐。在印度拥有财产的人纷纷逃离家园，有人甚至加入山林的草寇大军，这类大大小小的草寇比比皆是。土地无人耕种，粮食产量不断减少。中部各省一片饥馑，加上长期的干旱，饥荒遍及全国。这些天灾人祸持续数年之久，最终很多地方都家破人亡，整个整个的城市没有吃的东西，成千上万的人死去。

或许正是饥荒才导致苏丹帝国由强盛转至衰微。起义日益增

是牺牲这一个去增加那一个。他聚集了一支征讨大军，但却耗尽了国家的财政。他流放了京师的所有居民，突然发现自己独处于一个大城市之中感到很满足，他在自己宫廷的屋顶上俯瞰一座空城，充分地享受着幸存下来的快乐。

无论他做什么事，他总是专注于一件事。任何情况下他都不会放弃杀戮。每天在他的宫殿前面要安排有尸体堆。所有犯人每天都得被带到他面前：待处决的人是他的宝贵财产。在他执政的 26 年期间，他的王国各省到处都是尸体堆积如山。瘟疫和饥荒更是使这种情况雪上加霜。也许他会为税入不可避免的减少而苦恼，但是只要他拥有的牺牲品的数量增加，就没有什么东西可以动摇他的自信心。

为了维持他绝对集中的死刑判决的威力，他要寻求能保证这种威力的更高的权位。他作为虔诚的伊斯兰教教徒所信仰的神并不能满足他的要求，他要找一个能册封他为神的正统代表的人。

在现代印度，一些史学家正在为吐加拉克辩护[152]，然而要知道，"权力"从来就不缺乏颂扬者，而历史学家常常醉心于权力之中，他们喜欢用"时代"来说明一切，这样他们作为了解情况的人就可以以"**时代**"为幌子而轻易地掩盖自己的真实想法；或者他们会用"**必然性**"来解释一切事情，这样"必然性"在他们手中就成了无所不能的神器。

对吐加拉克以后的其他君主，我们也能发现类似的情况。揭示吐加拉克这样一个人耍弄权力的过程也许是有预防意义的，因为使世界感到幸运的是这个人只有处在癫狂状态时才这样耍弄权力。

第三节　席瑞柏案例一

德累斯顿的上诉法庭首席法官**席瑞柏**的回忆录，就其内容的丰富性和有教益而言，再也没有什么资料比得上了。[153] 席瑞柏本人非常聪明且很有教养，他的职业养成了他明确表示的习惯。他因患偏执狂病在精神病院度过了 7 年时光。期间他决定把他的幻觉体系中的世界详详细细地记录下来。他以《一个精神病患者的回忆录》为题写成了整整一部著作。他对他自创的宗教的正确性和意义深信不疑，于是他在被解除监护后立即把他的书付梓出版。为了表述如此奇特的思想，他创造了自己的语言技巧，他用这些技巧所作的表达，把任何重要的东西都说得清清楚楚。他为自己辩护，幸运的是他不是诗人，读者可以紧紧追随他的思想脉络而又不受他的迷惑。

为了尽可能缩短篇幅，我只想谈谈席瑞柏的体系中最明显的若干特点。我认为，在这里，我们可以对有偏执狂的人有相当的了解。如果研究他的体系的其他人得出了其他的结论，那么这只能说明这本回忆录的内容很丰富。

席瑞柏的自我辩护很清楚，他在书中对自己的这种需求做出了界定。一开始他就说："我也只是一个人，所以我也受到了人的知识的限制。"但是毫无疑问，与所有其他人相比，他接近真理的程度要远远超过他们。接着，他立即转向了永恒性。对永恒性的思考贯穿着他的整部著作。永恒性对他而言要比对其他人具有更大的意义。他对永恒性了如指掌，他不仅把它看作是自己应得的东西，而且把它看作是自己的一个组成部分。他的空间很大：他的经历跨越几个世纪。他觉得似乎"一夜之间过了数百年"，以致在这段时间内整个世界、地球本身以及整个太阳系都发生了极其深刻的变化。对他来说，在宇宙中就像在家中一样能感受到永恒的境界。某些星座和星球，比如仙后座、金牛座、织女星座等令他心醉神往。当他谈论这些星辰的时候，就好像它们是街道边的汽车站。而且他非常清楚这些星球离地球的实际距离，他有相当的天文常识，他也从未将宇宙的体积缩小。相反，正是天体之间的距离对他产生了引力。空间的广阔吸引了他，他也想像宇宙那样广阔并充塞其间。

但是我们并没有这样的印象，似乎他关心的是增长过程，其实他更多关心的是**扩展**而不是增长。他需要空间来巩固和维护自己。**地位**本身是重要的，地位越高越永久越好，没有满足的时候。对他来说，最高的原则是世界秩序。他把世界秩序置于上帝之上；上帝若违背了秩序，同样会陷入困境。席瑞柏经常谈到人的**身体**，就像谈到**天体**一样。星系的秩序占据了他的心，就像家庭的秩序占据他的心一样。他希望秩序成为自己的一部分，通过秩序巩固自己。正如人们几千年以来所知道的那样，星座的不变性和永恒性会对他产生特别的引力，把他吸引过去，在它们中间"占有永恒的一席"。

偏执狂病患者的这种**地位感**具有重要的意义：这就是要始终保卫和维持令人心动的地位。就权力的性质而言，统治者也是如此；他对他的地位的主观感觉和偏执狂病患者的感觉没有什么区别。四周有战士警卫并躲进堡垒的人才能保证自己的地位。席瑞柏感觉到多重的威胁，所以他把自己悬挂在星际之间。显然，可以在星际之上也可以在星际之下。为了说明席瑞柏所感觉到的这些威胁，有必要谈谈他的世界的居民的若干情况。

席瑞柏认为，人的**灵魂**存在于躯体的**神经**中。只要人活着，他就同时是躯体和灵魂。如果他死了，神经作为灵魂仍然会留下来。上帝始终是神经，不是躯体。因此上帝变成了人的灵魂，但又远远超过了灵魂，因为上帝的神经数量是无限的，而且上帝的神经是永恒的，上帝的神经具有转化为光的品质，例如转化为太阳光、星光的品质。上帝在他创造的世界里感到欢乐，但是上帝没有同他创造的世界的命运融合在一起。上帝在创造了这个世界之后就离开了这个世界，并且总是停留在远处。上帝完全不**应该**接近人，因为活着的人的神经对他会有某种吸引力，这种引力会使上帝再也摆脱不了那些活着的人，甚至自己的存在也受到了威胁。因此上帝一直对活着的人怀有戒心。即使偶尔受到虔诚祈祷之人或诗人热情的鼓舞而接近世俗世界，他也会在过于接近而可能发生危险之前抽身而去。

"因此，人类的灵魂与上帝的正常接触都发生在人死亡之后。上帝可以在没有危险的情况下接触死尸，以便把他们的神经抽出来并入自身，并激活他们参与天上的生活。但是，人的神经首先必须为此经过挑选和净化。上帝只能使用纯粹的人的神经，因为它们的使命是并入上帝本身，最终作为天堂的外围并入上帝本身。"为此必须有一个比较复杂的净化过程。当灵魂通过这一过程并入天堂之后，他们就会逐渐忘记他们在地上是谁，但是并不是所有的人都会那么快忘记。像歌德、俾斯麦这样的伟人也许会把他们的自我意识保持几个世纪；但是没有人能够永远保持自己的自我意识，最伟大的人也做不到这一点。因为"所有灵魂的命运是最终**与其他的灵魂互相融合为更高级的整体**，并在这种整体中依然感到自己只是歌德的组成部分，'天堂的外围'"。

在这里，诸灵魂融合为**群体**被看作是至高的幸福，我们可以想到基督教的形象：天使和信徒密集地聚在一起，如云彩一样，而有时候就是云彩，只有仔细看才能看出其中一个脑袋挨着一个脑袋。这样的想法很平常，人们根本不会想到它有什么意义。这种现象说明，幸福并不只在上帝身边，幸福是平等的人紧密地聚在一起。说"天堂的外围"就是试图把这个已故灵魂的群体的紧密度变得更为紧密，使他们融合为"更高级的整体"。

在席瑞柏看来，上帝对于活着的人了解甚少。因此在他的回忆录的后半部分，他不断地抱怨上帝，认为上帝不能了解活着的人，尤其是上帝对活着的人没有做出正确的判断。他指出，上帝由于不了解人类天性而茫然无知，他只熟悉人的尸身，即使是偶尔关注人间，上帝也总是以极大的注意力防止活人太接近，总之，上帝永恒的爱基本上只专注于他自己所创造的整体，因此，上帝绝不是大多数宗教所说的那样完美，否则他就不会允许世人使用上帝的名义来**捏造罪名**和陷害无辜，席瑞柏认为他就是这样的牺牲品。至此，席瑞柏所精心描述的"奇迹式的宇宙构造"突然崩溃，原来"上帝王国"发生的危机与他个人的现实命运有直接的关系。

现在要说的就是"灵魂的谋杀"案例。席瑞柏曾发作过一次精神病，并到莱比锡接受治疗，在那里他得到了心理医生弗来西格的精心治疗，一年之后弗来西格认为他已经病愈，他被准出院，并再度执业。最初他对这位心理医生非常感激，而他妻子对医生的感激之情更甚，"她认为弗来西格教授是使她丈夫重返家庭和健康生活的恩主，为此她有好些年一直将弗来西格教授的肖像放在自己的桌子上。"此后，席瑞柏夫妇又度过了8年健康而又忙碌的生活。然而，在此期间，他经常在妻子的桌上看到所摆的弗来西格肖像，这件事他没有去弄清楚，而是成了他的心病，直到他再度发病，并再度向弗来西格教授求治。结果证明，当席瑞柏再次见到弗来西格教授的时候，在他的精神世界里，弗来西格教授已成为一个真正的危险人物了。

席瑞柏曾经是一名法官，他本人就享有某种权威，也许他对这位心理医生一直暗暗心存芥蒂，因为他在生病期间的整整一年时间里一直处于他的权力之下。现在他恨他，因为他又一次处在他的权力之下了。他在心底里渐渐地相信，弗来西格教授会对他进行灵魂谋杀或灵魂偷窃。自古以来各地都有一种传说，认为从一个人的身上取走灵魂是可能的，而取走他人的灵魂，不仅能够强化个人的心智，甚至还可以使一个人延年益寿。由于受到虚荣心和统治欲的驱动，弗来西格教授决定与上帝合谋，然后让上帝相信世上有一个叫席瑞柏的人，他的灵魂没有丝毫的价值。席瑞柏还说，或许在教授与他的两个家族之间早就存在着竞争，弗来西格教授家族中的一员，因为突然间感到席瑞柏家族的一员超越了本家族，所以就与天国的某些人合谋，排斥席瑞柏家族的人选择那些与上帝有密切关系的职务，比如神经科专家，因为神经是组成上帝和他周围的其他灵魂的主要成分，所以神经科专家所掌握的力量是显而易见的。基于上述原因，席瑞柏家族中没有人能够成为心理学家和神经科专家，而对方的家族里却有，这样，窃盗灵魂和谋杀灵魂的大门就为阴谋者打开了，席瑞柏也宿命地落到了他的灵魂的谋杀者手中。

这里指出阴谋对偏执狂病患者的意义，也许是合适的。**陷害**与**阴谋**在席瑞柏的心里挥之不去，确实，他到处都碰到有影无形的事。偏执狂病患者有一种**被包围**的感觉。他的敌人从来不会满足于单独向他攻击。他总是鼓动一个仇恨的**群体**来反对他并让这个群体在适当的时刻同他一起发动挑战。这个群体的人隐匿不见，但却到处存在。他们装着无害无辜的样子，似乎他们不知道他们要伺机攻击的人是谁。但是偏执狂病患者的超常智力能够识破他们，他只要一伸手就可以把阴谋者抓出来。虽然他们不大喊大叫，但是这个群体始终存在；他们的想法是不会改变的。即使战胜了敌人，他们还是原来那样，是主人的忠实走狗。他会同他们一起在四周跳跃。他的罪恶之手甚至可以远距离牢牢控制他们。他可以随意支配他们，经过精心挑选之后安排他们同时从各个方面以压倒的优势发动攻击。

既然针对席瑞柏的密谋取得了成功，那么对席瑞柏的密谋是怎样发生的呢？阴谋者的目的是什么，他们为了达到目的采取了哪些措施？他们在许多年的时间内始终没有放弃的真正的最重要的目的，就是要摧毁席瑞柏的理智。但这不是唯一的目的，席瑞柏应该被搞成又呆又傻的人。他的神经病应该让它发展到永远不能够治好的地步。是什么东西从精神方面重重地打击了席瑞柏呢？他的病开始于折磨人的失眠，对此无论采取什么办法都无济于事。有人企图阻止他的睡眠，让他失眠，以此来摧毁他的神经系统。他们为此采取的办法是用无数的**光线**照射他。这些光线最初来自弗来西格教授，但是，后来那些已经死去的人的灵魂也对他越来越有兴趣，他们化作光线侵入他的身体。这些灵魂的净化过程尚未结束，用席瑞柏的话说，他们"还在受审查"。最后上帝也参加进来。现在所有的光线都对他**说话**，但这些话别的人听不到，就像是有人在祈祷一样，只是默念，不大声说出来。祈祷时所说的那些话取决于自己的意志，而那些光线从外面强加给他的那些话却是**这些光线自己**要说的话，这种区别使席瑞柏感到万分痛苦。

我在这里可以叫出许多作为灵魂与我打交道的人的名字，这些人不说有几千，也得有几百……所有这些灵魂都旁若无人地对我发出"声音"。每一个人都能想到，这会在我的头脑中产生多大的喧嚣……

由于我越来越紧张，由此我的吸引力越来越大……越来越多死去的人的灵魂被我吸引，然后在我的头脑和身躯中消散。整个过程在大多数情况下是这样结束的：这些灵魂最终还作为所谓的"小人"即微型人，也许只有几毫米高的小人在我的脑袋上停留一会儿，然后完全消失……在很多场合，他们告诉我他们来自哪些星球或星座，以前他们"在哪里生存"……在一些晚上，那些灵魂最终作为小人，不说有几千，那也有几百个小人落到我的头上。这种时候我总是警告他们不要接近，因为以前每一次这样的过程中我都意识到我的神经的吸引力极度地提高了，而那些灵魂一开始总是完全不相信我的神经具有如此危险的吸引力。

在灵魂学的语言里，我是"识灵人"，也就是能够看到精灵的人，或者说是一个能够同精灵或已经死去的人的灵魂交流的人。实际上，自从有了宇宙以来，像我这样的人只有一个，也就是说，只有一个人不仅能持续不断地同**单个的**死去的人的灵魂打交道，而且能够持续不断地同所有的灵魂打交道，甚至同全知全能的上帝打交道。

在席瑞柏看来，这一类过程显然是大量存在的。宇宙直至遥远的星辰都住满了已经死去的人的灵魂。他们被指定住在一些地方，即这个或那个已知的星球。突然，席瑞柏由于自己的病成了所有灵魂的中心。不管他的警告，所有的灵魂都向他涌过来。他的吸引力是无法抗拒的。我们可以说，他把这些灵魂作为群体集合在自己周围，正如他所强调的那样，是集合在所有灵魂的总体周围，这些灵魂代表最大多数的完全可以想象出来的群众。但是并不是简单地把这些灵魂作为群众集合在他周围，就像一个"民族"集合在它的"领袖"周围一样。恰恰相反，这些灵魂只是逐渐地集合在他周围，同各个民族只是逐渐地聚集在他们的领袖周围，需要经历若干年过程的情况一样：他们在席瑞柏身边变得越来越小。当他们到达席瑞柏身边后，以最快的速度缩小成只有几毫米高的小人，而他们之间的关系也令人信服，他与他们相比成为巨人，而他们成为微小的生物，围着他忙碌。在这里也没有发生一个巨人吞掉小矮人的事情。但他们确确实实进入了他的身体，后来便完全消失。他对他们的影响是毁灭性的。他吸引他们，把他们聚集起来，把他们变小，把他们吞掉。他们过去的一切现在都对他有用。他们到这里来并不是为了他好，他们的目的本来是有敌意的；他们被派到这里来，最初的目的是搞乱他的理智并把他毁掉。但是他恰恰是由于经历这次危险而得到了成长。现在他懂得如何**控制**他们，并且以他的引力而感到骄傲。

席瑞柏所说的幻想性语言使他乍看起来像是一个来自古代的人，因为那时候信灵论很普遍，相信死者的灵魂会像蝙蝠一样在活人的耳边呼啸而过。在他还当巫师职务的时候，他对灵魂世界的了解如数家珍，他会同那些灵魂建立直接的联系，并且利用他们为一切可能的人类目的服务。他乐意别人称他为"识灵人"。但是一个巫师的力量远远不及席瑞柏。巫师有时候会把精灵附着在自己的身体里，但是这些精灵不会在那里消失，始终会分散地保持他们的存在，因而又会再一次让他们离他而去。相反，这些精灵在席瑞柏那里却会完全消失不见，似乎他们从来没有存在过一样。在以精灵的存在为前提的旧世界观的包裹下的他的幻想，实际上是由群众哺育、由群众构成的**政治**权力的模型。任何一次对权力进行概念分析的尝试都会把席瑞柏的观点搞乱。他的观点包含现实关系的一切要素：聚集成群体的各个个体所面临的强大的吸引力；这个群体可疑的信念；它的驯服，也就是人们把属于它的成员变小；把它融化在统治者身体中，这个统治者通过席瑞柏本人即他的**躯体**代表政治权力；他以这种方式不断**更新**的伟大；最后一点，也是非常重要的一点，迄今为止还没有提到的一点，即由此产生的**灾难**感，由刚才提到的那些迅速增长而又未曾预料的奇异的吸引力导致的世界秩序的危机感。

这种感觉，回忆录中有大量丰富的证据。席瑞柏关于世界末日的幻觉相当壮丽；这里首先要引用一段直接与他对那些灵魂的吸引力有关的话。灵魂大量地从那些星球上滴下来落到他身上，它们通过自己的行动把它们来自的宇宙体带入危险的境地。从这段话中可以看到，似乎星体真正是由这些灵魂**构成**的，如果这些灵魂大量地离开星体，到席瑞柏这里来，那么一切就都毁灭了。

四面八方传来凶报，一会是这个星球，一会儿是那个星球，一会儿是这个星座，一会儿是那个星座变成了荒漠；一会儿说金星要遭遇洪水的袭击，接着，整个太阳系开始分崩离析，以后又说仙后星座，整个仙后星座会凝缩成一个唯一的太阳，可能只剩下了金牛座侥幸逃脱厄运。

但是，席瑞柏对天体的关心，只是他的灾难情结的**一个**方面。更重要得多的是使席瑞柏**开始**生病的一个事实。他的病与死去的人的灵魂没有关系，我们知道，他与这些灵魂的交往从未中断过。他的病与同代人有关。这些同代人已经不在了：**整个人类已经毁灭**。席瑞柏认为他是剩下来的**唯一**一个人，一个真正的人。他看到的少数几个人物，如他的医生、护士和其他病人，他认为他们是纯粹的影子，这些"匆匆而过的人物"，是人们为了欺骗他，从而搞乱他的思想。他们像影子和图画一样来回出现，他当然不会认真看待他们。真正的人都消失了，**唯一活着的是他**。这个事实并不是他在个别的幻觉中看到，这个事实也不会被相反的意见取代。他全部的世界末日幻觉由于他这种特有的信念而具有了特色。

　　他认为，弗来西格教授所在的整个诊所，甚至整个莱比锡城，将来很可能被挖起来转移到另外一个天体上，他有时甚至感觉到，那些与他谈话的声音在问他莱比锡是否还真的存在。他有一次出现幻觉，感觉自己被一部升降机带到了地底深处。在升降机里，他经历了所有的地质时代，直到他突然被置身于一个石炭林之中。他似乎短暂地离开了升降机，并感觉到好像在墓园中散过步。然后他经过了所有莱比锡人的墓地，并且还经过他妻子的坟墓。这里我们要特别注明，席瑞柏的妻子当时不仅健在，还经常到诊所里来探视自己的丈夫。

　　席瑞柏在书中想象了人类可能毁灭的各种不同的方式。他认为太阳热量可能由于日益远去而减少，由此会普遍出现一个冰冻时期。他想到了地震,他认为里斯本大地震就是与一个像他一样的"识灵人"的病倒有联系。由于一个巫师也就是弗来西格教授在现代世界出现的消息和席瑞柏即一个一直比较知名的人士的消失,一种担心和恐慌的情绪在人们中间扩散开来,宗教基础也由此会被摧毁。普遍的紧张和罪恶蔓延开来,可怕的流行病会袭击人类。流行病说的是麻风和瘟疫。这两种病欧洲人几乎已无人知晓。席瑞柏在自己身上也发现了瘟疫的症候。瘟疫以各种各样的形式出现,有蓝色的、棕色的、白色的和黑色的瘟疫。

许多人因所有这些可怕的瘟疫而死亡,而席瑞柏则被一种有益健康的光线治好了。我们应该区分出两种不同的光线,一种是带来"伤害"的光线,一种是带来"健康"的光线。第一种光线携带着死尸的毒素或另一种腐败物质,这种光线会引起人的疾病,或者会给人的身体带来其他的毁灭性后果。带来健康的光线会使受到伤害的人恢复健康,而带来伤害的光线则会给人带来伤害。

我们无法确知,这种灾难袭击人类是否完全违背席瑞柏之所愿,相反,他似乎会对弗来西格教授的敌意所导致的这类可怕的灾难感到满足。只要有人**反对他**,整个人类就要受到惩罚,被灭绝。只有他一个人由于受到有益健康的光线的保护而免受瘟疫之害。席瑞柏是唯一幸存下来的人,因为他愿意这样的结果。他要一个人活着站在广阔的布满尸体的原野上。尸野上躺着所有其他的人。在这里,他不只显示出了自己是一个偏执狂,而且还显示了一个"完美的"统治者内心深处的倾向,即成为最后一个活着的人。统治者把别人打发上死亡之路，而他自己则可以免于一死：他会把死亡从自己身上转移到别人身上。不仅别人的死对他无动于衷，他的这种愿望还会使他采用集体屠杀的办法。一旦他感觉到受到了威胁，他要让**所有的人**死于他之前的亢奋情绪就再也不受理性考量的控制了。

或许会有人反对说，这种从"政治层面"来分析席瑞柏的观点是不合适的。他们可能会认为席瑞柏这样的启示录似的幻觉是出自宗教体验，而席瑞柏本人根本没有想到要统治活人，或者说"识灵者"的权力在本质上是另一种权力。鉴于他的幻觉的**出发点**是全人类的死亡和世界大灾难，没有理由表明他对世界性的权力感兴趣。

然而，我们很容易就能找出以上这些论点或反对意见的错误之处，比如，我们很容易就能从席瑞柏那里发现一种人们非常熟知的政治体系。但是，在讨论这一问题之前，我们还是应该先了解席瑞柏对于神的统治的观念。

席瑞柏认为，一定是上帝自己在亲自"决定着所有迫害我的政策"，而"上帝对他不喜欢的人一直是用疾病使其衰弱或者通过闪电来消灭他"，因此，"一旦某个人，或某一集团，甚至某个星球上的全体居民的利益与上帝的利益发生冲突，上帝就会和任何另一个活体一样兴起一种自我保护的念头。想想索多玛和蛾摩拉˙这两个城市吧！……""很难想象上帝会否决任何一个人应得的福祉，但是天堂外围成员的增加，只会有助于上帝提高自己的

˙ 索多玛和蛾摩拉是两个传说中的古城，据《圣经》所载，它们都是因为城内的居民罪恶深重而遭到上帝焚毁。——译注

权力，或者是强化防护，以对抗人类接近他而引起的日益增多的危险。因此，只要人类能够按照宇宙秩序生活做事，那么上帝的利益就不会与单个人的利益发生冲突。"尽管在他身上发生了这类利益冲突，这是世界史上独一无二的案例，这种情况绝不可能重演。他曾说到要"恢复上帝在天堂的独裁统治权"，但是他又抱怨"弗来西格的灵魂和上帝的某部分联合起来"倒转矛头打击他，从而使已经发生变化的党派之间的关系基本上一直保持到今天不变。他还提到"全能的上帝的巨大力量"和自己方面的"毫无希望的抵抗"。对于弗来西格教授他有如下的推测："弗来西格教授像是上帝所属的某一个省区的行政长官，他的权势似乎能远达美洲。"似乎还远达英国。他还提到了一个维也纳的神经科医生，认为"他好像是上帝的其他统治区域，比如是奥属斯拉夫地区的行政长官。"因此，在他看来，在这个医生和弗来西格教授之间早晚会有权势之争。

这些引文取回回忆录中相隔甚远的各个部分，其中可以非常清晰地看到上帝的形象。在他看来，上帝只是一个专制君主，他的王国包含了许多省区和集团。上帝的利益，简短而干脆地说，就是为了提高自己的权力。正因为如此，上帝才从不拒绝赐福给任何一个应该得到福祉的人，但是上帝不喜欢的人则不在此范围之内。毫无疑问，在席瑞柏看来，上帝就像一只蜘蛛一样坐在自己政策的网中，而席瑞柏虽然离这个政策仅一步之遥，但却被上帝无情地晾在一边。

这里也许应该交代一下席瑞柏的生长环境。席瑞柏在萨克森州的一个古老的新教传统氛围中长大，他对天主教徒以及他们的变节保持高度的怀疑，他第一次提到**德国人**是与普法战争的胜利有关。

在书中，他声称自己在普法战争之前就得到了相当肯定的启示，他说，1870 年至 1871 年的寒冬是上帝决定的，目的是为了使战争态势向德国有利的方面转变。上帝的德语比较差，因此在众多灵魂的净化过程中，灵魂们学会了上帝自己说的"基本语言"，这是一种有点古老而又有力量的德语。然而这还不能算是德国人从上帝那里获得的专有福祉。德国人自宗教改革，甚至从蛮族入侵和民族大迁徙时代以来就一直是上帝的选民，上帝也比较喜欢用德语。上帝总是将某一时期最有道德的民族作为自己的选民，在人类历史过程中，先后有古犹太人、古波斯人、希腊罗马人和德国*人成了上帝的选民。

既然德国人是上帝的选民，那他们就必然要饱受危险和威胁，其中最主要的还是天主教徒的阴谋诡计。读者还记得席瑞柏曾经提到的不是成千也是几百的人名，他们是纯粹的灵魂，他们作为光线与席瑞柏沟通，他们全都对他说话。在这些人名中有许多人以宗教利益为己任，也就是说，他们中间有许多是天主教徒，他们要求实行天主教教义，特别是要求萨克森和莱比锡天主教化。他们当中有的是莱比锡的教士，"好像有 14 个莱比锡的天主教徒"（或许他们是一个天主教团体），还有耶稣会驻德累斯顿的神父，另有兰波拉、加林伯提、卡沙提等三位枢机主教，此外就是教皇和无数的修士。

---

* 这里所说的德国并非是指 1871 年建立的德意志帝国，而是泛指当时的德语地区，这些居民古称日耳曼人，系拉丁语的译音。——译注

有一次，大约240名本笃会修士在一位神父领导之下"以灵魂的形态入侵我的精神和大脑，并在那儿消失了"。当然，还有其他的灵魂，比如维也纳的那位神经科医生，他是一位接受基督教洗礼的犹太人，但喜爱斯拉夫人，因此企图利用席瑞柏来把德国变成斯拉夫国家，并试图在那里建立犹太教的统治。*

正如我们看到的，席瑞柏在这里为我们呈现了一个完整的天主教会的情况。加入莱比锡邪恶联合会的不仅有一般的教徒，而且还有天主教会各等级的人。他提到一个耶稣会的神父，以及用符咒召唤来的一切与耶稣会教士的名字联系在一起的危险。作为最高宗教领袖出现的是三个有很好听的意大利名字的枢机主教，罗马教皇本人。有大量的修士和修女。他们甚至像害虫一样云集在席瑞柏住的房子里。在以前我没有引述过的幻觉中，席瑞柏看到了大学神经科诊疗所像修道院一样被安上了圣女的翅膀，另一次他看到他自己被装饰成天主教的礼拜堂。在礼拜堂屋顶下的空间里坐着仁慈的修女。印象最深刻的是240名本笃会修士在一名神父领导下列队游行。天主教最好的自我表现形式莫过于列队行进，封闭的修士团体可以看作是全体虔诚的天主教徒的群众晶体。游行队伍的气势激活了观众心中潜在的信仰，他们突然渴望加入游行队伍。游行队伍所过之处观众都会加入，因此游行队伍不断扩大。席瑞柏想象自己吞掉了游行队伍，象征性地把整个天主教消灭了。

---

* 也就是试图将奥地利-匈牙利的二元帝国改成奥地利-匈牙利-斯拉夫三元帝国。
——译注

席瑞柏把自己开始发病的激动时期称为神圣时期，尤其是其中约 14 天的紧张时期，他称为上帝的第一次审判时期。第一次审判涉及一系列幻觉，日日夜夜，一个接着一个，而这些幻觉的基础是"一个共同的总观念"。这个观念的核心即使被冠上救世主的观念，本质上也还是政治性的观念。

弗来西格教授和席瑞柏之间的冲突给上帝的天国的存在带来可怕的危机。德意志民族，特别是德国的基督教徒，作为选民可能会由于这一原因而无法保留其领导地位。如果没有一个英雄为德意志民族挺身而出，显示出德意志民族恒久的尊严地位，那么，甚至在占领了其他宇宙体——有人居住的星球——的情况下，结果也仍然是一片荒芜。这个英雄一会儿是席瑞柏本人，一会儿是他指定的另一个人。在不断涌来的声音中他选出了几个杰出的男人的名字，他认为这些人是适于进行这样一次战斗的英雄。上帝第一次审判的基本思想是扩展天主教、基督教和斯拉夫主义。有一些观念对席瑞柏产生了重要的影响，这些观念据说与席瑞柏在未来的灵魂迁移中会产生的想法有关。

在我面前依次出现下述人物："奥塞格的耶稣会修士"、"克拉陶市长"、一位"反抗胜利的法兰西军官、捍卫自己的女性尊严的阿尔萨斯女孩"，最后则是"一位蒙古王子"。我相信，在所有这些预言中可以看到与其他幻觉产生的总图像的某种联系……奥塞格的耶稣会修士、克拉陶的市长和上面所描述的阿尔萨斯女孩的未来命运，在我看来就是下述预言：新教在与天主教的较量中，德意志民族在与其罗马邻居和斯拉夫邻居的斗争中，或者已经失败，或者将会失败；最后在我面前出现的前景是我会变成蒙古王子，我认为这是一种暗示，在所有的雅利安民族表明自己不再适合作为上帝天国的支柱之后，最终的救世主将会在非雅利安民族中产生。

席瑞柏所说的"神圣时期"是在 1894 年，加上他对地点和时间有异常的偏好，因此他连"上帝的第一次审判"都给出了精确的日期。到了 1900 年，当他的幻觉更加清晰并固定下来的时候，他便开始整理以前的临时记录并着手撰写回忆录，到 1904 年该书正式出版。今天任何人都不会否认他的政治体系在数十年后获得了很高的荣誉。他的政治体系以某种比较粗糙的、稍欠"修饰的"形式成为一个伟大民族的信条。席瑞柏想象在一个蒙古王子的领导之下，征服了欧洲，甚至差一点就征服了世界。席瑞柏的想法后来被他毫无所知的追随者所承认。当然，他还不能指望我们做到这一点。但是这两个体系无可辩驳地走向一致的事实应该可以证实，从偏执狂病人的案例中可以得出很多东西，以后还可以得出更多。

在某些方面，席瑞柏超前于他的世纪。占领有人居住的星球那时还无法想象，现在也没有一个作为上帝选民的民族处于不利的局面。但是，席瑞柏**个人**就像后来的——并非他指定的——英雄一样，把天主教徒、犹太人和斯拉夫人看作敌对的**群体**，而且因为他们存在而仇恨他们。他们作为群体具有根深蒂固的、迫切增长的趋势。对于群众特点的看法，事情也许像现在人们已经承认的那样，还同样可以说，偏执狂病患者和统治者的犀利目光无人可及。他为了用唯一的代词来指称两个人，他只同群众打交道，他把群众当作敌人或者想统治他们，而这些群众却到处是一副简单天真的样子。

我们还要关注的是席瑞柏如何决定自己未来的身份。他列举了五种身份，第一种身份前面已经略去，即不具政治性的身份，其他三种身份把他置于最激烈的争斗环境中。他作为一个学生悄悄地置身于耶稣会士之中，并成为波希米亚的某市市长，而该地区的斯拉夫人与日耳曼人正发生严重的冲突。他作为一个幻化的德意志女孩抗拒一个取得了胜利的法国军官，捍卫了阿尔萨斯人的荣誉；这个女孩捍卫"女性尊严"的做法对他的继承人来说，更像是捍卫种族的荣誉。最具启发意义、因而也是毫无疑义的第五种身份，就是他化身为一个蒙古王子的身份。他为此做出的说明似乎是在表达歉意。席瑞柏总是对他自己"不是雅利安人"而感到羞愧，并且以雅利安人似乎已经失败来辩解。实际上，在他的头脑里浮现的蒙古王子不是别人，正是成吉思汗。蒙古人像金字塔一样的尸骨堆使他心醉，他对原野上尸骨成堆的景象的喜好，读者并不陌生。他认同这种大张旗鼓的、成百万地清除敌人的做法。谁把敌人清除干净，他就不再有敌人，还能够因欣赏敌人无反抗能力的成堆的尸体而沾沾自喜。情形似乎是这样，席瑞柏来回幻化这四种身份，但最成功的是蒙古王子这一身份。

通过以上对偏执狂的幻觉所做的深刻审视，我们现在可以得出一个结论，即宗教在这里与政治搅和在一起了，两者彼此不可分割，世界的救世主和世界的统治者是**一个人**，权力欲是一切的核心，因而偏执狂事实上是一种**权力病**。从各个方面来研究可以解开权力性质的谜，除此以外没有别的办法可以如此全面地、清楚地了解它。我们不要为下述情况所迷惑：像席瑞柏这个场合，病人苦心孤诣想达到的显赫地位实际上从来就没有得到过；但是有人获得过，而且他们中有一些人能成功地掩饰他们发达的痕迹，并能够很巧妙地将自己理想中的制度秘而不宣。有些人没有成功，或者因为时间太少而没有成功。在这里，像在一切情况下一样，成功取决于偶然情况。历史就是偶然性在规律性的假象下的重建。历史上每一个伟人的名字后面可能站着上百个彼此并没有联系的个人。天赋和邪恶在人类身上都得到了充分的发展。每一个人都要吃，每一个人都是站在无数动物尸体堆上的君主。要想真诚地探讨权力问题，就完全不能把成功作为标准。应该从各个地方精心收集材料并对权力的特点及其弊端做出比较研究。一个在医院里打发日子的精神病人，孤独、无助且受到冷眼，但通过他促成的认识也许会比希特勒和拿破仑更有意义，告诉人类将要面临的灾难，以及如何拯救。

第四节　席瑞柏案例二

针对席瑞柏形成的阴谋，不仅是对他灵魂的谋杀，或者是摧毁他的理性。人们还想用另一种办法来羞辱他，比如说他们想把他变成女性，在他遭到强暴后丢弃在地上任其死亡腐烂。变成女性的念头在他生病的几年时间里不断出现在心头。他感觉到女人的神经作为一种光线侵入他的身体，并逐渐占了上风。

他在发病初期曾想尽一切办法要自杀，这样就可以避免遭受如此可怕的侮辱。每次洗澡时他都想溺死自己，他还要求服毒自杀。幸运的是他可能变成女人的想法并没有长久地困扰他的心灵。逐渐地在他的心中产生了一种信念，他感到正是通过这种办法可以保证人类的生存。所有的人都可能在一次灾难中走向毁灭，他作为女人是留下来的唯一可以生出新的一代的人。对他来说，只有上帝才能做他的孩子的父亲。他必须得到上帝的爱，而且与上帝结合是一种无上的光荣。为了上帝他应该越来越变成女性，穿上女性的服装来吸引上帝，用一切女性的手段来吸引他。对于这个过去曾经是高等法院首席法官的大男人来说，变成女性已不再是一种耻辱和贬低。他甚至还可以用这种方法来对抗弗来西格的阴谋。他得到了上帝的宠爱，全能的上帝越来越感到席瑞柏的女身对他的吸引力并对席瑞柏产生了某种依赖感。用这种别人看来有点不屑的手段，席瑞柏成功地把上帝紧紧吸引住了。上帝虽然有点抗拒，但还是投入了这种有点令人难堪的命运。上帝也总是想离开席瑞柏，他肯定有完全摆脱席瑞柏的想法，但是席瑞柏的吸引力实在是太强大了。

关于这一主题的论述散见整个回忆录的各处。起初读者还以为转变成女性就是他幻觉神话的核心。当然，引起他最大兴趣的正是这一点。人们试图把这个个别的案例，然后也把整个偏执狂病的原因归结于被压抑的同性恋素质。当然这样做也不致会产生大错，一切都可能成为偏执狂病的起因，但最主要的是幻觉的结构和幻觉的固化，而权力的过程在其中始终具有决定性的意义。即使席瑞柏病例中前面已经提到的论点在某些方面得到了证实，但如果再深一层去审视和检讨，我们仍不免会产生怀疑，不过我们在这里并不打算这样做。即使席瑞柏的同性恋倾向已被证实，但比这种同性恋倾向本身更为重要的是这种倾向在他的体系中的特殊运用。席瑞柏感觉到这种倾向作为他的体系的中心总是在打击他的理性，而他的所想所做则全是对这种攻击的反抗。因此，为了解除上帝的武装，他才希望自己变成女性，并取悦上帝、投身上帝，就像其他人在上帝之前屈膝一般。他把自己献给上帝，并作为上帝的一种享乐工具。为了把上帝吸引到自己身边，为了能控制上帝，他要用一切虚伪的欺骗手法把上帝引诱到自己身边。现在他用各种手段把上帝牢牢抓住了。

我们现在碰到了错综复杂的情况，对此并不只是因为从人的经验出发所做的类比发生了差错，而且还因为人们从来没有在世界秩序本身中预见到这些情况。对此谁能够对未来做出毫无根据的猜测呢？毫无疑问，对我而言，只要上帝不再破坏我的理性。对于这一点，几年来我一直很清楚，因此在我生病第一年中威胁我的主要危险已经消除了。

这段叙述见于回忆录的最后部分。看来他在写这一部分的时候的心情基本上平静了。由于完成回忆录，使其他人读到他的手稿并受到影响，他终于恢复了对自己的理智的信心。剩下来要做的只有一件事，那就是反击，出版他的回忆录，让人们了解他的大众体系并劝说大众相信**他的**信仰，这无疑也是他的希望。

对席瑞柏的理智是如何进行攻击的呢？我们现在只知道他受到了无数能对他说话的光线的包围。但是，具体地说，对他的精神能力和安全怀有敌意的光线想破坏的是**什么**呢？这些光线对席瑞柏说了些什么呢？值得费一些力气来对这一过程做一些研究。席瑞柏对他的敌人做了最顽强的抵抗。他对敌人以及自己的防御做了尽可能详尽的描述。我们必须从他自己创造的世界即我们惯常称呼的"幻觉"中把它们择出来并翻译成我们的日常语言。不过这样做又难免会损失其中的一些精华。

我们应当特别关注的第一件事就是他自己所称的"**强迫思考**"。他说只有自己在大声说话的时候，脑子才能安静下来，而且这个时候他周围的一切东西也都变得一片死寂，这使他有一种在尸体间漫步的感觉。每当这时，他周围所有的人包括护士和其他病人，似乎都丧失了说话的能力，他们连一个字都说不出来。一旦他自己不说话了，所有声音又都一涌而至，从而强迫他的大脑退回到无尽的思索之中。

这些声音的目的是不准他睡眠或休息。它们不停地对他说，这使他无法不听，无法不注意它们，这样他就只能听凭这些声音摆布，完全按照它们说的做。那些声音用不同的方法轮流对他说话。比较好的一种是直接询问他："你在想些什么？"他并不想回答这些问题，但是只要他沉默，它们就会代他回答，比如说："你应该想想宇宙的秩序。"对他来说，这样的回答就是"捏造思想"。它们不仅严厉地询问他，而且还强迫他接受一定的思路。那些企图打听他的内心秘密的**提问**引起了他的反感，而他的反感恰恰就是他的思想规定好的回答。**提问**和**命令**（或指令）都同样是对他的个人自由的侵犯。这两个东西是权力的手段，这是众所周知的。席瑞柏也曾经对这两种手段运用自如。

对席瑞柏所做的检测多种多样，而且非常有创意。起初他是被审讯，把思想强加于他；他们用他所说的话编出教义问答；他们监控他的每一个思想，不让任何一个思想溜走；每句话都要琢磨对他意味着什么；面对这些声音，席瑞柏毫无秘密可言。一切都要受到检查，一切都要见光。席瑞柏成了无所不知的权力的牺牲品。尽管席瑞柏要忍受许多事情，但他实际上从未放弃。他的防卫形式是锻炼出自己**特有的**全智能力。他证明他的记忆力很好，他背诵诗歌，用法语念数字，说出俄罗斯各省的名称和法国各个行政区的名称。

对于席瑞柏来说，保护自己的理性首先就是完整地保存了他的记忆储存；其中对席瑞柏最重要的又是**词语**的完整性。对他来说，一切的声音都是**说话声**，整个宇宙充满了各种词语，如铁路、鸟儿和汽船等在说话。当他自己不说出词语、保持沉默时，别人就立刻会说出词语。其实在词语与词语之间没有任何东西。至于他所说的以及他所想要的宁静，可能就是指**词语的自由**。但是任何地方都没有词语的自由。不管他发生什么事情，都会有人用词语告诉他。有害的光线和有益的光线都有语言天赋，同席瑞柏本人一样都会被迫使用语言。"你们不要忘记，光线必须说话！"对偏执狂病人来说，词语的含义不可能夸张。词语就像害虫一样遍布各处，并随时保持警戒。正是它们的结合才形成了无所不包的世界秩序。因此，在偏执狂病人中最极端的倾向，可能就是企图使用**词语**来掌握整个世界，对他们来说，词语就像是拳头，而世界则藏于其中。

这是一个不能再张开的拳头，但它又怎么能会握起来的呢？这便是偏执狂病人的一种狂热，即热衷于被确立为自我目的的**因果关系**。我们只有在哲学家那里还能看到这类情况。没有任何东西是没有原因的，人们只要追问原因就总会找到原因。某种奇特的东西出现在某人身边，就会被人说成是隐藏的财产。在新的面具后面总是隐藏着旧的东西，我们必须有勇气看穿它并把面具撕下来。这样**探询原因**便成了人们对一切事情表现出来的一种热情。席瑞柏完全明白他的"强迫性思想"，当他对自己叙述的其他行动不断抱怨的时候，他却唯独把这种追根究底的癖好"看成对自己不幸遭遇的一种补偿"。在那些进入他的神经的未完成的句子中，他大都以连词或副词的形式来表示因果关系，比如"为什么，只是"、"为什么，因为"、"为什么，因为我"、"除非"等。他把这些词语以及其他词语补充完整，因而这些词语也对他进行了一次强制。

但是，他们逼我去思考那些大多数人不关切或不去想的事物，结果使我的思考更深入了。

因此，席瑞柏对这种追求因果的狂热大加赞赏，而且这种狂热也的确给他带来了相当的乐趣；席瑞柏还找到了证明这种追求因果关系有道理的可信论据。他只是把原创的事情交给上帝去做，世界上的其他一切事情他都用自己铸造的证据链条串起来，并且使之成为自己的东西。

然而，追求因果的狂热并不都是这样理智。席瑞柏遇到一个他经常看到的人，并且他一眼就认出他是"施奈德先生"。施奈德是一个不会被人们混淆的人，他一直是个善良的人，因为他善良，所以人人都认识他。但施奈德却不满足于这样一个简单的认识过程。席瑞柏想，在施奈德先生背后还会有更多的东西，如果不发现施奈德先生背后的这些其他东西，席瑞柏就很难心安。席瑞柏善于**揭露伪装**，在没有人或没有什么东西可以**揭露**的地方，他就会感到失落。对偏执狂患者——并不只是对席瑞柏先生——来说，揭去面具和揭露具有基础性的意义。追求因果关系的狂热由他而出，一切**原因**最初也是在**人**身上去寻找。虽然去面具化在本书中已经多次谈到，但在这里加以更详细的研究却是很恰当的。

我们都遇到过这样的情况：当你走在街头，突然在陌生的人群中发现一张似曾相识的面孔。虽然大多数情况下并不相识，那个想象中的熟人走近一些或我们向他走过去一看，原来是一个从未见到过的人。对认错人的事从来不会有人多想。某个偶然相似的特征，头部的姿势，走路的姿势，头发等都是认错人的原因。不过认错人的情况会越来越多，那个完全特定的人**会到处出现**在我们面前：他站在我们要去的地方的前面，或者站在人头攒动的街角，有时一天会多次出现这个人。这当然是因为我们总想着这个人，爱他或者也许更多的是恨他。我们知道，他已经搬到另一个城市，远涉重洋，尽管如此，我们依然相信在这里可以找到他。我们会反复这样的错误，不肯放弃找到他的想法。很清楚，我们是**想**在许多其他的面孔中找到这个人。我们经历过我们要找的那个人就在那些人中间的事，许多人起到了掩盖的作用，我们猜想那个我们要找的人就在他们中间。我们处在这个过程中都会感到心情很着急，希望上百张面孔都像去掉了假面具一样，我们要找的那个人就出现在他们中间。如果要我们描述这张面孔和上百张面孔之间的主要区别，那么我们会说：那上百张面孔是**陌生的**，而这一张面孔是**熟悉的**。这就是说我们只能认出熟悉的面孔。但是这张熟悉的面孔隐藏起来了，我们要在上百张面孔中把它找出来。

对于偏执狂来说，找寻的过程是个核心，为此他们还要强化这个过程。比如，席瑞柏总是苦于变形功能的萎缩，因此他从自己的人格——人格是一切事物中最不能改变的东西——开始，逐渐地影响到整个世界。即使是真正不同的事物他也看作是**相同的事物**。他在极其不同的许多人中间反复寻找自己的**敌人**。为了那个他想象的藏在所有人背后的秘密，为了把面具去掉，一切都在他面前变成了面具。**他**不愿受到欺骗，要看穿所有的东西，而对他来说**众多即是一**。他的体系越来越呆板，世界的真实形象越来越萎缩，最后只剩下那些在他幻觉中扮演一个角色的人物。他对任何事情都追根究底，直到穷尽每个事物的底细。最后只剩得他自己和他统治的东西。

归根结底来说，这里涉及的是与转变过程相反的过程。我们完全可以把揭露和去面具化称为**解除转变**。这就是要把某种东西恢复到原来的样子，恢复到人们想要的、认为是本真的状态和姿势。人们是以观察者身份开始，从观察互相转变的其他人开始。也许人们会观察一段时间，看着化装舞会的进行，既不赞同也不觉满意，然后突然下令"停止"，短暂的欢乐的过程戛然而止。人们喊道："除去面具。"此后，所有的人都以原形出现，站在原地不再改变。然后禁止继续进行这种转化的游戏。这时整个戏宣告结束。面具被看得清清楚楚。这里，**解除转变**的过程很少只处于纯粹的意义，通常会被染上一层试图发现敌人的色彩。偏执狂深信面具就是用来欺骗的，而偏执狂的转变也有特定的目的。对他们来说，最重要的就是秘密，至于要变成何物，或要代表什么都不重要，最重要的是使自己不被辨认出来。如果你强迫他们除去面具，那么受到威胁后的反应是强烈的、充满敌意的；确实，这种反应是如此强烈和令人印象深刻，以致人们一下子就忘却了自己转化前的样子。

在这方面，我们可以跟随着席瑞柏的回忆录而走得更深，逐渐接近事物的核心。他记得自己在病发的初期，感觉到自己接触的一切事物都处于变动之中。在他生病的第一年，在"神圣的时期"他有一到二周的时间在一个小诊所里度过，他听到有人把这个小诊所叫作"魔鬼的厨房"。他说，这段时间是"最疯狂的时期"。在他的幻觉固化和清晰化之前，他在那里对转化和揭露所体验到的东西是对上述叙述可以想象的最好的注解。

我白天通常都在公共活动室里，在那里，经常有病人来来去去。好像有一个特定的看护一直在监视着我，而那个人与高等法庭的一个官员出奇地相像，我相信我又遇到了他。我在德累斯顿任职的六个星期中，是那位官员经常把官方文件送到我的房间，他有个习惯，经常穿我的衣服。一位绅士，即所谓的诊所医务长时时出现——大都是在晚上——他使我想起了我在德累斯顿的医生……该诊所的花园我只是在散步时进去过一次，当时我看到两个女士，一个是牧师夫人，另一个是我的母亲。还有几个男士，有一位是高等法院的法官，他的头很大而且畸形。这类似曾相识的情况出现一到两次我是完全可以理解的，但是，诊所的所有病人，有几十个人，他们的特征都像我生活中的熟人，这就使我不能理解了。

病人中我看到有"非常危险的人，其中有粗黑的恶汉，他们穿着麻布工作服……他们进公共活动室时，一个挨着一个，一点声音都没有；他们离开时也是这样，一点声音都没有，表面上他们之间谁也没有注意谁。在那里我多次看到，他们中间的有些人在逗留公共活动室期间，也就是说他们没有离开房间而且就在我的注视之下，他们竟然**交换头颅**，然后用别人的头跑来跑去。"

他把病人散步透气的地方称为畜栏。

我在畜栏看到的病人人数和我在公共活动室里同时看到的或者在他们进进出出时看到的人数和诊所空间的大小完全不成比例。我简直不能相信，有四五十人同时被赶进畜栏，当回房的信号一发出，所有的人都涌向诊所的大门，在这里也许能找到过夜的地方……一楼**挤满了**人，其中大多数只是具有人的外形。

他记得那些在畜栏里的人形中有他太太的一个表兄弟——他在 1887 年自杀身亡，以及·位资深的公共检察官——他总是低头弯腰、温良恭顺，就像是在做祷告，但却始终面无表情。其他认得的人还有一位枢密使、一位上诉法院的首席法官、一位高等法院的法官、一位曾是他年轻时候的朋友的莱比锡律师、他的侄儿弗来兹和一个在瓦尼蒙的夏季相识的人。有一次他自窗户里看到，他的岳父坐在一辆车里朝诊所而来。

另外一件反复出现的事情便是，我看到一群人，有一次甚至看到一些女士，经过公共活动室往厢房里走去，他们必定是在那边消失了。我当时还听到"被急速致死的人"死亡前由**喉咙中发出的特殊声音**。

奇怪的事情不仅发生在人的身上，而且也发生在无生命的物体上。在我检查自己的记忆时，无论我现在如何努力地怀疑，但总是无法将其从我的记忆中抹去。一些服装上的饰物会在我眼前发生转化，而且我进餐时盘中的食物也会**发生转化**，比如烤猪肉变成了烤牛肉，或者相反。

上一段记述中有几个关键的地方，席瑞柏曾看到了超过房舍能容纳的人群。他们全都被赶到**畜栏**中。他和那些人都有共同的感觉，畜栏的意思就是他们**被降格成了畜牲**。这是他与群众最接近的一次经验。即使在畜栏中，他也从未融入其他的病人之间。他仔细地观察转化的过程，对这种转化过程他持有批评的心态，但却并没有敌意。即使是食物和衣服互相转化的过程，他也没有敌意。他最关心的是他自己的**认识**。每一个出现的人确实变成了他曾经认识的人。他关心的是任何人都不是真正陌生的人。他对所有这些去掉面具的人都抱有相对宽容的心态。他只是对那个这里没有提及的看护人抱有敌意。他认识很多人，认识各种各样的人，他并不是那么狭隘，那么排斥人。这些人有时不是去掉面具，而是直接交换他们的脑袋，这种可笑却壮观的揭露过程简直令人难以想象。

席瑞柏很少经历那种有趣而且自在的经验。我相信，在他的"神圣时期"有一种完全不同的幻想把他引入了**偏执狂的原始形态。**

偏执狂病人的一个基本感觉是被**一群敌人包围**并处于所有敌人的注视之下。他的视觉清楚地发现到处都是**眼睛**,这些眼睛只对他感到兴趣,而这种兴趣就是最大的威胁。这些眼睛的主人都伺机向他报复,因为长久以来,他一直在折磨他们,并且一直没有受到他们的处罚。假如他们都是野兽,那结局肯定是遭到残酷的猎杀,它们会受到绝种的威胁,于是就会绝望地反抗。在这种严重的直接的形式上,我们可以在许多民族的狩猎传说中找到偏执狂病的原始形态。

然而,在席瑞柏的感觉世界里,这些曾被人视为猎物的动物不会永远保持原本的样子,他们一有机会就可能变成更危险的生物,这才是他感到害怕的原因,所以它们可能冲向他,充满他的房间,占据他的床铺,而他的恐惧也就达到了极点,因此在回忆录中,席瑞柏说自己在夜里经常被熊包围着。

这段时期他总是经常起床,有时坐在房间的地上,而且身上只穿着衬衫。他经常将手放在背后,或者紧紧撑在地上,有时则学着**黑熊**的样子将手张在空中。他说,其他的黑熊,无论人小都坐在周围,张着血红色的眼睛注视着他,他的睡衣变成了"白熊"。晚上,在他还没有睡觉的时候,他有时会看到许多猫在诊所院中的树上注视着他。

对于席瑞柏来说这些**动物群**还不是仅有的敌群,作为他的大敌,精神病医生弗来西格有一种最恶劣而且是最危险的癖好,就是组织**天国的群体**来攻击他，而问题在于这个攻击的特殊的表现，也就是席瑞柏所称的**灵魂分割**。

弗雷西格的灵魂被分成各个部分，这些灵魂的各个部分被用来覆盖整个苍穹，从而抵挡或抗拒来自各方的神圣光线。苍穹的整个弧线好像被神经绷紧了，从而使神的光线遇到了机械式的障碍。被围的苍穹就像一个被包围的堡垒，城墙和壕沟抵挡着敌人进攻，保护着堡垒。为了得到保护，弗来西格的灵魂分成了许许多多的部分，其中有一段时间大约有 40 到 60 个，其中有许多非常小。

看来其他的"经过检验的灵魂"也以弗来西格的灵魂为榜样开始进行分裂。他们变得越来越多，并且像一个真正的群体一样，只是为了埋伏和袭击而活着。他们中的大部分几乎只采用迂回进攻，这种手段的目标则是从背后袭击那些逐渐临近的无辜的神圣光线，并最终让神圣光线屈服于他们，到最后甚至连万能的上帝都开始讨厌他们。在席瑞柏成功地把相当大部分的灵魂吸引到自己身边之后，有一天上帝也会在他们中间进行一次大搜捕。

席瑞柏也许很清楚，他的灵魂分割就是他肯定知道的细胞通过分裂而增多。这样产生的大量分割体变成天体群体，是席瑞柏最具特点的幻觉生成物之一。**敌意群体**对偏执狂的结构的意义在这里得到的描述最为清楚不过了。

尽管席瑞柏感觉到自己是他与上帝及上帝的"**灵魂政策**"之间的既复杂又模糊的关系的牺牲品，但这种情况并没有阻止他从外在和内在两个方面去体验上帝的**辉煌能力**。在他病发的几年里，席瑞柏只是在几个连续的日夜里有过这种体验。他自己清楚地意识到这种体验的难得和珍贵。

有一个夜晚，上帝显示了自己，上帝的由他的光线构成的光辉形象——当时他躺在床上，神志非常清醒——被席瑞柏的心灵眼睛看到了。同时他听到了上帝的声音，那不是轻柔的耳语，而是紧贴着房间窗户发出的一种洪亮有力的低音。

第二天，他的肉眼也看到了上帝，上帝变成了太阳，不过与平常的太阳样子不同，而是漂浮在一片闪着银光的由光线组成的海洋上，而且占了六分之一乃至八分之一的天空。当时的情景如此之辉煌，如此之壮丽，以致他不敢直视，而是努力地将视线移开，这期间光辉的太阳还对他**说话**。

他不仅在上帝身上体验到这种光辉，而且也在自己身上体验到这种光辉，由于他自己的重要性以及他与上帝的紧密联系，这种情况不会使人感到奇怪。"由于大量光线的汇集，我的头被一片闪光包围着，就像画像中基督头上的光环一般，只不过没有那么耀眼和光辉：这就是人们所说的闪光皇冠。"

在书中的其他部分，席瑞柏对于**神圣权力**的描述更为生动，尤其在我们即将谈到的他的"**静止时期**"内，这种经验更是达到了顶峰。

在"静止时期"，他的外在活动非常单调，除了每天早晚两次在院子里散步之外，其余时间他都是安静地坐在他的桌边，连窗子那儿都不去。即使是在院子中，他也宁愿自己坐在一个地方。这种绝对消极的行为在他看来是一种宗教性的义务。

前面所说的一种特殊观念是受到了"有声音对他说话"的激发，那些声音一再重复地对他说："一点不要动！"对此席瑞柏的解释是，上帝不知道如何与活人处理关系，他只会与尸体打交道，因此，上帝对他提出了非常无理的要求：他必须不断地表现得像个死尸。

席瑞柏认为，这种静止不动的状态是他的一种自我保护，也是他对上帝应该承担的义务，对席瑞柏来说就是从"经过检验的灵魂"使他陷入的困境中解脱出来。"我想，只要我在房间里经常来回走动，只要我的房间里空气流动起来，光线就会越来越少。那时我对上帝的光线还抱有敬畏的心态，我没有把握是否真正有永恒性，光线是否会突然消失，因此我把防止光线的任何损失看作是我的任务，这也是我的义务。"他又说，只要他长久地保持身体不动，他就可以很容易地把那些检验过的灵魂吸引过来，并在自己的身体内把它们消化掉。他只有这样做才能在天国重建上帝的绝对统治。为此他作出了令人难以置信的自我牺牲，在几周甚至几个月内保持身体一动不动。为了在睡眠中也能尽早地消化这些灵魂，他甚至连夜里也不敢翻身。

席瑞柏描述的最令人惊奇的事情是他在几周、甚至几个月内保持**僵硬不动的状态**。他提出的论证保持僵硬状态的理由更是令人瞠目结舌。为了讨上帝的喜好，他竟然能像尸体一样保持一动不动。在一个现代的欧洲人看来，这件事情令人惊奇的地方还不仅仅在于这件事情本身。这主要是因为我们对**尸体**抱有清教徒的观念，我们的习俗是要尽快地把尸体处理掉，不会做更多的事情。我们知道，尸体很快就会腐烂，对此我们毫无办法。我们会对尸体稍作整容，告别一下，仅此而已。葬礼可能很讲究，但不会再让人看到尸体，这是它们隐遁人世的节日。为了理解席瑞柏，我们必须提到埃及的木乃伊。从木乃伊上我们可以看到，尸体的人格都得到了保护、尊重和赞扬。上帝希望席瑞柏在一个月内像木乃伊一样，而不是像尸体一样，席瑞柏在这件事情上的表现并不恰当。

席瑞柏保持静止不动的第二个动机，便是忧虑神圣光线的浪费。这种忧虑是席瑞柏与分布全球的孕育出权力神圣观的无数文化所共有的。他感觉到自己就像是一个慢慢收集神圣成分的容器，只要有任何轻微的晃动，那些神圣的成分就可能从容器中外溢，因此他必须保持完全不动。统治者紧握身负的权力；或者他会把权力看作客观的物质，担心它会被用尽；或者是上级要求他节省权力，以示对上级的尊重。他认为最有利的做法是保持权力这个最宝贵的东西。为此他要慢慢地**变得静止不动**，任何离开这种做法的行为都是危险的，对此他感到十分焦虑。认真避免这种偏离可以保证他的存在。这些做法中有一些经历了许多世纪以后就变成了固定不变的模式，许多民族的政治结构的核心就在于某个**个人**固定不变的准确规定的行为方式。

席瑞柏也想为民族操心，但是他不是想当国王，而是要当"**民族的圣人**"。实际上，在遥远的某个天体上就有人曾试图"按照席瑞柏的精神"建立一个新的人类世界。那些新的人身体要比我们地球人小得多。他们把席瑞柏精神推进到他们一向追求的文明高度，并且培养出了与他们的身体大小相当的牛。席瑞柏理应是他们的"民族圣人"，理应受到像对待神一样的尊敬，他的**一举一动**都在他们的信仰中占有重要的地位。

我们看到，在席瑞柏生病期间，他的**理智**遭遇了各种设计得非常巧妙的危险，而且他的**身体**所受到的各种打击也非笔墨所能形容。几乎他的身体的每一个部位都受到了打击，光线没有忘记或忽略他身上的一切。这些光线出乎意外地迅速侵入他的身体，在席瑞柏看来这只能是一个奇迹。

有一些人蓄意把席瑞柏变成女性。他接受了这种安排，并没有反抗。但仍然有不可思议的其他事情发生在他身上，他们让一些小虫渗入他的肺，并迅速粉碎他的肋骨。那个维也纳的神经科大夫给他做了手术，用一个非常劣质的"犹太人的胃"代替了他自己的健康的胃。他的胃实在命运多舛。他经常没有胃活着。他清楚地对看护说，他可以不吃饭，因为他没有胃。如果他不顾一切强行地进食，那么食物就会全部掉到小腹，然后还会到达大腿。但是他最终习惯了没有胃的状况，他照吃不误。他的食道和肠子经常破裂，甚至有时会突然消失，导致他经常把喉咙也吞了下去。

一些小人则渗入他的脚中，试图抽出他的脊髓。当他在花园里散步的时候，他感觉到他的脊髓有时会像云片一样从嘴里飘出来。他也时常感觉到头颅在变小。那些小人们还会趁着他弹琴或书写的机会，瘫痪他的手指。有些灵魂变成小人，高不过几毫米，他们把

664

自己的身体挤进席瑞柏身体的各个部位，有的进入内脏，有的停留在外部。其中有几个小人负责席瑞柏眼睑的开合，忙于张开或关闭他的眼皮，他们总是站在他的眉毛上，用上好的丝线任意拉起或放下他的眼睑。另外，还有一些小人总是在他的头里集会，像模像样地在那里散步，怀着好奇心到处走走，看看哪里又出现了什么新的伤痕。他们甚至分享他的食物，虽然食量不大，但总也消耗掉相当一部分。

足踵和尾骨的创伤使他感到非常痛苦，而这些其实就是要他无法坐立、平躺及其他活动，它们甚至不允许他保持同一个姿势，或做某一件事。比如，他想散步的时候就有力量要强迫他躺下，而他想躺下的时候又会把他从床上赶起来。"那些光线可能不了解，对于一个真正的人来说，**一定要有一个可以停留的地方**。"

我们注意到，以上的各种现象都有一个共同点，即他的身体可以**被渗透或者被穿越**。物体不可穿越的原理在这里不起作用了。正如他可以延伸到各处，穿越地球一样，一切东西也可以穿越他并在他的身体表面和内部戏弄他。他常说他像是一个天体，甚至连自己是一个凡人之躯都不承认。在他可以随意延伸的时期也是他可以主张自己的要求的时期，这个时期似乎也是他可以被穿透的时期。因此在他想扩张的时候，他便可以肯定他的要求，而这样他也就可以被随意地穿越。因此对他来说，**伟大**与**被迫害**紧密地联系在一起了，两者都在他的**躯体**上得到了体现。

尽管他遭受那么多的打击，他仍然能活下去，于是他得出了一个信念，光线也可以**治好他的病痛**，是它们将他体内的不洁之物全部带走了，因此他即使没有胃也能正常地进食，而那些光线先在他的体内种下细菌，然后又将细菌全部移除。

因此，我们不得不怀疑打击席瑞柏身躯的真正目的就是要证明他的**无法伤害**。他的躯体应该向他证明他可以克服这一切。他所遭到的伤害与震惊越多，他就站立得越稳固，并能最终立住脚。

席瑞柏开始怀疑他自己是否能真的不死。与他所能忍受的那些伤害相比，什么是药性最强的毒药呢？他如果被溺水而死，心脏功能和血液循环系统都会再次启动，使他死而复生。如果他向自己的头射击一发子弹，凡是受伤的骨头及内在的器官也都会复原。再比如，他曾在丧失了重要的生命器官的情况下又能长期活下去。他身上的一切都会再长出来。经过许多苦恼和疑虑的痛苦煎熬之后，席瑞柏认识到，对**不受伤害性**的追求是他获得的无可辩驳的成就。

前面的阐述表明，对不受伤害性的追求和幸存下来的欲望相互融合在一起了，而在此处，一个偏执狂的形象也正是一个统治者的形象，两者唯一的不同就是他们在外在世界里的地位不同，他们的内在结构完全一致。我们甚至认为偏执狂可能更具感染力，因为这样的人更能满足自我，从来不会被外在的失败所吓倒，他周围的意见对他毫无意义，他的幻觉就足以对付整个人类。

席瑞柏曾说："所有的事都与我有关。我是上帝所属的唯一人，我对上帝来说是一切都围着转的唯一的人，一切发生的事情都与他有关，因此这个唯一的人自己的观点也是必须把一切事情与自己联系起来。"

　　我们知道，多年来支配席瑞柏的思想是：所有的人都已经毁灭了，他在实际上是唯一留下来的人，不仅是唯一的人，而且一切都要由他支配。这样的观念曾在好多年当中占据了他的思想。这种观念只是慢慢地被比较平静的观点取代。他从唯一活着的人变成了唯一重要的人。我们不能排除这样的猜测：在每一个偏执狂病人和每一个权力后面都有同样明显的倾向，希望清除掉其他的人，使自己成为唯一。或者用比较温和的、人们经常用的说法，利用别人使自己成为唯一。

结语

生还者的过去和未来

我们在详细研究了只有一个追随者即创始人的偏执狂的幻觉之后，再来讨论一下我们所了解的"权力"。对于所有的个案，无论它有多么深刻的启示，我们都会在心中产生一个相同的疑问，那便是：我们越是深入地研究它，我们就越能体会出它的唯一性。每当这个时候，我们可能会突然希望只有这个案例是这样，另一个案例会是另一个样子。这种情况尤其适合于精神病人的案例。人由于固执傲慢，总是抱住这种毫无结果的希望。甚至在有可能证明席瑞柏头脑中的每一个个别的思想与令人畏惧的独裁者的每一个个别思想在某些方面相一致时，人们依然希望它们在某些方面是根本不同的。人们对这个世界上的"伟人"的崇拜是很难消除的，而人对于崇拜的需要也是永无止境的。

还好，我们的研究不必再局限于席瑞柏的案例了。不管这种研究有多么详尽，有些方面还只是才开了一个头，有些方面还没有涉及。尽管如此，我们不能责备读者现在在**本书**结束时还要弄清楚哪一种想法是确实可靠的。

四种群体中哪一种群体可以作为我们时代的标志，这个问题是清清楚楚的。伟大的哀恸宗教的力量已经式微，哀恸宗教由于繁衍过度而逐渐被扼杀了。繁衍群体旧的内容在现代生产中极大地扩大了，与此同时，我们生活中所有的其他方面却萎缩了。在这里，在我们的生活中，生产就是一切。生产迅速发展，生产部类的增加令人眼花缭乱，人们完全没有停顿和思考的机会。最可怕的战争也没有扼杀生产，在所有的敌对阵营中，不管它们怎么搞，生产都是有条不紊地进行着。如果说有一种信仰认为地球上生命力强大的民族会一个接着一个崩溃，那么这个信仰就是对生产的信仰，对繁衍在现代会取得巨大成功的信仰。

生产增长的结果便是对更多人的需要，因为生产得越多，就需要更多的消费者。如果销路要自行解决，那么销路本身的目标就应该是争取把所有可以争取到的、实际上是所有的人变成顾客。在这一点上，即使只是从表面上来看问题，销售的做法和以每一个灵魂为目的的普世宗教的做法是相同的。所有的人都想达到某种理想的平等，也就是作为一个有购买力的自愿的买者。但是这种情况还达不到，因为如果所有的人都成为一个有购买力的自愿的买者，生产还得不断地增加才行。于是他们的第二个深层次的倾向是要增加人口数量。生产需要更多的人：通过增加商品再回过来增加人口，这是一切增加的最原始的意义。

生产按其本质是和平的，战争和毁坏引起的减少有害于生产。资本主义和社会主义的区别不在于它们是具有同一信仰的有争论的双胞胎，生产是它们目光的焦点。生产同样是它们双方最关心的事情，它们的竞争促成了狂飙式的增长。它们越来越相似，它们互相关注彼此的增长情况。我们似乎只能这样说，它们关注的对象是它们生产所取得的成就。说它们互相破坏，这不再是真实的情况：它们想互相超越对方。

今天有许多最大的增长中心，它们发展势头强劲并且迅速向四周蔓延。它们分布在不同语言和不同文化的地区，它们中间没有一个已经强大到足以夺取统治权的地步，没有一个敢于单独与许多其他的中心对抗。明显的趋势是正在形成对偶群体，这两个对偶群体按照世界地区的划分取名为东方和西方。它们所囊括的都很多，而在这两个群体之外的则越来越少，而留在外面的群体显然是弱小的。这两个群体之间针锋相对，彼此都能给对方造成诧异，两者都疯狂地扩充军备，武装到了牙齿，甚至武装到了月球。这些事实使人想起了《圣经》启示录中的"大毁灭"：这两个群体之间的战争有可能导致人类的毁灭。然而，生产增长的趋势变得如此强大，以致远远超过了战争的趋势；战争只是表现为增长的起干扰作用的负担。战争作为快速增长的爆发式手段也是一种过时的观念了，这种情况在纳粹德国表现得淋漓尽致。我们应该相信，战争永远结束了。

今天，每一个国家都在努力防止自己生产的增长超过人口的增长。最正确、最可靠的事情莫过于得到普遍的支持。在本世纪，生产出来的物品仍然超过人类所需，但对偶群体已经可以用另一套办法来代替战争。各国国会的经验表明，今天已经有可能排除由于两个群体的竞争所造成的死亡，各国之间已经可以建立起和平有序的权力更替循环。在罗马，体育作为群众性事件已经在相当大的程度上取代了战争。体育今天正在取得这种意义，而且是在世界范围内取得这种意义。战争在走向死亡，甚至我们可以预测，战争的结束即将来临，可是我们仍得去处理另一件事实——幸存者。

但是，哀恸宗教还给我们留下了什么呢？20世纪上半叶的特点是盲目的两极：毁灭和创造。一会儿是毁灭，一会儿又是创造，在这两者无情的炫耀中，还作为组织保存下来的哀恸宗教显得软弱无力。不论是出于勉强还是自愿，甚至偶然为之，它都得对世界所发生的事情祈祷和祝福。

尽管如此，宗教的遗产要比人们想象的大。2000年来，基督徒一直为耶稣的死哀恸，这个唯一者的形象已经进入了全体清醒的人类的意识。他是不死的，他也不应该死。随着世界的世俗化，他的神性也会失去意义。不论你愿意还是不愿意，他都将作为一个受苦受难的、临死的人永留于世。他的神的前史使他和每一个在他身上看到自己的人强大起来。任何一个在自己心灵的一部分中把自己看作耶稣的被迫害者，上帝都会为之感到痛苦。两个为不道德的和非人性的东西而战斗的死敌，一旦处于不利地位，他们都会感觉到自己就是耶稣。一个受苦受难的即将死亡的人的形象，会从一个人身上转到另一个人身上，受苦比较重的人最终会感觉到自己变成了情况比较好的人。一个没有真正敌人的受难最深的人也会有自己就是耶稣的感觉。他可以为微不足道的事情去死，死亡本身会使他变成某种特殊的东西。基督给他一个哀悯群体。在繁衍的狂热包括人的繁衍的狂热中，个人的价值不是降低而是提高了。20世纪发生的许多情况似乎说出了结论：繁衍在人的意识中没有引起任何改变。人本身就像他在这里生活的情况一样，是通过迂回曲折的道路抓住他的灵魂。他追求不可破坏性的愿望被证明是正确的，每一个人都是值得被哀悯的对象，每一个人都固执地认为自己不会死。就这一点而言，基督教的部分遗产——佛教的部分遗产以另一种方式——将持久存在下去。

如今，真正有很大变化的还是幸存者的状况。只有少数读者可能会不厌其烦地看完有关幸存者的各个章节，而作者的真正意图是将幸存者从隐匿处挖掘出来，并显示出他现在和过去的本来面目。他可能被尊为英雄，成为号令天下的君主，然而在本质上他永远都一样。在我们的这个时代，他在那些非常重视人道主义概念的人群中体验到了令他非常不安的胜利。他没有绝种，只要我们没有能力在光环闪烁的伪装下看清楚他的面目，他就不会绝种。幸存者是人类继承的毒瘤，是人类的诅咒，也许是人类的末日。在这个最后时刻，我们能逃出他的魔掌吗？

在我们这个现代世界，统治者行为的极端化如此可怕，以致人们似乎不敢正视他。他一个人就可以毫不费力地毁灭人类的很大一部分，他还能用他并不懂得的技术手段来达到这一目的。他可以完全隐蔽地行事，不必为自己的行为涉险。他的唯一性和他要毁灭的人数之间的对比无法通过有意义的形象来表达。在今天，一个人一下子就可以毁灭比以前几代人的总和还要多的人并幸存下来。统治者的手段很清楚，利用它们并没有什么困难。全部发现只对他们有利，似乎这些发现都是为他们而准备的。赌注增加了好几倍，有了更多的人，而且他们紧密团结在一起；手段多了成千倍。而牺牲者毫无防卫的状况，更不要说他们自己的妥协，还同以前一样没有改变。

在所有被视为惩罚及摧毁人类的超自然力量中，还要加上一项，那就是令人恐怖的轰炸，只有统治者一个人可以操纵这种力量，这种力量掌握在他的手中。统治者可以让灾难横行，比上帝的所有灾难还要多。人偷窃了自己的上帝，利用了上帝，从上帝那里把一切可怕的、能带来厄运的手段掌握在自己手中。

幸存已经成为昔日君主们的嗜好和恶习，他们这种愚蠢的梦想在今天看来已经变得陈旧乏味。今天，历史突然有了一张善良的令人愉快的脸。过去，一切东西都可以持续存在**很长时间**，在陌生的地球上可以消灭的东西也**很少**！今天，所有的一切都在决策与毁灭之间徘徊，而它们之间只存在瞬息的差距。与今天的人类潜能相比，希特勒简直就是一个可怜的小学徒、低能儿！

幸存者在当今已变得如此强大，我们是否还能找出对付他们的方法，可以说这是目前唯一的问题。现代生活的专业性和流动性使人们看不到这个简单的、集中的基本问题。追求幸存下来的急切心情所能提出的唯一解决办法，就是为了不死而去过那种富有创造性的孤独生活，但是这种办法按其实质来说只适用于少数人。

如何应对使我们如坐针毡的那些与日俱增的危机，是第二个应该引起我们注意的新的事实。今天的幸存者自身也已经感到害怕，并一直处于害怕之中。而且随着他的能力的提高，他的害怕也会与日俱增，直到他无法忍受。如今的幸存者即使得到了胜利，这种胜利也只能持续几分钟或几小时。今天的世界对任何人都不安全，甚至对他也是如此。新武器无处不能所及，他无论在什么地方都会受到打击。他的伟大和他的不受伤害性处于对立之中了。统治者本身过于强大了。今天的统治者有了**别样的**担心，似乎他们与其他的人是一样的。在古代的权力结构中，权力的核心思想是牺牲他人以保存统治者。这种思想证明是不合理的，早已烟消云散了。权力变得越来越大，它的存续时间却**越来越短**。所有的人都可以幸存下来，或者没有一个人能够幸存下来。

为了有效地对付幸存者，我们首先必须学会看透幸存者在最自然的情况下的行为。他在发布命令时采取了不会使人生疑但却特别危险的方式，从而使他的命令更加强化了。这表明，他以教化的形式发布命令，就像他和大家在一起生活时一样平常，但是这个命令却是未执行的死刑判决。到处都建立了快速有效的命令体系。谁爬到了最高位置，或者说，谁能通过其他途径拿到这套命令体系的最高指挥权，他由于自己地位的性质就会背上命令恐惧的包袱，从而必然会力图从这种负担中挣脱出来。他经常利用的，而且也是这种命令体系的真正本质的持续的威胁，最终对准了他本人。不管他是否真正受到了敌人的威胁，他总是有被威胁的感觉。最危险的威胁恰恰来自那些与他相处最近、熟悉他并总是接受他的命令的人。他解除这种威胁的手段是突然下令进行集体屠杀,他采用这种手段时会毫不犹豫,而且他也永远不会放弃这种手段。他会发动战争,把他的人派到那里去送死,其中许多人就这样死了。他并不为此而悲伤。他不仅需要敌人的死亡,而且也需要自己人的死亡,这是他内心的秘密需求。为了从命令恐惧中解脱出来,他也需要许多为他而战斗的人的死亡。他的恐惧之林越来越密集,为了呼吸,他要间伐恐惧之林。如果他长期犹豫不决,他就会看不清楚,他的地位就会受到明显的损害。他的命令恐惧这时就会放大,最后导致灾难。但是,在灾难降临到他的身躯之前,在降临到他这个代表着这个世界的身躯之前,灾难会导致无数其他人的死亡。

当今时代,命令体系得到了普遍的承认,而在军队中则特别明显。而且许多文明的生活圈已经被命令控制,并以此炫耀。死亡作为威胁,是权力的铸币。这里,很容易把铸币垒起来,积累起巨额的资本。谁要想制服权力,谁就必须敢于正视命令,找到方法剥夺命令的螫刺。

注释

第一章　群众

1. 见波拉克（Polack）《新西兰旅游历险记》（*New Zealand, A Narrative of Travels and Adventure*），1838 年伦敦版，第 1 卷第 81—84 页。

2. 在阿拉法特的站立，最详尽的描述见高德弗洛伊—德默姆拜因（Gaudefroy-Demombynes）《麦加朝圣》（*Le Pèlerinage à la Mekke*），1923 年巴黎版，第 241—255 页。

3. 贝专纳人，见多尔南（Dornan）《卡拉哈利的匹格米人和布须曼人》（*Pygmies and Bushmen of the Kalahari*），1925 年伦敦版，第 291 页。

4. 波洛其族，见威克斯（Weeks）《与刚果食人族在一起的日子》（*Among Congo Cannibals*），1913 年伦敦版，第 261 页。

5. 加蓬的匹克米族：死人洞穴之歌，出自特利勒斯（Trilles）《赤道丛林中的俾格米人》（*Les pygmées de la forêt équatoriale*），1931 年巴黎版。

6. 在西伯利亚的楚科齐人那里，一个好的巫师会得到许多亡魂的襄助，见奥尔马尔克斯（Ohlmarks）《萨满教问题研究》（*Studien zum Problem des Schamanismus*），1939 年隆德版，第 176 页。

7. 爱斯基摩人巫师的幻觉，见拉斯穆森（Rasmussens）《拉斯穆森世界尽头之游记》（*Thulefahrt*），1926 年法兰克福版，第 448—449 页。

8. 苏格兰高地的死者军团，见卡迈克尔（Carmichael）著 *Garmina Gaidelica*，第 2 卷第 357 页。

9. 拉普人和特林基特印第安人所见的北极光，见霍夫勒（Höfler）《日耳曼人的秘密的迷信组织》（*Kultische Geheimbünde der Germanen*），1939 年法兰克福版，第 241—242 页。

10. 波斯人的恶神军团，见达美斯特特（Darmesteter）《曾特：波斯古经》（*The Zend-Avesta*），第二部分，1883 年牛津版，第 49 页；关于空气中并不是空无一物，见宾戈里昂（Bin Gorion）《犹太人神话》（*Die Sagen der Juden*），特别是第一部分《原始时代的神话》（*Von der Urzeit*），1919 年法兰克福版，第 348 页。

11. 凯撒瑞斯·冯·海思特尔巴赫（Cäsarius von Heisterbach）英文全译本《奇迹对话录》（*The Dialogue on Miracles*），1929 年伦敦版，第 1 卷第 322—323、328 页，第 2 卷第 294—295 页。

12. 上帝和他的宫殿，见凯撒瑞斯的著作第 2 卷第 343 页。

13. 蟊斯，见威利（Waley）《诗经》（*The Book of Songs*），1937 年伦敦版，第 173 页。

14. 尤莉娅夫人给儿子的信，1791 年 8 月 2 日写于朗道尔，见《法国革命书信集》

（*Briefe aus der Französischen Revolution*）第 1 卷第 339 页。

15. 加米尔·德士穆兰给他父亲的信，见《法国革命书信集》第 1 卷第 144 页。

16. 特别是美国对宗教的复活作了很好的报道，见达芬波尔特（Davenport）《宗教复活原貌》（*Primitive Traits in Religious Revivals*），1905 年纽约版。彼得·卡尔特蕾特（Peter Cartwright）自传《一个穷乡僻壤的传教士》（*The Backwoods Preacher*），一个传教士讲述了自己的生平历史，1858 年伦敦版。

17. 地狱的惩罚，见达芬波尔特的著作第 67 页。

18. 肯瑞杰的集会，见达芬波尔特的著作第 73—77 页。

19. 抽搐、狂叫、耻笑，见达芬波尔特的著作第 78—81 页。关于巴布亚族人庆典的各个阶段的描述，是安德烈·杜贝依拉特（André Dupeyrat）一部非常生动的著作《在巴布亚族人的庆典的日子里》（*Jours de Fête chez les Papous*）的主要内容，1954 年巴黎版。

20. 杜比南布族人的节日，见让·德·勒里（Jean de Léry）《1556—1558 年巴西旅游记》（*Le voyage au Brésil 1556–1558*），1917 年巴黎新版，第 223—224 页。

21. 兴都库什地区卡菲尔族人妇女跳战争舞蹈的情景，见克罗克（Crooke）《印度琐事》（*Things Indian*），1906 年伦敦版。

22. 吉瓦罗斯妇女跳战争舞蹈的情景，见卡尔斯屯（Karsten）《厄瓜多尔东部印第安吉伯罗人胜血腥复仇、战争和胜利的庆典》（*Blood Revenge, War and Victory Feasts among the Jibaro Indians of Eastern Ecuador*），1922 年华盛顿版，第 24 页。

23. 马达加斯加的米拉瑞舞蹈，见德卡里（Decary）《马达加斯加人的风俗习惯》（*Moeurs et Coutumes des Malgache*），1951 年巴黎版，第 178—179 页。

24. 《圣经》耶利米书第 25 章第 33 节。

25. 穆罕默德对死去的敌人进行布道：根据依本·伊萨克的说法，关于穆罕默德生平的传说已见于 1864 年威尔德（Weil）译本。后来吉约姆（A. Guillaume）的英译本对威尔德的译本做了修订。《穆罕默德生平》（*The Life of Muhammad*），1955 年牛津版。关于胜利庆典上的对死者的布道的报道，见第 305—306 页。

26. 乌内的报告见埃尔曼（Erman）《古埃及人及其生活》（*Ägypten und Ägyptisches Leben im Altertum*），1885 年图宾根版，第 689 页。

27. 对拉美西斯二世的赞歌，见埃尔曼《埃及的文学》（*Die Literatur der Ägypter*）第 324 页。

28. 卡第叙战役，见埃尔曼同上著作第 333 页。

29. 梅瑞柏特对利比亚人作战取得的胜利，见埃尔曼《古埃及人及其生活》第 710—711 页。

30. 拉美西斯三世和利比亚人，见埃尔曼同上著作第 711 页。

31. 亚述人计数敌人首级，见马斯佩罗（Maspéro）《拉美西斯和亚述巴尼拔时代》（*Au Temps de Ramses et d'Assourbanipal*），1917 年巴黎版，第 370 页。亚述巴尼拔时代的这种令人瞩目的事情在上述著作中得到了概括。

32. 吠陀经对火的描述，见奥尔登贝格（Oldenberg）《吠陀教》（*Die Religion des Veda*），1917 年斯图加特版，第 43 页。

33. 拿佛印第安人的火舞，见哈姆贝莱(Hambly)《部落的舞蹈和社会的发展》(*Tribal Dancing and Social Development*)，1926 年伦敦版，第 338—339 页。

34. 关于女纵火犯，见克拉培林（Kraepelin）《精神病临床学入门》（*Einführung in die psychiatrische Klinik*），1921 年莱比锡版，第 2 卷第 62 个病例，第 235—240 页。

35. 吠陀经中的风暴之神，见马克东奈尔（Macdonell）《梨俱吠陀赞歌集》（*Hymns from the Rigveda*），印度丛刊选编，加尔各答版，第 56—57 页。

36. 见普卢塔克《庞培的生平》第 11 章。

第二章　群体

37. 猎获物的分配，见洛特－法尔克（Lot-Falck）《西伯利亚各民族的狩猎仪式》(*Les Rites de Chasse chez les peuples sibériens*)，1953 年巴黎版，第 179—183 页。

38. 透里宾人对匹李扣人的战争，见科赫－格林贝格（Koch-Grünberg）《从罗赖马山到奥里诺科河》（*Vom Roroima zum Orinoco*），1917—1928 年斯图加特版，第 3 卷《人种史学》（*Ethnographie*），第 102—105 页。

39. 瓦拉穆加族的哀恸群体，见斯宾塞（Spencer）和吉林（Gillen）《澳大利亚中部的北方部落》（*The Northern Tribes of Central Australia*），1904 年伦敦版，第 516—522 页。

40. 澳洲土著的图腾，除了原有的斯宾塞、吉林和斯特雷洛（Strehlow）的著作，还有埃尔金（Elkin）特别重要的著作：《澳大利亚土著》（*The Australian Aborigines*），1943 年，《澳大利亚的图腾主义的研究》（*Studies in Australian Totemism*），载于《大洋洲专题论坛》（*The Oceania Monographs*）1933 年第 2 期。

41. 曼登族的水牛舞，见乔治·卡特琳（George Catlin）《北美印第安人》（*The North American Indians*），第 1 卷第 143－144 页。

42. 温古特尼卡和野狗的故事，见斯宾塞和吉林《阿兰达族人》（*The Arunta*），第 169 页。

43. 狩猎群体和袋鼠，见《阿兰达族人》第 170—171 页。

44. 一个候补者会躺在地上，一批人压在他身上，见《阿兰达族人》第 192—193 页。

45. 见《阿兰达族人》：列队前进，第 160 页；围成圆圈，例如在第 273 页上经常提到；成排地躺下，第 280 页；跳舞的圆盘，第 261—262 页；两排人互相对立，第 189 页；方阵，第 278 页；地上的人堆，第 286、290、292 页；火灼审判，第 294 页；把燃烧的树枝掷向，第 279、289 页；割礼，第 219 页。

第三章　群体与宗教

46．玛丽·道格拉斯（Mary Douglas）《卡塞河畔的里里族》（*The Lele of Kasai*），载于《非洲世界》（*African Worlds*），1954 年牛津版，第 1—26 页。

47．森林的威望，见玛丽·道格拉斯同上著作第 4 页。

48．共同狩猎，见玛丽·道格拉斯同上著作第 15—16 页。

49．卡斯滕（Karsten）《吉瓦罗斯印第安人的血腥报仇、战争和胜利的庆典》（*Blood Revenge, War and Victory Feasts among the Jibaro Indians of Eastern Ecuador*），1922 年华盛顿版。斯帝林（Stirling）对这个问题有了更新的研究，见其著作《印第安吉瓦罗斯的历史资料和人种学资料》（*Historical and Ethnographical Material on the Jivaro Indians*），1938 年华盛顿版。

50．鲁斯·贝内迪克特（Ruth Benedict）的《文化模型》（*Patterns of Culture*），1934 年波士顿版，第 57—130 页；德译《文化原型》（*Urformen der Kultur*），载于《罗沃尔百科全书》（*Rowohlts Enzyklopädie*），1955 年版，第 48—104 页。

51．祈雨仪式，见《文化原型》第 53 页。

52．有关达荷美的记载，见达尔泽尔（Dalzel）《达荷美史》（*The History of Dahomey*），1793 年伦敦版。这部著作虽然是多年前的，但仍有不可估量的价值，它第一次详细描述了达荷美"每年的习俗"，每年的节日，第 20 页及以下各页。谈论达荷美的其他著作有：布尔顿（Burton）《进入格莱莱宫的使命，达荷美王》（*A Mission to Gelele, King of Dahomey*），1864 年伦敦版，第 2 卷；艾丽斯（Ellis）《说班图语的奴隶民族》（*The Ewe-speaking Peoples of the Slave Coast of West Africa*），1890 年伦敦版；勒·里塞（Le Hérissé）《古代的达荷美王国》（*L'Ancien Royaume du Dahomey*），1911 年巴黎版；黑尔斯科维茨（Herskovits）《达荷美，一个古西非王国》（*Dahomey, an Ancient West African Kingdom*），1938 年纽约版。

53．大母神咆哮着，见卢基安（Lukian）《诸神对话录》（*Göttergespräche*），第 12 篇对话，威兰德（Wieland）译本。

54．伊西斯的哭泣，见埃尔曼《埃及人的宗教》（*Religion der Ägypter*）第 39 页。

55．除了戈德兹艾尔（Goldzihers）《伊斯兰教程》（*Vorlesungen über den Islam*）外，这里我还引用了戈比诺（Gobineau）《中亚的宗教和哲学》（*Religions et Philosophies dans l'Asie Centrale*），1865 年巴黎版，1957 年巴黎新版；多纳尔森（Donaldson）《什叶派宗教》（*The Shiite Religion*），1933 年伦敦版；冯·格鲁内鲍姆（Von Grunebaum）《穆罕默德庆典》（*Muhammadan Festivals*），1958 年伦敦版；韦洛欧德（Virolleaud）《波斯的戏剧》（*Le Théâtre Persan*），1950 年巴黎版；提塔伊那（Titayna）《死人商队》（*La Caravane des Morts*），1930 年巴黎版。

56．侯赛因的受难，见多纳尔森的著作第 79—87 页。

57．先知家族的灾难，见戈德兹艾尔的著作第 212—213 页。

58．为侯赛因而哭泣，见戈德兹艾尔的著作第 213—214 页。

59. 克伯拉平原上的侯赛因之墓，见多纳尔森的著作第88—100页。

60. 什叶派的伟大节日，见格鲁内鲍姆的著作第85—94页。

61. 两类团体，见戈比诺的著作第334—338页。

62. "剧院里挤满了人"，见戈比诺的著作第353—356页。

63. "去吧，去拯救那些水深火热中的人们"，见格鲁内鲍姆的著作第94页。

64. 流血日，见提塔伊那的著作110—113页。

65. 史塔利（Stanley）《西奈半岛和巴勒斯坦》（*Sinai and Palestine*），第354—358页。

66. 柯隆（Curzon）《地中海东岸地区的修道院访问记》（*Visits to Monasteries in the Levant*），第230—250页。

第四章　群众与历史

67. 本章只包含几个小节，除一个小节外，其余各节都是探讨现代关系问题。在读者熟悉探讨权力部分的后半部分之前，不宜过多谈论这个问题。因此在这里有权提出如下的质疑：《群众与历史》这个标题包含的内容是否太广泛了。至于用已经获得的关于群众和群体的知识来说明以前各个历史运动的历史，则是下一部著作的事情。

68. 关于在苏萨人那里发生的事情，我所做的报道——已经简化的报道——出自特阿尔（Theal）《南非史》（*History of South Africa*）第3卷第198—207页。德国传教士克鲁普弗（Kropf）是这些事件的见证人。他写了一篇简短、生动但却很难懂的文章《卡菲尔国的说谎的先知》（*Die Lügenpropheten des Kaffernlandes*），新的布道著作第11号，1891年柏林第二版。卡特萨·施洛瑟（Katesa Schlosser）《非洲的先知》（*Propheten in Afrika*）简短地谈到了这些事件，1949年不伦瑞克版，第35—41页。克鲁普弗著作中的最重要的段落，施洛瑟都引用了。在南非的一个乡村作家的著作中可以找到有关这些事件最详尽的、附有新材料的现代描述，这些材料在欧洲还鲜为人知，这就是伯尔顿（Burton）《来自安维尔的火花》（*Sparks from the Border Anvil*），1950年威廉王帝城版第1—102页。

第五章　权力的内在结构

69. 见祖克曼（Zuckerman）《猴子和猿的社会生活》（*The Social Life of Monkeys and Apes*），1932年伦敦版，第57—58页。

70. 见祖克曼的著作第268—269页，第300—304页。

第六章　幸存者

71. 成吉思汗，见弗拉基米尔采夫（Wladimirzov）《成吉思汗传》（*The Life of Chingis-Khan*），1930年伦敦版，第168页。

72. 恺撒，见普鲁塔克《恺撒传记》第 15 章。

73. 图密善的送葬宴，见狄奥《罗马史》第 67 卷第 9 章摘要。

77. 该报道见约瑟夫《犹太战争史》，威廉姆森（Williamson）译，第 3 卷第 8 章。

75. "最后，也许是由于命运，也许是由于神意，只剩下约瑟夫和另一个伙伴"一句，在根据更早的希腊文版《犹太战争史》翻译的斯拉夫文版中是："约瑟夫说完这些之后，他在人数上使诈，欺骗了所有的人。"见约瑟夫《犹太战争史》附录《斯拉夫文增补》，第 403 页。

76. 攻占了重镇穆达卡，见塞维尔（Sewell）《被忘却的王国》（A Forgotten Empire），1900 年伦敦版，第 34 页。

77. 穆罕默德·吐加拉克，见本书最后一章"德里的苏丹：穆罕默德·吐加拉克"。

78. 哈基姆，见沃尔夫（Wolff）《德鲁兹人和他们的先辈》（Die Drusen und ihre Vorläufer），1845 年莱比锡版，第 286 页。

79. 关于莫卧儿王朝帝王史的概况，见斯密斯（Smith）《牛津印度史》（The Oxford History of India），第 321—468 页。

80. 耶稣会会士关于萨利姆王子的报道出自图·加里克（Du Jarric）《阿克巴尔和耶稣会会士》（Akbar and the Jesuits），拜因（Payne）译，1926 年伦敦版，第 182 页。

81. 同代人对恰卡做出最好描述的人是英国旅行家亨利·芬（Henry Finn），他的日记前面已经多次引用过，一百多年以后以《亨利·弗朗西斯·芬的日记》（The Diary of Henry Francis Fynn）的形式正式出版，斯图亚特（J. Stuart）和马尔科姆（D. Mck. Malcolm）编，1950 年彼得马里苏堡版。莱特（Ritter）《恰卡祖鲁》（Shaka Zulu）是当代最有价值的传记作品，写作素材不仅有所有的书面材料，还有口头的传说，1955 年伦敦版。

82. 伊特鲁里亚人的世纪，见格雷尼埃（Grenier）《伊特鲁里亚人和罗马人的宗教》（Les Religions Étrusque et Romaine），1948 年巴黎版，第 26 页。

83. 马克萨斯群岛上的玛那，见韩迪（Handy）《波利尼西亚人的宗教》（Polynesian Religion）第 31 页。

84. 蒙金族人的杀人者，见瓦尔内尔（Warner）《黑色文明——哈尔柏及其兄弟们》（A Black Civilisation. Harper and Brothers），1958 年版，第 163—165 页。这部书第一版于 1937 年出版，是迄今为止描述澳洲部落最为详尽、内容最为丰富的一部著作。

85. 斐济群岛上的英雄，见洛尔梅·费森（Lorimer Fison）《古代斐济的传说》（Tales from Old Fiji），1904 年伦敦版，第 51、53、XXI 页。

86. 幽托托族人的巨蛇和英雄，见普罗伊塞（Preuss）《幽托托族人的宗教和神话》（Religion und Mythologie der Uitoto），1921 年格丁根版，第 1 卷第 220—229 页。

87. 陶利庞族人的一个幸存者，见科赫—格林贝格（Koch-Grünberg）《南美洲印第安人的童话》（Indianermärchen aus Südamerika），1921 年耶拿版，第 109—

110 页。

88. 库特奈人的起源，见博阿斯（Boas）《库奈特人的传说》（*Kutenai Tales*），1918 年华盛顿版，第 74 号，《大瘟疫》（*The Great Epidemic*），第 269—270 页。

89. 巴伊拉族人的集体自杀，见史密斯（Smith）和戴尔（Dale）《北罗得西亚说班图语的民族》（*The Ila-speaking Peoples of Northern Rhodesia*），1920 年伦敦版，第 1 卷第 20 页。

90. 卡布雷人和卡赖尼人，见洪堡（Humboldt）《新大陆赤道地区旅行记》（*Reise in die Äquinoctial-Gegenden des neuen Continents*），1861 年斯图加特版，第 5 卷第 63 页。

91. 戴美瑞拉一个印第安孩童之死，见罗斯（Roth）《圭亚那印第安人的泛灵论和民间传说》（*An Inquiry into the Animism and Folklore of the Guiana-Indians*），1915 年华盛顿版，第 155 页。

92. 祖鲁人的祖先崇拜：死去的哥哥和活着的弟弟，见卡拉韦（Callaway）《祖鲁人的宗教体系》（*The Religious System of the Amazulu*），1870 年版，第 146—159 页。

93. 乌干达国王的灵媒，见沙德威克（Chadwick）《诗歌和预言》（*Poetry and Prophecy*），1942 年剑桥版，第 36—38 页。

94. 葛兰言（Granet）《中国的文明》（*La Civilisation Chinoise*），1929 年巴黎版，第 300—302 页；马伯乐（Henri Maspéro）《古代中国》（*La Chine Antique*），1955 年巴黎新版，第 146—155 页；让·库西尼埃（Jeanne Cuisinier）、苏曼加特（Sumangat）《印度支那和印度尼西亚的灵魂和对灵魂的崇拜》（*L'âme et son culte en Indochine et en Indonésie*），1951 年巴黎版，第 74—85 页。

95. 雅典的鼠疫，见修昔底德《伯罗奔尼撒战争史》第 2 卷第 47—54 章。

第七章　权力的要素

96. "上天创造的、命里注定的残酷的狼是成吉思汗的祖先。"这是由亨尼西（Haenisch）翻译并出版的《蒙古秘史》（*Die Geheime Geschichte der Mongolen*）开头的第一句话。1948 年莱比锡版。

97. 罗马皇帝的灵魂像山雕直飞天空，见赫洛第安（Herodian）《马可奥勒利乌斯以来的罗马皇朝史》（*Geschichte des römischen Kaisertums seit Mark Aurel*）中对罗马皇帝——第七个皇帝——的壮丽的神化过程的描述，第 4 卷第 2 章。

98. 蒙古人最害怕的莫过于雷声和闪电，见鲁布鲁克（Rubruk）的游记《马可波罗的同时代人》（*Contemporaries of Marco Polo*），1928 年伦敦版，第 91 页。

99. 伊特鲁里亚人的"闪电官"，见格里尼（Grenier）《伊特鲁里亚人和罗马人的宗教：超自然力量》（*Les Religions Étrusque et Romaine*），1948 年版，第 2 卷第 18—19 页。

100. 权力和闪电之光，见弗朗兹·昆（Franz Kuhn）《古代中国的国家智慧》（*Altchinesische Staatsweisheit*），第 105 页；罗慕路斯消失在一次风暴中，见李维罗马史第 1 卷第 16 页；托里斯·奥斯蒂吕斯被闪电击中而死，见李维罗马史第 1 卷第 31 页；阿尔巴·隆加一位先前的皇帝罗慕路斯·西尔维乌斯被雷电击中而死，见李维罗马史第 1 卷第 3 页。

101. 儿童的初问，见吉斯佩尔森（Jespersen）《语言》（*Language*）第 137 页。

102. 中午女神将他询问致死，见齐贝尔（Sieber）编《文德人的传说》（*Wendische Sagen*），1925 年耶拿版，第 17 页。

103. 阿兰达族的巫医，见斯宾塞和吉林《阿兰达族人》，1917 年伦敦版，第 2 卷第 391—420 页。

104. 最后一位公爵的神秘莫测，见德森巴力奥（Decembrio）《米兰的最后一位公爵菲利波·玛丽亚的生平》（*Leben des Filippo Maria Visconti*），封克（Funk）译，1913 年耶拿版，第 43 章第 29—30 页。

105. 乔斯罗伊斯二世考验他所要用的人是否保守机密，见培拉特（Pellat）译《授予噶海茨的王权书》（*Le Livre de la Couronne, attribué a Ğahiz*），1954 年巴黎版，第 118—120 页。

第八章 命令

106. 武库夫和伊法达，见高德弗洛伊—德默姆拜因《麦加朝圣》第 235—303 页。

107. 卢基安的著作《叙利亚女神》（*Von der Syrischen Göttin*），威兰德译，1911 年慕尼黑版，第 4 卷第 376—377 页。

108. 阉割教派，见格拉斯（Grass）的《俄国的宗教派别》（*Die russischen Sekten*），1914 年莱比锡版，第 2 卷《白鸽会或阉割教派》（*Die weißen Tauben oder Skopzen*）。格拉斯还翻译了阉割派的密传圣书（*Die geheime heilige Schrift der Skopzen*），1914 年莱比锡版。较近的一部材料丰富的著作是拉帕博尔特（Rapaport）的《集体心理变态学导言：神秘的阉割教派》（*Introduction à la Psychopathologie Collective. La Secte mystique des Skoptzy.*），1948 年巴黎版。

109. 阿萨辛派，霍吉森（Hodgson）的批判性著作《暗杀规则》（*The Order of Assassins*）优于以前的大部分关于暗杀的文献，1955 哈克版。

110. 感应奴性，见克拉培林《精神病学》（*Psychiatrie*），1910—1915 年莱比锡第 8 版，第 3 卷第 723 页。

111. 蚊子说话，这里的所有引文取自克拉培林《精神病学》第 3 卷第 673—674 页。

112. 赫尔曼·罗梅尔（Hermann Lommel）《博里古漫游天界》（*Bhrigu im Jenseits*），载于《文化学信息通报》（*Paideuma*）1950 年第 4 卷，从《百道梵书》中概括了这一次漫游的内容，我在前面利用过这些材料。他把与此有关的古印度文献中的事件收集在一起，发表于《文化学信息通报》1952 年第 5 卷，并把这些事件与其他民族关于死者的"逆转世界"的观念联系起来考察。他在解释他的这些印度文章时有些偏差，因而我不能完全苟同并作出了不同的结论，但我仍然要对罗梅尔的工作表示真诚的感谢。鉴于这一原因，我引用罗梅尔的引文中一切与逆转问题的研究无关的东西都被删除了。

第九章　转变

113．布须曼人的预感，布勒克（Bleek）和劳埃德（Lloyd）《布须曼民族的民间传说》（*Specimens of Bushman Folklore*），1911 年伦敦版，第 330—339 页。

114．洛利提亚人关于特库提塔的神话，见斯特勒洛夫（Strehlow）《澳洲中部的阿兰达部族和洛利提亚部族》（*Die Arandaund Loritja-Stämme in Zentral-Australien*），1908—1910 年法兰克福版，第 2 卷第 2—3 页；勒维－勃鲁尔（Lévy-Bruhl）《原始神话集》（*La Mythologie Primitive*），1935 年巴黎版。这部重要的著作引起了人们对转变的许多方面的极大兴趣。它主要是澳洲土著和巴布亚人的神话，有摘自这一方面最优秀的著作的详尽引文，这使读者受益匪浅。可以说，这是勒维－勃鲁尔的一部佳作。

115．师傅和徒弟，见迪尔（Dirr）《高加索童话》（*Kaukasische Märchen*），1922 年耶拿版。

116．普洛透斯，见《奥德赛》第 4 卷第 440—460 页。

117．歇斯底里，见克拉培林《精神病学》第 4 卷第 1547—1706 页；贝鲁勒（Bleuler）《精神病学教科书》（*Lehrbuch der Psychiatrie*），1930 年柏林版，第 392—401 页；克莱特施默尔（Kretschmer）《论歇斯底里》（*Über Hysterie*），1927 年莱比锡版。

118．萨满，见查普利卡（Czaplicka）《西伯利亚的土著》（*Aboriginal Siberia*），1914 年牛津版；奥尔马尔克斯（Ohlmarks）《萨满教问题研究》（*Studien zum Problem des Schamanismus*），1939 年隆德版；艾里亚特（Éliade）《萨满教》（*Le Chamanisme*），1951 年巴黎版；芬得埃森（Findeisen）《萨满教》（*Schamanentum*），1957 年斯图加德版。

119．躁狂症和抑郁症，见克拉培林《精神病学》第 3 卷第 1183—1395 页，贝鲁勒《精神病学教科书》第 330—351 页。

120．斯特雷洛（Strehlow）《阿兰达族的传统》（*Aranda Traditions*），1947 年墨尔本版。

121．负鼠神话，见斯特雷洛的著作第 7—10 页。

122．卢卡拉神话，见斯特雷洛的著作第 15—16 页。

123．"祖先"被看作"活生生的本质的总和"，见斯特雷洛的著作第 17 页。

124．波林卡的幼虫祖先，见斯特雷洛的著作第 12 页。

125．对震颤性谵妄的幻觉感知，见克拉培林《精神病学》第 2 卷第 132 页及以下各页，贝鲁勒《精神病学教科书》第 227—228、233 页。

126．旅店店主，见克拉培林《精神病临床学入门》第 2 卷案例 43，第 157—161 页。

127．患精神分裂症的谵妄者，见贝鲁勒《精神病学教科书》第 234—235 页。

128. 披着虎皮的驴子，见赫特尔（Hertel）《印度童话》（*Indische Märchen*），1921年耶拿版，第61—62页。

第十章　权力面面观

129. 柳德普兰德·冯·克里莫纳（Liudprand von Cremona）《因果相酬录》（*Das Buch der Vergeltung*）第6卷第5章。

130. 古典型麻痹症，见克拉培林《精神病临床学入门》第2卷案例26，第93—97页。

131. 幻想型麻痹症，见克拉培林《精神病临床学入门》第2卷案例28，第101—102页。

第十一章　统治者与偏执狂

132. 韦斯特曼（Westermanns）《非洲史》（*Geschichte Afrikas*），1952年科隆版。这里很值得商榷的是这部著作加工的材料实在太庞杂了。

133. 加蓬老王的去世和新王的选立，见杜·夏卢（Du Chaillu）《赤道非洲历险记》（*Explorations and Adventures in Equatorial Africa*），1861年伦敦版，第18—20页。

134. 朱冈的君王，见米克（Meek）《苏丹王国》（*A Sudanese Kingdom*），1931年伦敦版，第120—177、332—353页；偶见韦斯特曼的著作第149—150页。

135. 非洲君主的特点，见韦斯特曼的著作第34—43页。

136. 对君主的模仿，在蒙诺莫塔巴的模仿，见韦斯特曼的著作第413—414页；在埃塞俄比亚的模仿，见狄奥多罗斯（Diodor）的著作第3卷第7页，斯特拉波（Strabo）的著作第17卷第2—3页；在达尔富尔的模仿，见《一个阿拉伯商人在苏丹的旅行记》（*Travels of an Arab Merchant in Soudan*）；在乌干达、波尼、中国的模仿，见弗拉采尔（Frazer）《临死的上帝》（*The Dying God*）第39—40页。

137. 新王的统治年限由他自己决定，见蒙杜尔（Monteil）《塞古的班巴拉人》（*Les Bambara du Ségou*），1924年巴黎版，第305页。

138. 在尤鲁巴地区，新王在正式即位前都要挨打，见韦斯特曼的著作第40页；在塞拉里昂也有同样的情况，同上著作第41页。

139. 老王死后的无政府状态，瓦卡都古的毛西族在老王死后对各种放纵行为不加阻止；阿香提地区也是这样，同上著作第222页；在乌干达地区老王死后的情况，见罗斯科（Roscoe）《巴干达人》（*The Baganda*），1911年伦敦版，第103—104页。

140. 西马各国是通过占领今天的乌干达地区和乌干达以南的地区而产生的。含族血统好战的游牧民族，也称为西马，是从北方迁移过来的，征服了定居的从事农耕的黑人，使他们臣服于自己。西马各王国是非洲最令人感兴趣的国家，它们明确地把人分为主人和仆人两个等级。

141. 安哥尔的王位继承问题,见奥柏格(Oberg)的《乌干达的安哥尔王国》(*The Kingdom of Ankole in Uganda*),载于《非洲政治制度》(*African Political Systems*),1954 年牛津版,第 121—162 页。关于继承问题的一节,第 157—161 页。罗斯科之前的著作《婆罗门教教派》(*The Banyankole*),1923 年剑桥版,这部著作虽然有点冗长,但值得一读。关于卢旺达南部地区的西马各国的情况,有一部新的杰出的著作:马盖(Maquet)的《卢旺达王国》(*The Kingdom of Ruanda*),载于《非洲世界》(*African Worlds*),达利尔·福特(Daryll Forde)编,第 164—189 页。

142. 基塔拉国王加冕典礼中一个年轻王子的牺牲,见罗斯科《巴干达人》第 129—130 页。

143. 基塔拉国王之弓,见罗斯科同上著作第 133—134 页;"我要射击四方的邻国",见第 134 页。

144. 乌干达:王者之鼓,见罗斯科同上著作第 188 页。

145. "我将比前任国王活得更长",见罗斯科同上著作第 194 页;捕获两个过路人,见第 197 页;替罪羊和侍卫长,见第 200 页。

146. 两个牺牲品,一个被杀死,另一个被赦免,见罗斯科同上著作第 210 页。

147. "现在你已经是艾塔了",见韦斯特曼的著作第 39 页。

148. 乌干达国王像狮子一样是独自进餐的,见罗斯科同上著作第 207 页。

149. 基塔拉国王进餐时由厨子来喂,见罗斯科同上著作第 103 页;随意判决,见第 61、63 页。

150. 《依本·巴图塔印度和中国旅行记》(*Reise des Arabers Ibn Battuta durch Indien und China*),穆齐克(H. v. Mžik)修改,1911 年版。依本·巴图塔《1325—1354 年亚洲非洲旅行记》(*Travels in Asia and Africa. 1325–1354*),杰布(Gibb)翻译并选编,1929 年伦敦版。

151. 波斯人巴拉尼的历史,见埃利奥特(Elliot)和唐森(Dowson)《印度历史学家笔下的印度史 1867—1877》(*The History of India as Told by its Own Historians. 1867–77*),现在作为《晚期德里的诸国王》(*Later Kings of Delhi*)在加尔各答出版,有关穆罕默德·吐加拉克的内容见第 159—192 页。

152. 伊西瓦里·普拉萨德(Ishwari Prasad)可以看作当代为苏丹进行辩护的印度历史学家的例子,见《世界史大全》(*Der Sammlung Histoire du Monde*)中《7世纪—16 世纪的印度》(*L'Inde du VIIe au XVIe Siècle*),1930 年巴黎版,第 270—300 页。他把苏丹称为"不幸的理想主义者"、"中世纪绝对最有能力的人"。

153. 达尼埃尔·保尔·席瑞柏(Daniel Paul Schreber)《一个精神病人的回忆录》(*Denkwürdigkeiten eines Nervenkranken*),1903 年莱比锡版。

参考文献

　　这里不能列出这些年来对这部著作产生影响的全部著作。我根据三个基本要求来选择这些文献。第一，所有本书引用过的文献。第二，对作者的思想形成起了决定性作用的著作，没有这些著作，作者不可能达到某些认识，这里指的是大部分各色各样的提供资料出处的文献，如有关神话、宗教、历史、民族学、生物学、心理学等方面的著作；不言而喻，这里也包括第一类的许多著作。第三，一些新的著作，这些著作很好地概括了我们不熟悉的一些文化的基本情况，这对我和读者都是有益处的。

Albert von Aachen, Geschichte des ersten Kreuzzugs. Übersetzt von H. Hefele. 2 Bde. Jena 1923

Ammianus Marcellinus. 3 vols. Loeb Classical Library. London 1950

Appian, Roman History. 4 vols. Loeb Classical Library. London 1933

Arabshah, Ahmed Ibn, Tamerlane, translated by Sanders. London 1936

Baumann, H., Thurnwald, R., und Westermann, D., Völkerkunde von Afrika. Essen 1940

Benedict, Ruth, Patterns of Culture. Boston 1934

–, Deutsch als Urformen der Kultur. Hamburg 1955

Bernier, F., Travels in the Moghul Empire 1656–1668. London 1914

Bezold, F. v., Zur Geschichte des Hussitentums. München 1874

Bland and Backhouse, China under the Empress Dowager. Boston 1914

Bleek and Lloyd, Bushman Folklore. London 1911

Bleuler, E., Lehrbuch der Psychiatrie. Berlin 1930

Boas, F., Kutenai Tales. Washington 1918

Bouvat, L., L' Empire Mongol (2ème phase). Paris 1927

Brandt, O. H., Die Limburger Chronik. Jena 1922

–, Der große Bauernkrieg. Jena 1925

Browne, E. G., A Literary History of Persia. Vols. I–IV. Cambridge 1951

Brunel, R., Essai sur la Confrérie Religieuse des Aissoua au Maroc. Paris 1926

Bryant, A., Olden Times in Zululand and Natal. London 1929

Bücher, K., Arbeit und Rhythmus. Leipzig 1909

Bühler, G., The Laws of Manu. Oxford 1886

Burckhardt, Jacob, Griechische Kulturgeschichte. Bd. I–IV

–, Die Kulturder Renaissancein Italien

–, Die Zeit Konstantins des Großen

Burckhardt, Jacob, Weltgeschichtliche Betrachtungen

Burton, A. W., Sparks from the Border Anvil. King William's Town 1950

Burton, Richard, A Mission to Gelele, King of Dahomey. London 1864

Bury, J. B., History of the Later Roman Empire. 2 vols. New edition. New York 1958

Cabeza de Vaca, Naufragios y Comentarios. Buenos Aires 1945

Callaway, H., The Religious System of the Amazulu. Natal 1870

Calmeil, L. F., De la Folie. 2 vols. Paris 1845

Carcopino, J., Daily Life in Ancient Rome. London 1941

Cartwright, Peter, The Backwoods Preacher. An Autobiography. London 1858

Cäsarius von Heisterbach, The Dialogue on Miracles. 2 vols. London 1929

Casalis, E., Les Bassoutos. Paris 1860

Catlin, George, The North American Indians. 2 vols. Edinburgh 1926

Chadwick, N. K., Poetry and Prophecy. Cambridge 1942

Chantepie de la Saussaye, Lehrbuch der Religionsgeschichte. 4. Aufl. 2 Bde. Tübingen
    1925

Chamberlain, B. H., Things Japanese. London 1902

Cieza de Leon, Cronica del Peru. Buenos Aires 1945

Codrington, R. H., The Melanesians. Oxford 1891

Cohn, Norman, The Pursuit of the Millenium. London 1957

Contenau, G., La Divination chez les Assyriens et les Babyloniens. Paris 1940

Constantin VII. Porphyrogénète, Le Livre des Cérémonies. Traduit par A. Vogt. Tomes I.et
    II. Paris 1935–1939

Commynes, Ph. de, Mémoires. Vols. I–III. Paris 1925

Cortes, Hernando, Five Letters 1519–1526, translated by Morris. London 1928

Coxwell, C. F., Siberian and Other Folk-Tales. London 1925

Crooke, W., Things Indian. London 1906

Cuisinier, Jeanne, Sumangat. L'Âme et son Culte en Indochine et Indonésie. Paris 1951

Cunha, Euclides da, Rebellion in the Backlands, translated by Putnam. Chicago 1944

Cumont, Franz, The Mysteries of Mithra. New York 1956

–, Oriental Religions in Roman Paganism. New York 1956

Curzon, Robert, Visits to Monasteries in the Levant. London 1850

Czaplicka, M. A., Aboriginal Siberia. Oxford 1914

Dalzel, A., The History of Dahomey. London 1793

Darmesteter, J., The Zend-Avesta. Part II. Oxford 1883

Davenport, F. N., Primitive Traits in Religious Revivals. New York 1905

Decary, R., Mœurs et Coutumes des Malgaches. Paris 1951

Decembrio, Pier Candido, Leben des Filippo Maria Visconti. Übersetzt von Funk. Jena 1913

Depont et Coppolani, Les Confréries Religieuses Musulmanes. Algers 1897

Dhorme, Édouard, Les Religions de Babylonie et d'Assyrie. Mana. Tome II. Paris 1945

Díaz, Bernal, Historia Verdadera de la Conquista de Nueva España. Mexico 1950

Dio, Cassius, Roman History. Loeb Classical Library. 9 vols. London 1955

Dirr, A., Kaukasische Märchen. Jena 1922

Donaldson, D. M., The Shiite Religion. London 1933

Dornan, Pygmies and Bushmen of the Kalahari. London 1925

Douglas, Mary, The Lele of Kasai, in: African Worlds, edited by Daryll Forde. Oxford 1954

Dubois, Abbé, Hindu Manners, Customs and Ceremonies. Oxford 1906

Du Chaillu, Explorations and Adventures in Equatorial Africa. London 1861

Du Jarric, Akbar and the Jesuits, translated by Payne. London 1926

Dumézil, Georges, Mitra–Varuna. Paris 1948

–, Mythes et Dieux des Germains. Paris 1939

Dupeyrat, André, Jours de Fête chez les Papous. Paris 1954

Eisler, R., Man into Wolf. London 1951

Éliade, M., Le Chamanisme. Paris 1951

–, Traité d'Histoire des Religions. Paris 1953

Elkin, A. P., Studies in Australian Totemism. Oceania Monographs No. 2. Sidney 1933

–, The Australian Aborigines. Sidney 1943

Elliot and Dowson, The History of India as told by its own Historians. 8 vols. London 1867–1877

Ellis, A. B., The Ewe-speaking Peoples of the Slave Coast of West Africa. London 1890

Erman, Ad., Ägypten und ägyptisches Leben im Altertum. Tübingen 1885

–, Die ägyptische Religion. Berlin 1909

–, Die Literatur der Ägypter. Leipzig 1913

Evans-Pritchard, Witchcraft, Oracles and Magic among the Azande. Oxford 1937

Félice, Philippe de, Foules en Délire. Extases Collectives. Paris 1947

Findeisen, H., Schamanentum. Stuttgart 1957

Fison, Lorimer, Tales from Old Fiji. London 1904

Florenz, Karl, Geschichte der japanischen Literatur. Leipzig 1909

Forde, Daryll C., Habitat, Economy and Society. London 1950

–, Editor: African Worlds. London 1954

Fortes and Evans-Pritchard, African Political Systems. Oxford 1940

Fortune, R. G., Sorcerers of Dobu. London 1932

Fox, George, The Journal. Cambridge 1952

Franke, O., Studien zur Geschichte des konfuzianischen Dogmas und der chinesischen Staatsreligion. Hamburg 1920

–, Geschichte des chinesischen Reiches. 5 Bde. Berlin 1930–1952

Frankfort, Henri, Kingship and the Gods. Chicago 1948

Friedländer, L., Darstellungen aus der Sittengeschichte Roms. Bd. I–IV. Leipzig 1922

Frazer, J. G., The Golden Bough. Vols. I–XI. London 1913ff

–, The Fear of the Dead in Primitive Religion. I, II und III. London 1933–1936

–, The Belief in Immortality and the Worship of the Dead. Vols. I–III. London 1913–1924

Frobenius, Leo, Atlantis. Volksmärchen und Volksdichtungen Afrikas. Bd. I–XII. Jena 1921–1928

–, Kulturgeschichte Afrikas. Wien 1933

Fung Yu-Lan, A History of Chinese Philosophy. Vols. I–II. Princeton 1952–1953

Fynn, The Diary of Henry Francis Fynn. Pietermaritzburg 1950

Garcilaso de la Vega, Comentarios Reales. Buenos Aires 1942

Gaudefroy-Demombynes, M., Le Pèlerinage à la Mekke. Paris 1923

–, Les Institutions Musulmanes. Paris 1921

Gesell, A., Wolf Child and Human Child. London 1941

Gobineau, Religions et philosophies dans l'Asie Centrale. 1865. Neue Auflage. Paris 1957

Goeje, de, Mémoire sur les Carmathes du Bahrein. Leiden 1886

Goldenweiser, A., Anthropology. New York 1946

Goldziher, J., Vorlesungen über den Islam. Heidelberg 1910

Gorion, bin, Die Sagen der Juden: besonders I.Von der Urzeit. Frankfurt 1919

Granet, M., La Civilisation Chinoise. Paris 1929

–, La Pensée Chinoise. Paris 1934

Grass, K., Die russischen Sekten. 2 Bde. Leipzig 1907 und 1914

–, Die geheime heilige Schrift der Skopzen. Leipzig 1904

Gregor von Tours, Zehn Bücher Fränkischer Geschichte. Übersetzt von Giesebrecht. Berlin 1851

Grenier, A., Les Religions Étrusque et Romaine. Mana. Tome 2. III. Paris 1948

Grey, G., Polynesian Mythology. London 1855

Grousset, R., L'Empire des Steppes. Paris 1939

–, L'Empire Mongol. 1ère phase. Paris 1941

Grube, W., Religion und Kultus der Chinesen. Leipzig 1910

Grunebaum, von, Muhammadan Festivals. London 1958

Guillaume, A., The Life of Muhammad. A translation of Ibn Ishaq's Sirat Rasul Allah. Oxford 1955

Guyard, St., Un Grand Maitre des Assassins au temps de Saladin. Paris 1877

Haenisch, Erich, Die Geheime Geschichte der Mongolen. Leipzig 1948

Hambly, W. D., Tribal Dancing and Social Development. London 1946

Handy, E. S. C., Polynesian Religion. Honolulu 1927

Harris, Sarah, The Incredible Father Divine. London 1954

Hecker, J. C. F., Die großen Volkskrankheiten des Mittelalters. 1865

Hefele, H., Alfonso I. und Ferrante I. von Neapel. Schriften von Caracciolo, Beccadelli und Porzio. Jena 1912

Hepding, Hugo, Attis, seine Mythen und sein Kult. Gießen 1903

Herodian, Geschichte des römischen Kaisertums seit Mark Aurel. Deutsch von Adolf Stahr

Herodot, Neun Bücher der Geschichte. 2 Bde. München 1911

Herskovits, M. J., Dahomey, an Ancient West African Kingdom. 2 vols. New York 1938

Hertel, Joh., Indische Märchen. Jena 1921

Histoire Anonyme de la Première Croisade. Traduite par L. Bréhier. Paris 1924

Historiae Augustae Scriptores. 3 vols. Loeb Classical Library. London 1930

Hitti, Ph. K., History of the Arabs. London 1951

Hodgson, M. G. S., The Order of Assassins. Haag 1955

Höfler, O., Kultische Geheimbünde der Germanen. Frankfurt 1939

Hofmayr, W., Die Schilluk. Mödling 1925

Humboldt, A. v., Reise in die Äquinoctial-Gegenden des neuen Continents. Stuttgart 1861

Hutton, J. H., Caste in India. Cambridge 1946

Huizinga, J., Herbst des Mittelalters. München 1931

–, Homo Ludens. Hamburg 1956

Ibn Battuta, Die Reise des Arabers Ibn Battuta durch Indien und China. Bearbeitet von H. v. Mžik. Hamburg 1911

Ibn Battuta, Travels in Asia and Africa 1325–1354, translated and selected by Gibb. London 1939

Ibn Ishaq, The Life of Muhammad, translated by G. Guillaume. Oxford 1955

Ibn Jubayr, The Travels of Ibn Jubayr, translated by Broadhurst. London 1952

Ideler, K. W., Versuch einer Theorie des religiösen Wahnsinns. 1. Teil. Halle 1848

James, William, The Varieties of Religious Experience. London 1911

Jeanne des Anges, Sœur, Autobiographie d'une Hystérique Possédée. Paris 1886

Jeanmaire, H., Dionysos. Histoire du Culte de Bacchus. Paris 1951

Jensen, Ad. E., Hainuwele. Volkserzählungen von der Molukken-Insel Ceram. Frankfurt 1939

–, Mythus und Kult bei Naturvölkern. Wiesbaden 1951

Jespersen, O., Language, its Nature, Development and Origin. London 1949

Ježower, J., Das Buch der Träume. Berlin 1928

Josephus, Flavius, Geschichte des Jüdischen Krieges. Übersetzt von Clementz. Wien 1923

–, The Jewish War, translated by Williamson. Penguin Classics. London 1959

Joset, P. E., Les SociétésSecrètes des Hommes Léopards en Afrique Noire. Paris 1955

Junod, H. A., The Life of a South African Tribe. 2. vols. London 1927

Juvaini, The History of the World Conqueror. Translated from the Persian by J. A. Boyle. 2 vols. Manchester 1958

Kalewala, Das National-Epos der Finnen. Übersetzung von Schiefner. München 1922

Karsten, R., Blood Revenge, War, and Victory Feasts among the Jibaro Indians of Eastern Ecuador. Washington 1912

Kautilya, Arthashastra. Translated by R. Shamasastry. Mysore 1929

Koch-Grünberg, Th., Vom Roroima zum Orinoco. Bd. I–V. Stuttgart 1917–1928

–, Zwei Jahre unter den Indianern Nordwest-Brasiliens. Stuttgart 1923

–, Indianermärchen aus Südamerika. Jena 1921

Komroff, M., Contemporaries of Marco Polo. London 1928

Kraepelin, E., Psychiatrie. 8. Aufl. Bd. I–IV. Leipzig 1910–1915

Kraepelin, E., Einführung in die psychiatrische Klinik. Bd. II und III. Leipzig 1921

Kremer, A. v., Culturgeschichte des Orients unter den Chalifen. 2 Bde. Wien 1875

Kretschmer, E., Über Hysterie. Leipzig 1927

–, Der sensitive Beziehungswahn. Berlin 1918

Krickeberg, W., Indianermärchen aus Nordamerika. Jena 1924

–, Märchen der Azteken und Inkaperuaner, Maya und Muisca. Jena 1928

Kropf, A., Das Volk der Xosa-Kaffern. Berlin 1889

–, Die Lügenpropheten des Kaffernlandes. Neue Missionsschriften. 2. Aufl. Nr. 11. Berlin 1891

Kuhn, F., Altchinesische Staatsweisheit. Zürich 1954

Kunike, H., Aztekische Märchen nach dem Spanischen des Sahagun. Berlin 1922

Landa, Fr. D. de, Relacion de las cosas de Yucatan. Paris 1864

Landauer, Gustav, Briefe aus der Französischen Revolution. 2 Bde. Frankfurt 1919

Landtman, G., The Origins of the Inequality of the Social Classes. London 1938

Lane, E. W., Manners and Customs of the Modern Egyptians. London 1895

Lane-Poole, St., A History of Egypt in the Middle Ages. London 1901

O' Leary, De Lacy, A Short History of the Fatimid Khalifate. London 1923

Leenhardt, M., Gens de la Grande Terre. – Nouvelle Calédonie. Paris 1937

Lefebure, G., La Grande Peur de 1789. Paris 1932

–, La Révolution Française. Paris 1957

–, Études sur la Révolution Française. Paris 1954

Legge, J., The Sacred Books of China. Part I: The Shu-King. Oxford 1899

Le Hérissé, A., L'Ancien Royaume du Dahomey. Paris 1911

Leiris, Michel. La Possession et ses Aspects Théâtraux chez les Éthiopiens de Gondar. Paris 1958

Léry, Jean de, Le voyage au Brésil 1556–1558. Paris 1927

Lévy-Bruhl, L., La Mythologie Primitive. Paris 1935

Lewis, B., The Origins of Ismailism. Cambridge 1940

Lindner, K., Die Jagd der Vorzeit. Berlin 1937

Liudprand von Cremona, Das Buch der Vergeltung. Berlin 1853

Livius, Titus, Römische Geschichte

Löffler, Kl., Die Wiedertäufer in Münster. Jena 1923

Lommel, H., Bhrigu im Jenseits. Paideuma 4. Bamberg 1950

–Nachtragdazu: Paideuma 5. Bamberg 1952

Lot-Falck, É., Les Rites de Chasse chez les peuples sibériens. Paris 1953

Lowie, R. H., Primitive Society. London 1920

Lowie, R. H., Primitive Religion. London 1914

Ludwig II. von Bayern, Tagebuch-Aufzeichnungen. Liechtenstein 1925

Lukian, Göttergespräche. Bd. II der Sämtlichen Werke. München 1911

–, Von der Syrischen Göttin. Bd. IV der Sämtlichen Werke. Übersetzung von Wieland. München 1911

Machiavelli, Niccolò, Gesammelte Schriften. 5 Bde. München 1915

Macdonell, A. A., Hymns from the Rigveda. The Heritage of India Series. Calcutta

Malinowski, Br., Magic, Science and Religion. New York 1955

Maquet, J. J., The Kingdom of Ruanda, in: African Worlds, edited by Daryll Forde. London 1954

Marco Polo, The Travels of Marco Polo. London 1939

Mason, J. A., The Ancient Civilisations of Peru. London 1957

Maspéro, Georges, Au Temps de Ramsès et d'Assourbanipal. Paris 1917

Maspéro, Henri, La Chine Antique. Paris 1955

–, Les Religions Chinoises. Paris 1950

Mas'udi, Les Prairies d'Or. Texte et traduction par Barbier de Meynard et Pavet de Courteille. 9 vols. Paris 1861–1877

Mathiez, A., La Révolution Française. I–III. Paris 1922–1927

Mathieu, P. F., Histoire des Miraculés et Convulsionnaires de Saint-Médard. Paris 1864

Meek, C. K., A Sudanese Kingdom. London 1931

Meier, Jos., Mythen und Erzählungen der Küstenbewohner der Gazelle-Halbinsel (Neupommern). Münster 1909

Misson, Maximilien, Le Théâtre Sacré des Cévennes. London 1707

Mooney, J., The Ghost-Dance Religion. Washington 1896

Nadel, S. F., A Black Byzantium. The Kingdom of Nupe in Nigeria. London 1946

Nihongi, Chronicles of Japan, translated by W. G. Aston. London 1956

Oberg, K., The Kingdom of Ankole in Uganda. In: African Political Systems, edited by Fortes and Evans-Pritchard. Oxford 1940

Ohlmarks, A., Studien zum Problem des Schamanismus. Lund 1939

D'Ohsson, C., Histoire des Mongols. 4 vols. Haag 1834–1835

Oldenberg, H., Die Religion des Veda. Stuttgart 1917

Olmstead,A.T., History of the Persian Empire. Chicago 1948

Pallottino, M., The Etruscans. London 1955

Pan-Ku, The History of the Former Han-Dynasty. Translated by Homer H. Dubs. Vol. I–III. 1938–1955

Paris, Matthew, Chronicles. 5 vols. London 1851

Pellat, Ch., Le Livre de la Couronne, attribué a Gahiz. Paris 1954

Pelliot, P., Histoire Secrète des Mongols. Paris 1949

Plutarch, Lebensbeschreibungen. 6 Bde. München 1913

Polack, J. S., New Zealand. A Narrative of Travels and Adventure. 2 vols. London 1838

Polybius, The Histories. 6 vols. Loeb Classical Library. London 1954

Porzio, C., Die Verschwörung der Barone des Königreichs Neapel gegen Ferrante I., in: Hefele, Alfonso I. und Ferrante I. von Neapel. Jena 1912

Prasad, Ishwari, L'Inde du VIIe au XVIe Siècle. Paris 1930

Preuss, K. Th., Religion und Mythologie der Uitoto. 2 Bde. Göttingen 1921

Pritchard, J. B., The Ancient Near East. An Anthology of Text and Pictures. Princeton 1958

Procopius, History of the Wars. 5 vols. The Anecdota or Secret History, 1 vol. Loeb Classical Library. London 1954

Psellos, Michael, Chronographie ou Histoire d'un Siècle de Byzance (976–1077). Traduit par É. Renauld. 2 vols. Paris 1926

Puech, H., Le Manichéisme. Paris 1949

Radin, P., Primitive Man as a Philosopher. New York 1927

–, Primitive Religion. New York 1937

–, The Trickster. London 1956

Radloff, W., Aus Sibirien. 2 Bde. Leipzig 1884

Rambaud, A., Le Sport et L'Hippodrome à Constanti nople. 1871 In: Études sur l'Histoire Byzantine. Paris 1912

Rapaport, J., Introduction à la Psychopathologie Collective. La Secte mystique des Skoptzy. Paris 1948

Rasmussen, Knud, Rasmussens Thulefahrt. Frankfurt 1926

Rattray, R. S., Ashanti. Oxford 1923

–, Religion and Art in Ashanti. Oxford 1927

Recinos, A., Goetz, D. and Morley, S. G., Popol Vuh. The Sacred Book of the ancient Quiché Maya. London 1951

Ritter, E. A., Shaka Zulu. London 1955

Roeder, G., Urkunden zur Religion des alten Ägypten. Jena 1915

Roscoe, J., The Baganda. London 1911

–, The Bakitara. Cambridge 1923

–, The Banyankole. Cambridge 1923

Roth, W. E., An Inquiry into the Animism and Folk-Lore of the Guiana-Indians. Washington 1915

Runciman, St., The Medieval Manichee. Cambridge 1947

Sacy, S. de, Exposé de la Religion des Druses. 2 vols. Paris 1836

Salimbene von Parma, Die Chronik des Salimbene von Parma, bearbeitet von A. Doren. 2 Bde. Leipzig 1914

Sahagun, Bern. de, Historia General de las Cosas de Nueva España. 5 vols. Mexico 1938

Sahagun, Bern. de, Einige Kapitel aus dem Geschichtswerk des Fray Bernardino de Sahagun. Übersetzt von Eduard Seler. Stuttgart 1927

Sansom, G., Japan. A Short Cultural History. London 1936

Schlosser, Katesa, Propheten in Afrika. Braunschweig 1949

Schmidt, K., Histoire et doctrine de la secte des Cathares ou Albigeois. 2 vols. Paris 1848–1849

Schnitzer, J., Hieronymus Savonarola. Auswahl aus seinen Predigten und Schriften. Jena 1928

Schreber, Daniel Paul, Denkwürdigkeiten eines Nervenkranken. Leipzig 1903

Seligman, C. G. and B. Z., The Veddas. Cambridge 1911

Sénart, É., Caste in India. Translated by E. Denison Ross. London 1930

Sewell, A Forgotten Empire (Vijayanagar). London 1900

Shapera, J., The Khoisan Peoples of South Africa. London 1930

–, Editor: The Bantu-Speaking Tribes of South Africa. London 1937

Sighele. Sc., La Foule Criminelle. Paris 1901

Singh, T. A. L., and Zingg, R. M., Wolf Children and Feral Man. Denver 1943

Sjoestedt, M. L., Dieux et Héros des Celtes. Paris 1940

Smith, V. A., The Oxford History of India. Oxford 1923

Smith, E. W., and Dale. A. M., The Ila-Speaking Peoples of Northern Rhodesia. 2 vols. London 1920

Spencer, B., and Gillen, F. J., The Arunta. London 1917

–, The Northern Tribes of Central Australia. London 1904

Sprenger und Institoris, Der Hexenhammer. Übersetzt von Schmidt. Berlin 1923

Stählin, K., Der Briefwechsel Iwans des Schrecklichen mit dem Fürsten Kurbsky (1564 bis 1579). Leipzig 1921

Stanley, A. P., Sinai and Palestine. London 1864

Steinen, K. von den, Unter den Naturvölkern Zentral-Brasiliens. Berlin 1894

Stirling, M. W., Historical and Ethnographical Material on the Jivaro Indians. Washington 1938

Stoll, O., Suggestion und Hypnotismus in der Völkerpsychologie. Leipzig 1904

Strehlow, C., Die Aranda-und Loritja-Stämme in Zentral-Australien. I–III. Frankfurt 1908–1910

Strehlow, T. G. H., Aranda Traditions. Melbourne 1947

Sueton, Die Zwölf Cäsaren. Übersetzt von A. Stahr. München 1912

Tabari, Chronique de Tabari, traduit par H. Zotenberg. 4 vols. Paris 1867–1879

Tacitus, Annalen und Historien. Übersetzung von Bahrdt. 2 Bde. München 1918

Talbot, P. A., In the Shadow of the Bush. London 1912

Tavernier, J. B., Travels in India. 2 vols. London 1925

Tertullian, De Spectaculis. Loeb Classical Library. London 1931

Titayna, La Caravane des Morts. Paris 1930

Theal, G. McCall, History of South Africa from 1795–1872, besonders vol. III. London 1927

Thukydides, Geschichte des Peloponnesischen Krieges. Deutsch von Heilmann. 2 Bde. München 1912

Thurnwald, R., Repräsentative Lebenshilder von Naturvölkern. Berlin 1931

Tremearne, A. J. N., The Ban of the Bori. London 1914

Trilles, R. P., Les Pygmées de la Forêt Équatoriale. Paris 1931

Trotter, W., The Instincts of the Herd in Peace and War. London 1919

Turi, Johann, Das Buch des Lappen Johann Turi. Frankfurt 1912

Turner, G., Samoa. London 1884

Tylor, E. B., Primitive Culture. London 1924

Ungnad, A., Die Religionen der Babylonier und Assyrer. Jena 1921

Vaillant, G. C., The Aztecs of Mexico. London 1950

Vedder, H., Die Bergdama. 2 Bde. Hamburg 1923

Vendryès, J., Tonnelat, É., Unbegaun,B.O., Les Religions des Celtes, des Germains et des Anciens Slaves. Mana, Tome 2, III. Paris 1948

Virolleaud, Ch., Le Théâtre Persan ou le Drame de Kerbéla. Paris 1950

Volhardt, E., Kannibalismus. Stuttgart 1939

Waley, Arthur, The Travels of an Alchemist. London 1931

–, The Book of Songs. London 1937

–, The Analects of Confucius. London 1938

–, Three Ways of Thought in Ancient China. London 1939

–, The Real Tripitaka. London 1952

Waliszewski, K., Ivan le Terrible. Paris 1904

–, Peter the Great. London 1898

Warneck, Joh., Die Religion der Batak. Göttingen 1909

Warner, W. Lloyd, A Black Civilisation. New York 1958

Weeks, J. H., Among Congo Cannibals. London 1913

Weil, Gustav, Geschichte der Chalifen. Bd. I–III. Mannheim 1846–1851

Wendische Sagen, herausgegeben von Fr. Sieber. Jena 1925

Wesley, John, The Journal. London 1836

Westermann, D., The Shilluk People. Berlin 1912

–, Die Kpelle. Göttingen 1921

–, Geschichte Afrikas. Köln 1952

Westermarck, E., Ritual and Relief in Morocco. 2 vols. London 1926

Wilhelm, Richard, Li Gi. Das Buch der Sitte. Neue Ausgabe. 1958

–, Kung Futse. Gespräche. Jena 1923

–, Mong Dsi. Jena 1921

–, Frühling und Herbst des Lü Bu We. Jena 1928

Williams, F. E., Orokaiva Magic. London 1928

–, The Vailala Madness and the Destruction of Ceremonies. Port Moresby 1923

–, The Vailala Madness in Retrospect, in: Essays Presented to Ch. G. Seligman. London 1934

Winternitz. M., Geschichte der Indischen Literatur. 3 Bde. Leipzig 1909–1922

Wirz, Paul, Die Marind-anim von Holländisch-Süd-Neu-Guinea, Bd. I und II.Hamburg 1922 und 1925

Wladimirzov, The Life of Chingis-Khan. London 1930

Wolff, O., Geschichte der Mongolen oder Tataren, besonders ihres Vordringens nach Europa. Breslau 1871

Wolff, Ph., Die Drusen und ihre Vorläufer. Leipzig 1845

Worsley, P., The Trumpet Shall Sound: A Study of ›Cargo‹ Cults in Melanesia. London 1957

Zuckerman, S., The Social Life of Monkeys and Apes. London 1932

译名对照表

波特拉契印第安人　Potlatschen

布道　Predigt

布道者的讲坛　Kanzeln der Prediger

布列塔尼亚　Bretonia

布道者的讲坛　Kanzeln der Prediger

部落　Stamm

部队编制的机动灵活性　Beweglichkeit der Heeresabteilungen

不相干的事物　Fremdes

布须曼人　Buschmann

布须曼民族学　Bushman Folklore

C

产物　Gebilde

嘈杂的群体　Laute Meute

朝圣　Pilgerfahrt

朝圣者旅行团　Karawanen mit Pilgern

成对的转变　Verwandlungspaare

成吉思汗　Dschingis-Khan

赤裸的群众　Nackte Masse

耻笑　Heiliges Lachen

崇拜者　Bewunderer

抽搐　Zuckungen

出埃及记　Auszug aus Ägypten

创世欲望　Begründungssucht

楚科奇人　Tschuktschen

楚科奇巫师　Tschuktschen-Schamanen

催眠术　Hypnotismus

触摸　Behührung

除去面具　Entlarvungen

纯洁派　Cathare

聪明的海中老人　Weise Meergreis

错乱　Verwicklung

D

达荷美　Dahomey

戴美瑞拉　Demerera

袋鼠图腾　Känguruh-Totem

大本营　Hauptlager

大河和小溪　Fluss und Bach

大火肆虐　Austreten von Feuer

大马士革　Damaskus

大母神赛比利　Kybele

大主教　Bischof, Patriarch

单位，统一体　Einheit

得到许诺的群众　Erlaubte Masse

德鲁兹人　Druse

登山宝训　Bergpredigt

癫狂　Madness

癫狂症　Wahn

雕刻　Bildwerke

堤坝　Deiche

第二类群众　Zweite Masse

地狱的惩罚　Höllenstrafen

地中海东部沿岸地区　Levant

杜比南布族　Tupinambu

对偶群众　Doppelmasse

对他们的猎物的亲切感　Zaertlichkeit fuer ihren Beute

多布　Dobu

笃信者　Bekenner

E

恶魔，精力过人的人　Dämon

俄赛里斯　Osiris

恶神　Teufel

恶神军团　Heer der Dämonen

鸸鹋　Emus

F

伐楼那　Varuna

法蒂玛　Fatima

法蒂玛王朝的哈里发　Fatimid Khalifate

发狂　Délire

凡尔赛　Versailles

放松　Lockerung

方阵　Karree

放逐　Ausstoßen

泛灵论　Animism

反叛群体　Aufständische Masse

繁衍群体　Vermehrungsmeute

繁衍宗教　Religion der Vermehrung

法西斯主义　Faschismus

吠陀经　Veda

吠陀经对火的描述　Feuer in den Veden

风暴之神　Sturmgoetter, Maruts

封闭的群众　Geschlossene Massen

疯狂的情绪　Wahnwitz

斐济　Fiji

斐济群岛　Fidschi-Inseln

复活　Auferstehung

弗里吉亚人　Phryger

负鼠神话　Bandicoot-Mythus

福音书　Evangelium

G

刚果的波洛其族　Boloki am Kongo

刚果食人族　Congo Cannibal

感情爆发和活动　Gefühlsausbrüchen und
　　　Aktivitäten

戈比诺　Gobineau

格莱莱　Gelele

割礼仪式　Beschneidungszeremonie

格鲁吉亚童话　Georgische Märchen

跟踪　Verfolgtwerden

共餐　Gemeinsame Mahl

攻击　Hetze

攻击性群众　Hetzmassen

共享　Kommunion

古埃及象形文字　Hieroglyph

光荣的标记　Ehrenzeichen

古北欧语　Altnordisch

规定性　Bestimmtheit

皈依　Bekehrung

孤立性　Isoliertheit

国会　Parlament

国家的群众象征　Nationalen
　　　Massensymbols

国王的灵媒　Königsmedium

故乡祖鲁　Zululand and Natal

H

海地特人　Hethiter

海洋的统帅　Befehlshaber des Meeres

哈里发　Khalifate, caliph, calif

哈马　Hama

荷兰人　Hollaender

何露斯　Horus

合而为一　Zusammenschlagen in eines

恒久性　Konstanz

侯赛因　Hussain

侯赛因的棺木　Schrein

黄金年代　Millenium

皇亲贵族　Fürsten mit großem Glanze

皇太后　Empress Dowager

缓性群众　Langsame Masse

环状的群众　Masse als Ring

库法　Kufa

库特内人　Kutenai

L

拉菲棕榈　Raffia-Palmen

拉美西斯　Ramsès

拉普人　Lappen

两面神　Janus-Kopf

猎物　Beute

梨俱吠陀　Rigveda

林堡记事　Limburger Chronik

领取圣餐的人　Kommunikant

理性　Verstand

灵媒　Medium

灵魂　Seele

流浪　Wanderschaft

鲁登人　Homo Ludens

卢卡拉神话　Lukara Mythus

陆路和水路　Land und Wasser

伦理道德问题　Moralische Fragen

罗德西亚　Rhodsien

罗赖马山　Roroima

罗马皇帝图密善　Römische Kaiser
　　Domitian

洛利提亚族　Loritja-Stämme

路易十四和几代拿破仑　Ludwig XIV
　　und Napoleon vereint

M

马达加斯加的　Malgache

曼登族人　Mandan

曼德瓦（灵媒）　Mandwa

麦地那　Medina

麦加　Mekka

玛那　Mana

马克萨斯群岛　Marquesas

马林德阿宁人　Marind-anim

玛雅人　Maya

矛　Speer

美拉尼西亚人　Melanesian

蒙金族　Murngin

孟他努派异教徒　Montanist

面具　Maske

密度，紧密性　Dichte

密度和平等　Dichte und Gleichheit

密多罗　Mitra

米拉瑞舞蹈　Mirary

民族学　Völkerkunde

明确的目的　Wohlartikuliertes Ziel

墨尔本　Melbourne

摩尼教　Manichéisme

墨涅拉俄斯　Menelaos

摩奴法典　Manu

摩尔斯比港　Port Moresby

目标的遥遥无期　Ferne des Ziels

穆罕默德　Muhammad

穆哈兰节　Muharramfest

穆哈兰月　Muharram

墨涅拉俄斯　Menelaos

N

拿佛人　Navajos

南非黑人　Kaffir

内在的群体　Innere Meute

牛鸣器　Schwirrholz

逆转　Umkehrung

逆转群体　Umkehrungsmasse

虐杀　Gemetzel

圣经　Bibel

胜利庆典　Siegesfeste

圣墓　Heilige Grab

圣日耳曼平原　Ebene von St. Germain

圣书　Sacred Books

圣徒　Selige

圣战　Glaubenskrieg

生物　Wesen

身体等同　Gleichsetzung der Koerper

螯刺　Stachel

视错觉　Gesichtstäuschung

师傅和徒弟　Meister und sein Schueler

时光　Ewigkeit

世界宗教　Weltreligionen

诗经　Book of Songs

视觉　Visuelle

使命　Beruf

施奈德先生　Schneider

尸群　Sluagh

尸群呼唤　Sluagh-gairm

食人族　Canibal

使徒　Apostel

什叶派　Shiite

什叶派的殉教者　Märtyrer der Schiiten

适应性理论　Anpassungstheorie

十字军东征　Croisade

氏族　Clan

狩猎群体　Jagdmeute

狩猎宗教　Religion der Jagd

受迫害和压迫　Bedraengnis und
　　Verfolgung

双重生物　Doppelgeschöpfe

树林和灌木丛　Wald und Busch

说班图语的种种　IIa-Speaking people

说克瓦语的　Ewe-Speaking

死人商队　Caravane des Morts

撕碎　Zerfleischen

死亡主义　Totemism

苏丹　Sultan

苏格兰高地的死者军团　Totenheere des
　　Schottischen Hochlands

苏萨人　Xosas

T

太阳神　Mithra

塔慕次　Tamuz

躺卧者　Liegenden

陶工　Toepfer

逃跑转变　Fluchtverwandlung

逃亡性群众　Fluchtmassen

饕餮冠军　Meistesser

塔桑塔萨　Tsantsa

特库提塔　Tukutitas

特林基特印第安人　Tlinkit-indianer

特洛伊　Troja

特赦　Begnadigung

忒提斯　Thetis

特征，节点　Zug

天使　Engel

天主教　Katholizismus

调节眼睛与物体的距离　Akkomodation
　　und Konvergenz der Augen

跳羚　Springbock

帖木儿　Tamerlane

提供灵媒　Beistellung von Medien

听觉　Akustisch

停滞　Stockung

童话　Maerchen

通货膨胀　Inflation

统帅　Befehlshaber

同性恋倾向　Homosexuelle Veranlagung

透里宾人　Taulipang

透明性　Klarheit

透特　Thot

图密善　Domitina

图密善的送葬宴　Leichenbankett des
　　Domitian

脱离宗教的运动　Abfallsbewegungen

鸵鸟　Strauß

鸵鸟虱　Laus

屠杀　Schlacht

图腾　Totem

图腾祖先　Totem-Ahnen

土著　Aboriginal

W

外在的群体　Äußere Meute

瓦拉穆加族　Warramunga

瓦伊拉拉人　Vailala

王帝的信使　Bote des Kaisers

王权　Kingship

威彻提　Witchetty

伪装　Verstellung

文德人的传说　Wendische Sagen

温第阿拉　Undiara

温古特尼卡　Ungutnika

瘟疫　Pest

我的主的许诺　Verheißung meines Herrn

武库夫　Wukuf

乌内　Une

巫师　Schamanen

无形的群众　Unsichtbare masse

巫医　Zauber arzt

乌贼　Tintenfisch

X

夏马　Schamr

小的族群　Untergruppe

相貌　Physionomie

嫌恶　Abneigung

先知　Prophet

先知家族　Prophetenfamilie

歇斯底里　Hysterie

西里伯斯岛　Celebes

希鲁克人　Schilluk

西马　Hima

西敏斯特区　Westminster

细菌　Bazillus

新波美尔　Neupommern

性变色彩　Erotische Färbung

幸存　Überleben

幸存意识　Gefühl des Überlebens

兴都库什地区　Hindukusch

形魄　Spermaseele

形象　Figur

信号，印记　Zeichen

信仰形式　Glaubensform

席瑞柏　Schreber

牺牲品的呆滞的眼神　Brechende Auge
　　des Opfers

殉教者　Märtyrer

巡狩员　Waerter

Y

阉割派　Skopze, Skoptzy

宴乐性群众　Festmassen

708

妖术 Witchcraft

亚述巴尼拔 Assourbanipal

亚述人 Assyrien, Assyrer

伊巴林杰水塘 Ilbalintja Tümpel

易卜拉欣·帕萨 Ibrahim Pascha

已经消失的群体 Abgesetzten Gruppen

依本·鸠巴雅 Ibn Jubayr

伊达山脉 Ida

依法达 Ifadha

伊凡 Iwan

异教 Paganism

异教运动 Ketzerische Bewegungen

伊玛目 Imam

英国人 Englaender

伊斯法罕 Ispahan

伊斯兰教 Islam

伊斯兰教世界 Islamische Welt

伊斯玛尼派 Ismailism

伊特鲁里亚的 Étrusque

伊西斯 Isis

伊西斯的哭泣 Klage der Isis

义务和预言 Bindungen und
　　　Verheißungen

抑郁症 Melancholie

耶利米书 Jeremias

耶路撒冷 Jerusalem

耶齐德 Yazid

耶稣基督 Christus

耶稣会会士 Jesuits

遗留物 Überbleibsel

印第安吉伯罗人 Jibaro indians

英格乌拉仪式 Engwura-Zeremonien

印加人 Inkaperuaner

诱惑 Ansteckung

尤利娅夫人 Mme. Jullien

游牧部落 Herde

犹太人 Jude

约特帕特城 Jotapata

约瑟夫 Josephus

约瑟夫的自我保护 Selbstbehauptung des
　　　Josephus

诱惑 Versuchung

幽托托 Uitoto

有秩序的群体 Geregelte Gruppen

圆盘 Scheibe

圆形露天剧场 Amphitheater

圆周式转变逃跑 Zirkulären
　　　Verwandlungsflucht

预感 Vorgefuehl

韵律 Rhythmus

韵律的生成物 Rhytmischen Gebilde

Z

赞美和探险 Bewundern und erforschen

躁狂症 Manie

再洗礼派 Wiedertäufer

曾特：波斯古经 Zend-Avesta

斋戒 Fasten

战场上的尸体 Valr

战斗意志 Kriegerische Gesinnung

战利品 Beute

占卜术 Divination

谵妄 Delirium

谵妄者 Delirant

站着的人 Aufrechten

战争群体 Kriegsmeute

战争舞蹈 Kriegstanz

战争宗教 Religion der Krieges

镇定　Gelassenheit

政治变革　Politische Umwaelzung

阵亡战士的住所　Valhall

治国安邦术　Arthashastra

直立塑像　Standbilder

至亲　Naechste Angehoerige

直线式转变逃跑　Lineare
　　　Verwandlungsflucht

螽斯篇　Heuschreckengedicht

种族　Race

转变　Verwandlung

转变的本质　Wesen der Verwandlung

转变的征兆　Ansätze zu Verwandlung

子孙　Nachkommenschaft

自我意识　Selbstbewußtsein

自信　Selbstgefuehl

最初的创造行为　Urspruenglichen Akt
　　　der Schoepfung

最后审判　Jüngste Gericht

祖鲁　Zulu

祖鲁人　Amazulu

罪恶　Suenden

族群性　Ethnicity

祖先　Ahnen

祖先崇拜　Ahnenkult

组织和倾向　Bildung und Tendenz